hänssler

DIE
ZEIT DER
ERSTEN
CHRISTEN

PAUL L. MAIER

PONTIUS PILATUS

Paul L. Maier ist Professor für Alte Geschichte an der Western Michigan University und Verfasser von mehreren Sachbüchern und historischen Romanen, die sich mit der Entstehung des Christentums und dem Römischen Reich befassen. Er ist Herausgeber der im Hänssler-Verlag erschienenen Ausgabe der Hauptschriften des JOSEPHUS.

Die Deutsche Bibliothek – CIP-Einheitsaufnahme

Maier, Paul L.:
Pontius Pilatus / Paul L. Maier. [Übers. von Hansjürgen Wille und Barbara Klau]. – Neuhausen/Stuttgart : Hänssler, 1996
(Hänssler-Novelle) (Die Zeit der ersten Christen)
Einheitssacht.: Pontius Pilate (dt.)
ISBN 3-7751-2631-7

Published by Kregel Publications, Grand Rapids, Michigan 49501, USA
Originaltitel: Pontius Pilate
Übersetzt von Hansjürgen Wille und Barbara Klau

hänssler-NOVELLE
Bestell-Nr. 392.631

Umschlaggestaltung: Stefanie Stegbauer
Titelfoto: Archiv für Kunst und Geschichte, Berlin
Satz: AbSatz Ewert-Mohr, Klein Nordende
Printed in Germany

VORWORT ZUR DEUTSCHEN AUSGABE

Ich freue mich sehr, daß »Pontius Pilatus« seit der ersten Publikation im Jahre 1968 in so vielen Sprachen veröffentlicht worden ist. Seit dieser Zeit haben archäologische Entdeckungen und die historische Forschung nichts aus meinem Buch widerlegen können, sondern es sogar noch bestätigt.

Außerdem wurden neben der Pontius-Pilatus-Inschrift, die man 1961 in Cäsarea entdeckt hat und die ich auch einbezogen habe, in Jerusalem im Jahre 1990 die Inschrift und die Gebeine von Joseph Kaiphas, dem jüdischen Hohenpriester, ausgegraben, der gegen Jesus vor Pilatus Anklage erhoben hatte. Eine alte Grabkammer aus der Zeit des Neuen Testaments wurde zufällig im südlichen Tempelbezirk ausgegraben, in dem zwölf Knochenkisten waren; die Prunkvollste trug zweimal die Inschrift auf Aramäisch: Yehosef bar Qayafa.

Die Rolle des Pontius Pilatus bei der Verurteilung von Jesus wurde von Kritikern des Neuen Testaments leider so unterschiedlich interpretiert, daß es oft kaum möglich ist, seine Persönlichkeit so nachzuzeichnen, wie sie sich im Evangelium darstellt. Man nimmt allgemein an, daß das Neue Testament von Antisemitismus gekennzeichnet ist, der die Rolle des Pontius Pilatus beschönigt und ihn als jemanden darstellt, der zögerte, Jesus zu verurteilen, indem er die »Schuld« des Karfreitages auf das jüdische Strafgericht übertrug. Statt dessen fordern die Kritiker, Pilatus als jemanden zu sehen, der Jesus eher als eine Gefahr für die römische Regierung verurteilen wollte, als ihn freizulassen.

Es gibt sehr viele antisemitische Interpretationen des Neuen Testaments, und die schlimmste ist die schreckliche Meinung von der kollektiven jüdischen Verantwortlichkeit für den Karfreitag, die glücklicherweise in der heutigen Theologie abgeschafft ist. Das Neue Testament jedoch ist nicht antisemitisch und stellt heraus, daß es am Karfreitag viele Juden gab, die Jesus unterstützten (Lukas 23-27).

Jedesmal, wenn abwertende Assoziationen mit dem Namen »die Juden« in dem Johannesevangelium verbunden werden, sollte man diese Personen als spezielle jüdische Gegner von Jesus sehen und nicht alle Juden als solche diffamieren.

Pilatus' Auftreten als Richter im Prozeß von Jesus ist historisch belegt, zeigt einiges von der jüdischen Rechtssprechung und auch von den geographischen, historischen und archäologischen Gegebenheiten des ersten Jahrhunderts. Ein treffendes Beispiel ist die erstaunliche Parallele, die man den »Zweiten Karfreitag« nennen könnte, als Jakobus, der Halbbruder von Jesus, von dem Hohenpriester Ananus, der ein Sohn des Annas und Schwager des Kaiphas war, gefangengenommen wurde. Jakobus wurde durch den Sanhedrin und 62 n. Chr. verurteilt, gerade 29 Jahre nach dem Karfreitag. Der neue römische Statthalter war noch nicht in Judäa angekommen. Als er ankam, wurde er so zornig über den Justizirrtum, daß er die Absetzung des Hohenpriesters anordnete – das zweite Mal versuchte der römische Statthalter, sich richtig zu verhalten.

Diese Episode wird uns nicht von einem antisemitischen Christen, sondern von einem jüdischen Histcriker überliefert, Flavius Josephus.

Ich vertraue darauf, daß man mir vergibt, daß ich mein Buch auf eine nichtrevisionistische Interpretation des Neuen Testaments gegründet habe, denn ich habe es sogar mit zusätzlichen Daten über den »Richter, der die Weltgeschichte verändert hat«, ergänzt.

Paul L. Maier
Western Michigan University
5. April, Karfreitag 1996

VORWORT

Der Prozeß gegen Jesus ist zu einem zentralen Ereignis der Geschichte geworden. Ohne das Urteil eines Mannes wäre der Glaube, den heute eine Milliarde Menschen teilen, nicht entstanden; zumindest hätte er sich nicht so entwickelt, wie er es getan hat. Die Entscheidung des römischen Präfekten von Judäa an dem »Karfreitag« genannten Tage mag unter dem Druck des Augenblicks gefallen sein, aber sie war bedingt durch die turbulente Politik des Mittelmeerraums in jener Zeit. Was ist wirklich bei diesem berühmtesten aller Prozesse geschehen? Und welche Motive lagen dem Urteil des Pilatus zugrunde: Feigheit, Eigennützigkeit, Notwendigkeit? Woher kam dieser Mann, und was ist später aus ihm geworden, der, ohne es zu wissen, den Strom der Geschichte in eine neue Bahn lenkte? Dieses Buch gibt mehrere Antworten darauf.

Das Quellenmaterial über Pilatus reicht für eine Biographie nicht aus, ist aber für einen Roman im üblichen Sinn zu umfangreich. Es wird hier ein Kompromiß versucht, den man den dokumentarisch-historischen Roman nennen könnte. Dies schien die geeignete Form für einen Fall wie den des Pilatus, in dem es zwar an authentischem Material nicht mangelt, das aber trotzdem lückenhaft ist.

Als ich dieses Buch zu schreiben begann, habe ich zunächst einmal nach allen vorhandenen Fakten geforscht und sie dann zu etwas zusammengefügt, von dem ich hoffe, daß es die wirkliche Laufbahn von Pilatus überzeugend sichtbar macht. Als dokumentarischer Roman unterscheidet sich dieser Roman von den üblichen historischen Romanen darin, daß sich der Autor an die Tatsachen hält: das vorhandene Material wird hier unverändert benutzt. Anmerkungen über die bedeutungsvollsten und widersprüchlichsten Punkte der Forschung befinden sich am Ende dieses Buches. Die meisten von ihnen beziehen sich auf Originalquellen.

Der Genauigkeit wegen habe ich mich an folgende Regeln gehalten: 1. Alle in diesem Buch genannten Personen sind historische Figuren; kein Eigenname ist erfunden – wo er nicht bekannt ist, wird er nicht genannt. 2. Kein Porträt einer Persönlichkeit, keine Schilderung eines Ereignisses, keine Episode oder auch nur Einzelheit widerspricht bekannten historischen Tatsachen (es sei denn durch einen Irrtum des Autors.) 3. Nur wo jeder Beweis fehlt, ist die Geschichte »konstruiert«, beruht sie auf Wahrscheinlichkeiten, mit denen die Lücken gefüllt werden sollen. Aber selbst hier ist so viel authentisches historisches Material wie möglich verwendet worden, ebenso im Dialog.

Dieses Buch versucht, »die größte Geschichte, die je erzählt wurde«, von jenem Punkt aus zu erzählen, von dem aus sie kaum je erzählt worden ist.

Was in Palästina zu Anfang des 1. Jahrhunderts geschehen ist, wird meistens aus einer christlichen oder jüdischen – nicht römischen – Perspektive gesehen. Die Ereignisse in Judäa werden selten mit dem größeren Komplex verbunden, der die Provinz beherrschte: das Römische Reich. Aber der Höhepunkt des Lebens Jesu war nicht die Geschichte einer Stadt, sondern zweier Städte – Jerusalem und Rom. Und das ist der andere Teil der Geschichte.

P. L. M.
Western Michigan University
22. Januar 1968

Erstes Kapitel

Trompetengeschmetter hallte durch Rom und grüßte den Sonnenaufgang am 1. April des Jahres 26. Es war das tägliche Signal, die Wasseruhren zu stellen – eine Freundlichkeit der Männer der Prätorianergarde, die in ihrem neuen Lager am Rande der Stadt Quartier bezogen hatte. Der Tag hatte schon eine Stunde früher mit dem ersten Schimmer der Morgenröte begonnen, als die Kaufleute ihre Läden öffneten; doch jetzt, als die Sonne über den östlichen Hügeln von Rom erschien, hörte man in der Stadt eine lärmende Sinfonie von Wagengeklapper, Hammerschlägen und Kindergeschrei; und nur in den wohlhabenden Gesellschaftsschichten gestattete sich mancher den Luxus, bis sieben Uhr weiterzuschlummern; die späten Zecher freilich schliefen noch länger. Im übrigen nutzten die Bürger Roms jede Stunde, da es hell war, denn die Nächte waren dunkel und die Beleuchtung kärglich.

Von den Kommandohöhen seiner Palastterrasse auf dem Palatin blickte Tiberius Cäsar Augustus gelangweilt über seine laute Hauptstadt, halb hoffend, daß Rom mit dem Morgennebel verschwinde, daß alle vierzehn Bezirke der Stadt sich allmählich im Tiber auflösten und wie so viel anderer Unrat vom Mittelmeer verschluckt würden. Tiberius war jetzt gut zwölf Jahre Princeps, »erster Bürger«, Kaiser Roms, ein hohes Amt, das er seiner Anforderungen wegen weder genießen noch ohne Gefahr niederlegen konnte.

Sachlich und unbefangen Urteilende waren sich darin einig, daß Tiberius überraschend gut regiere, da er doch als Nachfolger seines Stiefvaters, des jetzt göttlichen Augustus, dessen Regierungszeit so glanzvoll gewesen war, einen alles andere als beneidenswerten Stand hatte. Zudem war Tiberius nicht gerade unter schmeichelhaften Umständen an die Macht gekommen, denn Augustus hatte sich erst für Tiberius entschieden, als die ursprünglich vorgesehenen Thronanwärter gestorben waren. Tiberius nährte in sich den dunklen Groll, nur ein »Ersatz-Kaiser« zu sein; er hörte zuviel auf das unvermeidliche Geflüster derer, die ihn mit Augustus oder den anderen Prätendenten verglichen, und brütete zuviel über den an ihm nagenden bitteren Erinnerungen. Der Princeps – trotz seiner sechsundsechzig Jahre eine immer noch aufrechte Gestalt – ging in den Palast zurück, um das Frühstück einzunehmen, ohne das kein Römer den Tag beginnen konnte: in Wein getauchtes Brot, Eier und die bis an den Rand gefüllte Tasse *mulsum,* eine Mischung aus Wein und Honig. Tiberius aß allein, das Schicksal hatte es nicht anders gewollt. Die Freuden des Familienlebens waren ihm versagt. Als Vierjähriger hatte er die erste Tragödie erlebt: seine Mutter Livia hatte sich von seinem Vater scheiden lassen, um Augustus zu heiraten, ein ehrgeiziger gesellschaftlicher Aufstieg, wie er zu jener Zeit nichts Ungewöhnliches war. Rom empörte es jedoch, daß Livia am Tage ihrer zweiten Hochzeit von ihrem ersten Manne im sechsten Monat schwanger war. An jenem Abend soll die Statue der Tugend im Forum von ihrem Sockel gefallen sein. Erst in seiner glücklichen Ehe mit Vipsania konnte Tiberius seine verworrene Kindheit vergessen.

Aber Augustus machte auch diese Ehe zunichte. Er bestand darauf, daß sich Tiberius als sein künftiger Nachfolger von der geliebten Vipsania scheiden ließ und statt ihrer Julia, das einzige Kind des Kaisers, heiratete. Denn Augustus wollte um jeden Preis seinen eigenen Stamm erhalten. Julia wurde indessen bald das personifizierte Laster Roms; sie brach so oft die Ehe und war so verrufen, daß Augustus selbst sie lebenslang auf eine Insel im Mittelmeer verbannte.

Tiberius war nur noch Drusus geblieben, sein vielversprechender Sohn; aber vor drei Jahren starb dieser an einer rätselhaften Krankheit. Tiberius Cäsar, Herrscher über siebzig Millionen Menschen in einem Reich, das sich vom englischen Kanal bis zu den Toren Mesopotamiens erstreckte, war nun ein einsamer Mensch.

Er winkte einem Diener, überlegte einen Augenblick und sagte dann: »Laß Sejanus ausrichten, daß ich ihn heute abend sprechen will!« Der Diener gab das an einen der Prätorianerleibwächter weiter, und der eilte zu dem Hause des Sejanus an den Hängen des Esquilin.

L. Aelius Sejanus war Präfekt der Prätorianer, jener Elitetruppe, die als Staatliche Polizei auch die Leibwache des Kaisers stellte. Sejanus, ein muskulöser, breit gebauter Mann von dunkler Hautfarbe, trug an diesem Tage eine makellose Toga aus weißer

Wolle. Der Präfekt war mittleren Alters – in den Augen der Frauen Roms aber alterslos; seine Züge verrieten etruskische Abstammung und unterschieden sich sehr von denen der Römer mit ihren hohen Stirnen. Das Wesen des Sejanus jedoch, seine Treue und seine wahren politischen Motive, waren ein Zentrum widerstreitender Impulse. Viele behaupteten, Rom habe nie einen selbstloseren, mehr auf das Gemeinwohl bedachten, tüchtigeren Beamten gehabt; aber seine Gegner meinten, Sejanus sei ein echter Etrusker aus alter vorrepublikanischer Sippe und als solcher Roms Todfeind.

Wie ein Meteor war er am politischen Himmel Roms aufgestiegen. Obwohl er nur Angehöriger des Ritterstands war, besaß Sejanus jetzt eine Macht, die patrizische Senatoren veranlaßte, sich ihm eiligst anzuschließen oder ihn schmollend und eifersüchtig zu meiden. Einen Teil dessen, was er erreicht hatte, hatte er geerbt; denn schon Augustus hatte seinen Vater, Sejus Strabo, zum Präfekten der Prätorianergarde gemacht, und dann hatte Tiberius Sejanus auf den gleichen Posten berufen und Strabo als Gouverneur nach Ägypten geschickt.

In den vergangenen zehn Jahren hatte Sejanus sein Amt allmählich ausgebaut; es war nicht mehr nur ein Sprungbrett zur Macht – es war Macht. Er hatte das mit seiner glänzenden Reorganisierung der Prätorianergarde geschafft. Seinem Vorschlag, die neun in ganz Italien verstreuten Prätorianerkohorten zusammenzuziehen und in großen Kasernen in der Nähe Roms unterzubringen, von wo aus diese Elitetruppe dem Kaiser in jeder Notlage schnell zu Hilfe eilen konnte, hatte Tiberius zugestimmt. Auf dem Viminalhügel, unmittelbar vor der nordöstlichen Stadtmauer Roms, war dann ein ausgedehntes neues Castra Prätoria errichtet worden. Die hier stationierte Truppe hielt zu ihrem Präfekten, und wenn Sejanus sprach, hörten neuntausend Gardisten zu und gehorchten.

Zuviel Macht in den Händen eines Mannes? Tiberius fand das nicht. Er brauchte diesen unmittelbaren Schutz, und er hatte in Sejanus nie auch nur die geringste Illoyalität ihm oder »dem Senat und dem römischen Volk« gegenüber, wie das Reich offiziell sich selbst bezeichnete, entdeckt. Tiberius hielt einen Mann wie Sejanus im augenblicklichen Stadium der Herrschaft über Rom für unentbehrlich. Rom war keine Republik mehr, aber auch noch kein voll entwickeltes Kaiserreich und brauchte dringend eine starke Verwaltung anstelle eines Mischmaschs von Ämtern. Tiberius dachte daran, als er Sejanus drängte, auch den Ausbau der zivilen Verwaltung des Reiches zu überwachen.

Die Botschaft vom Palatin erhielt Sejanus gerade, als die beiden Konsule für das Jahr 26 sein Haus verließen. Sie waren gekommen, um zu hören, ob die Gerüchte stimmten, daß Tiberius einen ausgedehnten Urlaub fern von Rom plane. Es war typisch für Sejanus, daß er das weder bestätigte noch bestritt. Als die Ehrengarde von zehn Liktoren die Rutenbündel auf die Schulter nahm, um die Konsule durch die Straßen Roms zu eskortieren, konnte man hören, wie die beiden letzteren sich über Sejanus unterhielten. Calvisius hatte viel gegen ihn einzuwenden, während Gaetulicus ihn standhaft verteidigte, und beides spiegelte wider, was ganz Rom empfand.

Von der Bibliothek, wo er seine Amtsgeschäfte führte, blickte Sejanus in das Atrium seines Hauses und sah den Boten des Kaisers sich durch die Menge von Beamten und Funktionären drängen, die alle darauf warteten, bei ihm vorgelassen zu werden. Nachdem Sejanus die Botschaft von Tiberius vernommen hatte, erhob er sich schnell und tat ein paar Schritte; er kehrte der lauten Menge im Atrium den Rücken, um in Ruhe einige Augenblicke nachdenken zu können. Ja, sagte er sich dann, es war jetzt der richtige Zeitpunkt, mit dem Kaiser zu sprechen, aber zuvor war zumindest ein Schritt notwendig. Er nahm einen Griffel und schrieb auf eine Wachstafel:

»L. Aelius Sejanus an Pontius Pilatus. Ich möchte Sie heute gegen vierzehn Uhr sprechen. Hätte ich mich nicht mit Domitius Afer verabredet, hätten wir zusammen essen können. Nun, ein andermal. Leben Sie wohl.«

Nachdem er dies geschrieben hatte, drehte er sich hastig um, um seinen nächsten Besucher hereinzubitten.

Ein Gardist brachte die Botschaft dem Tribun der ersten Prätorianerkohorte, Pontius Pilatus, der in Abwesenheit des Sejanus sein Vertreter als Kommandant der Castra Praetoria war. Als Pilatus die an ihn gerichteten Zeilen las, verfinsterte sich ein wenig sein Gesicht. Nicht daß er Sejanus nicht mochte – ganz im Gegenteil –, aber er war sehr beunruhigt über das, was am Abend zuvor geschehen war. Auf einer Gesellschaft zu Ehren des Offiziersstabs der Prätorianer hatte Pilatus, als alle dem Wein reichlich zugesprochen hatten, einen Toast auf »Tiberius Caldius Mero« statt auf Tiberius Claudius Nero ausgesprochen, ein allzu durchsichtiges Wortspiel mit dem Namen des Kaisers, das »Trinker heißen Weins« bedeutete. Alle wieherten vor Vergnügen, außer Sejanus, der Pilatus nur stumm ansah, ein Blick sehr von oben herab, den zu vergessen der Tribun sich fast den ganzen Vormittag bemüht hatte.

Wenn Tiberius etwas von seiner Indiskretion erfuhr, konnte er mehr als seinen Posten verlieren. Erst vor einem Jahr – er erinnerte sich mit Schaudern daran – hatte der Senator Cremutius Cordus in einem von ihm veröffentlichten Geschichtswerk die Cäsarmörder Brutus und Cassius als die letzten Römer zu preisen gewagt. Cordus wurde des Verrats bezichtigt und nahm sich das Leben, und alles, was er geschrieben hatte, wurde verbrannt. Man konnte nicht mehr so offen sprechen, wie es zur Zeit der Römischen Republik möglich gewesen war. Beunruhigt sah Pilatus der Begegnung mit Sejanus entgegen.

Sejanus' Botschaft war ziemlich höflich gewesen, aber die für das Treffen festgesetzte Zeit – kurz nach dem Mittagsmahl, wenn die meisten Römer eine kurze Siesta hielten – war ungewöhnlich. Es mußte sich um etwas Wichtiges handeln. Nach einem schnellen Essen – den Wein versagte er sich – kleidete sich Pilatus um. Er hatte beschlossen, Zivil anzulegen. Seine Tunika prunkte mit dem *angustus clavus,* einem schmalen, von oben nach unten verlaufenden Purpursaum, der den Träger als dem Ritterstand angehörend auswies, über dem nur noch die Senatoren standen, welche den *latus clavus,* den breiteren Purpurstreifen, trugen. Außerhalb des Hauses war die Tunika von einer Toga bedeckt, und das Drapieren der Toga war geradezu eine Kunst; jede Falte mußte richtig und anmutig fallen, und vom Purpur der Tunika durfte nicht zuviel sichtbar sein, denn das wäre großtuerisch gewesen; zu wenig freilich hätte falsche Bescheidenheit verraten.

Pilatus ließ sich von einem Gehilfen begleiten, als er die Patrizierstraße hinabging, eine größere Verkehrsader, die von den *Castra Praetoria* im Südwesten ins Zentrum Roms führte. Bis auf seine Kleidung unterschied er sich in nichts von den Scharen von Römern aller Stände, die diese Durchgangsstraße benutzten. Pilatus, noch ein Mann in der Blüte seiner Jahre, war mittelgroß, hatte ein kantiges Gesicht und lockeres dunkles, mit Olivenöl eingeriebenes Haar. Obwohl er dem Typ des Römers näher kam als Sejanus, mangelte ihm doch ebenso wie seinem Vorgesetzten das reine römische Blut. Seine Familie, die Pontii, waren ursprünglich Samniter, ein Bergvolk, das mit den lateinischen Römern verwandt war und weiter südlich in den Apenninen lebte und in mehreren blutigen Kriegen einmal Rom fast erobert hätte. Die Pontii gehörten zum Senatorenstand; als Rom sich schließlich die Samniter einverleibte, wurden sie in den Ritterstand degradiert. Dennoch war den Pontii der Trost verblieben, im Rang der *equites illustriores,* der vornehmeren Ritter, zu stehen; sie hatten Rom als Beamte und Militärs gedient. Einige allerdings waren Kaufleute geworden, hatten große Vermögen erworben und schließlich doch noch die Würde der Senatoren im Kaiserreich erlangt.

Auf zwei sich in östlicher Richtung den Esquilin hinaufwindenden Straßen kamen sie zum großen Hause Sejanus'. Während Pilatus in das Atrium geleitet wurde, verkündete der Diener den Wartenden, daß Sejanus an diesem Nachmittag sonst niemanden empfangen könne. Eine Schar enttäuschter Klienten, Stellungsuchender und anderer lästiger Leute verließ das Haus.

»Kommen Sie herein, Pilatus«, sagte Sejanus mit unvermuteter Wärme. Die beiden gingen durch einen Säulengang in die Bibliothek. »Ich bin in einer Stunde mit dem Princeps verabredet. Wir werden darum nicht so viel Zeit haben, wie mir lieb wäre.«

»Was den gestrigen Abend betrifft«, stammelte Pilatus, räusperte sich und fuhr dann fort: »Ich bedauere, daß der Wein mich ein wenig benebelt hatte. Mein kleiner Scherz war ...«

»Ach, das«, fiel Sejanus ein, »ja, klug, aber gefährlich klug. Vergessen wir lieber das Wortspiel. Da wir jedoch unter Freunden waren, können wir es auf sich beruhen lassen. Wäre es öffentlich gewesen, hätten die Dinge vielleicht eine andere Wendung genommen.«

Sehr erleichtert versprach Pilatus, in Zukunft seine Zunge im Zaum zu halten, als Sejanus ihn von neuem unterbrach: »Sie sind Mitglied unseres Ritterordens, haben eine ausgezeichnete Bildung, Pilatus, und haben sich militärisch hervorragend bewährt. Was würden Sie gern tun, nachdem Ihr Dienst bei den Prätorianern beendet ist? Bedenken Sie, in welchen Ämtern Sie als Ritter Karriere machen könnten – so könnten Sie zum Beispiel ein hoher Beamter werden, sagen wir, Präfekt in einer Provinz, oder vielleicht möchten Sie bei der Garde bleiben und mich eines Tages als Prätorianerpräfekt ablösen.« Das Schmunzeln, das Sejanus' letzte Bemerkung begleitete, beruhigte Pilatus nicht. Der gönnerhafte Ton in der Frage war ihm nicht geheuer.

»Nein, Ihren Posten nicht – ich glaube, ich würde unter dem, was dieses Amt fordert, zusammenbrechen«, antwortete er pflichtschuldig, »aber obwohl ich noch keine endgültigen Pläne habe, ziehe ich die Verwaltung vor und hoffe darum, in irgendeinem öffentlichen Amt dienen zu können.«

»Gut. Zu viele vielversprechende Mitglieder unserer Schicht kehren der Politik den Rücken, um Kaufleute zu werden – aber das Reich braucht jetzt hohe Verwaltungsbeamte und nicht Händler.«

Die beiden Männer saßen bequem zurückgelehnt in ihren Sesseln, und wer sie so sah, hätte glauben können, sie genössen es, sich zwanglos zu unterhalten; aber Pilatus wußte es besser und blieb auf der Hut, da er aus Erfahrung wußte, daß Sejanus sein Thema eine ganze Weile zu umkreisen verstand, wobei er diese und jene Information bekam, die ihm nützlich erschien, ehe er schließlich zu dem eigentlichen Thema des Gespräches kam. Pilatus, dem gar nicht so viel daran lag, so schnell zur Sache zu kommen, gab bedächtige Antworten.

Sejanus lenkte dann die Unterhaltung in eine ergiebigere Richtung: »Ich möchte Ihnen jetzt mehrere Fragen stellen, und versuchen Sie bitte nicht zu ergründen, was sie bedeuten könnten. Jedenfalls nicht im Augenblick. Erstens, was sagt die Stadt über Sejanus?«

»Die Prätorianer sind Ihnen alle treu ergeben, und ebenso sind es die meisten Römer. Tiberius wirkt in letzter Zeit etwas zerstreut, wenn Sie mir diese Bemerkung verzeihen. Er wird eben älter, und seit dem Tode des Drusus scheint er ein ganz anderer Mensch geworden zu sein – mißgestimmt, argwöhnisch, mürrisch. Man sieht ihn selten in der Öffentlichkeit. Er hat große Schwierigkeiten mit dem Senat. Es herrscht allgemein die Ansicht, daß er für Roms Wohlergehen einen starken Vertreter braucht, der für ihn regiert, jetzt mehr denn je. Und Sie sind ...«

»Genug der Diplomatie, Pontius Pilatus. Seien Sie ehrlich, und zeigen Sie die Kehrseite der Medaille!«

»Darauf wollte ich gerade kommen«, antwortete Pilatus schnell, der spürte, daß Sejanus ebenso seine Integrität wie seinen Takt testete, »aber Sie wissen am besten, wer Ihre Gegner sind: Agrippina und ihre

Anhänger, vielleicht ein Drittel des Senats – Patrizier, die jedem Ritter, der an der Macht ist, grollen – und ein paar eigensinnige Republikaner, die spüren, daß Sie eine Regierung zusammenhalten, die man nach ihrer Meinung zusammenbrechen lassen sollte.«

Agrippina, die Witwe von Tiberius' beliebtem Neffen Germanicus, war Sejanus spinnefeind. Sie ärgerte sich über seinen wachsenden Einfluß auf den Princeps in einer Zeit, da ihre Söhne in der Thronfolge an erster Stelle standen, während Tiberius ebenso ärgerlich darüber war, daß sie sich so leidenschaftlich für die beiden einsetzte. Agrippina und Sejanus bildeten damals Gegenpole in der hohen Politik Roms.

»Das ist ein adäquater Katalog der Opposition«, sagte Sejanus, »aber was ist mit dem Mann auf der Straße?«

»Den Plebejern ist es noch nie besser ergangen. In Rom herrscht Frieden. Die Wirtschaft gedeiht, und vieles davon schreibt man Ihnen zugute. Aber ehrlich gesagt, es ist ebenso bekannt, daß Sie kürzlich an Tiberius schrieben, ihn um die Hand Livillas gebeten haben, und daß er Ihnen nicht gestattet hat ...«

Sejanus machte große Augen: »Das ist in der Öffentlichkeit bekannt?«

»Ein paar Gardisten haben im Forum diesen Klatsch aufgeschnappt. Aber man glaubt, daß Sie schließlich Ihren Willen doch durchsetzen werden, und die Leute sehen in Ihnen jemanden, der geduldig ist.«

Livilla war die Witwe von Tiberius' Sohn Drusus. Ihre Verliebtheit in Sejanus recht bald nach dem Tode ihres Mannes wurde nicht ohne Kritik bemerkt, und da diese Ehe Agrippina vor Eifersucht wahnsinnig gemacht hätte, hatte Tiberius klugerweise seine Einwilligung vorerst nicht gegeben.

»Ja, es war ein bißchen verfrüht. Ein Fehler von mir. Die Liebe gerät manchmal in Konflikt mit dem Verstand, wie Sie gewiß wissen ... Aber jetzt zu etwas anderem. Sind Sie ein religiöser Mann, Tribun?«

Diese Frage überraschte Pilatus sichtlich. Er nahm eine andere Haltung ein und räusperte sich: »Nun ... ich verehre natürlich die offiziellen Götter des Staates.«

»Ja, natürlich, und zwar fanatisch, wie ich wetten möchte«, sagte Sejanus mit einem spöttischen Lächeln, da keiner von beiden

Jupiter oder Juno oder eine der anderen griechischen Gottheiten, denen man lateinische Namen gegeben hatte, ernst nahm. In letzter Zeit, schien es, rief man die Götter nur an, wenn man fluchte. »Nun, wie ist es dann mit der Philosophie«, forschte Sejanus, »dem Ersatz des Intellektuellen für Religion? Welche Schule bevorzugen Sie?«

Pilatus dachte einen Augenblick nach. »Ich würde sagen, ich stehe in der Mitte zwischen Skeptizismus und Stoizismus. Die Suche nach der letzten Wahrheit ist eine gute Übung, aber hat jemand sie je gefunden? Und wenn ja, was ist Wahrheit? Eine Wahrheit, wie sie die Platoniker oder die Epikuräer lehren? Oder Aristoteles oder die Zyniker? In dieser Hinsicht bin ich wohl ein Skeptiker. Andererseits wäre Skeptizismus allein wohl kaum als Richtschnur für das Leben geeignet. Hier, glaube ich, haben die Stoiker mit ihrer wunderbaren Betonung der Pflicht und ihrem Glauben an eine Vorsehung den römischen Staat etwas zu lehren.«

»Nun, wie ist es dann mit dem jüdischen Monotheismus?«

»Die Juden sollen zwar an einen Gott glauben, aber sie sind kaum Stoiker.«

»Was halten Sie sonst von den Juden als Volk?«

»Ich glaube, jeder Römer würde mir zustimmen, daß sie ein sehr fleißiges, aber Inzucht treibendes und stolzes Volk sind. Doch sie begraben ihre Differenzen, wenn es darum geht, mit unseren Geschäftsleuten in Wettbewerb zu treten. Nein, ich glaube nicht, daß die Juden gute Römer sind, und Sie erinnern sich natürlich an den Fulvia-Skandal.«

Vor mehreren Jahren hatten vier verruchte Juden eine römische Matrone namens Fulvia dazu überredet, als Opfergabe für den Tempel in Jerusalem ein purpurnes Gewand und einiges Gold zu spenden, was sie sich dann prompt selber aneigneten. Als Tiberius von dem Schwindel erfuhr, verbannte er in seiner Wut die Juden, zusammen mit einigen weiteren Anhängern fremder Kulte und Astrologen – es war die erste derartige Verfolgung durch den römischen Staat.

»Ich muß gleich zu dem Kaiser«, fuhr Sejanus fort, »darum erlauben Sie mir, daß ich mich kurz fasse. Valerius Gratus, der Präfekt von Judäa, ist dort elf Jahre im Amt gewesen, und der Princeps und ich halten einen Wechsel für an der Zeit. Eine Ansicht, die, wie ich zu meiner Freude sagen darf, Gratus ebenfalls teilt. Kurz gesagt, ich habe vor, Sie als *Praefectus Iudaeae* und Nachfolger des Gratus vorzuschlagen – wenn Sie damit einverstanden sind!« Er hielt einen Augenblick inne und fuhr dann fort: »Aber ehe Sie sich entscheiden, will ich Ihnen noch einige Einzelheiten nennen. Im Augenblick ist Judäa ein besonders wichtiger Posten, da die Provinz Syrien während der augenblicklichen Interimszeit ohne Statthalter ist.«

»Wie steht es mit Aelius Lamia?« warf Pilatus ein.

»Lamia!« lachte Sejanus, »er ist Legat von Syrien, das stimmt. Aber nur dem Titel nach und nicht in der Praxis. Der Princeps mißtraut ihm, und er muß seine Amtszeit hier in Rom abdienen. Darum ist im Augenblick jenseits der Grenze, in Syrien, kein Statthalter, der dem judäischen Präfekten beisteht, wenn er in Schwierigkeiten gerät. Und deswegen brauchen wir einen unserer besten Männer auf diesem Posten. Aus zwei Gründen habe ich an Sie gedacht.«

»Ich danke Ihnen. Es ehrt mich, daß Sie in diesem Zusammenhang an mich gedacht haben«, kam es Pilatus glatt von der Zunge.

Und tatsächlich, er war überwältigt. Die Stellung eines Präfekten in der Provinz war eine dramatische Beförderung für ihn, eines der höchsten Ämter in der Ritterlaufbahn. Im Gedanken an seine Zukunft hatte Pilatus wohl schon gehofft, einmal Präfekt zu werden, aber nie war ihm der Gedanke gekommen, daß es Judäa sein könnte.

»Es würde mich aber interessieren, warum Sie gerade mich für diesen Posten vorgesehen haben«, fügte Pilatus hinzu.

»Weil Sie jenen Teil der Welt kennen. Sie sind, meine ich mich zu erinnern, administrativer Militärtribun bei der 12. Legion gewesen. Stimmt das?«

»Ja. Aber das war in Syrien.«

»Und Syrien ist der direkte Nachbar Judäas«, sagte Sejanus, »aber vielleicht sind Sie nicht daran interessiert, eine Provinz zu regieren.«

»Ganz im Gegenteil. Wann soll ich mich aufmachen?« Lächelnd gestand sich Pilatus schnell ein, daß das Bedürfnis, Zeit zu gewinnen, nur seiner großen Überraschung zuzuschreiben war.

»Wie Sie sicher wissen«, fuhr Sejanus fort, »wird Ihr Einkommen hunderttausend Sesterzen sein, die Nebeneinkünfte nicht mitgerechnet. Und wenn Ihre Tätigkeit erfolgreich ist, kann es entsprechend erhöht werden. Die Juden sind natürlich schwer zu regieren, und darum ist das Gehalt nicht zu hoch; aber nach Ihrer Zeit in Judäa werden vielleicht noch größere Ehren Sie hier in der Regierung erwarten, zumal wenn Sie Rom im Ausland gut dienen.«

Pilatus wollte ein paar weitere Fragen stellen, als er von neuem unterbrochen wurde. Gespräche mit dem Prätorianerpräfekten wurden, wie nur allzu bekannt war, nur von einer Seite bestritten. »Aber das alles ist im Augenblick noch nicht entschieden. Tiberius muß natürlich erst seine Zustimmung geben, und heute nachmittag werde ich um Sie zu kämpfen beginnen. Ich werde zunächst sagen, wie notwendig Judäa einen Präfekten braucht, und dann beiläufig Ihren Namen erwähnen und schildern, was Sie bis jetzt gemacht haben. Im Laufe des Gesprächs werde ich auf Sie zurückkommen und Sie zum Schluß noch einmal erwähnen. Dann werden Sie so etwas wie ein alter Freund des Princeps sein. Das bedeutet natürlich nicht, daß er schon heute seine Zustimmung zu Ihrer Ernennung gibt. Er würde das niemals tun. Denn das würde so aussehen, als ob er sich von mir beeinflussen ließe, und er ist in dieser Hinsicht sehr empfindlich. Tiberius wird sich in etwa einem Monat für Sie entscheiden, und dann ist es geschafft.«

»Meinen Sie, ich sollte mich jetzt schon auf das Amt vorbereiten oder erst Tiberius' Zustimmung abwarten?«

»Sie können sich jetzt schon vorbereiten. Ich werde keinen anderen Kandidaten vorschlagen, und ich glaube auch nicht, daß der Kaiser an einen anderen denkt.«

Mit diesen Worten geleitete er Pilatus in das Atrium hinaus und rüstete sich für seinen Besuch auf dem Palatin.

Draußen war es für die Jahreszeit ungewöhnlich warm. Ein Südwestwind wehte vom Aventin herunter und brachte den frischen Weizengeruch von den großen stattlichen Kornspeichern am Tiber mit. Am späten Nachmittag sollte es regnen.

Auf seinem Rückweg in die Castra berauschte sich Pilatus an den ganz neuen Aussichten, die sich ihm boten. Er hatte einen Tadel erwartet, nein, Entlassung. Statt dessen sollte er nun eine römische Provinz regieren. Die Herrschaft über Judäa würde natürlich mehr als eine Herausforderung sein. Nach allen Berichten war es eine äußerst komplizierte Aufgabe, die Juden unter römischer Herrschaft zufriedenzustellen. Er wußte, daß Palästina, seit Pompejus es vor fast neunzig Jahren erobert hatte, stets ein Unruheherd gewesen war. Rom hatte es mit einer indirekten Regierung unter König Herodes und einer direkten unter seinem Präfekten versucht. Aber die wachsende Feindschaft zwischen Römern und Juden und diesem in der Sonne schmorenden Land hatte zu Aufruhr und Rebellion geführt, die alle in Blut erstickt worden waren.

Diese Aussicht beunruhigte Pilatus. Er versuchte, die Gründe für seine Wahl herauszufinden. Und schon bald wurden sie ihm nur allzu klar. Pilatus stand im Ruf, ein zäher Befehlshaber zu sein, seit er geholfen hatte, durch eine geschickte Kombination von Beredsamkeit und Gewalt eine Meuterei in der 12. Legion zu unterdrücken. Sejanus hatte davon gehört und ihm daraufhin ein Anerkennungsschreiben gesandt. Die Soldaten in der Gewalt zu behalten, war für Sejanus das oberste Gebot.

Plötzlich fragte sich Pilatus, ob Sejanus noch einen anderen Grund hatte. Wie war es mit Lamia, dem Präfekten ohne Provinz? Traute nur Tiberius ihm nicht und verhinderte er es, daß Lamia nach Syrien ging? Und Sejanus? Vor mehreren Jahren hatte Lamia mit Sejanus in einer öffentlichen Gerichtsverhandlung gestritten und war danach zu der Partei Agrippinas übergegangen. Und obwohl er in Rom gleichsam in Quarantäne saß, gingen östliche Angelegenheiten über seinen Schreibtisch. Darum mußte jetzt, da Sejanus' Vater, der Statthalter in Ägypten, tot war, jemand Sejanus' Interessen im Osten vertreten. Jemand? Er!

Nun gut. Vor mehreren Jahren hatte er auf die Karte des Sejanus, seines Rittergenossen, gesetzt, der jetzt gleich nach dem Kaiser kam, und dieser Entschluß hatte sich bezahlt gemacht. Judäa war eine äußerst schwierige Aufgabe. Aber wenn er erfolgreich war, würden ihn nach Sejanus' Worten in der hiesigen Regierung größere Ehren erwarten.

Es war ein typischer »Sejanismus«, eine Übertreibung mit einem Schuß Satire, aber er vergoldete Pilatus' Aussichten.

Zweites Kapitel

Ein paar Tage später, als Sejanus die Garde inspizierte, berichtete er Pilatus, daß der Princeps seine Ernennung positiv aufgenommen habe. Und riet ihm, sich auf die ihn erwartenden Aufgaben in Judäa dadurch vorzubereiten, daß er Kenner des östlichen Mittelmeerraums konsultierte, die in Rom lehrten. Pilatus, der ein sehr vorsichtiger Mensch war, hatte seiner Braut Procula gegenüber noch nichts von seiner zu erwartenden Ernennung erwähnt; er wollte erst wissen, wie Tiberius auf seine Kandidatur reagierte. Für einen Militär, der gelernt hatte, schnelle, unumstößliche Entscheidungen zu fällen, war Pilatus überraschend sanft und geduldig mit dem jungen Mädchen. Und er wollte es vermeiden, Hoffnungen in ihr zu wecken, die durch eine negative Entscheidung des Kaisers zunichte gemacht werden konnten. Heute nun konnte er sie mit der Nachricht von seiner Berufung überraschen, und er sah diesem Abend freudig entgegen. Sie waren noch nicht offiziell verlobt, weil Pilatus erst die militärische Dienstzeit hatte beenden wollen, aber er begann sich zu fragen, ob das nicht ein Vorwand gewesen war; denn wie viele seiner Zeitgenossen war Pilatus mit Leib und Seele Junggeselle gewesen, ein leidenschaftlicher Anhänger jener Freiheit und Ungebundenheit, die die Männer Roms so sehr entzückte, daß die Heirats- und Geburtsziffern beunruhigend sanken. Pilatus war von seiner Familie schon mit Procula verlobt worden, als das Mädchen noch ein halbes Kind war. So hatte er eine Reihe von Jahren bis zur Eheschließung gewonnen und das hohe Maß an Freiheit genossen. Im letzten Jahr aber hatte er sich mehr und mehr zu Procula hingezogen gefühlt, und sie hatten sich wirklich ineinander verliebt, eine unerwartete und nach den in Rom geltenden Begriffen unnötige Entwicklung. Procula war jetzt etwas mehr als halb so alt wie er. Er war Ende dreißig, sie noch nicht zwanzig – der übliche Altersunterschied, wenn auch seine Freunde Procula schon fast zu alt für ihn fanden. Pilatus machte sich jedoch selber nichts vor und glaubte, das Gegenteil komme der Wahrheit näher; er war entschlossen, so bald wie möglich zu heiraten, damit Procula und er sich eines langen gemeinsamen Lebens erfreuen konnten. Er wußte, sie würde keine ernstlichen Einwände haben, zumal sie auf ihre stille Art in den letzten zwei oder drei Jahren öfter darauf angespielt hatte.

Nachdem Sejanus ihm die gute Nachricht übermittelt hatte, zog sich Pilatus in seine Gemächer zurück, um das zu genießen, was die Römer ihr »Bad« nannten – Sauberkeit war nur ein Nebenprodukt dieser komplizierten Prozedur, die ein kaltes, dann ein heißes Bad erforderte, Schmoren im Dampfraum, Rösten auf Marmorsteinen in einer Kammer mit trockener Hitze, eine Abreibung des ganzen Körpers mit Frottierbürsten und schließlich das Einreiben mit parfümierten Salben, um die strapazierte Haut zu beruhigen. All das war wahrscheinlich einst von Masochisten erfunden worden, aber die meisten Römer nahmen die Strapazen dieses Bades gern auf sich. Das schwüle Mittelmeerklima verlangte es, und zugleich war dies die beste Zeit für die Männer Roms, ihre beruflichen und geschäftlichen Dinge zu erledigen.

Für diesen Abend mit Procula wählte Pilatus eine leuchtend weiße Tunika-Toga-Zusammenstellung. Nachdem er die Castralager dem Offizier vom Dienst übergeben hatte, machte er sich auf den kurzen, ihm nur allzu vertrauten Weg, unter den massiven braunen Bogen des Julian-Aquädukts her und durch die prächtigen Gärten des Mäcenas zum Hause des Proculejus. Die Aussicht, Procula zu sehen und ihr die gute Nachricht zu überbringen, die, wie er hoffte, ihrer beider Leben verändern würde, versetzte Pilatus in eine heitere Stimmung. Dieser Tag würde einer jener Angelpunkte sein, die das Leben in eine neue Bahn lenkten.

In Wirklichkeit hieß sie Proculeja, aber daraus war Procula geworden, ein in Rom weitverbreiteter Mädchenname. Man konnte meinen, sie hätte nur einen Großvater und keinen Vater. In Wirklichkeit hatte sie natürlich beide, aber ihr Großvater war der Gajus Proculejus, der so begabt und dessen Karriere so farbig war, daß seine unmittelbaren Nachkommen ganz in seinem Schatten standen. Als enger Gefährte des Augustus – er hatte ihm einmal in einer Seeschlacht das Leben gerettet – hatte Proculejus die ägyptische Königin Kleopatra für Augustus gewonnen. Und nach seiner glorreichen Rückkehr nach Rom hatte er auf ein politisches Amt verzichtet, um den Künsten als Mäzen zu dienen.

Proculas Vater, Proculejus der Jüngere, erbte das Familienhaus in der Nähe der Porta Tiburtina, von dem man einen herrlichen Blick auf die Gärten des Mäcenas hatte, und hier wuchs Procula in einem geradezu patrizischen Luxus auf. Die Pontii, die nächsten Nachbarn der Proculeji in Roms elegantem fünften Bezirk waren nicht so reich, aber als Pontius Pilatus' Vater wie beiläufig Proculejus jr. eine Verbindung der beiden Familien vorschlug, war dieser dem durchaus nicht abgeneigt. Die Proculeji und Pontii hatten schließlich vieles gemeinsam: beide waren aus dem Ritterstand, beide hatten eine militärische Geschichte, und beide waren seit einiger Zeit Anhänger des Sejanus – bis auf Procula, die als Frau Sympathien für Agrippina hatte.

Pilatus ging die Via Tiburtina hinunter und gelangte bald zu dem zweistöckigen Haus des Proculejus, das wie viele der großen alten Häuser Roms ein reizvolles Säulenportal hatte, im übrigen aber von außen ziemlich schmucklos wirkte. In Rom mußte man die Schönheit im Innern der Häuser suchen; und das des Proculejus war seiner Fresken und der prächtigen Skulpturen wegen, die Proculejus der Ältere aus Ägypten mitgebracht hatte, allgemein als das »Tiburtiner Kunstmuseum« bekannt. Ein Diener führte Pilatus in das Atrium, von dem aus man einen Blick ebenso in das Haus wie in den Garten hatte, eine geschmackvolle Komposition aus Marmor und Mosaik, leuchtend bunten Vorhängen und plätschernden Brunnen.

»Bitte, laß die Dame Procula wissen, daß ich hier bin«, sagte Pilatus zu dem Diener. Und während er auf sie wartete, schlenderte er zu dem rechteckigen Becken hinüber, das unmittelbar unter einer Öffnung im Dach lag, die Sonne und Regen hereinließ. Er stand so nahe am Rand, daß er, als ihn ein paar Augenblicke später jemand von hinten anstieß, fast in das Becken gefallen wäre.

»Ich habe schon die ganze Zeit hinter dieser Säule auf dich gewartet.«

»Du schlaue Hekate«, lachte er und schloß Procula in die Arme. »Komm in den Garten – ich habe dir etwas zu berichten.«

Sie gingen durch die Säulenhalle und einen noch reicher verzierten Innenhof in den Garten hinaus. Procula trug eine schlichte Haustunika. Erst wenn sie verheiratet war, konnte sie die Stola der römischen Ehefrauen anlegen. Sie wirkte neben Pilatus klein, obwohl ihr üppiges, mit juwelenbesetzten Nadeln hoch aufgestecktes Haar sie größer erscheinen ließ. Sie hatte milde Züge und strahlte eine heitere Lieblichkeit aus, die den jungen Männern Roms nicht entging; und Pilatus verdankte es nur seinem eifrigen Werben im letzten Jahr und der Absprache zwischen den beiden Familien, daß ihr nicht auch andere Männer den Hof machten.

»Procula«, fragte Pilatus, als sie den Garten erreichten, »wenn ich ... wenn wir eine Weile fern von Rom, fern von Italien leben müßten – wohin würdest du dann am liebsten gehen?«

»Warum? Wirst du irgendwohin geschickt?«

»Beantworte erst meine Frage.«

»Nach Griechenland natürlich. Nicht unbedingt nach Athen. Nicht in eine der Städte, nur auf eine sonnige, kleine Insel im tintenblauen Ägäischen Meer.«

»Ich meine es ernst, Procula.«

»Nun gut«, sagte sie, »dann nach Ägypten. Die Pracht Alexandrias, das Geheimnis des Nils ...«

»Du hast es wieder nicht erraten. Denke an etwas, das zwischen beidem liegt.«

Sie schwieg einen Augenblick, dann sagte sie mit strahlendem Gesicht: »Syrien! Ist es Syrien, Pilatus? Stell dir ein Leben in Antiochia vor!«

»Nein, kleine Elster«, lachte Pilatus und fuhr dann mit ernster Miene fort: »Sejanus hat mich Tiberius Cäsar als Präfekt von Judäa vorgeschlagen.«

»Judäa?« Sie wurde still. Sie blickte über eine Piniengruppe in den sich verdunkelnden Himmel und wiederholte: »Judäa! ... Nun, die Juden sind ein faszinierendes Volk, glaube ich ...«

Pilatus spürte, dies war ein nobles Bemühen, ihre Enttäuschung zu verbergen, und so sagte er ihr rasch, was diese Beförderung für seine Karriere bedeutete, und berichtete ihr auch von den Andeutungen, die Sejanus hinsichtlich seiner Zukunft gemacht hatte. Aber Procula, die die Nachricht mehr überrascht als enttäuscht hatte, dachte schon an etwas ganz anderes.

»Die Frage, wohin du berufen worden bist, interessiert mich nicht so sehr, wie die, ob du allein dorthin gehst, Pilatus.« In ihren haselnußbraunen Augen spiegelte sich eine Entschlossenheit, wie er sie noch nie an ihr bemerkt hatte.

Genau hier kapitulierte er, wie es Natur, Gesellschaft und seine innersten Gefühle von ihm verlangten. »Procula«, sagte er nach kurzem Zögern, »bist du bereit, mit mir nach Judäa zu gehen – als meine

Frau? Bist du bereit, den Tag zu bestimmen ...?« *»Ubi tu Gaius, ego Gaia«*, flüsterte sie mit strahlendem Lächeln die Formel, die sie später bei ihrer Trauung wiederholen würde. »Wo du Gajus bist, da bin ich Gaja.« Gajus war gewissermaßen stellvertretend für jeden römischen Namen, da es der am weitesten verbreitete war.

Nachdem sie sich leidenschaftlich geküßt hatten, sagte Pilatus: »Ist dir klar, wie glücklich wir sind, Carissima? Vor einigen Jahren hätte der Senat es fast für ungesetzlich erklärt, daß Präfekten ihre Frauen in ihre Provinzen mitnahmen. Caecina Severus sagte, die Frauen müßten in Rom bleiben, sonst würden ehrgeizige und herrschsüchtige Weiber ihre Männer beeinflussen und die römische Politik in den Provinzen verändern.«

»Wie grausam, zwei Menschen so zu trennen! Barbarisch!«

»Nun, weißt du, wer dahinter steckte? Tiberius! Es war sogar der erste Hieb, den er Agrippina versetzte. Als sie mit Germanicus in Syrien war und sich unaufhörlich in seine Tätigkeit einmischte ...«

»Das behauptest du«, antwortete Procula heftig, »die arme Agrippina ist eine der am meisten mißverstandenen und verleumdeten ...«

»Sag das nie in der Öffentlichkeit und schon gar nicht vor Sejanus!« fiel er ihr ins Wort.

Bis jetzt hatten sie sich im Überschwang ihrer Freude geneckt, und Pilatus versuchte, zu der heiteren Stimmung zurückzufinden. »Bitte, Kleines, laß uns nicht wieder darüber reden! Was immer du von Agrippina denken magst, vergiß nicht, daß sie und ihre Partei als Feinde des Kaisers und seines Prätorianerpräfekten gelten, den beiden Männern, von denen meine Zukunft abhängt. Darum fordere das Unheil nicht heraus!«

»Nun, wenn Tiberius es nicht liebt, daß Statthalter ihre Frauen in die Provinzen mitnehmen, nimmst du mich dann trotzdem nach Judäa mit?«

»Natürlich! Der Princeps versuchte nur, Agrippina in Verlegenheit zu bringen. Aber als er sah, wie ungünstig der Senat auf das Frauengesetz reagierte, zog er es schnell zurück.«

»Trotzdem verstehe ich nicht, warum du immer gleich ärgerlich wirst, wenn ich mich über Agrippina freundlich äußere.«

»Procula, ich bin kein Konsul, der in einem Prozeß Tiberius – Sejanus gegen Agrippina zu präsidieren hätte. Ob es nun gut oder schlecht ist, ich bin ein Politiker, und ob Agrippina letztlich recht hat oder nicht, das zu entscheiden ist nicht meine Sache. Sejanus ist mir sehr entgegengekommen, und ich muß ihm das vergelten. Seine Feinde sind meine Feinde. Die einzige Frage, die ich mir stellen muß, ist diese: bin ich moralisch berechtigt, Sejanus zu folgen? Ich glaube, ja. Selbst der Kaiser vertraut ihm voll und ganz.«

»Aber was ist, wenn ...?«

»Weißt du nicht, daß die Standarten unserer Legion Sejanus' Bild tragen und daß es gegrüßt wird? Du hast seine Büste neben der des Tiberius im Forum und seine Statue im Theater von Pompeji gesehen.«

»Aber was ist, wenn ihr alle euch irrt und Agrippina recht hat?« warf Procula ein. Doch dann gab sie nach. »Ach, reden wir nicht mehr davon! Darum hasse ich Politik – es ist zu schwer, in euren Staatsgeschäften zu wissen, was gut und was schlecht ist.« Sie blickte ihn wieder strahlend an. »Aber nun, mein ehrgeiziger römischer Staatsmann, wann werden wir heiraten?«

»Sobald es der Kalender erlaubt«, lachte er, »morgen, wenn's möglich wäre.«

Freudig erregt kehrten sie zu einem Familienrat mit den übrigen Proculejis, die genauso über das Datum zu bestimmen hatten wie sie, ins Haus zurück.

Die Wahl eines Hochzeitstages war im alten Rom sehr kompliziert. Erstens galt es, einen religiös günstigen Tag auszusuchen, um den Göttern zu gefallen, aber keinen Feiertag, an dem die Verwandten und Freunde andere Verpflichtungen haben könnten. Da damals jedoch nicht weniger als hundertfünfzig Tage des Kalenders für öffentliche Spiele, Rituale und Feste reserviert waren, war nahezu das halbe Jahr besetzt. Außerdem waren zwei der Kalenden, der Nonen und der Iden jeden Monats Unglückstage sowie die erste Hälfte des März, der ganze Mai und die erste Hälfte des Juni. Da das, was vom April noch übrig war, nicht ausreichte, um die Hochzeit vorzubereiten, entschieden sich die Proculeji für den vierten Tag nach den Iden des Juni.

In den dazwischen liegenden Wochen kaufte Procula für ihren Aufenthalt in Judäa ein, dessen Dauer noch nicht feststand, und bereitete die Hochzeit vor. Pilatus war damit beschäftigt, seinen Nachfolger auf seine Aufgaben in den Castra Praetoria vorzubereiten, sich mit Sejanus über die römische Provinzpolitik zu beraten und so viel wie möglich über Juden und Judäa zu erfahren. Annius Rufus erwies sich hier als hilfreich. In den Jahren 12-15 war er Präfekt von Judäa gewesen, unmittelbar vor dem jetzigen Valerins Gratus, und lebte jetzt als Pensionär in Rom.

»Drei Jahre waren eine viel zu kurze Zeit für mich, um viel in Judäa zu erreichen«, entschuldigte sich Rufus bei Pilatus, »aber ich glaube nicht, daß Gratus in seinen elf Jahren dort sehr viel mehr geschaffen hat.« Es war der übliche Ton, in dem Vorgänger sich über die Leistungen ihrer Nachfolger auslassen.

»Nein, es waren ziemlich ruhige Jahre – für Judäa«, fuhr er fort, »zu der Zeit der Volkszählung kam es zu einem Aufstand, aber seitdem ist nichts Besonderes passiert.«

»Die Bevölkerung dort ist also Rom nicht wirklich feindlich?« sagte Pilatus.

»Das habe ich nicht behauptet. Sie spähen immer nach einer Möglichkeit aus, das abzuschütteln, was sie das Römerjoch nennen. Aber geben Sie ihnen diese Möglichkeit nicht! Das erste, was jeder Statthalter von Judäa haben muß, ist Festigkeit. Erst danach kommen Gerechtigkeit und ein gutes Regiment.«

Rufus zählte dann auf, wer Rom in Palästina unterstützte: im allgemeinen einige der Gebildeten und der führenden Männer, die Priester eingeschlossen. Das gewöhnliche Volk stand mal auf der einen, mal auf der anderen Seite, während die Angehörigen einer Gruppe, die Rufus Zeloten nannte, ihm in einer dunklen Nacht ein Messer zwischen die Rippen bohren könnten.

Der frühere Statthalter machte Pilatus auch noch auf andere Schwierigkeiten aufmerksam. »Sie werden dort zu wenig Personal und zu wenig Soldaten und Geldmittel zur Verfügung haben. Rom sollte lieber in Judäa eine Legion stationieren, statt diese verfluchten lokalen Kohorten. Wahrscheinlich ist das der Grund, warum Sie die Stellung erhalten haben, Pilatus. Der Präfekt von Judäa muß militärisch beschlagen sein.«

»Warum dann keine Legion? Ich könnte das Sejanus vorschlagen.«

»Nein«, antwortete der gerissene Rufus, »ich bezweifle, daß Tiberius eine Legion dafür opfern würde. Außerdem werden Legionen im allgemeinen eher von Legaten des Senats als von Präfekten aus dem Ritterstand befehligt. Und darum lassen Sie es beim alten. Ich glaube auch nicht, daß Tiberius gern noch einen weiteren Legaten des Senats im Osten hätte. Wissen Sie, warum, junger Mann?«

»Wahrscheinlich, weil er die Einmischung des Senats in die Außenpolitik befürchtet. Im Augenblick wird sogar der Legat Lamia in Rom festgehalten, statt daß er Syrien regiert.«

»Sehr richtig.«

Außerhalb Italiens gab es zwei Arten von Provinzen, von denen die älteren vom Senat verwaltete befriedete Gebiete waren, wie Sizilien oder Griechenland, und kaiserliche Provinzen, Länder, die Rom vor relativ kurzer Zeit erworben hatte und die eine besondere militärische Intervention erfordern könnten, wie Ägypten und kleinere Grenzgebiete wie Judäa. Diese waren direkt dem Kaiser unterstellt, der oft lieber einen Ritter als Präfekten dorthin schickte, um das Gleichgewicht zwischen den beiden oberen Klassen, den Angehörigen des Senats und den Rittern, zu wahren. Ein Senatslegat zum Beispiel, der Syrien regierte, würde im benachbarten Judäa ein bescheidenes Gegengewicht in dem Präfekten aus dem Ritterstand finden. Wenn der eine aus der Reihe tanzte, würde der andere es bestimmt dem Kaiser melden.

»Aber jeder Rat, den ich Ihnen gebe, ist wahrscheinlich heute schon überholt«, gab Rufus zu, »es sind jetzt mehr als zehn Jahre her, seit ich in Judäa war. Es scheint darum kaum möglich ... Gratus wird Ihnen in Cäsarea, wenn Sie Ihren Posten übernehmen, ausführliche Instruktionen geben.«

»Ja«, sagte Pilatus, »aber eins macht mir trotzdem Sorgen, Rufus. Ich habe in Syrien gedient und weiß darum etwas von dem Land und ein wenig auch von der Mentalität der Menschen in jener Gegend. Aber ich habe kaum Kontakt zu den Juden gehabt. Nun, ich bin ihnen hier in Rom begegnet – wer ist es nicht? –, aber ich habe keine Freunde unter ihnen.«

»Natürlich«, kicherte Rufus mit der typischen römischen Voreingenommenheit.

»Aber wenn ich mich auf die andere Seite des Tiber begebe, könnte ich einige der Führer der dortigen jüdischen Gemeinde aufsuchen. Glauben Sie, daß ich durch ein Gespräch mit ihnen etwas gewänne?«

»Nicht eigentlich, und zwar aus mehreren Gründen. Wenn auch der römische Jude mit dem Juden von Judäa verwandt ist, so kann er doch ganz anders sein, was davon abhängt, welcher Partei er angehört. Nur ein Beispiel: eine ihrer Synagogen hier in Rom heißt Kongregation der Herodianer, in der sie lehren, daß Herodes der Große der in ihren Schriften verheißene Messias gewesen sei. Ja, wirklich: Messias«, lachte er. »Die meisten Juden in Judäa würde solch ein Gedanke empören. Aber machen Sie sich keine Sorgen, Pilatus; Sie werden, bald nachdem Sie in Judäa gelandet sind, Ihre Juden kennenlernen.«

»Dieses Gerede von dem Messias ... was ist daran?«

»Messias heißt ›Gesalbter‹; darunter verstehen sie einen von ihrem Gott und keinem Geringeren gesandten religiösen und politischen Befreier von Unterdrückung ... und den Unterdrückern, mit denen sie uns meinen. Eine neue Weltmonarchie unter dem Messias-König soll an die Stelle des Römischen Reiches treten, und eine Ära des Friedens und des Wohlstands wird dann auf Erden beginnen. Darum wird, wenn ihr Messias erscheint, Rom wohl verschwinden müssen.«

»Ich werde ein Auge auf ihn haben«, sagte Pilatus heiter, »aber eine letzte Frage, Rufus: Haben Sie, als Sie in Jerusalem waren, jemals einen Blick in den Raum ihres Tempels geworfen, den niemand betreten darf?«

»Sie meinen ihr Allerheiligstes?«

»Ja, so nennen sie es, glaube ich.«

»Nein, und versuchen Sie es ja nicht! Sie müßten sofort sterben.«

»Oh – ich fragte mich nur, ob es wahr ist – das Gerücht, daß dort die Statue eines Wildesels steht oder eines Eselkopfes, der ihre Gottheit darstellen soll. Wären die Hebräer, als sie aus Ägypten flohen, nicht in einer Wüste verdurstet, wenn nicht eine Herde Wildesel sie zu einer Quelle geführt hätte? Und beten sie darum nicht das Bild des Esels in ihrem Tempel an?«

»Ich habe die Geschichte gehört, aber sie ist bestimmt falsch. Zumindest steht keine Statue eines Esels im Allerheiligsten. Pompejus war der letzte Römer, der nach seiner Eroberung Jerusalems in dieses Heiligtum hineingeblickt hat, und er fand es kahl und leer. Und das paßt zu dem Glauben der Juden, daß ihr Gott nicht in einer

Skulptur oder auf einem Bild, welcher Art auch immer, dargestellt werden darf.«

Pilatus verabschiedete sich von Rufus mit dem gebührenden Dank, wenn er sich auch nicht der schönen Täuschung hingab, durch ihn viel über Judäa erfahren zu haben.

Der römische Mai war ein Paradox. Obwohl ganz Italien in leuchtender Frühlingspracht stand, war im religiösen Kalender dies die Zeit für düstere Geisteraustreibungen. Aber wie die meisten Römer überließen Pilatus und Procula das mit Freuden den Priestern, während sie selber die letzten Vorbereitungen für ihre Hochzeit trafen. Sie würde eins der glanzvollsten Ereignisse der gesellschaftlichen Frühjahrssaison in Rom sein. Im Gedanken an Gajus Proculejus den Älteren hatten bekannte Senats-Patrizierfamilien mitgeteilt, daß sie an der Hochzeit teilnehmen würden. Sejanus und seine zahlreichen Anhänger versprachen ebenfalls zu kommen, zusammen mit dem prätorianischen Offiziersstab, und selbst Pilatus' Verwandte aus Samnium würden sich im Hause des Proculejus einfinden.

Pilatus' Vater, ein pensionierter Beamter namens Pontius, hatte seinem Sohn den klugen Rat gegeben, nicht schüchtern zu sein, wenn Proculas Vater über die Mitgift mit ihm sprach. Aber Proculejus war sehr reich und zeigte sich in dem Heiratsvertrag, den er anbot, sehr nobel.

Am Hochzeitstag war eine Reihe von Zeremonien genauestens zu befolgen, von denen einige noch aus der Frühzeit Roms stammten:

Am Abend zuvor hatte Procula ihren Kinderschmuck den Laren, den guten Geistern ihrer alten Heimat, geschenkt, deren Schutz sie am nächsten Tage verlieren würde. Damit ihr das Glück nicht untreu wurde, schlief sie in jener Nacht in einer *tunica recta,* einer teuren elfenbeinfarbenen Brauttunika, die aus einem Stück gewebt war. Im Morgengrauen wurde um die gleiche Tunika ein Wollgürtel geschlungen und mit dem Herkulesknoten zugebunden, einem komplizierten Knoten, der nach dem Hüter des Ehelebens so genannt wurde. Nur der frischgebackene Ehemann durfte ihn öffnen.

Das Anziehen der Braut war ein Vorrecht der Mutter, und Procula wußte, daß ihre Mutter, da sie das einzige Kind war, ein Ritual daraus machen würde. Seit Wochen hatte die Hausherrin diese Hochzeit in allen Einzelheiten geplant; aber nun, da der Tag kam, quälte sie die Sorge, daß etwas Wichtiges übersehen worden sein könnte. Mit äußerster Sorgfalt legte sie gerade ihrer Tochter mehrere Silberketten an; zum Schluß nahm sie einen Speer und teilte mit ihm nach altem Brauch das Haar der Braut in sechs Locken. Ein fließender dünner Schleier aus orangefarbener Seide, von Blütenkränzen festgehalten, vervollständigte das Ganze.

Während die Mutter sich verstohlen ein paar Tränen abwischte, betrachtete sich Procula in einem Spiegel aus blitzendem Metall und war sehr zufrieden mit ihrem Aussehen.

Unterdessen fanden sich bei Pilatus, der eine schneeweiße neue Toga trug, Kameraden ein, die diesen mit einem Blütenkranz krönten. Dann gab ihm eine heitere Gruppe der Pontii und ihrer Freunde das Geleit auf dem kurzen Weg zum Hause des Proculejus, vor dem Reihen von Sänften und wartenden Sklaven standen. Das mit grünen Zweigen und weißen Blumen bekränzte Haus glich mehr einem Arboretum. Weihrauch und exotische Düfte schwebten um das Haus, da der warme, windstille Junimorgen sie nicht vertrieb.

Drinnen wurde Pilatus mit Freudenrufen von der großen Gästeschar begrüßt, aber aller Augen wandten sich schnell wieder dem *auspex* in seinem feierlichen Gewande zu, der dabei war, die Omen zu deuten. Er war ein geehrter Freund der Proculeji, der als inoffizieller priesterlicher Augur eine schmutzige, aber notwendige Aufgabe zu erfüllen hatte.

»Bringt das geweihte Lämmchen«, sagte er mit sonorer Stimme, denn der alte Ritus, der alle offiziellen Feiern in Rom einleitete, sollte jetzt beginnen.

Die versammelten Gäste verstummten, als ein mit Bändern geschmücktes Lamm zu einem in der Mitte des Atriums errichteten Altar geführt wurde. Es war wichtig, daß das Tier freiwillig darauf zuging, und darum war etwas Heu unter den Altar gestreut worden.

Das Lamm sah es, blökte zufrieden und eilte seinem Schicksal entgegen. Der Augur besprengte die Stirn des Opferlamms mit Weihrauch, streute Mehl und Salz darauf und sprach ein Gebet auf, wie man annahm, etruskisch, einer fast toten Sprache. Dann ergriff er einen geweihten Hammer, klemmte den Kopf des Lamms in die Armbeuge und zerschmetterte seinen Schädel mit einem Schlag. Nachdem er dem toten Tier die Kehle durchgeschnitten hatte, fing er das Blut in einer Schüssel auf und besprengte damit den Altar.

Schließlich schnitt er vorsichtig den Bauch auf, um die Leber, die Gedärme und die Gallenblase zu betrachten, die noch, während das Leben aus ihr entwich, zitterte.

Totenstille herrschte in der Halle. Wenn die Eingeweide bei solchen Riten irgendwie anomal waren, konnten Armeen nicht zum Kampf ausrücken, hörte der Senat auf zu tagen, und Hochzeiten mußten verschoben werden.

Da dies nach so vielen Vorbereitungen eine traurige Aussicht war, hatten römische Brautleute für gewöhnlich ein zweites Lamm in Reserve, falls das erste schlechte Eingeweide darbot. Das führte zu dem noch logischeren Brauch, daß der *auspex* bei Hochzeiten nie zu genau nach Abnormitäten suchen durfte, und er tat es auch nie.

Nach einigem Zögern – um der gebührenden Wirkung willen – blickte der Augur schließlich auf. *»Extra ... bona!«* rief er lächelnd. »Die Eingeweide sind gut!«

»Bene! Bene!« riefen die Gäste. Jetzt mußte Procula, die übrigens nicht einen Augenblick geargwöhnt hatte, daß etwas schiefgehen könnte, einen Seufzer der Erleichterung ausstoßen: die Hochzeitsfeier konnte also weitergehen. Sie und Pilatus betraten feierlich das Atrium.

Als hartgesottener Junggeselle und Mann von Erfahrung hatte Pilatus immer geglaubt, daß er seine Hochzeitszeremonie kühl, wenn nicht resignierend über sich ergehen lassen werde. Aber jetzt, da er seine Braut auf sich zukommen sah, wurde er ganz unerwartet von einer Flut widerstreitender Gefühle überfallen. Zunächst, doch zum Glück nur einen entsetzlichen Augenblick lang, kam ihm das Mädchen wie eine völlig Fremde vor, und er konnte sich nicht denken, was dieses fast ein wenig dümmlich wirkende Geschöpf mit ihm zu tun haben konnte. Dann war er überzeugt, daß bei der ganzen Zeremonie sehr vieles schiefgehen und daß ganz Rom über ihn und seine Braut lachen werde. Erstens werde er – oder, noch schlimmer, Procula – sich nicht an die wenigen einfachen Prozeduren der Trauzeremonie erinnern können. Dann werde er, statt die liebenswürdigen Toasts zu bringen, die er in seiner öffentlichen Laufbahn so oft hatte aussprechen müssen, im entscheidenden Augenblick nur ein paar unverständliche Worte stammeln.

Zum Glück wurde Pilatus, als er Procula mit sicheren und anmutigen Schritten auf sich zukommen sah, wieder normal, fühlte sich sicher in seiner Liebe und tat einen kleinen Schritt auf sie zu. Proculas *pronuba*, ihre Ehrendame, führte jetzt die Braut zum Bräutigam. Das Paar reichte sich die rechte Hand.

»Ubi tu Gaius, ego Gaia«, sagte Procula und blickte Pilatus heiter an.

Ein kleiner Junge, der sogenannte *camillus*, reichte ihnen jetzt einen zugedeckten Korb, aus dem das Paar einen Laib grobes Weizenbrot nahm, ihn dann auf einen Altar legte und zu Jupiter, Juno und anderen Göttern betete. Darauf brach die Schar der Gäste in laute Rufe aus: *»Feliciter! Feliciter!* Viel Glück! Viel Glück«, denn die beiden waren jetzt Mann und Frau.

Ein üppiges Hochzeitsmahl begann, das den ganzen Tag dauerte. Proculejus war dafür bekannt, selbst bei den schlichtesten Mahlzeiten Prächtiges zu bieten, und dieses Hochzeitsessen für seine einzige Tochter war genau das Entzücken des Gaumens, das alle vorausgesehen hatten. Von den sieben Gängen war gebratener Bär das Hauptgericht, aber es gab auch noch andere erlesene Fleischspeisen, darunter phrygisches Moorhuhn, gebratenen Pfau, circeische Austern und die Krönung von allem: korische Meerbarbe. Zu einer Zeit, da Roms Neureiche ihren Freunden Essen mit fünfzehn und zwanzig Gängen gaben, hatte sich Proculejus, wie die Gäste übereinstimmend fanden, einer bemerkenswerten Zurückhaltung befleißigt.

Zum Hinunterspülen seiner Delikatessen hatte er aus seinem tiefsten Weinkeller köstlichen Chalybonium aus Damaskus und andere Weine aus dem Osten heraufgeholt – zu Ehren der bevorstehenden Reise der Neuvermählten –, aber auch Seliner und Falerner, die feinsten Weine des Landes – schneegekühlt; mehrere Sklaven hatten den Schnee von den Gipfeln des Apennin heruntergeschleppt. Spät, als letzter Gang des Festmahls wurde den Gästen der traditionelle, auf Lorbeerblättern servierte Hochzeitskuchen gereicht. Dann erinnerte die zunehmende Dämmerung daran, daß der letzte Höhepunkt der Feier bevorstand.

»Pompa! Pompa! Die Prozession!« riefen die Gäste. Es war Zeit, die Braut zum Hause ihres Mannes zu geleiten. Während sich Flötenspieler und Fackelträger vor der Tür ihres Elternhauses versammelten, umarmte Procula ihre Mutter und begann zu schluchzen, bis der Bräutigam zu ihr ging und sie brutal den Armen ihrer Mutter entriß, worauf sie nur noch lauter schrie. Aber die Gäste

lachten, denn das Ganze war nur Theater, das übliche gewalttätige Spiel, welches die Etikette bei römischen Hochzeiten seit dem Raub der Sabinerinnen forderte.

Procula gab den Kampf auf und lächelte ihren Eroberer strahlend an, küßte ihn glücklich und suchte ihren Platz in der Prozession, die die Via Tiburtina zum Zentrum Roms hinunterzog. Die Flötenspieler bildeten die Spitze. Ihre Musik lud alle am Straßenrand Stehenden ein, sich der Prozession anzuschließen, und sie taten es. Die Fackelträger und jüngeren Hochzeitsgäste folgten. Dann kam die Braut, und zu jeder Seite von ihr ging ein Knabe, der ihre Hand hielt, während ein dritter eine Hochzeitsfackel aus Weißdorn vor ihr hertrug, die sollte sie vor bösem Zauber schützen. Der kleine *camillus* begleitete sie stolz mit seinem Korb. Brautjungfern, die gleich hinter Procula gingen, trugen die Symbole ihres künftigen häuslichen Lebens, Spinnrocken und Spindel. Dann endlich kam der Bräutigam, der den Straßenjungen Walnüsse zuwarf als Symbole der Fruchtbarkeit. Als letzte in der Prozession gingen die Eltern Proculeji und Pontii, ihre älteren Freunde und Verwandten und schließlich eine lärmende Ehrengarde prätorianischer Offiziere.

Da er bald Rom verlassen würde, hatte Pilatus kein Haus für sich gekauft. Statt dessen gestattete ein gütiger alter Freund den Neuvermählten, bis zur Abreise in den Osten sein Stadthaus zu benutzen; er selbst hatte sich für den Sommer ins Gebirge zurückgezogen.

In dieses Haus des Freundes geleitete der lärmende, heitere Zug das Brautpaar. Procula wurde über die Schwelle getragen, denn ein zufälliges Stolpern an der Tür wäre das schlimmste Omen für ihr künftiges Eheleben gewesen. Drinnen reichte Pilatus ihr ein brennendes Stück Holz und ein kleines Gefäß voll Wasser, Symbole des Lebens und der Anbetung zugleich. Procula nahm sie entgegen, wiederholte ein letztes Mal die Hochzeitsformel: *»Ubi tu Gaius, ego Gaia«* und zündete dann das Feuer im Kamin mit der Fackel an, die vor ihr hergetragen worden war. Und schon flammte das Feuer auf – ein gutes Omen. Danach erflehte Procula von den Göttern eine glückliche Ehe, und ihre *pronuba* führte sie zu dem Brautbett, das im Atrium stand. Dann ging sie und schloß die Tür hinter sich. Die mit Pilatus befreundeten Offiziere stimmten vor der Tür ein Brautlied an, und dann gingen auch sie.

Braut und Bräutigam blickten einander an und lächelten. Zum erstenmal seit dem frühen Morgen waren sie allein; zum erstenmal war Stille um sie. Er nahm seinen inzwischen verwelkten Blumenkranz ab, und sie tat das gleiche. Er zog seine Toga aus, unter der er fast zu ersticken drohte, doch sie blieb schüchtern stehen. Pilatus befreite sie von ihrem orangefarbenen Schleier, schloß sie in seine Arme und küßte sie zärtlich. Dann trug er sie zu dem Brautbett, das sie in dieser Nacht und dann nie wieder benutzen würden.

Drittes Kapitel

Am Abend nach ihrer Hochzeit gaben Pilatus und Procula ein zweites Festmahl, auf dem sie den Penaten, einer anderen Gruppe von Hausgöttern, nahen Verwandten der Laren, ihr erstes Opfer darbrachten. Procula glaubte noch ein wenig an diese Schutzgötter, anders als ihr Mann, der nur nachsichtig lächelte, wenn sie über Religion – Aberglauben, wie er es bezeichnete – sprach. Dennoch hätte es ihm widerstrebt, die traditionellen Rituale und Zeremonien zu ändern. Das wäre ein Affront gegen die Tradition, ein Bruch mit den Bräuchen, sogar mit dem Vaterland gewesen.

Mit einer Anzahl von Gesellschaften, zu denen verschiedene Freunde sie einluden, ging der Rest des Juni dahin. Procula genoß die Vorzüge der Ehe, denn vor ihrer Verheiratung war sie wie jedes römische Mädchen von ihren Eltern bewacht und behütet worden und nur selten in der Öffentlichkeit erschienen. Die Heirat war für sie buchstäblich eine Befreiung. Als *matrona* stand sie fast auf gleicher Ebene mit den Männern, leitete den Haushalt und konnte sich frei bewegen. Nirgends in der antiken Welt nahmen Frauen eine so hohe Stellung ein wie in Rom. Procula war in ihr Frauengewand, die weite Stola gehüllt und begegnete jetzt in der ganzen Stadt, sei es auf staubiger Straße oder in einem öffentlichen Theater, der Ehrerbietung der Bürger. Niemand, nicht einmal Gesetzeshüter, wagten sie zu behelligen.

Da Procula ihres Großvaters Geschäftssinn geerbt hatte, überließ ihr Pilatus nur allzu gern die Verwaltung ihres Besitzes. Er sprach auch über Staatsangelegenheiten mit ihr, besonders über jene, die jetzt seine künftige Laufbahn berührten. Wenn enge Freunde fragten, wie sie sich als junges Ehepaar fühlten, antworteten sie: »Glänzend. Wir stimmen in allem überein, außer in Politik und Religion.« Das bewirkte regelmäßig ein Lachen, denn in Rom fand der Kampf der Geschlechter gewöhnlich auf diesen beiden Gebieten statt.

Überrascht von den Annehmlichkeiten des Ehelebens, sagte Pilatus neckend zu seiner Frau: »Warum hast du mich nicht früher aus den Castra Praetoria befreit?« Trotzdem bekümmerte ihn etwas.

Obwohl ihm Sejanus versichert hatte, daß mit seiner Berufung nach Übersee alles in Ordnung sei, hatte Pilatus noch immer nicht die offizielle Bestätigung von Tiberius erhalten, und so hing alles noch in der Schwebe.

Eine weitere Komplikation war die Abwesenheit des Princeps. Monatelang hatte er immer wieder angekündigt, daß er vorhabe, für längere Zeit das ihm auf die Nerven gehende Rom zu verlassen, hatte die Reise dann aber so oft verschoben, daß die Leute ihn Callippides zu nennen begannen. Callippides war der berühmte griechische Clown, der in seiner Hauptnummer angestrengt lief, ohne sich auch nur einen Zentimeter vom Fleck zu rühren. Aber jetzt verblüffte Tiberius Rom damit, daß er wirklich die Stadt verließ. Der Anlaß dazu war, daß er in der Campagna das Haus, in dem Augustus gestorben war, als Tempel weihen wollte; aber Astrologen sagten voraus, er werde nie nach Rom zurückkehren.

Pilatus brauchte die Sterne nicht, um zu wittern, was geschehen war. Er wußte, daß Sejanus mit seinem sanften Bemühen, Tiberius aus der Stadt weg und vielleicht auf die Insel Capri zu locken, Erfolg gehabt hatte. Der Princeps würde so den lange verdienten Urlaub haben und Sejanus würde während dieser Zeit als sein Vertreter in Rom mit allen kaiserlichen Vollmachten regieren.

Dennoch, Sejanus' Erfolg bei den Vorkehrungen für die Ferien des Kaisers bedeutete auch, daß Pilatus, wenn seine offizielle Ernennung nicht bald kam, möglicherweise noch ein weiteres Jahr in Rom bleiben mußte, denn die Versetzungen von Beamten in die Provinz erfolgten gewöhnlich am 1. Juli. Konnte Sejanus es vergessen haben, den Princeps daran zu erinnern? Es würde peinliche politische Folgen haben, sich aber auch für Procula unangenehm auswirken, die dabei war, nach einer Liste, die die Frau des Annius Rufus für sie aufgestellt hatte, Sachen einzukaufen, die sie in Judäa brauchte.

Pilatus konnte Sejanus nicht erreichen, da dieser Tiberius in die Campagna begleitet hatte und es unbekannt war, wo sie sich im Augenblick aufhielten. Aber in der zweiten Juliwoche brachte ein Praetorianerbote eine Tafel mit Sejanus' unverkennbarem Siegel. Pilatus schnitt es mit seinem Degen durch und las das Folgende:

»L. Aelius Sejanus an Pontius Pilatus. Ich wünschte, ich könnte berichten, daß der Princeps Sie als *praefectus iudaeae* bestätigt habe. Aber er besteht auf einer vorherigen Unterredung mit Ihnen. Ich hoffte, es hätte genügt, daß ich Sie seinerzeit ihm auf dem Palatin vorstellte, aber Sie erinnern sich, wie sehr ihn an jenem Tage der thrakische Aufstand beschäftigte.

Nach der Weihe eines Tempels für den göttlichen Augustus in Nola haben wir vor, nach Capri zu gehen. Diese Woche und die nächste werden wir in der kaiserlichen Villa Grotto sein. Tiberius will Sie unbedingt hier sehen, ehe wir in die Campagna weiterfahren. Nehmen Sie die Via Appia, bis Sie das Meer bei Tarrazina erreichen. Dann folgen Sie der Küstenstraße. Kommen Sie, wenn möglich, am zweiten Tag, nachdem Sie dieses Schreiben erhalten haben. Leben Sie wohl!«

Pilatus und sein Fahrer brauchten etwa zwölf Stunden, bis sie in ihrem offenen *cicium*, einem zweirädrigen, von zwei Pferden gezogenen und für schnelle Fahrten benutzten Wagen, das Meer erreichten. Der Morgen war wunderbar gewesen, und die Landschaft südlich von Rom war immer wieder eine Augenweide. Die Straße führte dicht am Albaner See entlang, hinter dem der stolze, das Land beherrschende Gipfel des Albanus aufragte. Vor einem Jahrtausend war er ein feuerspeiender Vulkan gewesen; dann war er erloschen, und auf seinen Hängen hatten Menschen ihre Häuser bauen können.

Aber der Nachmittag wurde furchtbar. Die südliche Sonne glühte heiß am Himmel, nicht eine Brise kam vom Meer. Und an die Straße grenzten die berühmten Pontinischen Sümpfe, die die Reise fast unerträglich machten. Cäsar hatte vorgehabt, sie in Ackerland zu verwandeln, ein Plan, den die Dolche an den Iden des März zunichte gemacht hatten.

Die in Tarrazina verbrachte Nacht machte Pilatus für seine Besprechung am nächsten Tag wieder frisch, und er kam in der Villa Grotto im Laufe des Vormittags an. Das kaiserliche Landhaus stand auf einer Felsenklippe, hoch über der Mittelmeerküste. Darunter lag die eigentliche Grotte, eine riesige natürliche Höhle, die sich zum Meeresufer öffnete und als Speiseort im Freien und als Ruheplatz benutzt wurde.

Prätorianerkameraden lächelten und salutierten am Eingang zum Hause, als Pilatus aus seinem Wagen stieg und den Staub von seiner Tunika abklopfte. Sejanus erschien im Vestibül. »Sie kommen gerade zur rechten Zeit, Pilatus«, sagte er, »wir haben soeben über die östlichen Provinzen gesprochen. Machen Sie sich frisch, wir sehen uns dann in der Halle dort drüben.«

Als Pilatus kurz darauf ein wenig befangen den Raum betrat, sah er Tiberius unter Freunden sitzen, die ihn in die Campagna begleitet hatten. Sie waren zugleich seine Ratgeber, so etwas wie ein inoffizielles kaiserliches Kabinett.

»Meine Herren«, sagte Sejanus, »ich stelle Ihnen Pontius Pilatus vor, Tribun der ersten Prätorianerkohorte«, und zu Pilatus gewandt: »Sie kennen gewiß den berühmten früheren Konsul Cocceius Nerva.« Er nickte einem silberhaarigen Patrizier zu, der einer der bedeutendsten Juristen Roms war.

»Und den redegewaltigen Curtius Atticus ...«

»Der Atticus, der ein so enger Freund von Ovid war?« fragte Pilatus.

»Ja der«, lächelte Atticus ein wenig nervös, erfreut, daß man ihn kannte, und zugleich verlegen, da Augustus den Dichter Ovid als angeblichen Verführer seiner Tochter Julia nach Tomi am Schwarzen Meer verbannt hatte. Zu spät merkte Pilatus, daß er einen Schnitzer gemacht hatte.

»Und Thrasyllus von Rhodos«, fuhr Sejanus fort, »Gelehrter, Philosoph ...«

»Hofastrologe«, warf Tiberius lachend ein, der, so paradox es war, die Astrologen zwar aus Italien verbannt, aber einen für sich behalten hatte. Es wurden dann noch mehrere griechische Gelehrte vorgestellt.

Doch der Mittelpunkt des Kreises war Tiberius, ein hochgewachsener, hagerer Mann, der nicht eleganter gekleidet war als ein Senator. Dies war der Kopf, der die Welt regierte; doch Pilatus empfand ihn enttäuschend wenig kaiserlich. Er war nämlich völlig kahl, und das hohlwangige, dreieckige Gesicht mit den breiten Schläfen war mit Pockennarben und Pickeln besät, von denen zwei größere mit Pflastern beklebt waren. In Rom ging das Gerücht um, Tiberius habe Rom verlassen, weil ihn sein Äußeres bekümmere. Pilatus starrte den Princeps an – es war das erste Mal, daß er ihn so aus der Nähe sah, und dachte, die Geschichte von dem von Geschwüren zerfressenen Gesicht sei wohl übertrieben. Das breite Kinn und der zusammengepreßte Mund verrieten immer noch Entschlossenheit, wenn man Tiberius auch seine sechsundsechzig Jahre nur allzu deutlich ansah.

»Nun, Tribun« – Tiberius riß Pilatus aus seinen Gedanken –, »sagen Sie uns, warum Rom einen seiner Samniter-Feinde zum

Statthalter von Judäa ernennen soll! Schildern Sie uns Ihren Werdegang. Wo sind Sie geboren?«

»In Caudium, Princeps, einer Stadt, die ebenso weit südlich an der Via Appia liegt wie Tarrazina.«

»Caudium! Sie brauchen uns nicht daran zu erinnern, wo Caudium liegt. In dem Engpaß westlich von Ihrer Heimatstadt wurden unsere römischen Truppen von Ihren Samniter-Bergbewohnern in eine Falle gelockt und zur Übergabe gezwungen. Wer war der General der Samniter? Pontius ... Ja, Gajus Pontius. Sind Sie mit ihm verwandt?«

»Ja, mein Urahne«, gab Pilatus mit schlecht verhülltem Stolz zu, »aber das war vor dreieinhalb Jahrhunderten.«

»Sie brauchen sich nicht zu entschuldigen. Pontius war ein großer General. Durch ihn haben unsere Armeen gelernt, im Gebirge zu kämpfen.«

Pilatus hielt es für besser, das Kompliment schweigend hinzunehmen. Er war ungeheuer stolz auf die militärische Leistung seines Ahnen, wußte aber auch, daß Tiberius sich für einen großen Kenner der Militärgeschichte hielt, und nichts lag ihm ferner, als mit dem Kaiser einen Wettstreit auf diesem Gebiet zu beginnen.

»Aber Moment mal – Ihr Pontii hattet nicht immer solch ein Glück. Sagt Ihnen der Name Pontius Telesinus etwas?«

»Er war der Bruder meines Urgroßvaters und stammte aus Telesia. Ich bewundere, Princeps, wie Sie sich in der Geschichte auskennen.«

»Auch ein tapferer und glänzender General, der aber das Pech hatte, auf der falschen Seite zu stehen ... Wissen Sie, daß Ihr Samniter vor genau einem Jahrhundert Rom fast erobert hättet? Telesinus griff bei Nacht Rom überraschend an, das fast ungeschützt war. Niemals seit Hannibal war die Stadt in solcher Gefahr.«

»Aber, Princeps, die Samniter wollten nur römische Bürger werden«, warf Pilatus ein, in der Hoffnung, Tiberius' sichtlich stärker werdende Gereiztheit zu dämpfen. Aber der Kaiser ignorierte sein klägliches Bemühen.

»Vierzigtausend waren dort! Und kurz vor der Schlacht ging Ihr Urgroßonkel von Reihe zu Reihe und schrie: ›Dies ist der letzte Tag für die Römer. Diese Wölfe, die Italiens Freiheit verschlungen haben, werden nicht ausgerottet werden, ehe wir den Wald fällen, der sie schützt.‹«

Mit leiser, fast öliger Stimme, deren Ton in starkem Kontrast zum Gebrüll des Kaisers stand, sagte Sejanus: »Aber Sullas Streitkräfte kamen gerade noch zur rechten Zeit, um Rom zu retten, und Pontius Telesinus wurde der Kopf abgeschnitten, auf eine Speerspitze gespießt und rund um die Stadtmauer getragen.« Er hielt inne, damit seine Worte ihre Wirkung nicht verfehlten. »Und wie Sie gesagt haben, Princeps, das war vor mehr als einem Jahrhundert. Jetzt sind alle Samniter loyale Römer, Bürger des Reiches wie die anderen.«

»Ja, die Militärgeschichte ist meine Schwäche«, gab Tiberius zu, »aber nun, Pilatus, zu dem, was uns im Augenblick beschäftigt: Sie haben sich bis jetzt bewährt. Sejanus sagt mir, Sie seien auch in Verbindung mit Annius Rufus gewesen. Ausgezeichnet. Wie Sie sich im einzelnen auf Judäa vorbereiten, interessiert mich nicht besonders. Sie lassen sich alles am besten von Gratus in Cäsarea erklären – das heißt, wenn Sie sein Nachfolger werden. Reden wir lieber über die allgemeine Provinzpolitik für Judäa – und versuchen Sie nicht, mich zu bluffen. Einer meiner Lehrer war der berühmte Theodorus von Gadara, der mir alles über Palästina beigebracht hat ... Übrigens, wo liegt Gadara?« fragte er plötzlich.

»Gadara ist eine Stadt am Galiläischen Meer, unweit des Südostufers.«

Tiberius funkelte ihn böse an, und schon verbesserte sich Pilatus: »Am See Tiberias.«

»So, und nun sagen Sie mir, warum ist das kleine Judäa für Rom so wichtig?«

»Es ist das religiöse Zentrum der sieben Millionen Juden im Römischen Reich, fast sieben Prozent unserer Gesamtbevölkerung. Judäa beherrscht Handelsstraßen und Verbindungswege zwischen Asien und Afrika. Es ist besonders wichtig für die Verteidigung und Integrität unserer östlichen Provinzen Syrien und Ägypten.«

»Und vergessen Sie nie: Wenn Rom nicht in Palästina stände, würden die Parther einmarschieren und unseren Zugang nach Ägypten blockieren, und das wäre das Ende der Pax Romana*. Ob man es will oder nicht, Rom ist jetzt die Ordnungsmacht des Mittelmeerraums, und Ordnungshüter sind vielleicht nicht überall beliebt, sie sind aber notwendig. Wie gedenken Sie die Juden zu behandeln?«

* Pax Romana (lateinisch): Römischer Friede.

»Mit Festigkeit. Schwache Präfekten fördern nur den Aufstand.«

»Das stimmt. Aber was ist, wenn ein allgemeiner Aufruhr sich entwickelt? Wie würden Sie mit ihm fertig werden?«

»Ich würde die Ursache herauszufinden versuchen. Wenn Veränderungen gerechtfertigt wären, würde ich sie durchführen. Wenn nicht, müßte die dort stationierte Truppe den Aufstand niederschlagen, und wenn sie versagte, würde ich die Legionen aus Syrien rufen.«

»Das ist eine hieb- und stichfeste Antwort, Tribun, und sie ist natürlich richtig. Aber ein zusätzlicher Vorschlag: Warum es nicht mit etwas Takt versuchen? Ohne Takt wird es Ihnen nie gelingen, das am schwersten zu regierende Volk der Welt zu regieren. Pompejus hat die Juden für uns entdeckt. Cäsar hat sie verwöhnt, Antonius hat sie beschützt, und Augustus hat sie bevorzugt. Manchmal frage ich mich, warum. Sejanus hat strenge Maßnahmen gegen die jüdische Gemeinde in Rom gefordert, und Sie werden wohl in Judäa auch strenge Saiten aufziehen müssen ... falls wir Sie dorthin entsenden. Aber übertreiben Sie es nicht.«

»Nein, Princeps. Ich habe über die Sache nachgedacht, und ich könnte mir vorstellen, daß man das Problem anders anpacken könnte. Warum nicht zumindest den Versuch machen, die Juden zu romanisieren? Fast ein Jahrhundert lang hat Judäa unter römischer Herrschaft gestanden. In einer gleichlangen Zeit sind andere Völker mit der römischen Kultur verschmolzen – sogar in kürzerer Zeit. Warum nicht auch die Juden? Ist ihre Kultur gegen äußeren Einfluß immun? Ich bezweifle das. Viele von ihnen sind hellenisiert worden. Und wenn ein Jude ein halber Grieche werden kann, sollten wir es doch auch fertigbringen, einen halben Römer aus ihm zu machen.«

Mehrere der Ratgeber im kaiserlichen Kreis nickten zustimmend. Tiberius dagegen sagte nur: »Ihr Vorschlag klingt vernünftig, Tribun, aber nicht praktisch. Wie würden Sie das erreichen wollen?«

»Nun, darüber habe ich noch nicht nachgedacht«, antwortete Pilatus, »aber ein Mittel wäre vielleicht, Söhne führender jüdischer Familien in Rom zu erziehen.«

»Pilatus, hoffen Sie als Präfekt von Judäa reich zu werden?« sagte Tiberius plötzlich.

»Bestimmt nicht, Princeps«, erwiderte Pilatus, hoffend, daß der Ton andeutete, wie beleidigend er die Frage fand.

»Eine gemeine Frage, ich gebe es zu. Aber zu viele Provinzstatthalter haben Rom idealistisch verlassen und sind in Schande wiedergekommen, um wegen Erpressung verurteilt zu werden. Nehmen Sie zum Beispiel den Statthalter Capito, den Mann, der Kleinasien ausgeplündert hat. Macht korrumpiert, Tribun, und wenn Sie den Posten erhalten, werden Sie der mächtigste Mann in Palästina sein. Seien Sie auf der Hut! Nehmen Sie einmal an, Sie sollten einen Tribut von zwei Millionen Sesterzen von Judäa erheben, aber es wäre Ihnen ein leichtes, eine zusätzliche halbe Million zu kassieren und sie nach Rom zu schicken, ohne daß die Juden wüßten, daß Sie sie übers Ohr gehauen hätten. Würden Sie das tun?«

Pilatus dachte einen Augenblick nach, dann antwortete er: »Nein.«

»Auch nicht für den größeren finanziellen Nutzen des Reiches?«

»Nein. Verstieße es nicht gegen die Gesetze der Ethik ...?«

»Sie haben absolut recht. Aemilius Rectus, mein früherer Statthalter in Ägypten, schickte einmal mehr Steuern, als er hatte eintreiben müssen, und erwartete ein Lob. Ha! Ich habe ihm geschrieben, ich wollte meine Schafe geschoren und nicht geflöht haben ... Wie wäre es, wenn Sie uns jetzt allein ließen, Tribun? Wir treffen uns dann zum Essen in der Grotte.«

Erleichtert zog sich Pilatus zurück. Das Gespräch hatte ihn angestrengt.

Die Grotte war mit dem Hause durch mehrere steile Treppen verbunden. Dieses natürliche Gewölbe war von Pinien umrahmt. Wasserbecken, Brunnen und prächtige Statuen gestalteten sein Inneres. Aber Pilatus achtete kaum auf die Schönheit, als er in einem wahren Glückstaumel zu der Grotte hinunterstieg. Der Kaiser hatte ihn gerade in aller Form zum Präfekten von Judäa ernannt, und Männer aus dem Gefolge des Kaisers gratulierten ihm.

Man versammelte sich um einen Tisch in der Mitte der Grotte und ließ sich auf Ruhebetten zum Essen nieder, in der üblichen entspannten Haltung, die den Römern so nützlich für die Verdauung erschien. Während sich die griechischen Intellektuellen im kaiserlichen Kreis bescheiden an die beiden Enden des Tisches setzten, streckten sich die Ratgeber in der Nähe des Tiberius, des Sejanus und des Pilatus aus. Diener eilten geschäftig hin und her.

Pilatus fand, daß dies der reizvollste Platz war, an dem er je gespeist hatte. Am Eingang der Grotte war ein rundes Fischbecken mit türkisfarbenem Meerwasser, um das herum Marmorstatuen – Faune, Satyrn und Halbgötter der Mythologie – standen, kleine Cupidos und kolossale Gottheiten, jede im üppigen rhodesischen Stil ausgeführt. Die Krönung des Ganzen war eine herrliche Laokoongruppe mit den bekannten Riesenschlangen, die sich um den Priester von Troja und seine beiden Söhne wanden.

Thrasyllus lag neben Pilatus und fragte: »Wann sind Sie geboren, Präfekt? Ich würde Ihnen gern Ihr Horoskop stellen.«

Pilatus, der von der Laokoongruppe wie hypnotisiert war, sah zu seinem Erstaunen, daß Laokoon und der Astrologe das gleiche Gesicht hatten.

»Ich gleiche ihm, nicht wahr?« lachte Thrasyllus. »Das kommt von dem Bart. Aber sagen Sie mir Ihr Geburtsdatum.«

»Ich ... ich halte nicht viel von Astrologie«, antwortete Pilatus mehr ehrlich als taktvoll.

»Das macht nichts. Ihre Einstellung wird die Verläßlichkeit des Horoskops nicht berühren. Würden Sie nicht gern im voraus wissen, was Ihnen, sagen wir, in Judäa geschehen wird?«

»Vielleicht. Aber da Ihre Voraussagen nur den Wert haben, daß sie jemanden veranlassen, so zu handeln, daß das Horoskop erfüllt wird, können ...«

»Großartig. Sie sprechen wie ein griechischer Skeptiker. Sie möchten mir Ihr Geburtsdatum lieber nicht nennen aus Angst, ich würde in Ihr Schicksal hineinpfuschen. Nun, machen Sie sich deswegen keine Sorgen. Ich werde für meine Voraussagen hübsch bezahlt, aber Ihnen wollte ich nichts berechnen.«

Pilatus versuchte diplomatisch, den Astrologen wieder zu versöhnen, als Thrasyllus sagte: »Wenn Sie nach Judäa gehen, Statthalter, würden Sie mir dann wenigstens einen Gefallen tun?«

»Aber gern, Thrasyllus. Um was handelt es sich?«

»Sie wissen, daß der Princeps fast sieben Jahre auf der Insel Rhodos studiert hat, und dort hat er mich kennengelernt.«

»Ja.« Schmollen, dachte Pilatus, wäre ein passenderes Wort als studieren, denn Tiberius hatte sich das berühmte Exil aus Groll gegen Augustus selber auferlegt.

»Nun«, fuhr Thrasyllus fort, »damals lehrte ich den Princeps Astronomie ebenso wie Astrologie, als meine Berechnungen durch ein seltsames Phänomen am südöstlichen Himmel durcheinandergebracht wurden. Ein Stern ... nein, es war heller als ein Stern. Ein Planet vielleicht, aber größer als alle, die wir kennen, bewegte sich am südöstlichen Horizont irgendwo südlich von Syrien und nördlich von Ägypten, möglicherweise über Judäa.«

»Vielleicht war es ein Komet?«

»Eher ein Komet als alles andere. Aber seine Bewegungen waren ungleichmäßiger. Und er erschien genau zwei Jahre nach der Konjunktion von Jupiter und Saturn im Zeichen der Fische.«

»Hat das etwas zu bedeuten?«

»Der Planet Jupiter symbolisiert den Herrn der Welt. Die Konstellation der Fische stellt die letzten Tage dar. Und Saturn ist der Planet Palästinas. Darum bedeutet die Begegnung der Planeten Jupiter und Saturn im Zeichen der Fische, daß ein Weltherrscher in Palästina auf dem Höhepunkt der Geschichte erscheinen wird.«

»Und was hat der Komet damit zu tun?« Pilatus tat sein Bestes, um den Astrologen bei guter Laune zu halten.

»Kometen kündigen wichtige Veränderungen im römischen Staat an. Was beherrschte den Himmel in dem Jahr, als Cäsar ermordet wurde? Ein blutroter Komet, so hell, daß man ihn bei Tage sehen konnte. Was ging der Schlacht von Philippi voraus? Ein Komet. Was kündigte den Tod des Augustus an?«

»Ein Komet!« erkühnte sich Pilatus zu sagen.

»Genau das«, lächelte Thrasyllus, »darum müßte auf der Basis von beidem, der Konjunktion und dem Kometen, dieser Weltherrscher aus Palästina auch große Veränderungen im römischen Staat bewirken.«

»Eine recht interessante Voraussage, aber was für einen Gefallen kann ich Ihnen tun?«

»Wenn Sie nach Jerusalem kommen, setzen Sie sich mit dem Priesterkolleg in Verbindung und erkundigen sich, ob vor etwa dreißig Jahren am Himmel über Judäa ein seltsamer Stern erschienen ist, und dann schreiben Sie mir, was sie gesagt und wie sie ihn beschrieben haben.«

»Das tue ich gern.«

Das Essen bestand aus vier Gängen. Pilatus war froh, daß Thrasyllus schwieg, aber dann spürte er den Blick von Curtius Atticus' runden braunen Augen auf sich ruhen.

»Jetzt weiß ich endlich, warum mir der Name Pontius gleich so bekannt vorkam«, rief Atticus, »der Tribun Pontius Aquila – sind Sie mit ihm verwandt?«

Pilatus antwortete nervös: »Er ist ein entfernter Vetter meines Vaters.«

»Oho! Es war also Ihr Verwandter Aquila, der nicht aufstehen wollte, um Julius Cäsar bei seiner Triumphparade zu grüßen«, höhnte Atticus, »und Cäsar hat ihm diese Beleidigung nie vergessen. Wie schloß er doch seine Reden im Senat immer? ›Ich werde diese Dinge weiterverfolgen ... das heißt, wenn Pontius Aquila es erlaubt.‹ «

Alle schwiegen. Die Erwähnung von Pilatus' Verwandtschaft mit einem Republikaner beunruhigte Tiberius, der aufhörte zu essen und den neuernannten Präfekten ein wenig bestürzt anblickte.

Aber schon fuhr Atticus fort: »Und später half Ihr Onkel Aquila bei der Ermordung Cäsars.«

Wütend fiel Sejanus ein: »Wir haben alle republikanische Verwandte, Atticus. Selbst die Familie des Princeps hat sich einst Cäsar widersetzt ...«

»Ich danke Ihnen – aber das ist nicht einmal nötig«, unterbrach ihn Pilatus, der jetzt eher zornig als verlegen war, »erinnern Sie sich alle, wie Aquila starb? Im Kampf auf Augustus' Seite. Der Senat beschloß sogar, eine Statue zu seinen Ehren aufzustellen. Von allen Konspiratoren gegen Cäsar ist Aquila im Tode am meisten geehrt worden.«

»Genug, meine Herren«, befahl Tiberius, »Sie haben unser Vertrauen, Pilatus. Zeigen Sie sich in Judäa so loyal dem Reich gegenüber, wie Pontius Aquila, der Adler, es der Republik gegenüber gewesen ist. Mehr kann niemand verlangen!«

Sejanus ergriff einen Becher, hob ihn langsam und sagte: »Ich möchte jetzt einen Toast auf Pontius Pilatus ausbringen. Möge er Judäa so erfolgreich reformieren, wie der Speer die militärische Situation Roms verbessert hat!«

Pilatus entzückte dieser Toast, denn es war eine Anspielung auf seinen Namen, der »mit einem Speer bewaffnet« bedeutete. Das *pilum* war ein Wurfgeschoß – ein Meter achtzig lang –, dessen eine Hälfte aus Holz und dessen andere Hälfte aus Eisen bestand und den die römischen Legionäre mit vernichtender Wirkung auf ihre Feinde schleuderten. Und erst durch diesen Speer, dachte Pilatus stolz, war es möglich geworden, das Reich zu schaffen.

Ohne das Auf- und Abschwellen des Stimmengewirrs um ihn her zu beachten, malte sich Pilatus die Freude Proculas aus, wenn sie von seiner offiziellen Ernennung erfuhr. Er war so in Gedanken, daß er das leichte Zittern der Grottenwände gar nicht bemerkte. Aber da es an der Tafel laut zuging, nahmen es auch die anderen nicht wahr.

Dann kamen ihm wieder Zweifel, ob er den Anforderungen, die man an einen Präfekten von Judäa richten mußte, genügen würde. Obwohl seine Kenntnisse über Judäa lückenhaft waren, hatte er eines erkannt, und es schien ihm besonders wichtig zu sein: Waffengewalt allein würde den Frieden in Judäa nicht sichern. Es bedurfte dazu eines großen Maßes an Diplomatie, und eben das machte ihm Sorgen. Pilatus wußte zwar, daß er militärisch nicht so leicht zu schlagen war; aber ob er auch dieses seltsame Volk, die Juden, würde verstehen können? Wie sollte man mit Untertanen umgehen, die vom römischen Lebensstil wenig hielten und so zäh an ihren eigenen Gesetzen und Bräuchen hingen? Romanisierung? Ein guter Vorschlag, wenn er unter römischen Beamten diskutiert wurde. Aber, fragte er sich, wie würden die Juden reagieren?

Als Pilatus aus seiner Träumerei erwachte, betrachtete er mit größerem Interesse das Innere der Grotte. Er sah jetzt, daß die Wände nicht ganz aus Stein waren, wie er es angenommen hatte; sie schienen zu einem großen Teil aus Lehm zu bestehen.

Wieder bebte die Grotte leicht, und diesmal sprang Pilatus auf. Dann wurde das Beben stärker, erschütterte die ganze Grotte und war von einem unheimlichen, polternden Geräusch begleitet. »Erdbeben! Wir müssen die Grotte verlassen«, rief Pilatus. Aber seine Stimme verlor sich in dem Rumoren der Erdbewegung und der erschreckten Stimmen.

Ein riesiges scharfes Felsstück, mit stinkendem Lehm beschmiert, flog auf den Tisch und bespritzte Pilatus und Thrasyllus mit Sauce und Wein. Große Stücke der Decke lösten sich und plumpsten auf die von Panik ergriffene Tischgesellschaft. Der Erdgeruch der Grotte wurde unerträglich scharf, als weitere Felsbrocken herunterfielen. Atticus, weiß wie seine Toga, begann zu schreien, und die entsetzten Gäste fielen in sein Geschrei ein.

An Gefahr gewöhnt, aber gelähmt von der Angst, hilflos in einer Falle zu sitzen und wie ein Insekt zerquetscht zu werden, zögerte Pilatus einen Augenblick. Dann fiel die Erstarrung von ihm ab, und er stürzte auf den Eingang der Grotte zu, durch den das Tageslicht hereinflutete. Ein messerscharfer Felsbrocken brach von der Decke und schleuderte ihn zu Boden. Mühsam erhob er sich wieder. Er watete durch das Wasser des Fischteiches, das sich über den Boden der Höhle ergoß. Die Laokoonschlangen schienen lebendig zu werden; die große Statue neigte sich nach vorn und zerschellte, und auch andere Figuren zerbrachen mit lautem Getöse.

Draußen im Freien fand Pilatus Thrasyllus, der am ganzen Leibe zitterte und weinte, und die Hälfte der übrigen Gäste. Aber wo war der Kaiser? Und wo war Sejanus? Pilatus blickte in die düstere Grotte zurück und sah mehrere Gestalten, die ihr zu entkommen versuchten. In diesem Augenblick stürzte der Eingang zur Höhle ein, er bildete eine Wolke von Schutt, und die Schreie derer, die unter den Fels- und Erdmassen lagen, hallten über das ganze Ufer.

»Die Gardisten! Die Prätorianer!« schrie Pilatus. »Jemand muß sie holen!«

Aber die wachhabenden Prätorianer waren schon bei den ersten Anzeichen des Erdbebens die langen Treppen heruntergeeilt. Sie gruben sich einen Weg durch das Geröll und holten die Lebenden, die Verletzten und die Toten heraus. Fünf waren umgekommen – zwei der Gäste, griechische Gelehrte, und drei Diener –, und viele hatten Verletzungen erlitten.

Wo aber war Tiberius? Da man weder den Kaiser noch Sejanus unter dem Schutt am Eingang zur Grotte gefunden hatte, mußten sie tiefer in ihr gefangen sein, hinter einer Wand aus Lehm und Felsen – oder unter ihr. Die Gardisten, die immer tiefer in die Höhle eindrangen, riefen unaufhörlich nach den beiden Männern, hatten aber wenig Hoffnung, daß sie noch lebten. Sie gruben sich in feuchter Erde einen Weg und gelangten schließlich in jenen Teil der Grotte, wo die Decke gehalten hatte. Mit neuer Hoffnung krochen sie weiter in das Dunkel.

Schließlich hörten sie einen angstvollen Hilferuf aus den tiefsten Tiefen der Höhle. Dort fanden sie Tiberius auf dem Boden hokkend, und über ihm gekauert Sejanus, der ihn mit seinem Körper vor herunterfallenden Felsbrocken schützte. Sejanus hatte mehrere

Wunden davongetragen, und man mußte ihn stützen und ihm aus der Grotte heraushelfen. Aber die Soldaten jubelten laut, als sie ihren Kaiser zwar mitgenommen und schmutzig, jedoch quicklebendig und körperlich unversehrt fanden.

Später am Abend, als sie sich von dem Schrecken des Nachmittags erholten, war Tiberius in nachdenklicher Stimmung. »Ich verstehe nicht«, sagte er, »warum so viele in Rom es sich herausnehmen, dem Princeps einen Rat zu geben ... und einen so falschen Rat. Wie viele Senatoren haben mich in den letzten Monaten vor einer dem Staat drohenden Gefahr gewarnt! Da ist ein überehrgeiziger Mann, sagten sie, der vor nichts zurückschrecken wird, um persönliche Macht für sich zu gewinnen. Wer? Sejanus! Der Mann, der mir das Leben gerettet hat. Sejanus zerstört den Staat, jammern sie. Er plant ein Komplott gegen den Princeps. Er ist nur gegen sich selbst loyal. Wer? Der Mann, der sein Leben aufs Spiel gesetzt hat, um das meine zu retten!«

Tiberius erhob sich und stapfte durch den Raum, dann blieb er stehen und sagte bewegt: »Ihr sollt dies wissen, meine Freunde, und dafür sorgen, daß Rom es auch erfährt: Heute haben wir die Blutprobe gehabt. Während ihr alle aus der Grotte flüchtetet, wie die Ratten vom sinkenden Schiff, hat ein Mann daran gedacht, seinen Kaiser zu retten. Es soll nie wieder jemand an Lucius Aelius Sejanus zweifeln. In Treue und Ergebenheit ist dieser Mann der größte im Reich.«

Viertes Kapitel

Pilatus, der im August abreiste, hatte für die Reise nach Judäa die Wahl zwischen Land- und Seeweg. Da die Fahrt über Land durch Griechenland und Kleinasien sehr lang und ermüdend und das Mittelmeer von Mai bis September verhältnismäßig ruhig war, entschloß sich Pilatus für die Seereise.

Rom bezog seinen Hauptbedarf an Weizen aus Ägypten. Deshalb betrachtete Tiberius den Pendelverkehr der Kornschiffe zwischen Alexandria und Puteoli als die Lebensader des Reiches. Die großen Handelsschiffe, die größten Schiffe, die überhaupt auf dem Mittelmeer fuhren, löschten ihre Ladung in Puteoli, in der Bucht von Neapel, Italiens bedeutendstem Hafen, und hatten auf der Rückfahrt Platz für Passagiere. So buchte Pilatus eine Passage nach Palästina über Alexandria auf einem Kornschiff, das in der dritten Augustwoche in See stach.

Als er, Procula und ihre Begleitung nach Puteoli aufbrachen, folgte ihnen eine ganze Karawane von Wagen; sie waren mit Dingen beladen, die sie wahrscheinlich in Ägypten oder sogar in Judäa hätten kaufen können. Aber Procula mit ihrem Patriziergeschmack traute den Provinzmärkten nicht recht. Da sie vielleicht erst nach einigen Jahren zurückkehren würden, machten sie für ein paar Tage in Caudium Station, damit Procula die Verwandten ihres Mannes kennenlernte, die nicht zur Hochzeit hatten kommen können.

Tiberius hatte sich absichtlich nicht näher über die Dauer von Pilatus' Amtszeit ausgelassen, denn er wollte ihn auch kurzfristig zurückrufen können, falls er nicht die Hoffnungen erfüllte, die Sejanus in ihn gesetzt hatte. Regierte er gut, konnte seine Amtszeit zehn Jahre dauern.

Von Caudium war es nur eine kurze Fahrt nach Puteoli hinunter. Der Hafen lag in der nördlichen Ecke der Bucht von Neapel, über der im Osten der Vesuv aufragte. Pilatus zeigte Procula zwei von Leben wimmelnde Städte am Fuße des Berges, Herculaneum und Pompeji, und genau am südlichen Ende der Bucht sah man die grauweißen Felsenklippen der Insel Capri.

Der kaiserliche Hafenmeister hatte für Pilatus, Procula und die sie begleitenden drei Adjutanten und vier Diener Kabinen auf der *Tridens Neptuni*, einem ziemlich großen Handelsschiff von vierundfünfzig Meter Länge und fünfzehn Meter Breite, reserviert. Der Kapitän begrüßte Pilatus mit besonderer Herzlichkeit an Bord, denn obwohl er dafür verantwortlich war, daß die Fahrt gut und sicher verlief – in dem Augenblick, da ein römischer Beamter ein im Auftrag des Kaisers gechartertes Schiff betrat, war dieser und nicht mehr der Kapitän der eigentliche Herr des Schiffes.

Es war vorgesehen, daß ein aus acht Schiffen bestehender Konvoi die Reise gemeinsam machte, denn das bot mehr Sicherheit, und so brauchte man einen ganzen Tag, um die kleine Flotte zu laden. Kurz vor der Ausfahrt marschierte eine Ehrenwache von Prätorianern am Kai auf, um Pilatus eine gute Reise zu wünschen und ihm persönliche Geschenke vom Kaiser in Capri und seinem Gefolge zu überbringen. Sejanus schickte ihm eine extra für ihn angefertigte Präfektenstandarte mit dem Bilde des Tiberius in Gold und mit dem in den purpurnen Stoff eingewebten Namen »Pontius Pilatus«. Eine noch bedeutsamere Gabe kam von Tiberius selbst: ein goldener Ring, in den sein Bild eingraviert war, was bedeutete, daß Pilatus in den inneren Kreis der Freunde des Kaisers aufgenommen worden war, einer Elitebruderschaft, der nur Senatoren und Ritter in hohen Stellungen angehörten. Der Präfekt von Judäa stand unter einem guten Stern.

Da Pilatus der ranghöchste Offizier in der Flottille war, war die *Tridens Neptuni* das Flaggschiff. Sie umfuhren das Vorgebirge von Misenum, fuhren durch die Bucht – an Capri vorbei – in das blaue Tyrrhenische Meer und dann süd-südöstlich zur Straße von Messina, der Meerenge zwischen Italien und Sizilien.

»Wenn die Etesien nicht nachlassen, müßten wir Alexandria in zwanzig Tagen oder sogar noch eher erreichen«, versicherte der Kapitän, »jeden Sommer beginnen die Etesien um die Iden des Juli herum aus Nordwesten zu wehen, und das geht dann bis Ende August. Wir haben den Wind im Rücken und versuchen auf dem Weg nach Ägypten immer vor ihm zu bleiben.«

In weniger als zwei Tagen waren sie in der Meerenge, dort, wo angeblich Homers Skylla und Charybdis gewesen waren. Als sie Sizilien hinter sich hatten, wehten die Etesien wieder angenehm heftig, und zum erstenmal sah man vom Schiff aus kein Land mehr.

Die Matrosen liebten diese Winde. Sie wehten selten vor zwölf Uhr mittags, und so war für Schiffsreparaturen und dergleichen am Morgen Zeit, und die seekranken Passagiere konnten sich wieder einigermaßen erholen.

Eine Woche verstrich, ohne daß Land in Sicht kam. Pilatus ging nach hinten zum Steuermann, um sich über die Technik der Navigation ein wenig informieren zu lassen. »Sehen Sie den roten Wimpel dort vor uns an der Takelage wehen? Er zeigt die Richtung des Windes, und wir weichen nur wenig ab.«

»Sind die Etesien so beständig?« fragte Pilatus.

»Meistens. Aber wir haben eine Möglichkeit, die Richtung der Winde nachzuprüfen!«

»Wie?«

»Sehen Sie den Metallring dort und den Zeiger? Wir benutzen beides, um die Höhe der Sonne und der Sterne zu messen, mit deren Hilfe wir unsere Position bestimmen.«

Der Steuermann lächelte. »Das heißt zwar nicht, daß wir nie Fehler machen. Haben Sie gemerkt, daß die anderen Schiffe, die rechts und links von uns fahren, so weit entfernt sind, daß wir sie überhaupt nicht sehen können? Das ist Absicht. Wenn die *Pilae Herculis,* die ganz außen fährt, Kreta sichtet, dann wird von Schiff zu Schiff signalisiert, daß wir zu weit nördlich vom Kurs sind, und wir können ihn dementsprechend berichtigen. Aber wenn die *Medusa,* die steuerbord fährt, Afrika sichtet, dann sind wir zu weit südlich. Das ist freilich nicht so schlimm, da wir dann Alexandria nicht verfehlen können.«

Pilatus hoffte nur, daß der Mann scherzte. Jedenfalls signalisierten die anderen Schiffe keine Warnungen. Offenbar ging die Fahrt glatt vonstatten.

Procula war keine sehr gute Seefahrerin, und noch ehe sie Sizilien erreicht hatten, war ihr übel geworden. Aber das war noch nichts im Vergleich zu ihrem Befinden auf offenem Meer. Pilatus flehte die Schiffsoffiziere um etwas an, was dagegen helfen könne; doch jedes Gebräu, das man ihr aus der Kombüse brachte und das Procula brav schluckte, mußte sie gleich wieder von sich geben. Das einzige, was half, entdeckte sie selbst: Morgens, wenn die See ruhiger war, setzte sie sich auf Deck und versuchte, sich einzureden, sie sei wieder in Rom.

Am Abend des achtzehnten Tages kam endlich ein Hoffnungsschimmer. Die Wache am Bug rief: »Ho! Pharus in Sicht!«

So sehr Pilatus seine Augen auch anstrengte, er konnte nur einen blassen orangefarbenen Schein am südöstlichen Horizont sehen; aber der Schein wurde stärker und begann zu flackern und verdichtete sich zu einem großen Feuerball. Später wurden viele andere Lichter sichtbar, alle beträchtlich tiefer als das erste Feuer, das jetzt wie der Mond am Himmel hing.

»A-ve Pha-rus!« riefen die Matrosen ehrfürchtig, und die *Tridens Neptuni* neigte sich bedenklich zur Seite, als die Passagiere sich an der Reling drängten, um den Leuchtturm von Alexandrien, eines der sieben Weltwunder, zu sehen. Aber der gutmütige Steuermann behauptete, dieses Sich-Neigen des Schiffes mache ihm die Einfahrt in den großen Hafen von Alexandrien nur leichter.

Der kolossale Leuchtturm ragte hundertzwanzig Meter hoch in die ägyptische Nacht. Da er ganz aus weißem Marmor erbaut war, konnten Pilatus und Procula leicht die große viereckige, von einer Hafeninsel aufsteigende Basis, den achteckigen Mittelteil und den mit Säulen geschmückten Oberbau erkennen. Oben brannte ein Tannenholzfeuer vor blank polierten Metallspiegeln, um meilenweit entfernten Schiffen auf See Signale zu geben. Noch eindrucksvoller als seine gewaltige Höhe war sein Alter. Der Pharus war jetzt dreihundert Jahre alt und in bestem Zustand.

Da es schon spät am Abend war, beschlossen Pilatus und sein Gefolge, die Nacht an Bord zu bleiben. Am nächsten Morgen in aller Frühe kam eine Kompanie römischer Soldaten an Deck.

»Pontius Pilatus, bitte melden Sie sich«, rief ihr Zenturio, den Helm tief in die Stirn gezogen.

»Hier bin ich«, antwortete Pilatus, als er aus seiner Kabine kam.

»Sie sind verhaftet«, schnarrte der Zenturio, »Sie haben den besonderen Befehl des Kaisers, daß kein Römer von Senatoren- oder höherem Ritterrang ohne seine schriftliche Einwilligung Ägypten betreten darf, nicht beachtet. Der göttliche Augustus hat das als erster bestimmt, um zu verhindern, daß die Kornlieferungen von ...«

»Aber ich habe die schriftliche Erlaubnis, Zenturio.«

»Dann zeigen Sie sie bitte her!«

Pilatus holte das Dokument aus seiner Kabine, und der Zenturio brauchte einige Zeit, um es zu studieren. Pilatus musterte ihn genauer, dann streckte er die Hand aus und schob dem Soldaten den Helm aus dem Gesicht.

»Gajus Galerius!« rief er.

»Pilatus«, lachte der Pseudozenturio, als die beiden sich umarmten.

»Und wieso trägt der Präfekt von Ober- und Unterägypten die Uniform eines Zenturio?«

»Das klingt nicht gerade anerkennend, Pilatus. Ich habe schon seit Tagen diesen Empfang vorbereitet.«

»Galerius! So etwas ist mir nicht mehr passiert, seit wir zusammen in der Zwölften in Syrien waren. Und jetzt bist du auf dem Gipfel des Erfolges – Herrscher über Ägypten, Nachfolger der Pharaonen.«

»Nur als Tiberius' Vertreter, sonst werden wir dich auch noch wegen Landesverrats einsperren«, sagte Galerius lachend, »und wer ist diese Verkörperung der Venus? Ist etwa Kleopatra auferstanden, um ihr Ägypten zurückzufordern?«

»Gajus, das ist Procula, mit der ich seit vier Monaten verheiratet bin«, antwortete Pilatus mit ruhigem Stolz.

»Seien Sie gegrüßt«, lächelte sie.

»Und Sie auch.« Galerius verbeugte sich anmutig. »Aber höre, Pilatus, dein Schiff nach Judäa sticht erst nächste Woche in See, und darum ist es mir eine große Freude, euch als meine Gäste im Palast der Ptolemäer, dort auf der anderen Seite des Hafens, zu haben. Und da er hundertfünfzig Zimmer hat, werden wir auch dein Gefolge dort unterbringen können.«

Sie nahmen Galerius' Gastfreundschaft dankbar an und verbrachten eine herrliche Woche in der Stadt, die Rom kaum nachstand, denn Alexandria hatte Athen als kulturellen Mittelpunkt abgelöst. In mancher Hinsicht stach es sogar Rom aus, denn seine gepflasterten Straßen waren breiter und gerade und bei Nacht beleuchtet. Seinen prächtigen Privathäusern, Parks und Gärten hatten bessere Entwürfe zugrunde gelegen. Seine Rennbahnen, Sporthallen und Theater waren geschmackvoller. Die große Bibliothek in Alexandria war die erlesenste in der Welt, konnte sich einer halben Million Papyrusrollen rühmen; und das an sie angebaute Museum war eine wahre Universität, in der die hervorragendsten Wissenschaftler der Zeit lehrten.

Galerius zeigte Pilatus und Procula selber mehrere Sehenswürdigkeiten der Stadt, darunter das Mausoleum Alexanders des Großen, in dem der wächserne Leichnam des Welteroberers, der in Honig einbalsamiert war, noch besichtigt werden konnte. Dann war dort das Grabmal für Pompejus, das wenigste, das die Stadt hatte tun können, um den Mann zu ehren, den man hinterrücks erstochen und dann geköpft hatte, um seinen Kopf, in Salzlauge konserviert, seinem Rivalen Julius Cäsar darzubringen.

Aber das Monument, das Procula am meisten interessierte, war das Kleopatra-Mausoleum. Als erfahrener Führer erzählte Galerius ihnen, wie sich Kleopatra im Mausoleum verbarrikadiert hatte, wie dann des Augustus' Freund Gajus Proculejus an der Rückseite des Mausoleums hinaufgeklettert war und durch ein Fenster Kleopatra herausgeholt hatte. »Präfekt«, sagte Pilatus feierlich, »erlauben Sie mir, daß ich Ihnen die Dame Proculeja, Enkelin eben dieses Gajus Proculejus, vorstelle!«

Während Galerius sich noch von seiner Überraschung erholte, dankte ihm Procula. »Es tut mir leid, daß ich Sie die ganze Geschichte habe erzählen lassen. Ich wollte nur nachprüfen, ob Großvaters Version stimmt. Und er scheint nicht übertrieben zu haben.«

Gegen Ende ihres Aufenthalts in Alexandria deutete Pilatus wie beiläufig an, daß sie zwar alle historischen Stätten, aber nur wenig von dem Volk gesehen hätten. Galerius führte sie darauf durch die verschiedenen Viertel der Stadt. Und Pilatus entdeckte bald, daß es nicht ein Alexandria, sondern mindestens acht gab.

»Diese Stadt ist ein Gemisch aus Ägyptischem, Griechischem, Römischem, Jüdischem, Kyrenischem, Anatolischem, Syrischem, Phönizischem«, erklärte Galerius, »und zu versuchen, in diesem Völkergemisch den Frieden zu erhalten, ist fast unmöglich. Wir haben jedes Jahr kleine Aufstände, aber warum es noch nicht zu einer allgemeinen Erhebung gekommen ist, das weiß nur der große Vater der Götter.«

»Stimmt es, daß es in Alexandria mehr Juden gibt als in Jerusalem?« fragte Pilatus.

»O ja. Siehst du den Stadtteil dort drüben?« Er deutete nach Südwesten, auf ein Viertel ganz in der Nähe des Palastes. »Das ist das Judenviertel von Alexandria, eine Stadt in der Stadt.«

»Machen sie Schwierigkeiten?«

»Eigentlich nicht. Freilich, manche Bewohner Alexandrias hassen die Juden, und es könnte eines Tages zu Blutvergießen kommen, denn im allgemeinen haben sie hier geschäftlich und kulturell viel geleistet. Sie sind Bürger der Stadt, und sie haben ihren eigenen Etnarchen, der sich der inneren Angelegenheiten annimmt ... Aber warum gehen wir nicht einmal in das Judenviertel? Es ist der einzige Bezirk, in dem wir bis jetzt nicht gewesen sind. Außerdem kannst du dir da gleich ein Bild von deinen künftigen Untertanen machen.«

Dies war nicht Pilatus' erster Kontakt mit einer jüdischen Gemeinschaft. In Rom hatte er die jüdische Kolonie am anderen Ufer des Tibers besucht und war entsetzt gewesen über die schlechten Lebensbedingungen und wirtschaftlichen Verhältnisse, ein Getto kleiner Ladenbesitzer, Hausierer und Dirnen. Aber das Judenviertel von Alexandria war eine Überraschung. Es gab dort sehr schöne Häuser mit hübschen Gärten und Teichen. Nachdem Pilatus und Galerius mehrere Synagogen, eine rabbinische Schule und den Marktplatz besucht hatten, mußten sie zugeben, daß dies eine stolze, gut organisierte und blühende Gemeinde war.

»Alexandria scheint also ein Beweis dafür zu sein, daß die Juden unter römischer Verwaltung glücklich leben können«, sagte Pilatus.

»Natürlich. Bis Tiberius Kaiser wurde, war Roms Politik sogar projüdisch«, sagte Galerius, »Juden und Römer waren jedenfalls anfangs Freunde. Das alles begann, als ein Syrerkönig, der sich selber bescheiden Antiochus – der Erlauchte – nannte, versuchte, sich Ägypten einzuverleiben, und von Popillius, dem römischen Vertreter in Alexandria, hinausgejagt wurde. Der König soll gesagt haben, er müsse sich das erst überlegen, ob er wirklich gehen solle. Da ergriff Popillius seinen Spazierstock, zog damit im Sand einen Kreis um Antiochus' Füße und sagte: ›Entscheide dich, ehe du diesen Kreis verläßt.‹ Man sah den Erlauchten nach Norden zurückgehen. Aber er ließ seine Demütigung an den Juden aus und versuchte, einen heidnischen Kult im Jerusalemer Tempel einzuführen. Die Folge war eine nationale Revolte, die von einer Priesterfamilie, den Makkabäern, angeführt wurde; die vertrieben die Syrer. Und wer riet den Syrern, sich künftig von Palästina fernzuhalten? Der römische Senat.«

Er erklärte weiter, daß schon 161 Rom ein Bündnis mit Judäa schloß, das die Syrer in Schach hielt. Da es zur üblichen Politik Roms gehörte, einen Unterlegenen wie etwa Judäa zu verteidigen, um einen potentiellen Rivalen wie etwa Syrien unter Kontrolle zu halten, brachte das Bündnis den Bewohnern Judäas große Vorteile, indem sie diplomatische Anerkennung und besondere Privilegien für die Juden im ganzen Mittelmeerraum erlangten und ebenso Freistellung vom Militärdienst und unbehinderte Glaubensausübung am Sabbat. Erst als später Makkabäerfürsten das Bündnis nicht erneuerten, verwandelte sich die jüdisch-römische Freundschaft in Argwohn und jene Art von Animosität, die zum Eindringen des Pompejus im Jahre 63 führten.

»Aber selbst, nachdem Pompejus Judäa erobert hatte«, fuhr Galerius fort, »wäre immer noch die Freundschaft zwischen Rom und Jerusalem möglich gewesen. Pompejus nahm nicht einen Schekel aus dem Tempelschatz, sondern befahl die Reinigung des Tempels, damit am nächsten Tage wieder geopfert werden konnte.«

»Darin bewies auch Julius Cäsar Freundschaft.«

»Ja, Cäsar war sehr judenfreundlich. Er hatte auch allen Grund, es zu sein, weißt du. Denn die Juden retteten ihm das Leben, als er hier in Alexandria war, indem sie Pompejus verjagten. Die Armee des Pompejus umzingelte Cäsars rührend kleine Römertruppe ganz in der Nähe des Hafens dort drüben«, sagte Galerius, »es war eine schlimme Belagerung, und hier kam Cäsar einer Niederlage so nahe wie nur je. Nur ein Mann rettete ihn: Antipater von Judäa. Antipater sorgte dafür, daß die Legionen zu Cäsar vordringen konnten und daß jüdische Gemeinden in Ägypten ihn während der Belagerung versorgten, und das bedeutete die entscheidende Wende der Schlacht.«

»Antipater – war das der Vater Herodes' des Großen?« fragte Pilatus.

»Ja.«

»Dann ist es kein Wunder, daß die Juden und das Haus Antipaters hoch in Cäsars Gunst gestanden haben.«

»Ja, Cäsar gewährte den Juden außergewöhnliche Privilegien. Judäa wurde vom römischen Tribut befreit, brauchte keine Steuern zu zahlen und keine Soldaten zu stellen, und es stand auch in Judäa kein Militär. Kein Staat unter römischer Herrschaft ist je so begünstigt worden.«

»Das erklärt die langen Züge trauernder Juden zu Cäsars Grab noch Monate nach den Iden des März.« Pilatus dachte eine Weile nach, dann sagte er: »Was du mich über jüdische Geschichte lehrst, ist weit besser als das, was ich von angeblichen Experten in Rom gelernt habe.«

»Man kann immer nur durch die Praxis lernen, Pilatus. Als ich mich auf diesen Posten vorbereitete, wurde ich ein richtiger Ägyptologe; aber das meiste von dem, was ich in Rom gelernt hatte, war nur ein Abbild der Wahrheit. Du wirst noch viele Überraschungen erleben, wenn du nach Judäa kommst.«

»Ich weiß. Als erstes muß ich herausfinden, warum die Juden dort, anders als hier, nicht glücklich über die römische Herrschaft sind; aber es ist tröstlich zu wissen, daß du und zwei römische Legionen in der Nähe sind, falls Judäa sich erhebt. Soviel ich weiß, sind mir vier oder fünf Kohorten gestattet.« Der Spott war unüberhörbar.

»Pilatus, es hängt alles von den Kornlieferungen ab. Wenn in Palästina sich das Volk erhebt, werden die Römer weiter zu essen haben, aber wenn es in Alexandria zu einem Aufstand kommt, wird ein Viertel der Bevölkerung zu Hause kein Brot haben ... Nun, wenn etwas Schlimmes passiert und du aus Jerusalem verjagt wirst, dann laß es mich wissen, und ich werde dir zu Hilfe kommen. Wahrscheinlich mit meiner Dritten oder Zweiundzwanzigsten Legion.«

»Ich werde schreiben, wenn ich mich großen Problemen gegenübersehe«, sagte Pilatus lächelnd, »und darum wirst du wahrscheinlich bald von mir hören.«

Am nächsten Tag brachen Pilatus und sein Gefolge zur letzten Etappe ihrer Reise auf.

Fünftes Kapitel

Ein Schiff, halb so groß wie die *Tridens Neptuni*, brachte sie nach Cäsarea. Schon am zweiten Tag tauchte die Küste Palästinas deutlich am östlichen Horizont auf.

Pilatus unterhielt sich während der Fahrt soviel wie möglich mit dem Kapitän, um sich im Griechischen zu üben, da dies die vorherrschende Sprache im östlichen Mittelmeerraum war. Wie die meisten gebildeten Römer hatte er Griechisch gelernt, ehe er die Toga des erwachsenen Mannes anlegen durfte; aber ihm fehlte die Praxis. Außer im Gespräch mit Procula und wenn er seinem Gefolge Anweisungen gab und mit Rom korrespondierte, würde Pilatus während seiner Amtszeit als Präfekt Latein nicht gebrauchen. Da er weder Hebräisch noch Aramäisch sprach, mußte im Gespräch mit den Judäern sein Griechisch herhalten.

Cäsarea, die Hauptstadt der römischen Verwaltung in Judäa, lag im Schein der untergehenden Sonne, als der zweite Tag ihrer Reise seinem Ende entgegenging. Pilatus und Procula hatten sich für Cäsarea besonders interessiert, denn ob sie es nun mochten oder nicht, solange Tiberius ihn in seinem Amt beließ, würde es ihre Heimat sein. Die erste Begegnung mit der Stadt glich ein wenig der Entschleierung einer Braut, die der Bräutigam noch nie zuvor gesehen hat: man mußte sich mit dem Unvermeidlichen abfinden.

Als das Schiff sich dem Hafen näherte, waren sie angenehm überrascht von der Größe der Stadt. Sie war bestimmt nicht die kleinste der römischen Provinzhauptstädte und würde, hofften sie, ihnen ein an Rom erinnerndes weltstädtisches Leben bieten. Die Küste verlief hier schnurgerade. Es gab keine Bucht, in der man einen Hafen hätte anlegen können. Dennoch hatte Herodes unerschrocken einen Hafen geschaffen, indem er riesige Steinwälle im Meer vor der Stadt auftürmen ließ und so eine große, siebzig Meter breite Mole schuf, der die Mittelmeerstürme absolut nichts anhaben konnten. Über ihr ragten Türme auf, in denen die Matrosen wohnten, deren Schiffe im Hafen lagen. Der große Hafen, versicherte der Kapitän Pilatus, konnte es durchaus mit dem Hafen von Athen aufnehmen.

Cäsarea wirkte vom Meer aus außerordentlich eindrucksvoll, zu großartig, fanden sie, im Vergleich zu dem, was sie von Palästina gehört hatten. Procula sprach mit dem Kapitän darüber. Er erklärte, die Stadt sei in kürzester Zeit gebaut worden – in dem knappen Zeitraum von zwölf Jahren, das meiste aus dem gleichen Material – weißem Stein, in einem hellenistischen Stil – und von einem Mann, Herodes dem Großen. Herodes hatte große Summen dafür ausgegeben und hatte die Stadt nach seinem engsten Freund und Gönner, Cäsar Augustus, benannt. Sein Tempel, der ein wenig an den Parthenon erinnerte, stand auf einem Hügel, von dem aus man das Meer überblicken konnte. Unmittelbar am Ufer sahen sie Reihen von Regierungsgebäuden, alle mit dorischen Säulen, und ein Stück weiter ein Amphitheater und ebenso ein Schauspielhaus.

Als ihr Schiff vor Anker ging, blies eine Ehrengarde die Fanfare und geleitete dann Pilatus und sein Gefolge zum Palast des Herodes. Procula hielt das für ein schlechtes Omen. Sie fand, der scheidende Präfekt, Valerius Gratus, hätte am Hafen sein müssen, um seinen Nachfolger offiziell zu begrüßen. Zwar standen genug neugierige Syrer und Juden am Kai, um die Ankunft ihres neuen Präfekten mitzuerleben, obwohl es schon dunkel wurde und überall flackernde Fackeln aufleuchteten. Dennoch mußte auch Pilatus gegen eine Verstimmung ankämpfen, und er fragte sich, was für eine Entschuldigung Gratus vorbringen werde. Erst am Eingang zum Palast des Herodes erfuhren sie durch die Frau des Präfekten, daß Valerius Gratus, ihr Mann, oftmals vom Fieber überfallen werde, und gerade an diesem Tage sei es besonders schlimm gewesen.

Sie geleitete Pilatus und Procula in den Gästeflügel und begegnete ihnen mit so viel Freundlichkeit, daß sie ihr die Entschuldigung glaubten. Und als Gratus sie am andern Morgen begrüßte, sahen sie an seiner Blässe und an dem Zittern seiner Hände, daß er wirklich krank war.

»Das Fieber kommt immer wieder, aber bald werde ich es überwunden haben«, sagte er, »ich muß sagen, Pilatus, ich bin über Ihre Ankunft erleichtert. Ich bin jetzt elf Jahre hier, und ich glaube, wir Verbannten haben ein Anrecht darauf, dorthin zurückzukehren, woher wir gekommen sind.«

Gratus war breit gebaut, ein älterer Mann mit Glatze und grauen Schläfen, der offensichtlich mit Würde alt wurde. Er hatte stahlgraue Augen, die, wenn er sprach, aufleuchteten und einen dann seine Blässe vergessen ließen.

»Ich wünschte, wir wären schon früher gekommen«, sagte Pilatus, »aber Tiberius konnte sich lange nicht entscheiden. Von guten Statthaltern trennt man sich ja auch nur sehr ungern.«

»Wenn Sie mit den Juden so diplomatisch umgehen, dann werden Sie keine Schwierigkeiten mit ihnen haben«, lachte Gratus, »aber erst einmal müssen Sie mir alle Neuigkeiten aus Rom berichten. Hier hören wir nur Klatsch und offizielle Berichte.«

In der nächsten Stunde schilderte Pilatus Rom so, wie er es vor einem Monat verlassen hatte. Er merkte Gratus an, wie sehr es ihn verlangte, dorthin zurückzukehren, und wunderte sich nicht, daß ihnen nur noch kurze Zeit blieb, das, was sie noch zusammen tun mußten, zu erledigen. Das alte Statthalterehepaar hatte schon alles gepackt und wollte noch vor dem Winter, ehe der Schiffsverkehr eingestellt wurde, Cäsarea verlassen. Ein Schiff aus Alexandria sollte sie in wenigen Tagen abholen.

Während die Frau des Gratus Procula die Wohnräume, die Wirtschaftsräume, Vorratskammern, Schlafzimmer und die Räume der Dienerschaft zeigte, führte Gratus seinen Nachfolger durch das Atrium, die Säulenhalle und die Empfangsräume. Der Palast des Herodes ähnelte einem großen griechisch-römischen Herrenhaus, dachte Pilatus, aber es gab hier außerdem Wintergärten, einen privaten Badeteich und das *praetorium* – die Amtsräume in der Mitte des Palastes. Zu seinem Schutz waren auch Kasernen angebaut. Dies war also die Residenz des Präfekten von Judäa.

Der Gang durch Cäsarea war ebenfalls eindrucksvoll. Wie Alexandria hatte die Stadt Straßen, die sich im rechten Winkel schnitten, und die Hauptstraßen mündeten alle auf einen forumähnlichen, sehr belebten öffentlichen Platz. Die noch nicht vierzig Jahre alte Stadt schmorte in der grellen Levantesonne. Sie war von einer halbrunden Mauer umgeben, vor der sich im Osten ein riesiges Hippodrom befand, ein tröstlicher Anblick für Pilatus, der Sport und Wagenrennen sehr schätzte. Gratus berichtete ihm sogar von einer Institution, die »Cäsars Spiele« hieß, einer Art Olympischer Spiele in Palästina, die alle fünf Jahre hier abgehalten wurden, an denen zwar nicht die Juden, wohl aber viele vornehme Bewohner von Cäsarea und den benachbarten Städten teilnahmen.

»Das alles hat Herodes gebaut!« verwunderte sich Pilatus. »Diesen Ruf genießt er in Rom nicht. Wir erinnern uns an ihn nur als an den Mann, der beständig Augustus mit Briefen bestürmte, ihm zu erlauben, seine eigenen Söhne, die er des Verrats verdächtigte, umzubringen. War es nicht der Princeps selber, der schließlich sagte, er wäre lieber des Herodes Schwein als sein Sohn, da ein Schwein von den Juden wenigstens nicht geschlachtet werde?«

»Ja«, antwortete Gratus, »aber da war Herodes schon alt und geistig nicht mehr ganz klar. Der junge Herodes dagegen war ein forscher, eleganter Mann mit all den ungewöhnlichen Eigenschaften seines Vaters Antipater. Sie gingen von Pompejus zu Cäsar und nach den Iden von Cäsar zu Cassius und von ihm zu Antonius über. Und schließlich kehrten sie sich auch von Antonius ab und Augustus zu. Und jedesmal war es der richtige Tausch; und so korrekt und genau zum richtigen Zeitpunkt, daß man darüber weinen könnte!«

»Ja, aber ...«

»Der junge Herodes, sage ich. Das war ein Mann! Vier Jahre nach der Ermordung Cäsars kam Herodes zum erstenmal nach Rom. Er hatte keine Armee, kein Geld, keine wirkliche Unterstützung in Judäa. Er hatte nichts zu bieten als die Loyalität seines Hauses, aber das genügte offenbar. Mark Anton nahm sich seiner an, stellte ihn dem Senat vor und zählte die Verdienste seines Vaters Antipater auf. Der Senat debattierte kurz und ernannte ihn dann zum König von Judäa. Und zehn Jahre später bestätigte ihn Augustus.« Nach kurzem Nachdenken sagte Gratus: »Diese ganze Stadt ist ein Denkmal für Herodes' Dankbarkeit – Cäsarea. Nie hat er aufgehört zu bauen. Es war bei ihm eine wahre Manie, Paläste, Festungen, Tempel, Aquädukte, Städte zu errichten. Sein größter Plan war natürlich der neue Tempel in Jerusalem.«

»Gebaut aus überhohen Steuern, wie ich gehört habe«, fügte Pilatus hinzu, »aber sagen Sie mir, was hat er falsch gemacht?«

»Das ist eine tragische Geschichte. Der Mann tötete schließlich ... lassen Sie mich nachdenken ... seine Frau, seinen Großvater, seine Schwiegermutter, seinen Schwager ... und drei seiner Söhne. Ja, sie alle. Aber die eigentliche Schurkin war seine liebe Schwester Salome. Sie war so eifersüchtig auf Herodes' Frau, daß sie jahrelang Argwohn in der Familie säte, Lügengeschichten über alle im Palast verbreitete, und ihr Bruder glaubte sie alle!«

»Ihr Vorgänger Rufus hat mir gesagt ...«

»Annius Rufus!« rief Gratus. »Und wie geht es diesem Sohn des Bacchus? Ich höre, er führt ein behagliches Leben in Rom.«

»Rufus geht's gut. Aber er hat mir etwas so Scheußliches über Herodes berichtet, daß es einfach nicht wahr sein kann. Angeblich grämte sich Herodes darüber, daß niemand seinen Tod betrauern werde – eine berechtigte Sorge. Darum soll er kurz vor seinem Tode den Befehl erlassen haben, daß die führenden Männer aus allen Teilen Judäas im Hippodrom in Jericho eingesperrt werden sollten. Und sofort nach seinem Tode sollten Soldaten diese Tausende massakrieren, und so würden dann tatsächlich viele trauern. Stimmt das?«

»Ja, der Plan bestand, und er wurde so weit ausgeführt, daß die Juden im Hippodrom zusammengetrieben wurden. Aber als Herodes schließlich starb, widerrief seine Schwester Salome seinen Befehl und ließ die Juden frei. Das einzige Gute, das sie je getan hat.« Nach einigem Überlegen fuhr Gratus fort: »Ein anderes furchtbares Verbrechen dagegen gelang Herodes noch in den letzten Monaten seines Lebens, als er in Bethlehem, einem kleinen Dorf in der Nähe von Jerusalem, alle männlichen Säuglinge abschlachten ließ.«

»Sie scherzen natürlich!«

»Nein, keineswegs. Sie wurden alle ermordet. Es war entsetzlich. Eine Karawane Astrologen scheint nach Jerusalem gekommen zu sein und hat Herodes eine der undiplomatischsten Fragen, die man sich vorstellen kann, gestellt: ›Wo ist der neugeborene König der Juden?‹ fragten sie. Nicht etwa taktvoll: ›Wo ist der neue Prinz, der eines Tages Euer Nachfolger werden wird‹, sondern: ›Wo ist der wirkliche König, Sie Betrüger?‹ Stellen Sie sich vor, was Herodes dabei empfunden haben muß.«

»Warum hat er sie nicht in Ketten gelegt?« fragte Pilatus.

»Dafür war Herodes zu klug. Er mußte erst seinen König finden. Er fragte die Astrologen, was sie zu dieser Frage veranlasse. Und sie antworteten ihm, sie hätten einen großen Stern gesehen, der sie nach Jerusalem geführt habe.«

»Wann war das?«

»Kurz vor Herodes' Tod. Etwa im vierundzwanzigsten oder fünfundzwanzigsten Jahr vor Augustus' Regierung.«

»Dann stimmt das also. Thrasyllus, Tiberius' Hofastrologe, hat mir gesagt, ich solle mich, wenn ich herkäme, nach dem Stern erkundigen. Können Sie mir mehr darüber sagen?«

»Nein, ich war zu dieser Zeit natürlich noch nicht hier.«

»Und wie ist es dann zu dem Kindermord gekommen?«

»Herodes fragte die Hohenpriester, und in ihren heiligen Schriften stand, daß ein Messias in Bethlehem geboren werden würde. Und so schickte er die Astrologen dorthin, unter der Bedingung, daß sie wiederkämen, um ihm zu berichten, wo der königliche Knabe sei. Aber wahrscheinlich argwöhnten sie, daß der König nichts Gutes vorhabe, und so kamen sie nie wieder. In Wirklichkeit ist es eine Schande, daß sie es nicht taten, denn dann wäre nur ein Kind umgebracht worden; Herodes war so wütend darüber, daß man ihn angeführt hatte, daß er seinen Männern befahl, alle männlichen Kinder bis zu zwei Jahren in Bethlehem zu töten.«

»Und so starb der kleine Messias-König auch?«

»Vermutlich. Jedenfalls hat sich seitdem kein König der Juden in Judäa gezeigt. Selbst der sogenannte Messias, der inzwischen aufgetaucht ist, war ein Schwindler, ein Volksaufwiegler oder Revolutionär von eigenen Gnaden, der nur das eine erreichte, daß er und seine Anhänger hingerichtet wurden. Aber lassen Sie sich vor einem warnen, Pilatus: Wenn irgendein bedeutender Führer erscheint, der mit Autorität spricht und eine breite Anhängerschaft unter den Juden hat, also ein anderer Judas Maccabäus oder ein noch besserer, dann seien Sie auf das Schlimmste gefaßt! Er könnte Rom einen heiligen Unabhängigkeitskrieg erklären. Rom würde natürlich schließlich Sieger bleiben, würde gleichsam nur eine Fliegenklappe ergreifen und die judäische Fliege erschlagen. Aber Sie und Ihre Hilfstruppen würden wahrscheinlich schon zerquetscht sein, bevor die rettenden Legionen kämen, wenn Sie nicht darauf vorbereitet sind und dem mit einer geschickten Taktik begegnen.«

»In solch einer Lage würde ich als ersten Pacuvius aus Antiochia rufen. Wäre das richtig?«

»Ja, er amtiert dort als Legat anstelle von Aelius Lamia, der es nie geschafft hat, nach Syrien zu kommen«, sagte Gratus lächelnd, »Pacuvius würde wahrscheinlich sein XII., die Donnerlegion, und wenn nötig die VI., Eiserne Legion, schicken.«

»Ist etwas Derartiges in Ihrer Amtszeit geschehen?«

»Nein. Und in Ihrer wird es wahrscheinlich auch nicht geschehen.«

Pilatus stützte sein Kinn in die Hand und sagte: »Nur eins verstehe ich nicht. Warum haben die Juden hier das Verlangen nach

Unabhängigkeit? Die Juden, die ich in Alexandria gesehen habe, wirkten unter der römischen Herrschaft zufrieden, ja, sogar glücklich. Sie sind nicht ...«

»Sie vergessen das Entscheidende, Pilatus. Der Jude in seinem Heimatland und der Jude in fremden Ländern sind Vettern, nicht Brüder. Das ist ein großer Unterschied. Hier in Judäa halten es die Juden für Häresie, wenn sie nicht von ihren eigenen Priestern regiert werden. Ihre normale Regierungsform, sagen sie, sei die Theokratie. Jede Fremdherrschaft wird als eine vorübergehende Erscheinung angesehen, eine Strafe Gottes, die der Messias aufheben wird. Dieses Land gehört dem auserwählten Volk, sagen sie, und sie wollen es selbst regieren. Ein jüdischer Priester zeigte mir einmal eine Stelle in ihrem Gesetz, die diese Haltung erklärt. Sie lautet ungefähr so: ›Du darfst nicht einen Fremden über dich stellen, der nicht dein Bruder ist.‹«

»Gratus, Ihre Politik hier in Judäa ist bestimmt erfolgreich gewesen ...«

»Ich glaube nicht, daß die Juden dem zustimmen würden.«

»Rom ist zufrieden gewesen, sonst wären Sie nicht elf Jahre hier geblieben. Was können Sie einem Neuling als guten Rat auf seinen Weg mitgeben?«

Gratus überlegte einen Augenblick, dann antwortete er: »Lassen Sie die Juden wissen, daß Sie fest im Sattel sitzen, Pilatus, und zwar immer, denn wenn die Zelotenpartei auch nur die leiseste Unentschlossenheit bei Ihnen spürt, das leiseste Schwanken, dann wird sie darauf bauen und Sie zu Konzessionen zwingen. Bleiben Sie fest, Pilatus!«

An Gratus' letztem Abend in Cäsarea, einem warmen Abend, fand in den Gärten des Herodespalastes ein Staatsempfang statt. Er diente dem doppelten Zweck, den neuen Präfekten von Judäa offiziell einzuführen und Valerius Gratus zu verabschieden. Ein offizielles Festessen wäre die bessere Form gewesen, aber die orthodoxen unter den jüdischen Führern hätten mit Nichtjuden nicht zusammen essen können. Darum konnte auch der Empfang nicht im Palast stattfinden, weil alle Wohnungen von Nichtjuden nach jüdischem Ritual unrein waren. Und es durften keine Frauen teilnehmen. Procula und die Frau des Gratus sahen dem Fest von einem Balkon aus zu.

Gratus hatte alles gut arrangiert. Als er und Pilatus der Reihe der Gäste, die dem neuen Statthalter vorgestellt werden sollten, gegenüberstanden, wurde von seinem Zeremonienmeister in griechischer Sprache jeweils ein lokaler Würdenträger vorgestellt, der dann weitergeleitet wurde, während Gratus Pilatus auf Lateinisch zuflüsterte, um wen es sich handelte. Der Zeremonienmeister hielt den nächsten mit liebenswürdigen Scherzen fest, bis Gratus mit seinem kurzen Kommentar fertig war. Beamte aus Cäsarea, Sebaste und anderen Städten wurden vorgestellt; aber die bedeutendsten Gäste waren führende Mitglieder des Sanhedrin, des regierenden Senats der Juden. Sie waren aus Jerusalem gekommen, um den Mann kennenzulernen, mit dem – oder, wenn notwendig, gegen den – sie Judäa in den nächsten Jahren regieren würden. Die jüdischen Würdenträger, die an ihren langen Bärten und ihren prächtigen wallenden Gewändern leicht zu erkennen waren, wurden ihrem Rang nach vorgestellt, der Hohepriester als erster.

»Seine Exzellenz der Hohepriester der jüdischen Nation, Joseph Kaiphas«, betonte der Zeremonienmeister. Nach einer geradezu herzlichen Vorstellung und als der Hohepriester außer Hörweite war, sagte Gratus leise zu Pilatus: »Mit Kaiphas können Sie arbeiten. Er ist für Rom. Ich habe lange gebraucht, um ihn zu finden. Sein Schwiegervater ist Annas, der wirkliche Patriarch und der eigentlich Mächtige. Annas ist wahrscheinlich nicht erschienen, weil ich ihn kurz nach meinem Amtsantritt als Hohenpriester entlassen habe. Ha! Danach habe ich drei andere Hohepriester ernannt und wieder entlassen, ehe ich Kaiphas fand. Aber seine Wahl erwies sich als ein guter Kompromiß, weil sie Annas besänftigte. Das Amt des Hohenpriesters kehrte damit in seine Familie zurück.«

»Rabbi Eleazar vom Rat der Priester.«

Nachdem Eleazar vorgestellt war und aus der Reihe heraustrat, flüsterte Gratus: »Er ist ein ehemaliger Hoherpriester, einer von denen, die ich hinausgeworfen habe. Es wundert mich sehr, daß er gekommen ist.«

»Rabbi Jonathan vom Rat der Priester.«

»Das ist ein Sohn von Annas, von dem man sich einiges versprechen kann«, vertraute Gratus Pilatus an, »wenn Kaiphas Ihnen jemals Schwierigkeiten macht, dann holen Sie sich diesen Jonathan.«

»Rabbi Ishmael ben-Phabi vom Rat der Priester.«

Eine angenehme Erscheinung in wohlriechender Seide stellte sich selber vor, plauderte ein wenig und ging weiter. »Auch einer meiner früheren Hohenpriester«, erklärte Gratus, »und ein frommer und guter Mann, wenn er auch mit seinen Söhnen nicht gut auskommt.«

»Rabbi Alexander vom Rat der Priester.«

»Reich, sehr reich.«

»Rabbi Ananias ben Nebedeus.«

»Das ist ein Gourmand – was der einem alles auftischt! Ich habe eines seiner Gelage mitgemacht. Wir haben da zwanzig Faß Wein getrunken und ebenso viele gebratene Kälber und dreißig Hühner verzehrt ... Aber da kommt Helcias.«

»Rabbi Helcias, Kämmerer des Tempels.«

»Das ist ein anständiger Priester und ein guter Geldverwalter. Jetzt kennen Sie alle Mitglieder des Sanhedrin, die die Reise hierher gemacht haben. Die nächste Gruppe – da kommt sie schon – sind die Schriftgelehrten, Mitglieder des zweiten Rats, einige der weisesten Gelehrten im Osten.«

»Rabbi Gamaliel vom Rat der Schriftgelehrten.«

»Gamaliel ist der beste von allen. Sein Großvater war der berühmte Gelehrte Hillel, der kurz nach Cäsars Ermordung aus Babylonien auswanderte. Was sein Wissen betrifft, so sehen die Juden in Gamaliel einen zweiten Hillel.«

»Rabbi Jochanan ben-Zakkai vom Rat der Schriftgelehrten.«

»Er hat fast vierzig Jahre lang das Gesetz der Hebräer studiert. Es ist gesagt worden, wenn der Himmel Pergament wäre und alle Bäume der Wälder Griffel, dann würden sie nicht fassen können, was Jochanan ben-Zakkai gelernt hat.«

»Sehr bescheiden«, lächelte Pilatus.

Ben-Zakkai drehte sich um und blickte Pilatus und Gratus mit gerunzelter Stirn an. Im Eifer des Gefechts hatten sie etwas lauter gesprochen, und der Rabbi schien Latein zu verstehen.

Schließlich wurden Mitglieder des Rates der Ältesten vorgestellt, der niedrigsten Gruppe im Sanhedrin. Namen wie Nikodemus und Joseph von Arimathia wurden genannt, aber Pilatus hatte es inzwischen aufgegeben, sich alle die Namen zu merken.

Im Laufe des Empfangs kam Joseph Kaiphas zu Pilatus, um sich mit ihm zu unterhalten. Der Hohepriester zog ihn recht geschickt aus Gratus' Schatten und horchte den neuen Präfekten über seine für Judäa geplante Politik aus. Pilatus verhüllte seine wirklichen Pläne durch harmlose Platitüden, denn er beabsichtigte nicht, sie dem einzigen Mann in Judäa zu unterbreiten, der sie blockieren konnte. Er versprach, sich an die Verwaltungsprinzipien des Gratus zu halten. Im Augenblick schien es ihm am sichersten und praktischsten, das zu sagen. Und Kaiphas schien damit zufrieden zu sein.

»Natürlich haben wir uns große Sorgen gemacht hinsichtlich der Haltung des Kaisers dem Judentum gegenüber, seit er die Juden aus Rom verbannt hat«, sagte Kaiphas, »und wir fürchteten, daß die Ernennung eines neuen Präfekten auch eine Änderung der Politik Judäa gegenüber bedeuten könnte. Wir hoffen, das ist nicht der Fall.« Ehe Pilatus etwas dazu sagen konnte, fuhr der Hohepriester fort: »Wenn unsere Traditionen, die auf Mose zurückgehen, entsprechend respektiert werden, gibt es keinen Grund, warum Römer und Juden nicht in diesem Heiligen Land friedlich zusammen leben könnten.«

Pilatus stimmte dem zu, fragte sich aber, ob der von Kaiphas geschwenkte Olivenzweig nicht nur von seinen politischen Absichten ablenken sollte. Immerhin, die beiden Männer, die in den nächsten Jahren über Judäa herrschen würden, hatten einander kennengelernt, und dies war der Zweck des Empfangs gewesen.

Am nächsten Morgen versammelten sich in aller Frühe die örtlichen Hilfskohorten auf dem Exerzierplatz in der Nähe des Herodespalastes. Valerius Gratus verabschiedete sich von seinen Truppen, dankte ihnen für ihre Treue und ihren Pflichteifer und übergab den Befehl über sie an Pontius Pilatus. Dann wünschte er Pilatus und Procula viel Glück und ging mit seiner Frau an Bord des schon wartenden Schiffes, um nach Rom zurückzukehren, das er elf Jahre lang nicht gesehen hatte.

Sechstes Kapitel

Die ersten Wochen in Cäsarea vergingen überraschend angenehm. Pilatus mußte sich natürlich erst eingewöhnen und sich mit den üblichen Nöten eines neuen Beamten herumschlagen; es waren aber nicht mehr, als er erwartet hatte. Gratus hatte ihm eine kleine Gruppe von Ratgebern hinterlassen, die ihn liebenswürdig in allem unterwiesen, was von einem *praefectus iudaeae* an Fähigkeiten und Kenntnissen gefordert wurde. Der Rat, der sich aus seinem Offiziersstab, mehreren hier ansässigen römischen und griechischen Bürgern und seinem eigenen Adjutanten zusammensetzte, nahm Pilatus auch einige Routineangelegenheiten ab.

Procula war unterdessen damit beschäftigt, ihren Palast einzurichten und die Frauen der Stadt, mit denen sie Verkehr pflegen würde, zu empfangen. Aber sie und Pilatus spürten bald, daß etwas in ihrem neuen Leben nicht stimmte. Sie entdeckten, daß sie an großem Heimweh litten, nicht so sehr nach Rom wie nach den Römern. Cäsarea war eine überraschend kosmopolitische Stadt. Die Einwohner waren zur Hälfte Juden, während die andere Hälfte verschiedenen Nationalitäten angehörte. Aber es lebten dort sehr wenige Römer. Und in allen anderen Städten Judäas gab es noch weniger. Als ehemaliger Prätorianer hatte Pilatus gehofft, ein kameradschaftliches Verhältnis zu seiner Truppe zu finden. Aber er vergaß nie, wie schrecklich es für ihn gewesen war, als er das erste Mal zu ihnen gesprochen hatte. Aus einiger Entfernung wirkten sie wie typische römische Soldaten, gut bewaffnet, mit dem üblichen Helm, Küraß, Beinschienen und Schild. Aber als er sie lateinisch anredete, machten sie verdutzte Gesichter und antworteten auf Griechisch, einem miserablen Griechisch. Außer ein paar älteren Tribunen war kein echter Römer in einer der Kohorten in Palästina. Pilatus' Truppe war eine Hilfstruppe, Nichtrömer von syrischer oder samaritanischer Herkunft, die zum Militärdienst ausgehoben worden waren. Juden waren davon befreit, wegen der Speisegebote und weil sie am Sabbat nicht arbeiten durften.

Er wußte, diese Truppen würden im Fall eines jüdischen Aufstands treu zu Rom stehen, da die syrischen Helden und die Samaritaner die Juden wenig liebten und umgekehrt auch von ihnen nicht geliebt wurden. Aber das Problem war ihre Stärke. Seine ganze Truppe bestand aus einer *ala,* einer Kavalleriekompanie, und fünf Infanteriekohorten von je fünf- bis sechshundert Mann, daß heißt insgesamt aus dreitausend Mann. Wenn es zu einem größeren Aufstand in Judäa kam, konnten dreitausend Mann ihn kaum niederschlagen. Sie konnten bestenfalls in ihren Festungen hinhaltenden Widerstand leisten, bis aus Syrien Hilfe kam.

Als Statthalter unterstanden ihm das Militär, die Gerichtsbarkeit und die Finanzverwaltung Judäas in allen elf Toparchien.

Es war jetzt November und Zeit, die fünf Hilfskohorten für den Winter umzugruppieren. Pilatus hoffte, dadurch Unrast und Langeweile unter seinen Soldaten zu bekämpfen.

Nach dem ersten Regen, der den Beginn des Winters ankündigte, rief er die Jerusalemer Kohorte nach Cäsarea zurück, dafür schickte er die Augusteische Kohorte nach Jerusalem, eine Einheit aus Sebaste, die sich dadurch ausgezeichnet hatte, daß sie vor einigen Jahren einen Zelotenaufstand niedergeschlagen hatte. Seitdem durfte sie sich Augusteisch nennen und in ihren Fahnen ein besonderes Medaillon mit dem Bild des Kaisers tragen. Kurz vor dem Abmarsch nach Jerusalem sagte der die Augusteische Kohorte kommandierende Tribun zu Pilatus: »Wir sind eine ganze Zeitlang nicht in Jerusalem stationiert gewesen, und ich weiß darum nicht, wie die Juden auf unsere Insignien reagieren werden.«

»Wie meinen Sie das?«

»Die anderen Kohorten haben keine Fahnen mit Bildern, und darum haben die Juden nichts gegen sie, aber jede, auf der ein Bild ist, beleidigt sie.«

»Warum?«

»Ein besonderes Gebot ihres Gottes. Ich glaube, es steht in ihren heiligen Schriften.«

Pilatus rief einen seiner Ratgeber, der eine Autorität auf dem Gebiet jüdischer Religion war und der ihm das folgende aus einem von den Juden Exodus genannten Buche vorlas: »Du sollst dir kein Bildnis noch irgendein Gleichnis machen, weder von dem, was oben im Himmel, noch von dem, was unten auf Erden oder was im Wasser unter der Erde ist. Bete sie nicht an und diene ihnen nicht ...«

»Das ist kein Problem«, fiel Pilatus ein, »die Juden haben diese Bilder nicht gemacht. Wir haben es getan, und sie brauchen sie bestimmt nicht anzubeten.«

»Meine Männer haben sich diese Medaillons verdient«, sagte der Tribun, »und wenn man sie entfernen würde, wäre das für ihre Moral sicher nicht gut.«

»Ja«, sagte Pilatus, »aber es ist nicht nötig, die Juden grundlos zu beleidigen. Ziehen Sie mit Ihrer Kohorte spät am Abend in Jerusalem ein, wenn die Fahnen nicht auffallen, und dann lassen Sie sie in der Kaserne. Würde das die Juden auch beleidigen?«

»Kaum.«

»Dann machen Sie es so.«

Ihr nächtlicher Einzug in die Stadt verlief ohne jeden Zwischenfall, und der Tribun fand, Pilatus' Vorschlag sei vernünftig gewesen. Aber er fand das nur bis zum nächsten Morgen.

Es begann damit, daß ein älterer Jude den Nordportikus des Tempels nach dem Morgenopfer verließ und wie täglich die Antonia, die römische Festung, die aus der Nordwestmauer des Tempels wie ein Geschwür herauswuchs, verfluchte. Da sah er die neuen Standarten von den Zinnen flattern. Er traute seinen Augen nicht, eilte in die Tempelenklave zurück und kletterte auf eine Mauer, um sehen zu können, ob er sich nicht geirrt habe. Und tatsächlich, da standen Speere auf einer Estrade, und von ihren Querstangen hingen Girlanden und goldene Scheiben, und die Scheiben trugen Reliefs von menschlichen Köpfen. Aber noch mehr entsetzte den alten Juden, daß genau vor dem besonderen Schrein, auf den die Insignien aufgesteckt waren, zwei römische Zenturionen Weihrauch verbrannten oder diesen Fahnen sonst etwas wie ein Opfer darbrachten. Er zitterte vor Wut. Tränen rannen ihm aus den Augen. Gotteslästerung! Götzendienst! Und das unmittelbar vor dem heiligen Tempel! Er drehte sich um und schrie mit der ganzen Kraft seiner Lunge: *»Thoaivoh ne – estho be – yisroel ubi-yerusholaim!* Schande in Israel und in Jerusalem!« – »Schande! Schande!«

Die Menge früher Tempelgänger, Priester und Tempelwächter versammelte sich schnell um den empörten Alten, und aller Augen richteten sich auf die Antonia. »Götzendienst! Götzendienst!« schrien sie alle und eilten durch die Enklave, um weitere Zeugen zu holen. Die Nachricht verbreitete sich wie ein Lauffeuer. Binnen einer

Stunde wußte es ganz Jerusalem; und die Antonia wurde von einer riesigen Menge belagert, die wütend rief: »Schande! Weg mit den Götzenbildern! Schande!«

Ein Soldat, der oben auf dem Turm stand und mit wachsendem Haß die Masse sich hatte zusammenrotten sehen, höhnte: »Ich werde den Schweinen etwas geben, über das sie wirklich quieken können«, und ergriff die größte Fahne mit den Kaiserbildern und schwang sie vor der Menge hin und her. Mit wütendem Geschrei antwortete sie.

Die Lage verschlimmerte sich noch, als der Tribun der Augusteischen Kohorte erschien und den Soldaten festnahm. Man entriß ihm die Fahne, und er wurde in Gewahrsam abgeführt, ein Anblick, der die Menge vorübergehend beruhigte. Der Tribun machte sich das zunutze und rief von der Brüstung herunter: »Schickt eure Vertreter auf den Hof. Ich werde mir eure Beschwerden anhören.«

Einen Augenblick schien die Masse zu zögern, dann senkten sich die erhobenen Fäuste, und man hörte heftiges Diskutieren. Ein paar Minuten später erschienen die Rabbis Helcias und Jonathan in Begleitung von einigen Tempelwächtern in der Festung, wo der Tribun sie empfing.

»Ihre militärischen Fahnen sind götzendienerisch«, sagte Jonathan.

»Das ist Ihre Meinung«, entgegnete der Tribun.

»Die Medaillons tragen menschliche Gesichter und verletzen das Gesetz Moses.«

»Die Bilder stellen Kaiser Augustus dar, der Ihnen goldene Leuchter für Ihren Tempel geschenkt und Ihnen vielerlei andere Gunst erwiesen hat; und Kaiser Tiberius, für den Sie erst heute morgen zwei Lämmer und einen Ochsen im Tempel geopfert haben.«

»Wir opfern für den Kaiser, nie opfern wir ihm«, sagte Helcias fest.

»Aber Ihre Soldaten haben vor den Insignien geopfert.«

»Unsere Kohorte hat vom Kaiser selbst das Privileg erhalten, die Fahnen mit den Bildern zu führen«, sagte der Tribun, »wie können Sie es wagen, sich diesem Privileg zu widersetzen!«

»Wir widersetzen uns der Entweihung des Tempels unseres Gottes in seiner heiligen Stadt.«

Der Römer wußte nicht, was er darauf antworten sollte. Deshalb berief er sich auf eine höhere Autorität. »Unsere Fahnen werden weiterflattern. Nur der Präfekt kann befehlen, daß sie eingezogen werden.«

Der Priester und der Kämmerer verließen die Festung, um zu der Menge zu sprechen. Am Nachmittag werde der große Sanhedrin zusammentreten, rief Jonathan. Bis dahin solle jeder sofort seine Augen von der Antonia abwenden. Die Menge beherrschte ihre Wut und zerstreute sich. Der Sanhedrin beschloß am Nachmittag, eine Abordnung zu Pilatus nach Cäsarea zu schicken. Alle Bürger, die es wollten, konnten die Deputation begleiten. Am nächsten Morgen brach eine wahre Völkerwanderung aus, so erregt war das Volk über das, was in seinen Augen eine bewußte Provokation war.

Ein Kurier hatte Pilatus von dem Zusammenstoß in Jerusalem berichtet und ihm mitgeteilt, daß eine jüdische Abordnung auf dem Wege zu ihm sei. Die Nachricht überraschte, aber beunruhigte ihn kaum, da Reibereien zwischen Regierendem und Regierten nicht ausbleiben konnten. Es war das beste, die Abordnung zu empfangen und damit den Streit beizulegen.

Aber Pilatus unterschätzte die Größe des Protestes. Er hatte eine Abordnung von etwa zwanzig Männern erwartet und war darum auf die Riesenmenge, die in Cäsarea eindrang, gar nicht vorbereitet. In seiner Nervosität alarmierte er seine Kohorten.

Die Massendelegation wurde von einer Schar Priester in einem geordneten Zug zum Palast geführt und legte eine förmliche Petition vor, daß die beleidigenden Insignien aus Jerusalem entfernt werden sollten. Folgende Argumente wurden vorgebracht: Erstens widersprächen die Fahnen dem mosaischen Gesetz gegen Götzenbilder und wären darum götzendienerisch; zweitens hätten Soldaten vor den Augen der Bevölkerung von Jerusalem diesen Fahnen Opfer dargebracht; drittens würden die Insignien selber ebenso wie der Schrein, in dem sie aufbewahrt wurden, als von Geistern bewohnt angesehen, was ebenfalls dem mosaischen Gesetz widerspreche; viertens: daß sich diese Insignien in der heiligen Stadt Jerusalem befanden, sei schon Gotteslästerung, aber daß sie über dem Tempel vom Turm der Antonia wehten, sei absolut unerträglich. Die Petition war von allen einundsiebzig Mitgliedern des großen Sanhedrin unterzeichnet.

Pilatus empfing eine Gruppe von Sprechern und stellte ihnen

nur eine Frage: »Ist der Hohepriester Joseph Kaiphas oder sein Vater Annas mitgekommen?«

»Nein, Exzellenz«, antwortete einer von ihnen.

»Geehrte Rabbis«, sagte Pilatus, »ich werde Ihre Petition morgen beantworten, nachdem ich mich mit meinem Staatsrat beraten habe. Ich danke Ihnen für Ihr Verständnis!«

Als niemand dagegen Einspruch erhob, entließ Pilatus die jüdischen Führer mit dem taktvollen Vorschlag, sie sollten etwas tun, damit die Volksmasse sich draußen zerstreute.

Später erfuhr er zu seinem Entsetzen, daß die Menge der Juden nicht daran dachte, das Feld zu räumen, sondern sich darauf einrichtete, die Nacht dort zu verbringen, wo sie war: auf dem großen, an den Palast angrenzenden Platz. Sie waren entschlossen, nicht zu weichen, bis ihre heilige Stadt von diesem Fluch befreit war. Diejenigen, welche schon damit gerechnet hatten, hier die Nacht zu verbringen, nahmen die Zelte von den Rücken der Esel, aber die meisten breiteten einfach Decken aus. Unterdessen erschienen die Kaufleute von Cäsarea und nutzten die günstige Gelegenheit und verkauften der Menge Lebensmittel, Wein und anderes zu erhöhten Preisen.

Pilatus stand auf einem hohen Balkon des Palastes und beobachtete das Schauspiel. »Ich werde nicht unter Druck verhandeln«, fluchte er leise. Er entschloß sich, fest zu bleiben, wie es ihm fast jeder, mit dem er über Judäa gesprochen, geraten hatte. Jetzt war die Zeit gekommen, es zu beweisen.

In der Aussprache mit seinem Rat verlangte Pilatus zu wissen, warum man ihn nicht über die jüdische Empfindlichkeit gegenüber Bildern besser informiert habe. Die Ratgeber hätten antworten können, man habe sie nicht nach ihrer Meinung gefragt; aber diplomatischer erklärten sie, die Augusteische Kohorte sei nicht in Jerusalem stationiert gewesen, seit sie diese ikonischen Insignien zum Lohn erhalten habe, und deshalb gebe es für das, was jetzt geschehen sei, keinen Präzedenzfall.

Alle waren sich darin einig, daß, wenn Pilatus den jüdischen Forderungen diesmal nachgab, er damit schlechte Voraussetzungen für seine Regierung schaffen würde. Es konnte als Schwäche gedeutet werden, die einzige Sünde, die Rom seinen Statthaltern nicht verzieh, denn Schwäche erzeugte Aufruhr. Pilatus und sein Rat entwarfen eine Antwort auf die jüdische Petition, welche die Entfernung der Bilder aus folgenden Gründen ablehnte: Erstens seien diese Insignien für Römer bestimmt, sie gehörten Römern und dem römischen Militär, nicht Juden; zweitens sollten die Juden keine religiösen Schlüsse aus militärischen Bräuchen ziehen, die sie nichts angingen; drittens würden die Juden nicht gezwungen, sich vor den Fahnen zu verneigen, und da Rom die jüdischen Praktiken und Bräuche unangetastet gelassen habe, sollten die Juden die gleiche Toleranz Römern gegenüber üben; viertens kränke eine solche Einmischung die ehrenwerte Augusteische Kohorte unnütz in ihrer Ehre.

Der Schlußabsatz, in dickeren Buchstaben geschrieben, um seine Bedeutung zu unterstreichen, lautete: Eine Entfernung ihrer kaiserlichen Bilder von den Fahnen der Kohorte wäre eine direkte und unverzeihliche Beleidigung der Majestäten Cäsar Augustus und Tiberius Cäsar.

Am nächsten Morgen wurde die Gruppe der Sprecher für die Massenabordnung aufgefordert, vor Pilatus und seinem Rat zu erscheinen. Man überreichte ihnen die Antwort in schriftlicher Form. Die Priester und Schriftgelehrten lasen sie, dann schlugen sie sich bekümmert auf die Brust. Einige jüngere Rabbis bestritten die Feststellung, daß jüdische Bräuche von Rom nicht angetastet worden seien mit dem Hinweis, daß Valerius Gratus fünfmal einen neuen Hohenpriester eingesetzt habe. Aber es wurde immer klarer, daß Pilatus und sein Rat in keinem Punkt nachgeben würden.

Schließlich sprach ein älterer Priester mit von der Sonne gebleichtem Bart und lederbrauner Haut ein Gebet auf Hebräisch und sagte dann herausfordernd zu Pilatus: »Wir können die Abschaffung unserer alten Gebote nicht zulassen. Wir werden hier in Cäsarea bleiben und beten, daß Gott Sie dazu bringe, die schändlichen Bilder zu entfernen.«

»Amen. Amen«, fielen die anderen ein. Dann kehrten sie zu ihrem Volk zurück.

»Vielleicht vertreten sie gar nicht die Meinung des Volkes«, bemerkte Pilatus, »Zenturio, lesen Sie unsere Antwort laut vom Podium vorm Palast vor. Vielleicht wird das Volk die Logik unseres Standpunktes verstehen.« Dann fügte er hinzu: »Aber lesen Sie die Ablehnung ihrer Petition erst am Ende vor.«

Der Zenturio tat, wie ihm geheißen; doch Rufe des Zorns und der Empörung hallten über den Platz, als es klar wurde, daß die Petition abgelehnt worden war. Am Schluß schrien die sich drängenden Tausende: »Weg mit den Götzenbildern!« Die Priester, schien es, vertraten tatsächlich die Meinung des Volkes.

Pilatus und seine Ratgeber hörten vom Balkon des Palastes mehrere Minuten lang dem tosenden Geschrei zu, dann gingen sie in einen nach hinten gelegenen Garten hinunter, um dort zu essen. Pilatus bemühte sich, in dieser seiner ersten Krise gelassen zu erscheinen. Das, wußte er, gehörte zu einem starken Statthalter. »Etwas Wein, etwas Musik, Kollegen, und wir übertönen die lärmende Menge«, zitierte er einen Autor, ohne sich an die Worte genau erinnern zu können. Heroisch versuchten eine Pfeife, ein Horn und eine Lyra, einen Gesang der Menge zu übertönen, während der Präfekt mit seinem Rat speiste.

»Der Mob wird bald des Schreiens, dann des Stehens und schließlich Cäsareas müde werden«, lachte ein Tribun, »ich möchte wetten, die Hälfte von ihnen wird vor Sonnenuntergang verschwunden sein, und die übrigen werden gehen, wenn die Abendkühle einsetzt.«

Diese Voraussage schien zu stimmen, denn als sie sich von Tisch erhoben, hatte der Gesang draußen tatsächlich aufgehört, und Pilatus wurde zu der Art beglückwünscht, wie er seinen ersten Zusammenstoß mit den Juden zu einem guten Ende geführt hatte.

Am nächsten Morgen trat Pilatus in aller Frühe auf seinen Balkon. Er hatte schon eine Abteilung Soldaten auf den Platz geschickt, sie sollten den von der Menge hinterlassenen Unrat wegräumen. Er blickte über die Brüstung hinunter und fuhr zusammen. Die Menge war über Nacht nur noch angewachsen. Er hörte einzelne Rufe: »Seht doch, da ist der Statthalter«, und tausend Arme deuteten auf den Balkon, und bei aufgehender Sonne kam Leben in die Masse. Sie erhob sich und schrie wieder: »Weg mit den Götzenbildern!«

Pilatus zog sich eilig in den Palast zurück. Er war jetzt mehr wütend als entsetzt, rief seinen Stab zusammen und gab Anweisungen für den Tag; eine Kohorte sollte den Palast schützen. »Ihre wird seinen Schutz heute übernehmen, Tribun – aber im übrigen werden wir keine besonderen Maßnahmen ergreifen. Der Mob kann brüllen, bis er heiser wird. Wir haben versucht, ihn zur Vernunft zu bringen. Aber des Kaisers Ehre muß gewahrt werden. Sagen Sie Ihren Männern, Tribun, sie sollen die Menge nicht reizen, aber bereit sein, sich zu verteidigen, wenn es nötig ist.«

Es wurde ein aufregender Tag. Der Lärm hob und senkte sich und verstummte dann wieder für ein paar Stunden. Von den Frauengemächern des Palastes blickte Procula auf die Menge hinab. Ihr war elend zumute, aber sie versuchte, gegenüber ihrem Mann zuversichtlich zu sein. Sie wollte ihn bitten nachzugeben. Was waren schließlich ein paar militärische Embleme im Vergleich zu dem Frieden einer Nation? Aber sie wußte, es hatte keinen Sinn, daß sie sich in die Politik einmischte. Schon nach den ersten Berichten von dem Aufruhr in Jerusalem hatte sie geahnt, daß sich daraus größere Schwierigkeiten ergeben würden. Aber diese Tausende vor ihrer Tür erschreckten sie. Was würde geschehen, wenn es zu Gewalttaten kam? Sicher konnte der aufgebrachte Mob die Palastwachen überwältigen. Zum erstenmal in ihrem Leben hatte Procula Angst – eine quälende, lähmende Angst.

Am dritten Tage regnete es. Pilatus blickte zu den Wolken auf und jubelte: »Ave Jupiter Pluvius! Mehr, du Regenbringer!« Und wie als Antwort darauf kam vom Mittelmeer ein heftiger Sturm, und auf die protestierende Menge ergoß sich eine wahre Sintflut, der dann ein kühler Dauerregen folgte.

Soldaten berichteten, daß einige der Juden sich zum Verlassen des Platzes rüsteten.

»Ausgezeichnet. Wie viele?« fragte Pilatus. Er schickte Kuriere aus, die an den drei Stadtausgängen diejenigen zählen sollten, die die Stadt verließen. Eine halbe Stunde später kamen sie wieder und berichteten:

»Nach unserer Rechnung sind des Regens wegen siebenundzwanzig Leute gegangen und ... es waren nur die alten. Soviel wir feststellen konnten, haben die Priester ihnen geraten zu gehen.«

Am Abend erleuchteten den Platz Dutzende von Lagerfeuern, an denen die Juden ihre Kleider trockneten und sich wärmten. Sie sangen klagende Volkslieder, die in den Palast eindrangen, als wären seine Mauern aus Mückendraht. Ein Lied erklang immer wieder; es brauchte nur einer damit anzufangen, so fiel das ganze Volk ein. Procula fragte eine ihrer Dienerinnen, die Hebräisch verstand, wie das Lied heiße.

»Ach, es ist ein Psalm, ein sehr bekannter; er ist ihnen sehr heilig«, sagte sie und übersetzte ihn dann:

Gott ist unsre Zuversicht und Stärke,
eine Hilfe in den großen Nöten, die uns getroffen haben.
Darum fürchten wir uns nicht, wenngleich die Welt unterginge und die Berge mitten ins Meer sänken,
wenngleich das Meer wütete und wallte
und von seinem Ungestüm die Berge einfielen.
Dennoch soll die Stadt Gottes fein lustig bleiben mit ihren Brünnlein, da die heiligen Wohnungen des Höchsten sind.
Gott ist bei ihr drinnen, darum wird sie festbleiben; Gott hilft ihr früh am Morgen.
Die Heiden müssen verzagen und die Königreiche fallen,
das Erdreich muß vergehen, wenn er sich hören läßt.
DER HERR ZEBAOTH IST MIT UNS. DER GOTT JAKOBS IST UNSER SCHUTZ.
Kommt her und schauet die Werke des Herrn,
der auf Erden solch ein Zerstören anrichtet,
der den Kriegen steuert in aller Welt, der Bogen zerbricht, Spieße zerschlägt und Wagen mit Feuer verbrennt.
Seid stille und erkennet, daß ich Gott bin! Ich will der Höchste sein unter den Heiden, der Höchste auf Erden.
DER HERR ZEBAOTH IST MIT UNS. DER GOTT JAKOBS IST UNSER SCHUTZ.

»Was ist das für ein schönes Lied!« sagte Procula nachdenklich.

»Ihre Mythologie läßt keinen Zweifel daran, wer der Herr der Welt ist«, bemerkte Pilatus.

»Aber für die Juden ist das keine Mythologie, Exzellenz«, entgegnete die Dienerin, »sie glauben, ihr Gott besitze wirklich diese Majestät.«

Procula schien von der Kraft des Psalms ganz gefangen zu sein. »Wenn die Römer nur ein Viertel ihres Glaubens hätten«, sagte sie, »hätte Augustus die Religion nicht zur Staatsreligion erheben oder Bürger am Genick packen müssen, damit sie den Göttern opferten.«

»Aber wenn die Religion einen solchen Fanatismus bewirkt, daß ein reifes, vermutlich intelligentes Volk die Krankheit geradezu herausfordert, dann können mir die Juden nur leid tun, bewundern kann ich sie nicht.«

Pilatus konnte die Masse vor seiner Tür nicht vergessen, und in der Nacht träumte er von ihr. Er stand auf den Stufen unten vor dem Palast und hielt eine riesige Standarte in der Hand, an der zwei große Metallscheiben mit den Kaiserbildern hingen. Auf dem Balkon standen Tiberius und Sejanus und blickten zu ihm herunter, als ob sie seine Schwäche schon ahnten. Der Mob brüllte wild, aber Pilatus weigerte sich nachzugeben. Schließlich stürmten die Juden herauf, packten die Metallscheiben und zerbrachen sie triumphierend. Mit finsterer Miene befahl Tiberius eine Parade von Pilatus' Kohorten und verurteilte sie zur Dezimierung, jener furchtbaren militärischen Strafe für Versagen, bei der jeder zehnte Mann vor den Augen der übrigen zu Tode gepeitscht wurde. Das schauerliche Abzählen endete bei einem neunten Mann am Ende der Reihen. Mit zitternden Fingern auf Pilatus deutend und mit einem boshaften Grinsen in seinem pockennarbigen Gesicht befahl Tiberius, daß er der letzte Zehnte sei – Pilatus erwachte von seinem Alptraum. Aber in der grotesken Karikatur dieser Nachtphantasie war eine grimmige Logik, dachte er.

Und jetzt war es der vierte Tag. Die Menge hatte sich nicht vom Fleck gerührt. Pilatus übergab den Palast dem Tribun mit dem höchsten Rang, bestellte einen Wagen und eine Wache und fuhr mit Procula aufs Land. Da der Wagen geschlossen werden konnte, so daß niemand sah, wer darin saß, war es nicht schwer, dem Volk zu entrinnen; und Pilatus meinte, ein Anrecht auf eine kurze Ruhepause zu haben. Sie fuhren in nördlicher Richtung die Küstenstraße hinauf zum Berg Carmel und versuchten beide, das, was sie bedrückte, angesichts der herrlichen Aussicht auf das Meer, abzuschütteln. Der Sturm vom Tage zuvor hatte die Luft gereinigt, und es war, als nahte statt des Winters der Frühling.

Sie sprachen nicht über die jüdische Demonstration. Sie hatten schon am Abend zuvor lange darüber diskutiert, ohne aber eine Lösung zu finden. Er wollte nicht zurückweichen, wo Roms Ehre auf dem Spiel stand, während sie ihn drängte nachzugeben.

Zum erstenmal fragte sich Pilatus, was geschehen werde, wenn es schließlich zu einem Blutvergießen in Cäsarea käme. Würde das das Fanal für eine allgemeine Erhebung in Judäa sein? Ein wütender Mob in einer Stadt war nicht so gefährlich. Aber eine ganze Provinz in Waffen war etwas anderes, und um einen solchen Aufstand niederzuschlagen, reichten fünf Kohorten nicht aus. Als er Sejanus zu bedenken gegeben hatte, in Judäa ständen zu wenig Soldaten, hatte Sejanus geantwortet: »Zwölfhundert Mann an den strategischen Punkten haben ganz Gallien unter Kontrolle. Eine kleine Schar Liktoren hält den Frieden in Kleinasien aufrecht. Sie werden in dem kleinen Judäa keine Schwierigkeiten haben, Pilatus. Wir brauchen unsere Legionen an den Grenzen!« Damals hatte er verlegen geschwiegen. Hätte er doch darauf hingewiesen, daß anders als Gallien oder Kleinasien Judäa praktisch die einzige aufrührerische Provinz im Römischen Reich war, in der es seit ihrer Eroberung zwölf größere Aufstände gegeben hatte!

Die Ausfahrt nützte wenig. Die Flucht war nicht gelungen, da die Natur mit den Juden im Bunde zu sein schien. Die Schaumkronen der Wellen, die wogenden Wipfel der Pinien, die von den dunkelgrünen Hügeln auf sie herunterblickten, ja, selbst das sich nahende Heer weißer Wolken – sie alle glichen den wogenden Köpfen der Tausende, die vor dem Palast des Herodes in Cäsarea standen. Pilatus befahl, nach Cäsarea zurückzukehren.

Am fünften Tag des Protestes spitzte sich das Ganze zu. Die nichtjüdische Bevölkerung von Cäsarea wurde den Demonstranten gegenüber immer feindseliger, denn ihre Geschäfte litten unter der Demonstration. Als Antwort auf die erhöhten Preise gelang es den Juden, das, was sie brauchten, sich von außerhalb zu besorgen. Die Cäsareaner organisierten Gegendemonstrationen: Eine Gruppe Jugendlicher ließ ein paar gestohlene Schweine auf dem Platz los, auf welche die Juden wütend losschlugen, so daß die Tiere quiekend davonstoben. Andere Nichtjuden zeichneten Spottbilder auf große Papyrusblätter und hängten sie aus den Fenstern. Noch ein paar weitere Provokationen – und es würde, wie Pilatus wußte, zu einem Blutvergießen kommen.

Ein Bürgerkrieg in seiner Hauptstadt, in der er noch nicht einmal zwei Monate lang war – eine schöne Eintragung in seine Akte daheim in Rom! Es half nichts, er mußte der Sache ein Ende machen.

Nach einer strategischen Besprechung mit seinem Rat mobilisierte er zwei Kohorten in der Stadt und ließ eine dritte aus Sebaste kommen. In der Frühe des nächsten Morgens erschallten Trompeten, und dann verkündete ein Herold, daß der Präfekt von Judäa ihre Petition von seinem Tribunal aus im großen Stadion am südöstlichen Stadtrand beantworten werde. Die Leute sollten sich dort binnen einer Stunde versammeln. Die Menge zögerte, wartete auf Instruktionen von den Priestern und tat dann, wie ihr geheißen.

Das Tribunal des Statthalters konnte überall aufgeschlagen werden, denn es bestand aus einer tragbaren Plattform, so daß er es benutzen konnte, wann und wo er in amtlicher Eigenschaft tätig war. Natürlich hätte man das Tribunal vor dem Palast aufstellen können, um es der Menge bequemer zu machen; aber Pilatus konnte die Menge vor seinen Zimmern nicht mehr ertragen.

In den unteren Reihen der Steinbänke im großen Hippodrom von Cäsarea saßen dicht gedrängt die Juden. Der Präfekt von Judäa trug eine weiße Toga, unter der man mehr von dem kaiserlichen Purpur sah, als ihm eigentlich zustand. Zwei Liktoren schritten ihm voraus, als er zu seinem Tribunal hinaufstieg. Zur Eröffnung der Zeremonie schritt ein Fanfarenzug voran, während der goldene römische Adler und die purpurne Standarte des Statthalters – Sejanus' Geschenk – in der Mitte des Podiums emporstiegen. Die flatternde Standarte mit dem Bilde des Tiberius rief keinen Protest hervor, da die Priester die Parole ausgaben, Cäsarea sei nicht die heilige Stadt, sondern die Hauptstadt einer heidnischen Fremdherrschaft.

Als Konzession verzichtete Pilatus darauf, sich Omen deuten zu lassen oder öffentlich Opfer darzubringen. Die jüdischen Führer standen vor dem Tribunal und brachten jetzt von neuem ihre Petition vor, die verhaßten Bilder aus Jerusalem zu entfernen.

»Dulden Sie keinerlei Bilder, keine Porträts, keine Skulpturen?« fragte Pilatus.

»Nein«, antworteten sie.

»Ich kann vielleicht Ihre Abneigung gegen fremdländische Kunst verstehen. Aber haben Sie keinerlei bildliche Darstellungen von jüdischen Menschen oder jüdischen Dingen?«

»Nein. Götzenbilder widersprechen dem Mosaischen Gesetz und dem Wort Gottes«, entgegnete Rabbi Eleazer, einer der Sprecher.

»Haben Sie dann gar keine Kunst?«

»Keine bildliche oder darstellende Kunst, nur ornamentale und Architektur.«

»Hier, meine Herren, treiben Sie entweder mit der Wahrheit ein häßliches Spiel, oder Sie sind erstaunlich schlecht informiert«, entgegnete Pilatus mit der halb lächelnden Sicherheit eines Menschen, der mit einem überraschenden Argument aufwarten kann.

»Ich habe gehört, daß Juden in Mesopotamien Fresken mit bildlichen Darstellungen an die Wände ihrer Synagogen malen. Und ich weiß außerdem, daß Juden in Rom ihre Grabgewölbe mit Bildern und Skulpturen von Menschen schmücken.«

»Schließen Sie nicht von den Sünden unserer Verwandten, die weit weg von der heiligen Stadt leben, auf unsere wahren Lehren«, rief Ishmael ben-Phabi, die leibhaftige judäische Orthodoxie.

»Und wie ist es mit dem goldenen Adler, den Herodes über dem Tor Ihres Tempels anbringen ließ?«

»Er wurde noch vor seinem Tode von dem Volk heruntergerissen.«

»Und wie ist es dann mit Ihren Münzen? Tragen Sie nicht silberne Denare mit dem Bilde des Tiberius Cäsar und mit seinem Namenszug bei sich?«

Einen Augenblick schwiegen die Priester, um über dieses Argument nachzudenken. Dann sagte Rabbi Helcias, der Tempelkämmerer: »Weil wir Tribut an Rom zahlen müssen, sind wir gezwungen, römisches Geld zu benutzen. Aber diese Denare werden nie für den Tempelzehnten benutzt. Außerdem messen wir den Münzen keine religiöse Bedeutung bei wie Sie Ihren Fahnen. Das ist der Unterschied.«

»Wir verlangen von Ihnen nicht, daß Sie unsere Fahnen anbeten«, sagte Pilatus mit erhobener Stimme, erstaunt darüber, daß sein Argument nicht angekommen war.

»Aber unser Gesetz verbietet religiöse Bilder, zumal in der Heiligen Stadt«, antwortete Eleazar ebenso erstaunt, daß Pilatus das nicht begreifen konnte.

»Genug!« rief Pilatus von seinem Tribunal herunter, »so lautet mein endgültiges Urteil: Die Insignien der Augusteischen Kohorte werden in Jerusalem bleiben. Ich werde nicht unseren Kaiser damit beleidigen, daß ich zulasse, daß sie entfernt werden. Sie müssen sich sofort dazu bereit erklären und Cäsarea verlassen.«

Ein paar Augenblicke lang schwiegen alle entsetzt. Dann wandte sich Kopf zu Kopf, und ein wütendes Diskutieren begann. Schließlich stellten sich die Sprecher vor dem Tribunal auf und verkündeten einstimmig: »So werden wir bleiben, bis die Götzenbilder entfernt sind.« Und wieder ertönten die Rufe: »Weg mit den Götzenbildern! Weg mit den Greueln!«

Pilatus klatschte zweimal in die Hände, und plötzlich spuckten die oberen Gänge des großen Stadions Hunderte von bewaffneten Soldaten aus, die die Menge in einem drei Mann tiefen Eisenring umschlossen. Die entsetzten Juden stöhnten leise auf.

»Ich erkläre euch alle des Verrats und der Rebellion gegen Kaiser Tiberius Cäsar für schuldig, wenn ihr nicht sofort diesen Protest einstellt und in eure Häuser zurückkehrt.« Pilatus hielt inne, und dann fügte er hinzu: »Und auf Verrat steht die Todesstrafe.«

Seine Drohung löste einen großen Tumult aus. Frauen begannen zu schreien, und viele in der Menge sprachen mit zum Himmel erhobenen Armen Psalmen und Gebete. Andere fielen auf die Knie oder bedeckten ihre Köpfe. Aber keiner gab nach.

Pilatus blickte auf ihre Anführer hinab und rief: »Ihr wollt doch nicht eure Hände mit dem Blut dieser Tausende beflecken! Führt sie darum in Frieden nach Jerusalem zurück.«

Aber niemand antwortete. »Vorwärts, Soldaten!« befahl Pilatus. Der Kreis der Soldaten zog sich enger um die Menschen.

»Zum letzten Mal erkläre ich«, sagte Pilatus, »jeder, der dem Kaiser gegenüber seine Loyalität dadurch zeigt, daß er Cäsarea friedlich verläßt, hebe die Hand, und die Truppe wird ihn durchlassen, ohne daß ihm etwas geschieht. Hebt eure Hände, und geht in Frieden! Die, die bleiben, werden dort, wo sie stehen, erschlagen.«

Ein kleiner Junge begann zu weinen, hob die Hand und lief zwischen den Reihen der Soldaten hinaus. Mehrere Frauen und ein paar weitere Jugendliche folgten ihm. Pilatus konnte sehen, daß sich Rabbi Eleazar mit den Priestern beriet, sich dann dem Volke zuwandte und mit vor Erregung bebender Stimme rief: »Alle Frauen und alle Kinder unter sechzehn Jahren sollen ihre Hände heben und in Frieden gehen. Geht! Aber, Männer von Israel, bleibt fest in Gott.«

Viele der Frauen und Kinder gingen, aber Pilatus war verblüfft zu sehen, wie viele sich entschlossen, bei den Männern zu bleiben, und nicht ein Mann verließ die Arena.

Ich will ihnen noch eine letzte Warnung geben, dachte Pilatus und rief: »Soldaten, zieht eure Schwerter aus den Scheiden!«

Man hörte das Klirren von Metall. Die jüdischen Führer riefen: »Wir wollen lieber sterben als zulassen, daß unser Gesetz übertreten wird« und warfen sich auf den Boden und entblößten ihren Hals. Die übrigen warfen sich ebenfalls zu Boden und sangen gemeinsam

»Gott ist unsere Zuversicht und unsere Stärke«, den Psalm, der Procula so bewegt hatte.

Pilatus wußte nicht, wie er sich aus der Affäre ziehen sollte. Tausende massakrieren – nein, das hatte er nicht gewollt. Er hatte nur, wie es damals üblich war, geblufft. Cäsar hatte das auf seinen Feldzügen wiederholt getan, und es war immer gut ausgegangen. Pilatus hatte eine Massenhysterie unter den Juden erwartet, eine wilde Flucht aus dem Stadion, zurück nach Jerusalem. Aber da lagen sie wie Schafe, die auf ihren Schlächter warten. Pilatus war so wütend, daß er nahe daran war, den Exekutionsbefehl zu geben. Aber als er mit grimmigem Humor daran dachte, wie sein Bericht nach Rom beginnen würde: »Pilatus an Tiberius: Ich habe in meinen ersten sechs Wochen hier sechstausend Juden getötet. Wenn es in dem Tempo weitergeht, wird die ganze Nation bald ausgelöscht sein«, kam er wieder zur Vernunft. Somit stand er jetzt vor der widerwärtigen Aufgabe, einen Rückzieher zu machen, ohne daß es die anderen merkten, jene sanfte Art der Kapitulation, die Roms Ehre wahrte.

»Im Namen der Gnade des Tiberius Cäsar, des Senats und des römischen Volkes steckt eure Schwerter wieder in die Scheide«, befahl Pilatus seinen Soldaten, »Volk von Judäa, ich bin nicht gesandt, um euer Blut zu vergießen, sondern um euch gerecht zu regieren. Ihr werdet mir diese Schwertprobe verzeihen, aber ich mußte feststellen, ob ihr es ehrlich meintet. Ich weiß jetzt, daß die betreffenden militärischen Standarten euch wirklich beleidigen und daß es auch nicht darum ging, die römische Politik auf die Probe zu stellen.«

Die Juden horchten auf. Auf ihren Gesichtern malte sich überraschtes Entzücken.

»Mißversteht mich nicht«, fuhr Pilatus fort, »ich werde den Kaiser nicht damit entehren, daß ich befehle, seine Bilder von den Standarten der Augusteischen Kohorte zu entfernen, aber ich werde die Kohorte nach Cäsarea zurückverlegen und eine andere an ihrer Stelle nach Jerusalem schicken, deren Fahnen nicht mit Bildern geschmückt sind. Und nun geht in Frieden, und seid gute Bürger, damit Juden und Römer in Eintracht leben können.«

Laute zustimmende Rufe und donnernder Applaus begrüßten Pilatus' Erklärung. Die Juden fielen einander um den Hals, als sie das Hippodrom mit triumphierendem Gesang verließen und sich auf den Rückweg nach Jerusalem machten. Selbst Pilatus rührte der Anblick, obwohl ihn der Gedanke schnell ernüchterte, daß er in dieser peinlichen Situation sein Prestige nicht verlieren durfte.

Sein Rat beglückwünschte ihn zu der genialen Lösung, und Procula nannte sein Verhalten staatsmännisch. Selbst die Soldaten, auch die nicht judenfreundlich gesonnenen, waren froh, um das herumgekommen zu sein, was ihnen unvermeidlich erschienen war. Als die Augusteische Kohorte von ihrer Rückverlegung nach Cäsarea erfuhr, wurden keine Tränen vergossen. Man feierte den Entschluß mit einem improvisierten Fest und freute sich bei der Aussicht, in Cäsarea überwintern zu können.

So endete die Fahnenaffäre, wie sie später genannt wurde, glücklich. Aber Pilatus war sich selber gegenüber ehrlich genug, in dieser Konfrontation die persönliche Niederlage zu sehen, die sie in Wirklichkeit war. Die Juden hatten die erste Runde gewonnen, aber das brauchte keine gefährlichen Auswirkungen zu haben, wenn die jüdischen Führer sein Nachgeben nicht als ein Zeichen von Schwäche mißdeuteten. Wenn sie das taten oder wenn sie von neuem versuchten, ihn zu erpressen, dann, gelobte sich Pilatus, konnte tatsächlich Blut fließen. Noch eine solche Episode, und sein erster Gegenzug würde sein, Joseph Kaiphas als Hohenpriester abzusetzen, da dann seine Unfähigkeit erwiesen schien, sein Volk in seinen religiösen Entscheidungen zu leiten.

Und wo, ging es Pilatus durch den Kopf, war Kaiphas während der ganzen Affäre gewesen? Annas war wahrscheinlich zu alt, um die Reise nach Cäsarea zu machen. Aber Kaiphas? Der Hohepriester befand sich zweifellos in einem Dilemma. Einerseits mußte er – wahrscheinlich wollte er auch – wie die anderen Mitglieder des Sanhedrin den jüdischen Protest unterschreiben. Andererseits mochte er sich nicht an einer antirömischen Demonstration beteiligen und sich so den neuen Präfekten zum Feind machen, der ihn ebensogut absetzen konnte, wie Gratus die Hohenpriester vor ihm abgesetzt hatte. Nun gut, dachte Pilatus, wenn die Judäer durch solchen Druck seine Entscheidung korrigieren konnten, dann konnte er ebensogut durch entsprechenden Gegendruck auf Kaiphas die jüdischen Absichten korrigieren.

Siebentes Kapitel

Dieser unselige Anfang seiner Amtszeit in Judäa nahm Pilatus etwas von dem Idealismus, den er zuerst hatte. Die Romanisierung der Juden würde eine schwere, ja vielleicht auch unmögliche Aufgabe sein. Das war jetzt klar.

Zum Glück führte die Fahnenaffäre nicht zu weiteren Schwierigkeiten, wie er befürchtet hatte; und nachdem er sich in die jüdische Verwaltung eingearbeitet hatte, schien alles wie am Schnürchen zu gehen. Es gab da eine ausgiebige Korrespondenz mit den Sanhedrins der verschiedenen Toparchien* wegen der Eintreibung der Steuern und ihrer Weiterleitung nach Cäsarea. Pilatus mußte Gerichtsurteile bestätigen, Bittgesuche anhören, Streitigkeiten schlichten, eben die üblichen kleinen Gehässigkeiten zwischen Juden und Nichtjuden oder Juden und Samaritanern. Aber seine Mitarbeiter nahmen ihm viel von den Routinearbeiten und dem Papierkrieg ab. Im kaiserlichen Auftrag Judäa zu regieren, war tatsächlich ein annehmbares Geschäft.

Seinen ersten Winter in Palästina erlebte Pilatus mehr als Bürgermeister von Cäsarea denn als Präfekt. Je mehr er die Stadt kennenlernte, desto mehr bewunderte er das technische Geschick der herodianischen Architekten und Baumeister. Manches war genial und hätte dem Kapitol in Rom Ehre gemacht. Der Tempel des göttlichen Augustus, der eine Anhöhe zum Hafen hin krönte, Cäsareas Pharus, war das Symbol der Stadt. Zwei große Statuen beherrschten das Innere des Heiligtums. Die eine stellte Augustus dar in der Gestalt des olympischen Zeus, die andere Roma; sie war Hera, der Königin der Götter, nachgebildet.

Pilatus beabsichtigte, die Stadt um eine weitere architektonische Kostbarkeit zu bereichern, mit der er das Problem der im Hafen überwinternden Schiffsbesatzung lösen wollte. Müßiggang und Langeweile ließen die Matrosen zu Streithähnen werden, und so hatte Pilatus vor, die Männer für ein Bauprojekt anzustellen, das er schon

* Verwaltungsbezirke

nach seinem ersten Spaziergang mit Procula auf der großen Hafenmole ins Auge gefaßt hatte. Denn eins fehlte Cäsarea: ein Bauwerk, das den Römern teuer war: eine Basilika, und diese Basilika wollte Pilatus für seine Hauptstadt haben. Keine jener großen, die das römische Forum säumten, sondern eine den Bedürfnissen Cäsareas angepaßte. Der Sohn des Architekten, der für Herodes gearbeitet hatte, erhielt den Auftrag, den Plan zu entwerfen. Und da er sofort begriff, was Pilatus wollte, konnte mit dem Bau bald begonnen werden. Anfangs murrten die Matrosen. Aber da Gratus Pilatus eine ganz hübsche Summe hinterlassen hatte, konnte er einen anständigen Lohn zahlen; die Männer sahen, daß sie Ersparnisse machen konnten, und arbeiteten willig mit.

Der Bauplatz der Basilika war so gewählt worden, daß sie nach der einen Seite an den Marktplatz grenzte und nach der anderen einen weiten Blick aufs Meer hin freigab. Matrosen und Bauarbeiter zogen den Bau hoch, und als die Matrosen längst wieder auf See waren, arbeiteten geschickte Handwerker am Schmuck des Hauses.

Lange bevor die Basilika fertig war, beschloß Pilatus, sie nach Tiberius zu benennen. Er ließ in den Eckstein in zehn Zentimeter hohen Buchstaben folgende Inschrift einmeißeln:

CAESARIENS · TIBERIÉUM
PONTIUS PILATUS
PRAEFECTUS IUDAEAE
DÈDIT

»Den Cäsarianern hat Pontius Pilatus, Präfekt von Judäa, das Tiberieum zum Geschenk gemacht!« Ein schlichter, aber stolzer Satz*.

Das Tiberieum-Projekt erfreute sich bei den Cäsareanern großer Beliebtheit. Die empfindlicheren jüdischen Bürger freilich wollten zuerst von dem Bau nichts wissen, da sie glaubten, es sei nur ein weiterer Tempel für eine heidnische Gottheit oder – noch schlimmer – den römischen Kaiser. Aber als sie erfuhren, daß dieses Tiberieum als Gericht, Börse oder öffentliches Auditorium dienen sollte,

* Diese Inschrift ist authentisch. Im Sommer 1961 fand eine italienische archäologische Expedition bei Ausgrabungen in Cäsarea einen sechzig bis neuzig Zentimeter hohen Stein mit dieser ungeheuer wichtigen Inschrift – der erste epigraphische Beweis für die Existenz des Pilatus ist damit entdeckt worden.

reizte das entstehende Bauwerk ihre Neugier genau so wie die der nichtjüdischen Bevölkerung der Stadt.

Seltsamerweise hatte Pilatus bis dahin kaum Verbindung mit den anderen Herrschern in Palästina, den Söhnen Herodes' des Großen, gehabt. Aber Pilatus' Vertraute hatten ihn genauestens über die Eigenschaften dieser ungewöhnlichen Brüder in Kenntnis gesetzt. Herodes Antipas war Tetrarch von Galiläa und Peräa, Länder, die im Norden und Osten an Judäa grenzten; sein Halbbruder Philippus war Tetrarch von Gebieten nordöstlich des Galiläischen Meeres, die Trachonitis, Auranitis und Batanea hießen. Ein dritter Bruder, Archelaus, war von Augustus als Ethnarch über den Rest Palästinas – Judäa, Samaria und Idumäa – eingesetzt worden. In seinen Gebieten bestand die Mehrheit der Bevölkerung aus Juden. Hätte Archelaus weise regiert, wäre er im Einklang mit dem Testament seines Vaters vom Kaiser auf seines Vaters Thron gekommen. Aber er erwies sich als Versager und wurde verbannt, und an seine Stelle hatte Rom Präfekten gesetzt; jetzt verwaltete Pilatus dieses Gebiet.

»Herodes Antipas ist jemand, auf den man ein Auge haben muß«, warnte man Pilatus, »er ist sehr ehrgeizig, sehr klug und sehr gerissen, ganz der Sohn seines Vaters.«

Schon in Rom hatte Pilatus feststellen können, daß sich Antipas bei dem Kaiser und bei Sejanus mit geschickter Diplomatie eingeschmeichelt hatte. Er hatte seine hübsche, im griechischen Stil am galiläischen Meer erbaute Hauptstadt gewiß nicht zufällig Tiberias genannt. Ebenso wenig zufällig, wie er den See in See Tiberias umbenannte. Sejanus hatte zwar Pilatus geraten, von vornherein jeden Versuch des Antipas, den vakanten judäischen Thron zu besetzen, abzuwehren, aber er fragte sich, ob Antipas nicht auch einen Auftrag erhalten hatte, etwa den, den neuen Präfekten von Judäa zu beobachten. Zwar konnte der leere Thron in Pilatus keine Ambitionen wecken, doch Rom fürchtete die Macht seiner Präfekten in den Provinzen.

Pilatus überlegte jetzt, ob er die Initiative zu einer Korrespondenz oder zu einem diplomatischen Austausch mit den beiden Tetrarchen ergreifen solle. Weder Herodes Antipas noch Philippus hatten ja an dem Staatsempfang, den der scheidende Gratus seinerzeit in Cäsarea gegeben hatte, teilgenommen; beide Fürsten hatten lediglich diplomatische Willkommensgrüße geschickt. Damals mußte sich Antipas tatsächlich gegen arabische Grenzüberfälle auf seine transjordanischen Territorien wehren, ein Problem, das er dann geschickt dadurch löste, daß er die Tochter des arabischen Königs Aretas, eine dunkle Schönheit, heiratete. Trotzdem trauten ihm auch die erfahrenen Ratgeber des Pilatus nicht. »Die augenblicklichen normalen Beziehungen genügen«, erklärten sie, »warum Herodes' junge Hunde reizen? Sie könnten beißen!«

Im Frühling des Jahres 27 verbrachte Pilatus eine Woche in Jerusalem zur Zeit des jüdischen Passah. Jedes Jahr bedeutete dieses Fest eine potentielle Gefahr, da Pilger aus ganz Palästina und aus den Ländern des ganzen östlichen Mittelmeerraumes Jerusalem überschwemmten. Aber glücklicherweise verlief dieses Passah ruhig. Bei seiner Rückkehr nach Cäsarea fand Pilatus folgenden Brief vor:

»L. Aelius Sejanus, *praefectus praetorii*, an Pontius Pilatus, *praefectus iudaeae*.

Ihr Bericht über Ihre ersten Monate in Judäa war für uns interessant. Um Ihre Fragen zu beantworten: Erstens: Daß Sie ein Tiberieum errichten, ist lobenswert. Der Princeps ist sehr erfreut darüber, plant aber keine Reise in den Osten und kann darum der Einweihung nicht beiwohnen. Zweitens: Ihr Vorschlag, daß wenigstens eine Kohorte in Judäa aus römischen Soldaten bestehe, hat viel für sich. Es muß aber noch genauer geprüft werden. Drittens: Ja, wenden Sie sich an Pacuvius in Antiochia, wenn Sie in gefährlichen Situationen Verstärkungen brauchen. Lamia, der ›eminente Legat von Syrien‹ (unser hiesiger Lakai), hat dem zugestimmt. Viertens: Ja, Sie sind dazu berechtigt, die Hohenpriester in Jerusalem auszuwechseln, wenn Sie das für geboten halten. Wenn Kaiphas nicht zur Zusammenarbeit bereit ist, ersetzen Sie ihn durch einen anderen. Aber Valerius Gratus, der uns kürzlich berichtet hat, glaubt, daß Kaiphas für Sie genau der Richtige ist.

Cornelius, der Kurier, der diesen Brief überbringt, kann Ihnen das Neueste aus Rom berichten.

Noch eins, Pilatus. Mir einfach zu schreiben: ›Wir haben kürzlich eine Demonstration in Cäsarea ohne Blutvergießen aufgelöst‹, entspricht kaum dem, was wirklich passiert ist. Ich war entsetzt zu hören, daß Sie den Juden nachgegeben haben, indem Sie die Augusteische Kohorte aus Jerusalem zurückgerufen haben. Es war richtig von Ihnen, daß Sie die Bilder des Kaisers nicht entfernten – das wäre Verrat gewesen –; aber ich glaubte, wir seien uns darin einig gewesen, daß man jüdischen Provokationen gegenüber festbleiben müsse. Leben Sie wohl.«

»Wieso hat Sejanus von der Fahnenaffäre erfahren?« brummte Pilatus.

»Vielleicht durch Kaiphas?« rätselte Procula.

»Das glaube ich kaum. Die Juden mögen Sejanus ebenso wenig wie er sie. Sie wenden sich nie an ihn. Und wie ist es mit Gratus? Nein, er war nicht mehr hier, als die Unruhen begannen.«

»Sei vernünftig, Pilatus. Die Kunde von etwas so Spektakulärem wie einer sechstägigen Demonstration von Tausenden von Menschen und einer angedrohten Massen-Exekution im Stadion dringt natürlich nach Rom. Jeder in Cäsarea, der Freunde in Rom hat ... «

»Da hast du wahrscheinlich recht. Aber die normale Post braucht in den Wintermonaten eine lange Zeit, bis sie Rom erreicht. Sejanus muß die Einzelheiten schon früher erfahren haben. Glaubst du nicht, daß jemand hier in Palästina für ihn spioniert? Etwa Herodes Antipas? Antipas! Er will sich bei Sejanus einschleichen, indem er ihn vertraulich informiert. Raffiniert! Aber das Spiel können auch zwei spielen.«

»Du hast doch keinen Beweis, daß es wirklich Antipas war!«

Natürlich hatte er keinen. Aber er mußte auf der Hut sein. Nun, er wollte an Sejanus einen Brief schreiben, in dem er sein Verhalten in der Affäre überzeugend verteidigte.

Pilatus ließ den Kurier rufen, der den Brief aus Rom überbracht hatte. »Sie heißen Cornelius, nicht wahr?«

»Ja.«

»Einer der vornehmsten Familiennamen in Rom.«

»Aber meine Familie gehört nicht zu dem patrizischen Zweig.«

»Nun, und jetzt berichten Sie uns alle Neuigkeiten aus Rom, und lassen Sie nur nichts aus!«

Eine Woche später übergab er dem Kurier ein Bündel Briefe für Freunde in Rom und einen besonderen – seinen Rechtfertigungsbrief – an Sejanus.

»Sie sind ein guter Mann, Cornelius«, sagte Pilatus, »wann werden Sie Zenturio?«

»Nicht vor drei oder vier Jahren.«

Wenn Sie soweit sind und in Übersee dienen müssen, kommen Sie nach Judäa! Cäsarea ist eine angenehme Stadt. Was denken Sie darüber?«

»Ich werde mir das ernstlich überlegen«, sagte Cornelius lächelnd und verabschiedete sich.

Der Bursche war wahrscheinlich froh, aus der Provinz nach Rom zurückzukommen, dachte Pilatus. Aber er war immerhin so diplomatisch, es nicht zu zeigen.

Pilatus hörte nichts mehr von Sejanus über die Fahnenaffäre. Offenbar war Rom mit seinen Erklärungen zufrieden. Aber es beunruhigte ihn immer noch, daß er nicht wußte, woher Sejanus die Informationen bekommen hatte.

Sein Verdacht richtete sich weiter gegen die Herodessöhne. Es war leicht, etwas auszukundschaften. »Was du heute in Jerusalem flüsterst, wird morgen in Galiläa ausposaunt«, hieß es in einem Sprichwort, und tatsächlich gab es wenig Geheimnisse im Land.

Nach allen Berichten war Philippus, der Tetrarch in Nordostpalästina, ein angenehmer, ehrenwerter und friedlicher Mann; als Gemäßigter hatte er keine Feinde, er war gerecht; und man erzählte sich, daß, wenn er mit Freunden durchs Land reiste, Diener sein tragbares Tribunal aufstellten, wann und wo immer Recht gesprochen werden mußte. »Wie steht er zu Rom?« fragte Pilatus, eine Frage, die ihn beständig quälte. »Er ist ein Freund Roms«, war die beruhigende Antwort. Das zeigten schon die Namen seiner Städte Cäsarea Philippi und Bethsaida Julias; auch trugen zwei seiner Kupfermünzen Kaiserbilder. Da nun die wenigsten seiner Untertanen Juden waren, regte sich kaum jemand darüber auf.

Pilatus erwartete also keine Schwierigkeiten von Philippus. Die beiden waren sich schon einmal in Jerusalem begegnet und hatten sich geradezu geistesverwandt gefunden. Sie trennten sich mit gegenseitigen Einladungen zu Staatsbesuchen in Cäsarea und Cäsarea Philippi.

Daß Philippus und Antipas so sehr verschieden waren, lag nicht zuletzt an ihren verschiedenen Müttern. Sie waren Halbbrüder. Antipas wußte, daß er nach dem dritten Testament des Herodes Thronfolger gewesen wäre und daß erst das vierte Testament den Thron dem Archelaus zusprach, der nun im Exil lebte, so daß nur noch Rom zwischen Antipas und dem Thron seines Vaters lag.

Antipas' Taktik, vermutete Pilatus, war es, Rom mit der Verwaltung Galiläas zu imponieren, die römischen Präfekten zu diskreditieren und die Juden als potentielle Untertanen zu versöhnen. Seine Politik des Sicheinschmeichelns bei Tiberius und Sejanus, seine fieberhafte »Tiberianisierung« von Hauptstädten, Seen und Münzen in seinem Gebiet und der Inhalt seines vor kurzem an Sejanus gesandten Berichtes, in dem er Pilatus in der Fahnenepisode anschwärzte, all das paßte wunderbar zusammen. Er spielte ein schlaues Spiel. Einunddreißig Jahre lang hatte er jetzt Galiläa und in transjordanischen Gebieten erfolgreich regiert, während sich in der Regierung Judäas fünf Präfekten abgewechselt hatten. Könnte es nicht sein, daß Rom auch für Judäa Kontinuität vorzog? Würde Tiberius nicht schließlich wieder einen Pufferkönig brauchen wie Herodes den Großen, um die Zusammenstöße zwischen Römern und Juden zu dämpfen? Antipas schien sich auf eine solche Rolle vorzubereiten. Oder schob er dem Tetrarchen falsche Motive unter? fragte sich Pilatus. Er mußte sich selber ein Bild von der Lage machen.

Er erfuhr, daß ein jüngerer Halbbruder von Antipas namens Herodes Philippus (nicht zu verwechseln mit dem Tetrarchen Philippus) als privater Bürger in Cäsarea lebte. Von ihm hörte Pilatus, daß Antipas plane, geschäftlich nach Rom zu reisen; in Cäsarea werde er das Schiff besteigen. Da Pilatus fand, daß es hohe Zeit war, lud er den Tetrarchen zu einem freundschaftlichen Besuch ein. Er bat ihn mit seiner Frau zu einem Abendessen am Vorabend seiner Abreise. Zu den Gästen sollten auch Herodes Philippus und dessen Familie gehören.

Antipas nahm die Einladung mit Freuden an, während seine Frau, die arabische Prinzessin, absagte. »Da ich nicht mit ihr zurückfahre«, erklärte Antipas nach seiner Ankunft, »kommt sie lieber ein andermal.«

Herodes Antipas wirkte älter, als Pilatus erwartet hatte – er war jetzt Anfang fünfzig –, aber man sah ihm sehr deutlich an, daß er der Sohn Herodes' des Großen war. Er hatte dessen eckiges Gesicht, sein starkes Kinn, die tiefliegenden Augen. Und auch Herodes Philippus glich dem Vater. Beide kleideten sich betont nach dem hellenistischen Osten, wobei Herodes Philippus den erfolgreichen Geschäftsmann hervorkehrte. Er schien sehr verliebt zu sein und sehr darauf bedacht, daß seine Frau Herodias und auch seine Tochter Salome im Hause des Präfekten bestens eingeführt wurden.

Es waren die ersten Frauen der weitverzweigten herodianischen Sippe, die Pilatus und Procula sahen, und sie übten eine seltsame Faszination auf die Gastgeber aus. Herodias, die selber eine Enkelin Herodes' des Großen war, war eine recht hübsche Frau, wie Pilatus fand, wenn auch Procula später meinte, daß sie zu stark geschminkt war und mit ihrer fast männlichen Aggressivität den Eindruck, den sie zu machen versuchte, verdarb.

Bei dem Essen entdeckte Procula zu ihrem Entsetzen, daß das Ehepaar Herodes Philippus und Herodias Onkel und Nichte waren, da Herodes Philippus der Halbbruder von Herodias' Vater war. Salome, das Produkt dieser nach römischem Eherecht halben Blutschande, war eine gewandte, frühreife Siebzehnjährige. Man konnte sie nicht eigentlich schön nennen, aber sie hatte etwas Erregendes an sich, und Pilatus war sie nicht ganz geheuer.

Man tauschte bei erheblichen Mengen guten Weines diplomatische Nettigkeiten aus und verbrachte so die erste Hälfte des Festmahls.

»Wie lange gedenken Sie in Rom zu bleiben?« fragte Pilatus Antipas.

»Einige Monate. Ich brauche technischen Rat für mehrere neue Projekte in Tiberias. Und wie fühlen Sie sich in Judäa?«

Da Antipas das Thema anschnitt, warum sollte er ihm ausweichen? »Bis auf das kleine Problem, wo wir des Tiberius Bild tragen können und wo nicht, ausgezeichnet!« sagte Pilatus lächelnd.

Alle lachten, und damit war die Spannung gelöst. Die Gäste schienen dankbar dafür zu sein, daß der Gastgeber selber die Sprache auf seinen berühmten Schnitzer gebracht hatte.

»Es ist erstaunlich, wie verschieden Jerusalem und Cäsarea sind«, fuhr Pilatus fort, »hier bringt noch nicht einmal das Bildnis des Sejanus einen aus der Fassung.«

»Mit Juden stößt man leicht zusammen«, sagte Antipas gutmütig, »ich habe einen noch schlimmeren Fehler gemacht als Sie, Pilatus. Als ich Tiberias zu bauen begann, ging alles glatt – Stadion, Forum, Mauern – alles –, nur daß meine Landmesser übersehen hatten, daß der geplante Marktplatz direkt über einem ehemaligen Friedhof lag. Wir mußten die Toten ausgraben und woanders beisetzen.«

»Das konnte doch nicht so schlimm sein!« meinte Pilatus.

»Fromme Juden sehen in jeder Berührung mit einem Friedhof oder dem Tod eine Verunreinigung. Was ich plante, war eine jüdische Hauptstadt für Galiläa. Was ich baue, ist eine verbotene Stadt.«

»Wie haben Sie sie bevölkert?« fragte Pilatus.

»Ich bin noch dabei. Wir holen uns die Menschen vom Lande, die, was ehemalige Friedhöfe betrifft, nicht so empfindlich sind. Ärmeren Juden scheint das ebenfalls weniger auszumachen.«

»Mein Bruder Antipas ist auch ein großer Befreier«, spottete Herodes Philippus, »er befreit Scharen von Sklaven, um aus ihnen Städter zu machen. In Tiberias baut er sogar Häuser für sie unter der Bedingung, daß sie in der Stadt bleiben.«

Der Wein hatte ihm die Zunge gelöst, und Antipas schien die Bemerkung seines Bruders zu mißfallen. Wütend verteidigte Herodias ihren Schwager. »Antipas«, sagte sie scharf, »baut als Tetrarch von Galiläa wenigstens eine Stadt, während du ein Niemand bist, der vom Erbe seines Vaters lebt.«

Pilatus wechselte einen erschrockenen Blick mit Procula. Herodes Philippus sah seine Frau an und trank einen großen Schluck aus dem Becher, dann stellte er ihn langsam wieder hin und sagte: »Mein Erbe? Aber ich hätte von meinem ursprünglichen Erbe viel besser leben können.«

»Vater meint«, erklärte Salome Pilatus, »daß nach Herodes' erstem Testament er Thronfolger gewesen wäre.«

»Nur für den Fall, daß dein Onkel Antipater starb«, korrigierte Herodias ihre Tochter.

»Sie finden es vielleicht ehrfurchtslos von mir, von ›Herodes‹ und nicht von meinem Großvater zu sprechen«, sagte Salome erklärend zu Pilatus, »aber wissen Sie, Herodes ist auch mein Urgroßvater mütterlicherseits ...«

»Schon gut, mein Kind, schon gut«, fiel Herodias ein.

Darauf folgte ein langes Schweigen, bis Salome plötzlich sagte: »Onkel Antipas, glaubst du, daß du König werden wirst?«

Alle schwiegen weiter. Antipas wurde dunkelrot. Herodias schien es schließlich zuviel zu werden.

»Was du alles schwätzest, Kind!« sagte sie.

»Ich will euch sagen, wann Antipas König werden wird«, rief Herodes Philippus, der schon ein wenig betrunken war.

»Na, und?« frage Herodias.

»Bei der ersten.«

»Der ersten was?«

»Bei der ersten Gelegenheit, die sich ihm bietet«, kicherte Herodes Philippus, bis er merkte, daß er allein lachte. Dann versanken alle wieder in Schweigen.

»Salome, spiel uns was auf der Lyra vor!« befahl Herodias nach einer Weile.

»Ach ja, bitte, Salome«, fiel Procula ein.

»Muß ich das, Mutter?«

»Ja, bitte!« Der liebenswürdige Ton in ihrer Stimme konnte nur schwer die innere Spannung verbergen. Salome spielte lustlos und nicht besonders gut, doch die Stimmung an der Tafel wurde wieder friedlicher und heiterer, und gerade das hatte die Mutter gewünscht.

Später, als die Gäste gegangen waren, sprachen Pilatus und Procula noch einmal über den Abend. »Ich verstehe Herodes Philippus allmählich«, sagte Procula. »Es ist kein Wunder, daß er, da seine Frau es sichtlich genießt, ihn vor anderen zu demütigen, den Weinbecher als seinen treuesten Freund betrachtet.«

»Ja. Aber er tut auch das Seine, um die schmutzige Familienwäsche in aller Öffentlichkeit zu waschen. Aber was sagst du dazu, daß Antipas seinen Fehler in Tiberias offen zugab?«

»Und was sollte Salomes unschuldige Frage?«

»Und Antipas' Reaktion? Die war einfach wunderbar!« Sie lachten.

»Pilatus«, fragte Procula dann in ernsterem Ton, »wie hast du es fertig gebracht, dich den ganzen Abend so in der Gewalt zu behalten, während sie sich alle betranken und alles ausplauderten?«

»Das war gar nicht so schwer«, antwortete er, als hätte er schon den ganzen Abend diese Frage erwartet. Er ging an einen Schrank und nahm einen großen, bauchigen silbernen Weinkrug heraus, aus dem sein Diener an diesem Abend alle Becher bis an den Rand immer wieder gefüllt hatte. »Guck dir den Krug mal genau an. Siehst du die doppelte Öffnung? Die größere führt in das Hauptreservoir, das mit dem stärksten Wein gefüllt war, den ich im Weinkeller des Palastes finden konnte. Die andere führt in ein kleineres, das Traubensaft enthält, der genau die gleiche Farbe hat wie der Wein. Siehst du diese Klappe? Man kann sie nach der einen oder anderen

Seite drehen, und während sich die eine Öffnung schließt, öffnet sich die andere oder umgekehrt. Und niemand merkt es.«

»Pilatus, du hast doch nicht ...«

»Doch sicher! Du weißt, ich liebe meinen Wein, aber heute abend hatten wir einiges zu tun, und so gab es dank der geschickten Hand für alle Wein und für mich Traubensaft. Und der Wein hat ihnen die Zunge gelöst, und ich habe alles erfahren, was ich wissen wollte.«

»Und mich hast du Wein trinken lassen?«

»Liebling, du trinkst doch wie ein Spatz!«

»Nun, wir wissen jetzt eine ganze Menge mehr über unsere Freunde ... Mir ist an Antipas noch etwas aufgefallen, dir auch?«

»Ja, wenn wir an das gleiche denken.«

»Die Art, wie er Herodias mit den Augen verschlang?«

»Und sie ihn.«

»Es war fast unanständig.«

»Nicht nur fast.«

Sie gingen zu Bett, aber ehe sie einschliefen, sagte Procula noch: »Pilatus, du hast doch keine Bilder von Sejanus auf den Fahnen deiner Kohorten.«

»Nein.«

»Warum hast du dann Antipas gesagt, du hättest sie?«

»Das wirst du bald merken.«

Zwei Monate später kam wieder ein Brief von Sejanus. Beglückt las Pilatus seiner Frau eine Stelle daraus vor:

»... Die Juden mögen mich nicht, wie Sie wissen, und darum ist es ein guter Denkzettel für sie, daß Sie Standarten mit meinem Bilde in Judäa flattern lassen ...«

»Ich habe Sejanus dergleichen nie geschrieben. Es sieht so aus, als hätten wir jetzt herausbekommen, wer über uns in Rom berichtet.«

»Aber was ist, wenn Sejanus nachprüft, ob sein Bild wirklich an den Fahnen hier ist?«

»Das wird er nicht tun. Warum sollte er es auch? Und wenn, dann sagen wir, wir hätten die Präfekten-Standarte gemeint, die er mir geschenkt hat. Er wird dann denken, Antipas habe das falsch verstanden.«

Eines Tages, bald nach Antipas' Rückkehr aus Rom, kam es zu einem großen Skandal in Palästina, der die Orthodoxen entsetzte und die Liberalen empörte. Antipas hatte sich hoffnungslos in Herodias verliebt, und sie, die von Ehrgeiz Verzehrte, in ihn. Gegen das jüdische Gebot ließen sie sich von ihren Partnern scheiden, sie von Herodes Philippus und Antipas von seiner arabischen Frau. Und dann heirateten sie. Das Gesetz verbot weiter, daß jemand seines Bruders Frau heiratete, und was den Skandal noch schlimmer machte: Herodias war außerdem noch des Antipas Nichte. Während nun eine solche Ehe nach dem jüdischen Gesetz erlaubt gewesen wäre, galt sie bei den nichtjüdischen Untertanen des Antipas als Blutschande.

Nach dem Ehevertrag würde Salome bei ihrer Mutter in Tiberias leben, konnte aber ihren Vater in Cäsarea des öfteren besuchen. Herodes Philippus war zu angewidert, um Einspruch zu erheben. Offenbar haßte er Antipas mit der ganzen Leidenschaft, derer die Nachkommen des Herodes fähig waren. Man behauptete aber auch, er sei in Wirklichkeit froh, Herodias los zu sein.

Der einzige Mensch, dessen Ehre in dieser trüben Affäre unangetastet blieb, war die unschuldige Frau des Antipas, die Tochter des arabischen Königs Aretas. Sie hatte von ihres Mannes Plan, Herodias zu heiraten, schon sehr früh erfahren. Statt ihm eine Szene zu machen, bat sie, sich für eine Weile nach Machaerus, einem befestigten Palast über dem Toten Meer, zurückziehen zu dürfen. Nicht ahnend, daß sie über seine Absichten im Bilde war, willigte Antipas nur allzu gern ein. Aber da Machaerus an der Grenze zwischen seinem Reich und dem ihres Vaters lag, war es für einen der Offiziere Aretas' leicht, die Prinzessin von dort zu entführen.

Die alte Feindschaft zwischen dem Araberkönig Aretas und dem Hause Herodes flammte jetzt neu auf. Der mit Recht empörte Vater beschloß, die Schmach seiner Tochter zu rächen, und so schien die blutige Auseinandersetzung unvermeidbar.

In dem Kampf um den Führungsanspruch in Palästina hatte der Präfekt von Judäa einen deutlichen Vorsprung vor dem Tetrarchen von Galiläa und Perea. Und Pilatus hatte vor, diesen Vorsprung zu wahren. Indem er Festigkeit mit Versöhnlichkeit verband, würde er weiterhin versuchen, das Volk von Judäa der Romanisierung entgegenzuführen. Das wäre dann sein persönlicher Erfolg.

Achtes Kapitel

Im Spätsommer des Jahres 28 begleitete Procula ihren Gatten in das sechzig Meilen entfernte Jerusalem. Bei diesem ersten Besuch seiner Frau vermied er absichtlich einen jüdischen Feiertag, damit sie die Stadt in Ruhe besichtigen konnte.

Ihre Fahrt führte südlich durch die fruchtbare Ebene von Scharon nach Lydda, dann südöstlich durchs Gebirge hinauf nach Jerusalem. Da der Besuch inoffiziell sein sollte, begleitete das Paar nur eine kleine Reitereskorte, zu der der für die Finanzen verantwortliche Beamte und eine Gruppe von Stadtbaumeistern gehörten.

Kaum eine Wolke zeigte sich am Himmel, leuchtend blau wölbte er sich über dem ausgedörrten Land. In den Sommermonaten war kein Regen gefallen, und man sah die Folgen. Die rosa-beigefarbene Erde war steinhart oder zu Staub zerbröselt, und das einzige noch verbliebene Grün in der Landschaft kam von den Zweigen der Pinien. Schafe, Ziegen und Rinder drängten sich an übelriechenden Wasserlöchern.

Als schließlich Jerusalem hinter einem hohen Bergrücken auftauchte, erschien es dem in der grellen Sonne und vor Hitze schmerzenden Auge fast wie eine Fata Morgana: seine schneeweißen Häuser leuchteten vor dem Hintergrund der braunen Berge und des azurblauen Himmels geradezu unwirklich.

Wenige Minuten später standen Pilatus und Procula auf einem Berg, von dem man einen herrlichen Ausblick auf die nahe Stadt hatte. Procula gestand, sie habe noch nie eine so faszinierende und eigenartig angelegte Stadt gesehen. Während in den meisten großen Städten eine Zitadelle, ein Marktplatz oder ein Forum den Mittelpunkt bildete, lag das Zentrum Jerusalems offenbar am Rande. Nichts im Stadtinnern – so wenigstens schien es hier oben – ließ sich mit dem großen rechteckigen Bezirk im Nordwesten der Stadt vergleichen, der ausgedehnten Tempelenklave mit ihren vielen Säulengängen und herrlichen Toren, die fast ein Viertel der ganzen Stadt einnahm. Für die Juden war dies die Mitte der Welt. Inmitten der Terrasse ragte leuchtend in hellenistischem Stil und in semitischer Pracht der große Tempel auf.

Aber gleich nordwestlich vor ihm stand ein architektonischer Irrtum: die Antonia, von Herodes so nach seinem Gönner Mark Anton genannt.

»Diese scheußliche Festung gehört nicht da hin«, stellte Procula fest, und das stimmte. Obwohl nicht eigentlich häßlich, störte sie doch. Es war eine viereckige Zitadelle mit kleinen Türmen an jeder ihrer Ecken, und von den Zinnen flatterten die Fahnen der zweiten Kohorte. Daß diese Feste über dem Tempel stand und den heiligen Bezirk beherrschte, hatte den Ärger der Juden zur Zeit der Flaggenaffäre noch verstärkt. Zum Teil war die Natur daran schuld, denn das Fundament der Antonia war eine über den Tempelbezirk hinausragende Felsenkuppe, die schon lange vor den Römern befestigt gewesen war.

»Man sieht gleich, daß Herodes hier gelebt hat«, meinte Procula, »sieh doch das Theater dort drüben.«

»Ja, und im Süden der Stadt ist ein Hippodrom, und du kannst das kleine griechische Forum gleich neben der Westmauer des Tempels sehen – hinter dieser Kolonnade ist ein Gymnasium.«

»Wollte Herodes Jerusalem hellenisieren?«

»Nein, er selber eigentlich nicht. Es waren seine Anhänger, die Herodianer, und einige der hier ansässigen nichtjüdischen Bürger.«

»Sieh mal, Pilatus, was sind das für Pfähle auf dem Berg dort unten, genau unter uns?«

»Das ist der Richtplatz, Schädelstätte, wie die Juden ihn nennen. In ihrer Sprache heißt es Golgatha. Ein guter Name, weil dort Schwerverbrecher gekreuzigt werden.«

Pilatus machte seiner Eskorte ein Zeichen, weiterzureiten; durch das Wassertor zogen sie in Jerusalem ein, und Procula fühlte sich im Banne einer anderen Welt, einer zudem mindestens ein Jahrtausend älteren. In dem Gewirr der Straßen und Gassen von Jerusalem begegnete ihr der Orient in Bildern, Lauten und Gerüchen. Über der Stadt hing der Geruch von alten Hammeln, der aus den unzähligen kleinen Schlächtereien in den Straßen kam. Man hörte Schafe blöken, Esel in lächerlichem Stakkato schreien, und die Bürger sprachen miteinander in einer Sprache, von der Procula kein Wort verstand. Es war Aramäisch, die Umgangssprache Palästinas; nur einige der Schriftgelehrten unterhielten sich im reinen Mischna-Hebräisch.

In den Straßen, in denen es von Menschen wimmelte, lenkte der kleine Zug die Aufmerksamkeit immer wieder auf sich. Man zeigte mit den Fingern auf sie, reckte den Hals, und wenn sie auch die Sprache der Leute nicht verstanden, es war klar, was sie sagten. »Seht mal, das ist der Statthalter und seine Frau!« Die Menschen waren weder freundlich noch feindlich, nur eben neugierig. Aber weil es so viele waren, machte es Procula etwas befangen, und sie zog immer wieder an ihrem Schal, um ihr Gesicht zu verhüllen; doch dann bogen sie um eine Ecke und gelangten auf den stillen Hof des Herodespalastes, genau südlich vom Westtor.

Der Palast, im Stil erlesener hellenistischer Tradition erbaut, machte mit seinen vielen Säulengängen, Wasserbecken und Springbrunnen einen übertrieben luxuriösen Eindruck. Er war größer als der Tempel, wenn auch die ihn umgebende Terrasse nicht mit dessen Terrasse zu vergleichen war. Die königliche Residenz war in zwei Flügel geteilt, die Herodes zu Ehren seiner beiden bedeutenden Freunde das Caesareum und das Agrippeum genannt hatte. Ein so prächtiges Haus mit so hohen mit Alabaster getäfelten Räumen gab es in ganz Rom nicht, und nur der kaiserliche Palast auf dem Palatin war mit ebenso edlen Möbeln aus Gold und Marmor eingerichtet, wie sie Herodes hier aus fernen Ländern zusammengetragen hatte. Der Palast in Cäsarea war prächtig. Aber mit diesem konnte er sich nicht messen. Der Unterschied erklärte sich leicht daraus, daß Herodes meist in Jerusalem gelebt hatte.

Pilatus brachte seine Reiter am einen Ende des Agrippeum in einer hübschen Kaserne unter, die Herodes für seine Leibwache hatte erbauen lassen. Von ihrem lärmenden Gelage an diesem Abend hörte man im Hauptatrium des Caesareums keinen Laut, ein Beweis für die Größe des Palastes.

Während Pilatus mit Staatsangelegenheiten beschäftigt war, verbrachte Procula die nächsten Tage damit, die Hauptstadt der Juden zu besichtigen; mehrere Frauen, die zur Dienerschaft des Palastes gehörten, begleiteten sie. Der große Tempel erregte ihre besondere Neugier, aber ihr erster Besuch in der heiligen Enklave verursachte fast einen Aufruhr.

Während ihre Begleiterinnen im Vorhof des Tempels von Bekannten aufgehalten wurden, stieg Procula über eine niedrige Balustrade, welche die Terrasse teilte, und weiter ein paar Stufen hinauf, um in das Innere des Heiligtums zu spähen. Plötzlich hallte ein Schrei durch die Luft, und im Nu war sie von einer Schar wütender Tempelwächter umringt, die jeder einen kurzen Stock schwangen. Ihr Hauptmann redete in einem aramäischen Wortschwall wütend auf die Fremde ein.

Proculas entsetzte Dienerinnen eilten herbei und schrien in der gleichen Sprache. Sie waren völlig außer sich, und einige von ihnen weinten.

Der Hauptmann funkelte Procula an und fragte: »Warum haben Sie, eine Nichtjüdin, unseren heiligen Tempel geschändet?«

Angstvoll und wütend zugleich musterte ihn Procula von Kopf bis Fuß; sie hatte ihn nicht verstanden.

»Rühren Sie diese Frau nicht an«, rief eine ihrer Begleiterinnen, »es ist die Frau des Präfekten!«

Der Hauptmann, dem das einen Augenblick die Sprache verschlug, fragte, nachdem er sich wieder gefaßt hatte: »Aber warum hat sie versucht, sich gegen unser Gesetz zu vergehen?«

»Sie wußte ja nicht, daß man dort nicht hineinblicken darf. Es war unsere Schuld, daß wir sie nicht gewarnt haben. Und schließlich hat sie den Tempel nicht betreten.«

Der Hauptmann dachte kurz nach und sagte dann: »Das hat nichts zu sagen. Sie muß sich verantworten.«

»Sie Narr!« ereiferte sich die Frau wieder. »Haben Sie den Verstand verloren?«

Der Hauptmann zögerte. »Nun«, sagte er dann, »es ist das beste, wir unterbreiten die Sache dem Hohenpriester und dem Sanhedrin.«

»Sie werden nichts dergleichen tun«, zischte eine andere der Frauen, »wollen Sie denn die römischen Armeen auf Jerusalem hetzen, weil sie in Ihrer Dummheit die Frau eines römischen Präfekten verhaftet haben!« Und dann sagte sie auf griechisch zu Procula: »Kommen Sie!«

Die Wächter waren unsicher und traten beiseite. Sie ließen Procula zu den Frauen zurückkehren, und erst da sah sie, als sie mit den Fingern auf eine Steintafel deuteten, die in allen dreizehn den Tempel umgebenden Säulen eingelassen war, daß auf griechisch dort stand:

»Nichtjuden ist der Zutritt über die Balustrade hinweg zu dem das Allerheiligste umgebenden Raum verboten. Wer dabei ertappt wird, ist für seinen Tod verantwortlich.«

Pilatus tobte vor Wut. Immer wieder fragte er die Frauen, ob einer der Wächter Procula angerührt habe. Und sich dann an seine Rolle als Statthalter erinnernd, wollte er wisse, ob sich Zuschauer eingemischt hätten. Aber da sie beide Fragen verneinten, war der Fall erledigt.

In Jerusalem gab es nur wenige Parks. Die Stadt lag auf einem Hochplateau und war von einem Y-förmigen Tal umgeben. Das Tal war fruchtbar. Nur war der westliche Arm, das Hinnom- oder Gehennatal, durch den hier abgeladenen städtischen Müll ruiniert worden. Und das Feuer, mit dem dort beständig der Abfall verbrannt wurde, entsprach so sehr der jüdischen Vorstellung von der Hölle, daß das Wort Gehenna die Bedeutung von Hölle bekam.

Der östliche Arm dagegen, das Kidron-Tal, hatte seine natürliche Schönheit bewahrt. An den Hängen des Ölbergs, der im Osten über Jerusalem aufragte, wuchs üppiges Grün. Das Graugrün der Olivenbäume beherrschte vor allem den Fuß des Berges. Dort stand in einem Hain ein Gethsemane, eine öffentlich benutzbare Ölpresse, nach welcher der Hain auch seinen Namen hatte. Von dem Fluß, dem Kidron, war im Augenblick nur ein trockener Graben zu sehen. Nur in den Wintermonaten, während der judäischen Regenzeit, führte er Wasser.

Pilatus, der aus einem Land kam, wo Aquädukte jede Sekunde große Mengen Wasser lieferten, verstand nicht, wie Jerusalem ohne eine bessere Wasserzufuhr existieren konnte. Die Juden brauchten zwar viel weniger Wasser als die Römer, die ein unstillbares Verlangen nach Bädern, Brunnen und Teichen hatten; in unzähligen Zisternen hortete die Bevölkerung von Jerusalem die mageren Regenmengen, die im Winter von ihren Dächern flossen, und das ganze Jahr hindurch verwendete man Wasser nur sehr sparsam. Selbst der Palast des Herodes wurde aus einem Regenwasserreservoir versorgt, das oben in einen der Festungstürme eingebaut war.

Pilatus bat die Stadtbaumeister und Architekten, die mit ihm aus Cäsarea gekommen waren, und ihre jüdischen Kollegen zu sich in den Palast. Es war kein Geheimnis, daß der Präfekt die Wasserversorgung der Stadt verbessern wollte, und die Männer waren sich darin einig, daß Jerusalem zu wenig Wasser hatte, zumal während der großen Feste, wenn sich die Bevölkerung zumindest vervierfachte. Pilatus verfolgte die Diskussion der Spezialisten. »Man muß den Gion ausbauen«, schlug einer vor.

Die Natur hatte Jerusalem mit einer einzigen Quelle bedacht, die Gion hieß. Und selbst diese lag außerhalb der Stadtmauern im Kidrontal. Vor siebenhundert Jahren hatte der Hebräerkönig Hiskia gefürchtet, daß einfallende Assyrer sich der Quelle bemächtigen könnten, möglicherweise gerade dann, wenn Jerusalem sein Wasser am meisten brauchte. Darum hatte er ein Reservoir, den Siloahteich, innerhalb der Stadt anlegen lassen. Und dann trieb man von beiden Enden, dem neuen Reservoir und der schon vorhandenen Quelle aus, einen Tunnel unter der Stadtmauer her, durch den das Wasser der Quelle in die neue geschützte Zisterne geleitet wurde. Die Grotte, welche die Quelle umgab, wurde zugemauert und getarnt. Die Assyrer fanden sie nicht, und Jerusalem war gerettet.

Da die Gionquelle noch floß, begab sich Pilatus mit den Fachleuten zum Siloahteich, dessen Wasserstand enttäuschend niedrig war. Sie stiegen in das seichte Wasser, zündeten Fackeln an und begannen ihren Weg durch den Tunnel. Schon bald gelangten sie zu Hiskias stolzer, in die felsige Tunnelwand eingemeißelter Inschrift. Sie wurde für Pilatus übersetzt:

»Der Tunnel. Und dies ist die Geschichte des Tunnels: Während die bronzenen Hacken (der beiden Arbeitergruppen) noch einander gegenüber waren und noch drei Ellen graben mußten, konnte die eine Gruppe die Stimmen der anderen hören, denn nach Süden und Norden hin waren Löcher im Felsen. Und an dem Tage, da der Tunnel fertig war, schlugen die Steinhauer Hacke gegen Hacke, und das Wasser floß aus der Quelle in den Teich in einer Länge von zwölfhundert Ellen; und hundert Ellen dick war der Felsen über den Köpfen der Steinhauer.«

Dahinter war die Stelle, wo der Tempel eine kleine Biegung machte und dann wieder gerade weiterführte. Einer der Männer hielt seine Fackel dicht an die Wand und sagte: »Die Abdrücke der Hakken deuten, wie man sieht, jetzt auf uns zu und nicht von uns weg. Das bedeutet, daß wir an der Stelle sind, wo die beiden in der Inschrift erwähnten Arbeitergruppen einander gegenüberstanden.«

Pilatus war erstaunt. »Meinen Sie, daß die Tunnelbauer damals, also ungefähr zu der Zeit, als Rom gegründet wurde, den Verlauf der Grabungen schon so genau berechnen konnten, daß die beiden Gruppen sich nur um einen halben Meter irrten?«

»Ja. Es ist wirklich bewundernswert.«

Die Männer wateten weiter durch den Tunnel, eine kleine Steigung hinauf, und kurz bevor sie die Quelle erreichten, deutete einer der jüdischen Baumeister auf einen engen Schacht, der unmittelbar von der Decke des Tunnels aufstieg. »Das ist der Durchgang, den die Jebusiter gegraben haben, die Ureinwohner von Jerusalem, damit sie im Falle einer Belagerung die Quelle erreichen konnten. Aber König David hatte von dem Schacht erfahren, gerade als er überlegte, wie er in Jerusalem eindringen könnte. Dies machte es einfach. Seine Kommandos schlichen bei Nacht in die Giongrotte, kletterten den Schacht hoch und nahmen die Stadt.«

»Das Trojanische Pferd von Jerusalem«, sagte Pilatus.

Ein paar Schritte weiter gelangten sie zu der Gionquelle, einem runden von Felsen gesäumten Teich, aus dem köstliches kaltes Wasser sprudelte.

»Gibt es eine Möglichkeit, den Zustrom zu verstärken?«

Einer der Männer schlug seine Hacke in den Grund des Bekkens, worauf das Wasser bis zur Decke der Grotte hochschoß.

»Vorsicht!« warnte einer von Pilatus' Begleitern, »zuviel Wasser, und wir sitzen hier unten in der Falle!«

Ein paar Minuten sprudelte es noch heftig, aber allmählich nahm die Höhe der Wassersäule ab, und schließlich blieb nur noch ein leises Plätschern. Man suchte noch nach anderen Quellen, fand aber keine, und so mußte man es aufgeben, den Zufluß der Gionquelle zu verstärken.

In den nächsten Tagen besprach Pilatus das Problem mit den Fachleuten weiter. Konnte Wasser des Jordans nach Jerusalem geleitet werden? Unmöglich, denn der Fluß floß in einer Senke, die über tausend Meter tiefer als die Stadt lag. Das Tote Meer lag sogar noch tiefer, und sein Wasser war nutzlos. Gab es in dem Gebiet, das höher als Jerusalem lag, Flüsse oder Seen? Nein. Große Bäche? Nein.

»Meine Herren«, sagte Pilatus ungeduldig, »überlegen Sie bitte, ob es Wasserquellen, welcher Art auch immer, in einem Umkreis von zwanzig Meilen von Jerusalem gibt.«

»Nun, es gibt natürlich Teiche und Zisternen.«

»Ich meine Quellen und Flüsse.«

»Ja«, erinnerte sich einer der älteren Juden, »in der Nähe von Bethlehem gibt es mehrere Quellen. Sie ergießen sich in einen uralten Teich. Salomon hat ihn vielleicht angelegt – aber Herodes hat noch zwei weitere Reservoirs hinzugefügt, um sein Schloß in der Nähe, das Herodianum, mit Wasser zu versorgen. Dort ist er auch begraben.«

»Nun, da Herodes jetzt kein Wasser mehr braucht, warum nutzen wir es dann nicht für Jerusalem?«

»Moment«, warf ein Architekt aus Cäsarea ein, »liegen diese Wasserbecken höher oder tiefer als Jerusalem?«

»Das weiß ich wirklich nicht.«

Am nächsten Morgen besichtigten sie die Stelle, die vielleicht sieben Meilen südwestlich von Jerusalem lag. Man fand fünf Quellen in diesem Gebiet, und eine sechste ein Stück weiter im Bergland war von Herodes mit den Reservoiren durch einen Aquädukt verbunden worden. Obwohl er sehr reparaturbedürftig war, würde Herodes' Aquädukt einen wichtigen Abschnitt des Aquädukts bilden, den Pilatus schon vor sich sah.

Der ganze Plan hing natürlich davon ab, ob die Wasserbecken höher oder tiefer als Jerusalem lagen.

Nachdem man darauf eine befriedigende Antwort gefunden hatte, stellte sich heraus, daß die Kosten für den Bau dieses Aquädukts das Vielfache von dem betrugen, was das Tiberieum in Cäsarea gekostet hatte. Für Pilatus war es darum mehr ein finanzelles als ein technisches Problem.

Bauvorhaben in den Provinzen wurden im allgemeinen aus den Ortssteuern finanziert. Aber in Judäas Haushaltsplan war keine Deckung für eine Ausgabe dieser Größe. Es würden darum Sondersteuern notwendig sein. Pilatus beriet mit seinem für die Finanzen verantwortlichen Beamten und bat ihn, eine Liste der verschiedenen Steuern aufzustellen, die die Juden an Rom zahlten.

Er erhielt diese Liste mit kurzen Erklärungen:

tributum soli – Landessteuer
tributum capitis – Kopfsteuer
amonna – Abgabe von Getreide und Vieh ans Militär
publicum – Zölle, Salzsteuer, Verkaufssteuern usw.

»Wissen Sie, welche Steuern die Juden am meisten hassen?« fragte der Beamte Pilatus.

»Die Land- und Kopfsteuer vermutlich.«

»Nein. Das *publicum,* denn es wird von privaten Steuereinnehmern eingezogen.«

»O ja, unsere Freunde, die Zöllner! Sie ziehen immer mehr ein, als sie müssen, und stecken den Gewinn in die eigene Tasche. Rom hätte nie dieses widerwärtige System einführen dürfen ... Sind das alle Steuern?«

»Ja, soweit es uns betrifft. Aber die Juden müssen auch ihren Synagogenzehnten und die Tempelgebühren zahlen.«

»Die gesamte Steuerlast scheint recht drückend zu sein.«

Der Beamte sagte Pilatus, daß zu Gratus' Zeit der jüdische Groll sich in einer dringenden Bitte an Tiberius Luft gemacht habe, die Steuern zu senken, aber er habe die Bitte nicht erfüllt.

Unter diesen Umständen, dachte Pilatus, sei es sinnlos, die Steuern zu erhöhen, gerade weil die Juden sie gesenkt haben wollten. War es zu rechtfertigen, die Bürger von Cäsarea wegen eines Aquäduktbaus in Jerusalem mit höheren Steuern zu belasten? Das Geld, entschied Pilatus, mußte aus einer anderen Quelle kommen.

Gegen Ende seines Aufenthalts in der jüdischen Hauptstadt lud er Joseph Kaiphas und Rabbi Helcias in den Herodianischen Palast ein, um mit ihnen über den geplanten Aquädukt zu sprechen. Als Pilatus ihnen die Pläne dafür zeigte, schienen die jüdischen Führer erfreut zu sein. Der Hohepriester sagte, der Wassermangel sei im Tempel besonders fühlbar. Und Helcias, der Tempelkämmerer, fügte hinzu:

»Aber ich hoffe, daß der Aquädukt ohne Erhöhung der Steuern gebaut werden kann. Wir hoffen eigentlich auf eine Ermäßigung.«

»Das ist der Punkt, meine Herren, über den wir jetzt sprechen müssen«, antwortete Pilatus, »nach unseren Schätzungen wird der Aquädukt bis zu der Stelle, wo er durch die südliche Stadtmauer führt, 750 Talente kosten. Der Bau eines geeigneten Reservoirsystems in Jerusalem kostet natürlich extra.«

Die beiden Gäste waren erschrocken über diese Summen und schwiegen.

»Und das unter der Voraussetzung, daß wir billige Arbeitskräfte bekommen«, fügte Pilatus hinzu.

»Aber woher wollen Sie das Geld nehmen?« fragte Helcias.

»Ich könnte die Steuer für mehrere Jahre verdoppeln.«

»Nein, das nicht«, sagte Helcias, »sonst ... Verzeihung, Exzellenz, es kommt mir nicht zu, dem Präfekten von Judäa Vorschriften zu machen, aber ...«

»Ist schon gut, Rabbi«, lächelte Pilatus, »ich bin nämlich ganz Ihrer Meinung. Es wäre verkehrt, die Steuern zu erhöhen. Ich glaube, ihr zahlt schon genug!«

Kaiphas und Helcias wechselten überraschte und erleichterte Blicke, wenn auch der Hohepriester, gescheit wie er war, spürte, daß Pilatus etwas sicher nicht weniger Unbedenkliches im Schilde führte.

»Ich schlage darum vor, daß die Kosten des Aquädukts vom Tempelschatz bestritten werden.«

Die Rabbis waren wie vom Donner gerührt. Eine Weile sagte keiner ein Wort.

»Vom Tempelschatz?« rief Helcias schließlich. »Sie würden den heiligen Schatz des Tempels anrühren?«

»Nicht ich. Sie würden es ... als Tempelkämmerer.«

»Aber warum soll dieser Schatz angetastet werden, Präfekt?« fragte Kaiphas herausfordernd.

»Aus ethischen Gründen, für die Sie als Hoherpriester besonderes Verständnis haben müßten. Sagen Sie mir, wofür wird der Tempelschatz gebraucht?«

»Für die Erhaltung des Tempels natürlich. Zur Bezahlung der Opfer, die Gehälter der Priester und Wächter, Reparaturen oder dergleichen. Darum heißt er der Corban, was Opfer bedeutet.«

»Gut. Aber haben Sie nicht alljährlich in dem Corban einen großen Überschuß, Rabbi Helcias?«

»Nun ja, einen Überschuß schon, aber ...«

»Na, wissen Sie, man hat mir berichtet, daß erwachsene männliche Juden in der ganzen Welt einen Zwangstribut in Höhe von einem halben Schekel für den Tempelschatz zahlen, also nicht nur die Bürger von Jerusalem. Nehmen Sie dazu die Votivgaben und die Geschenke in Gold, mit denen der Tempel überschüttet wird, und Sie haben – wie ich aus zuverlässiger Quelle weiß – ein jährliches Einkommen von fast 800 Talenten.«

»So viel ist es nicht«, protestierte Helcias.

»Wieviel es auch sein mag, Sie haben im Laufe der Jahre in Ihren Tempeltruhen einen großen Schatz angesammelt, der niemandem nützt, und schon gar nicht Jerusalem, das dringend Wasser braucht.«

»Heiliges Geld sollte nicht für einen solchen Zweck benutzt werden«, warf Kaiphas ein.

»Können Sie sich einen besseren Zweck denken? So braucht niemand höhere Steuern zu zahlen.«

»Könnte Rom nicht für eine so hohe Ausgabe aufkommen?« fragte Kaiphas. »Es bekommt schließlich unseren Tribut. Und kann der Tribut für einen besseren Zweck benutzt werden?«

»Der Tribut wird für den Schutz bezahlt, den unser Militär Ihnen gewährt, und für die normalen Regierungskosten.«

»Aber Sie haben keinen Überschuß?« argumentierte Kaiphas.

»Nein. Alle Überschüsse in den Provinzen gehen an den Kaiser, der sie für die Regierung braucht. Es kostet enorm viel, ein großes Reich zu regieren.«

»Aber das heilige Geld kann für diese Sache nicht benutzt werden«, beharrte Helcias.

»Aber wenn die Opfer für die Erhaltung des Tempels gegeben werden, dann schließt das doch auch die notwendige Wasserzufuhr ein.«

»Die Lieferung von Wasser ist eine weltliche, keine religiöse Angelegenheit«, sagte Kaiphas, »sie ist Sache der zivilen und politischen Behörden, nicht der Priester. Darum kann der Corban für diesen Zweck nicht benutzt werden!«

»Aber der Tempel ist der größte Verbraucher dieses, wenn Sie so wollen, ›weltlichen Wassers‹ in der Stadt Jerusalem. Steine und Mörtel mögen weltliches Baumaterial sein, aber aus ihnen ist Ihr Tempel erbaut. Ihre scharfe Unterscheidung zwischen Tempel und Staat deutet darauf hin, daß Sie sich vor der finanziellen Verantwortung drücken wollen!«

Kaiphas funkelte Pilatus an: »Wenn Sie meine Meinung in dieser Sache nicht respektieren, dann respektieren Sie die des Volkes. Das Volk würde nicht zulassen, daß der Corban für diesen Zweck benutzt wird.«

»Das Volk würde dankbar sein, wenn es Wasser hätte. Wahrscheinlich würde nur ein kleiner Kreis gegen eine solche Verwendung des Schatzes etwas einwenden, und auch dann nur, wenn die Betreffenden davon erführen. Wissen Sie, Sie brauchen es nicht an die große Glocke zu hängen, daß der Aquädukt vom Tempelschatz bezahlt wird.«

»Ich bezweifle, daß der Sanhedrin es erlauben würde.«

»Das ist Ihre Sache, Hoherpriester. Aber machen Sie den Sanhedrin auf eine interessante Gruppe traditioneller Gebote aufmerksam, die von Ihren Schriftgelehrten hinsichtlich der Benutzung des *schekalim* gelehrt werden. Sie können vielleicht etwas zu dieser Frage beitragen.«

Pilatus lächelte. Er hatte seinen Trumpf ausgespielt, und er wußte, damit war die Diskussion beendet. Kaiphas und Helcias waren sehr erstaunt, daß ein römischer Statthalter von der Existenz der *helakoth*, der jüdischen traditionellen Gebote, wußte. Sie entschuldigten sich und versprachen, die Sache vor den Rat des Sanhedrin zu bringen.

Sein Berater in hebräischen Angelegenheiten hatte Pilatus auf die *helakoth* aufmerksam gemacht, die den Gebrauch des *schekalim* betrafen; und diese Gesetze billigten, daß jeder Überschuß aus den Opfergaben an den Tempel für die Erhaltung der »Stadtmauer und ihrer Türme und alle dringenden Bedürfnisse der Stadt« verwendet werde. Und das, was jede Hauptstadt am nötigsten brauchte, war nun einmal reichlich Wasser.

Zwei Tage später berichteten Kaiphas und Helcias Pilatus, der Corban werde helfen, die Kosten des Aquädukts zu bestreiten. Dazu aber sei festzustellen:

Der Sanhedrin stimme nur unter Protest zu.

> Da dies eine private Abmachung zwischen dem Präfekten und dem Sanhedrin sei, müsse die Finanzierung des Aquädukts von beiden Parteien vertraulich behandelt werden.
>
> Wenn die Öffentlichkeit erfahre, daß der heilige Schatz für den Aquädukt verwendet werde, werde der Sanhedrin erklären, daß er dazu gezwungen worden sei.
>
> Statt ein neues Reservoir in Jerusalem zu bauen, müsse der Aquädukt direkt in das System unterirdischer Zisternen geführt werden, das bereits unter dem Tempel bestehe. Diese zur Aufnahme des neuen Wassers vergrößerten Becken würden ihrerseits die übrige Stadt mit Wasser versorgen.

Dieser letzte Punkt überraschte Pilatus, da er geglaubt hatte, unter dem Tempel sei nur Felsen. Seine Baumeister besichtigten die im Tempelberg einst angelegten Zisternen und berichteten, einige hätten eine große Kapazität, seien fünfzehn bis achtzehn Meter tief; und die Kapazität eines der größeren Becken, das die Priester »den großen See« nannten, wurde auf 2 000 000 Gallonen geschätzt. Dieses Becken sei im Augenblick knochentrocken. Die Zisternen konnten leicht vergrößert werden, ohne daß die Fundamente des Tempels dadurch Schaden litten, und sie würden dann all das Wasser aufnehmen können, was der geplante Aquädukt liefern konnte. Und da der Tempelberg hoch lag, konnten die Zisternen beständig ziemlich sicher der Stadt das nötige Wasser liefern.

Jetzt mußte Pilatus nur noch über die endgültige Form der Abmachung verhandeln. Kaiphas bestand verständlicherweise darauf, daß der dem Corban zu entnehmende Betrag eine bestimmte Höhe nicht überschreiten dürfe, während es Pilatus lieber gesehen hätte, wenn man die endgültige Summe erst festsetzte, nachdem der Bau abgeschlossen war. Sie einigten sich schließlich darauf, daß aus dem Tempelschatz alle Kosten der Vergrößerung der unterirdischen Zisternen bestritten wurden, aber nur drei Viertel der für die Errichtung des Aquädukts geschätzten Kosten. Pilatus sagte sich, daß seine Jerusalemer Kohorte die Extraarbeit würde leisten können, wodurch er dann die Differenz wieder einbringen konnte. Er konnte jetzt Jerusalems Durst stillen, ohne seine Gelder in Cäsarea angreifen zu müssen.

Als Pilatus und Procula Jerusalem verließen, sahen sie zu ihrer Zufriedenheit, daß die ersten Bautrupps schon an der Arbeit waren. Die Bevölkerung war über die Aussicht auf eine bessere Wasserversorgung hocherfreut – man munkelte, es würden neue öffentliche Brunnen gebaut –, niemand dachte daran, wer die Rechnung bezahlte.

Neuntes Kapitel

Das Prestige des Präfekten von Judäa war jetzt mehr als gerettet. Seine Untertanen begannen den Streit wegen der Militärfahne zu vergessen, da sich Pilatus an sein Versprechen hielt: es wurden keine beleidigenden Bilder mehr nach Jerusalem gebracht. Und anders als seine Vorgänger war dieser Römer offenbar am öffentlichen Wohl interessiert, was sich an der im Bau befindlichen neuen Wasserleitung in Jerusalem zeigte. Die Juden waren bereit zu vergeben.

Bei seinen nichtjüdischen Untertanen war Pilatus natürlich beliebter. Im Winter 27/28 wurde Cäsareas Tiberieum vollendet und in dem darauffolgenden Jahrzehnt noch reicher ausgestattet. Aber es konnte schon jetzt der Bürgerschaft übergeben werden, und bei der offiziellen Einweihung wurde ein anerkennender Brief vom Kaiser verlesen, den dieser aus Capri geschickt hatte. Das Lob für Pilatus am Schluß des Briefes war natürlich eine wünschenswerte Nebenwirkung des ganzen Projekts.

Im folgenden Frühling fuhren Pilatus und Procula nach Antiochia im Norden, der syrischen Hauptstadt. Er hatte dort Verwaltungsfragen mit Pacuvius zu besprechen, dem Legaten und Vertreter Aelius Lamias, des abwesenden Statthalters.

Pilatus stellte fest, daß Pacuvius Epikuräer war, der eine selbst für die damalige Zeit äußerst seltsame Gewohnheit hatte: er veranstaltete regelmäßige Trauerfeiern für sich selbst. Während der Feier ließ er sich von seiner Totenwache in das Schlafgemach tragen und seine Eunuchen singen: »Er hat sein Leben gelebt! Er hat sein Leben gelebt!«

»Auf diese Weise genieße ich mein eigenes Begräbnis«, erklärte er Pilatus, »jeder neue Tag ist ein Geschenk für einen, der auf den Tod vorbereitet ist.« Pilatus versuchte es gar nicht, sich darauf einen Reim zu machen.

Procula besichtigte unterdessen Antiochia. Sie fand die Stadt korrupt, verwirrend von Menschen überfüllt, sehr kultiviert und sehr anziehend. Für den unerfahrenen Beobachter schien es ein zweites Alexandria, aber Antiochia war kein Bildungszentrum wie die ägyptische Hauptstadt. Die Antiochier widmeten sich mehr dem Geschäft und dem Vergnügen, dem letzteren besonders intensiv. Daphne, eine seiner Vorstädte, war im ganzen Mittelmeerraum als Hedonistenparadies bekannt.

Eines Nachmittags, als Pilatus wieder mit Pacuvius zu tun hatte, stattete Procula Daphne einen Besuch ab und war entzückt von der natürlichen Schönheit der sich weit ausdehnenden Parklandschaft mit ihren prächtigen Lorbeer- und Zypressenhainen und den vielen Brunnen, Bächen und Wasserfällen. Im Mittelpunkt stand der große Apollotempel, der jedem Asyl bot und der darum auch von vielen aus der Gesellschaft Ausgestoßenen besucht wurde.

»Bitte, schönes Mädchen, im Namen Apollos und Aphrodites erflehe ich Ihre Gunst!« Procula drehte sich um und sah einen hübschen jungen Syrer von kaum zwanzig Jahren vor sich. Erschrocken drehte sie sich um, nun sehr bemüht, diesem Lustgarten zu entkommen. Noch andere Männer sprachen sie an. Sie waren noch dreister. Procula verdeckte die untere Hälfte ihres Gesichts mit dem Schal und verließ Daphne so schnell wie möglich. Die Männer lachten, versuchten aber nicht, ihr nachzulaufen, denn es gab genug andere Frauen. Erst später erfuhr Procula, daß Frauen ohne Begleitung nur zu einem Zweck nach Daphne kamen ... Nein, sie würde Pilatus nichts von Daphne erzählen.

Am nächsten Tage kaufte sie eifrig ein, um ihren dahinschwindenen Vorrat am Allernötigsten, was in Pilatus' Augen freilich nur Luxusdinge waren, aufzufüllen. Für ihren Palast in Cäsarea erstand sie kostbare Wandteppiche, Basreliefs, Urnen, Statuetten, Elfenbeinschnitzereien, einen eingelegten Tisch, Damaszenersilber und andere prächtige Dinge. Pilatus mußte einen Extrawagen mieten, um das alles nach Judäa zu transportieren.

In diesem Frühling interessierte ihn vor allem Jerusalem. Als er zum Passah wieder in die Stadt kam, verbrachte er seine meiste Zeit im Gebirge bei den Bautrupps. Der Aquädukt nahm schon Gestalt an. Das, was vom Aquädukt des Herodes noch vorhanden war, war repariert worden und leitete jetzt das Wasser in die Teiche unweit von Bethlehem. Die lange Leitung von den Teichen nach Jerusalem war fast fertig, und die Hinnom-Wasserbrücke ragte schon aus dem Tal auf. Aber der Tunnel unterhalb Bethlehems war an manchen Stellen wieder eingestürzt. Und Unstimmigkeiten zwischen den Priestern und Arbeitern verzögerten die Vergrößerung der Tempelzisternen. Dennoch – die meisten Bauprobleme waren gelöst, und Pilatus stellte zufrieden fest, daß die veranschlagten Kosten kaum überschritten worden waren. Seine Baumeister versprachen ihm, daß im nächsten Frühling das Wasser nach Jerusalem fließen würde.

Dieser Zeitplan wurde eingehalten, denn zur Einweihung stattete Pilatus Jerusalem am 29. Mai einen offiziellen Besuch ab. Ein schlanker Aquädukt mit römischen Bogen spannte sich über das Hinnomtal. Dort, wo das Wasser durch die Südmauer Jerusalems floß, waren Schleusentore errichtet worden, und dort versammelten sich Pilatus und seine Begleitung mit den Priestern und Schriftgelehrten zur feierlichen Inbetriebnahme der Wasserleitung. Pilatus verzichtete an diesem schwülen Nachmittag lieber auf eine lange Rede. Das Volk wollte das Gurgeln des Wassers hören und nicht große Worte aus dem Munde seines Präfekten. Nach ein paar Anspielungen auf das Thema Nummer eins, auf die jüdisch-römische Freundschaft, machte Pilatus den Männern auf der Antonia ein Zeichen; daraufhin bliesen von der Südmauer schmetternde Fanfaren, verängstigte Tauben flogen davon, und als Pilatus die Klappe öffnete, strömte das Wasser nach Jerusalem hinein.

Pilatus war hocherfreut über den Erfolg seines Plans, wenn auch enttäuscht, daß nicht mehr Bewohner der Stadt sich zu der Eröffnungsfeier eingefunden hatten. Aber ein Rundgang am nächsten Tag zur Besichtigung der neuen Brunnen zeigte, daß das Wasser benutzt und geschätzt wurde. Kinder planschten glücklich in den Wasserbecken, während ihre Mütter die Krüge füllten. Und es schien sogar, als ob die in Jerusalem hausenden Schafe ein wenig fröhlicher blökten.

Kurz vor Anbruch der Dämmerung erschien ein Diener des Hohenpriesters namens Malchus im Palast des Herodes mit einer dringenden Botschaft für Pilatus.

»Verzeihen Sie, daß ich Sie störe«, sagte er mit orientalischer Unterwürfigkeit, »aber mein Herr, Joseph Kaiphas, bedauert Ihnen mitteilen zu müssen, daß trotz all seiner Bemühungen es bekannt geworden ist, daß man den Tempelschatz für den Bau des Aquädukts benutzt hat. Die Bevölkerung ist sehr empört.«

»Wer hat es den Leuten gesagt?« fragte Pilatus, sich mühsam beherrschend.

»Wenn ich eine Meinung äußern darf, Herr, viele im Sanhedrin wußten von der Abmachung, und Rabbi Helcias wird für das ausgegebene Geld geradestehen müssen, und darum sei es schwer gewesen, es geheimzuhalten.«

»Ich habe Sie nicht nach Ihrer Meinung gefragt«, sagte Pilatus. »Es steht fest, daß die Sache bis heute vertraulich behandelt worden ist. Wer hat es den Leuten gesagt?«

Malchus zögerte einen Augenblick, dann antwortete er: »Es war heute am späten Nachmittag im Vorhof des Tempels. Ein junger Eiferer von der Herodianischen Partei – sie sind prorömisch, wie Sie wissen – lobte Sie, den Aquädukt und Rom und schmähte die Gegner der römischen Regierung in Judäa. ›Rom hat einen Aquädukt gebaut, aber was habt ihr für die Stadt getan?‹ rief er, und da schrie jemand aus der Menge: ›Rom hat den Bau nicht bezahlt, er ist aus dem Corban bezahlt worden.‹ «

»Wer hat das gerufen?«

»Wir wissen es nicht, Exzellenz. Wir wissen es wirklich nicht!«

»Und was geschah dann?«

»Es kam zu einem Tumult. Sie schrien nach Helcias, dem Tempelkämmerer. Weinend sagte er der Menge, die jüdischen Behörden seien dazu gezwungen worden. Aber schließlich faßte er sich wieder und sagte dem Volk, daß der Aquädukt notwendig sei und daß sie nach Hause gehen und sich ruhig verhalten sollten.«

»Und was wird jetzt geschehen?«

»Mein Herr Kaiphas hofft, daß die Wut sich wieder legen werde, aber er befürchtet das Schlimmste. Darum hat er mich geschickt, um Sie zu warnen, damit Sie die notwendigen Vorsichtsmaßnahmen ergreifen können.«

»Anständig von ihm.« Er sagte das so beiläufig, daß es weder spöttisch noch ehrlich klang. »Sie können jetzt wieder gehen, Malchus!«

Pilatus rief mehrere Mitarbeiter und schickte sie in die Stadt, wo sie Malchus' Geschichte nachprüfen und die Stimmung der Bürger erkunden sollten. Sie kamen zurück und berichteten von einem sich zusammenbrauenden Gewitter. Die Ironie wollte es, daß jeder Brunnen an den verschiedenen Straßenkreuzungen von Jerusalem als Sammelpunkt für erregte Menschenscharen diente. Junge extremistische Redner, Mitglieder der stark antirömischen Zelotenpartei, versuchten, aus der Lage Kapital zu schlagen, forderten das Volk von Jerusalem auf, am nächsten Morgen sich vor dem Tempel zu versammeln.

Ein anderer Bote des Hohenpriesters meldete, daß eine aufrührerische Gruppe die Schleusentore des Aquädukts zertrümmert, daß aber Kaiphas einige seiner Tempelwächter geschickt habe, um den Jerusalemer Teil der Wasserleitung zu schützen. Er riet Pilatus, Soldaten zur Verteidigung der Hinnombrücke zu schicken. Pilatus benachrichtigte den Tribun in der Antonia, der die notwendigen Truppen schickte. Später am Abend hielten sie einen Kriegsrat ab. Daß am nächsten Morgen eine Massendemonstration stattfinden werde, stand außer allem Zweifel. Es ging jetzt nur darum, wie man ihrer Herr werden konnte. Pilatus dachte lange über dieses Problem nach, wohl wissend, daß er sich nicht eine zweite Niederlage leisten konnte, nachdem er in der Fahnenaffäre hatte klein beigeben müssen. Der Tribun in der Antonia drängte ihn, die Stadt mit gut bewaffneten Soldaten zu spicken, weil allein die Sichtbarkeit solcher Macht jede Unruhe im Keim ersticken werde.

Pilatus aber, der sich daran erinnerte, wie die Masse auf die gezückten Schwerter in Cäsarea reagiert hatte, scheute davor zurück, solange es nicht unbedingt notwendig war. Er war überzeugt, daß, wenn die Leute sich von Truppen umringt sahen, sie besonders wild reagieren würden und es so zu einem Blutvergießen käme, das andernfalls vermieden werden könnte. Aber er hatte nicht die Absicht nachzugeben. Nach langem Überlegen faßte er einen ungewöhnlichen Plan. Wenn auch skeptisch hinsichtlich seines Erfolges, nahm der Tribun Pilatus' Befehle entgegen, um seine Truppen für den folgenden Tag vorzubereiten.

Pilatus schlief in dieser Nacht schlecht. Rufe, Schreie, wütendes Gebrüll und Gesang hallten durch die stille Stadt. Um zwei Uhr morgens ging er an ein Fenster und blickte auf Jerusalem. Die jüdische Hauptstadt glich im Schein sich bewegender Fackeln einem Flammenmeer. Er war froh, daß Procula ihn auf diese Reise nicht begleitet hatte.

Er ging zurück und versuchte zu schlafen.

»Pi – Litt! Pi – Litt! Pon – Schus – Pi Litt!«

Die lauten Rufe weckten ihn.

Er blickte hinaus. Eine riesige Menge füllte den grauweißen Platz vor dem Palast.

Pilatus schickte einen Herold hinaus, der verkündete: »Der Präfekt wird gleich sein Tribunal besteigen und euch anhören. Aber euer Geschrei muß sofort aufhören, sonst wird der Platz gewaltsam geräumt!«

Und tatsächlich – das Geschrei verstummte; aber die Menge murrte weiter.

Als Pilatus gefrühstückt und seine Amtstracht angelegt hatte, erschien er vor der Menge und bestieg sein Tribunal, ein Podest unmittelbar vor dem Palast. Ein kleiner Trupp Soldaten flankierte ihn zu beiden Seiten.

»Was wollt ihr?« fragte Pilatus in die Menge.

Ein Sprecher drängte sich zu dem Tribunal vor, ein älterer Judäer, den Pilatus nicht kannte. »Der heilige Schatz darf nicht dafür benutzt werden, einen römischen Aquädukt zu bauen«, sagte er, »heilige Gaben dürfen nicht entweiht werden. Sie müssen das Geld dem Tempelschatz wiedergeben. Diese Schändung muß ein Ende haben.«

Diesen Worten folgten laute zustimmende Rufe.

»Ist dies euer Sprecher?« fragte Pilatus.

»Ja! Ja!« antwortete das Volk.

»Und warum nicht der Hohepriester Kaiphas?«

Gemurmel erhob sich.

»Und warum nicht der Tempelkämmerer?« bohrte Pilatus weiter. »Ihn vor allem geht doch der Corban etwas an.«

Niemand antwortete.

»Nun, dann sollte vielleicht einer der Oberpriester des Sanhedrin anstatt dieses Mannes für euch sprechen.«

Die Leute wurden ungeduldig, aber Pilatus ließ sich nicht beirren.

»Ist ein Oberpriester anwesend?«

Er ließ seine Augen schnell über den Platz gleiten, und als er sah, daß sich keine Hand hob – obwohl er natürlich gar keine zu sehen wünschte –, fuhr er fort: »Eure Führer sind nicht anwesend, weil sie diese Vereinbarung gebilligt haben, denn nach euren eigenen Traditionen hinsichtlich des *schekalim* kann der Corban für so wichtige Zwecke wie die der Sicherung einer guten Wasserversorgung für die Stadt Jerusalem benutzt werden.«

»Aber Sie haben den Hohenpriester, den Kämmerer und die anderen Führer dazu gezwungen«, sagte der Sprecher und deutete mit seiner Hand auf Pilatus.

»Ich habe sie nicht gezwungen. Ich habe nur gedroht, dann werde der Aquädukt nicht gebaut.«

»Ich wünschte, Sie hätten den Bau verhindert«, rief jemand aus der Menge. Das Volk lachte und applaudierte.

»Und ihr habt euch wahrscheinlich, ehe ihr heute morgen herkamt, an einem Becher frischen Wassers aus eben diesem Aquädukt gelabt«, entgegnete Pilatus.

»Ich habe in das Wasser gespuckt«, kam die Antwort. Die Menge jubelte.

Da keine Soldaten in der Nähe waren, waren die Leute in einer sehr heiteren Stimmung, hatten das Gefühl, sich alles vom Herzen reden zu können. Und genau das hatte Pilatus gehofft. Bis jetzt machte sich die Entrüstung der Menge nur mit Worten Luft. Wieder versuchte er, Gefühl mit Logik zu schlagen.

»Männer und Frauen Israels, hört genau auf das, was ich jetzt sage«, rief er, »ich habe diesen Bau zum Wohl Jerusalems geplant. Niemand von euch kann leugnen, daß die Stadt dringend eine bessere Wasserversorgung brauchte. Und wenn nun unsere Regierung die Kosten getragen hätte, hättet ihr mehrere Jahre doppelt soviel Steuern zahlen müssen wie jetzt, was für euch alle hart gewesen wäre. Aber da der Tempelschatz jährlich einen Überschuß hat und da eure eigenen Traditionen gestatten, daß solche Überschüsse für dringend Notwendiges wie dieses ausgegeben werden, ist der Aquädukt auf die für alle Beteiligten günstigste Art finanziert worden. Außerdem, wohin fließt das Wasser? In den Tempel! Ihr und eure Kinder könnt das Wasser genießen, ohne zusätzliche Steuern zahlen zu müssen. Ihr solltet eurem Präfekten dankbar sein, statt ihm feindlich entgegenzutreten.«

»Dankbar?« brüllte jemand. »Wir wären dankbar, wenn Sie verschwänden!« Pilatus' Soldaten packten ihre Schwerter fester.

»Und Ihre verfluchten Fahnen mit«, rief ein anderer.

Pilatus war verzweifelt um Selbstbeherrschung bemüht. »Wie kann ein Präfekt mit euch vernünftig sprechen? Ihr wißt, daß ich die Insignien entfernt habe!«

Einer der jungen Zeloten schwang sich auf die Schulter eines anderen und rief: »Bleibt standhaft, Landsleute! Wir haben im Stadion in Cäsarea gewonnen, und wir werden auch hier gewinnen.« Und dann sagte er, auf Pilatus deutend: »Wir werden hier bleiben, bis Sie das Geld an den Tempel zurückgeben.« Ein lauter Chor der Zustimmung ertönte.

»Hört mal, mein junger Freund und ihr alle anderen«, rief Pilatus, »das Geld wird nicht zurückgegeben. Es ist für einen von euren eigenen Führern gebilligten guten Zweck ausgegeben worden. Es ist bestimmt nicht in meine Tasche gegangen. Ich hatte durch diesen Aquädukt nichts zu gewinnen. Er ist für das öffentliche Wohl gebaut worden. Macht jetzt aber nicht den Fehler, meine vernünftigen Erklärungen als Schwäche zu deuten. Ich habe versucht, gerecht zu sein. Ihr seid unvernünftig gewesen. Dieser Platz wird sofort geräumt. Beim ersten Trompetenstoß verlaßt ihr ihn ohne Gedränge. Beim zweiten werden meine Soldaten vorrücken und ihn gewaltsam räumen. Wartet nicht auf den zweiten Trompetenstoß!«

Er drehte sich um und machte seinen Trompetern ein Zeichen. Das Volk schien unschlüssig zu sein. Einige hatten das Gefühl, Pilatus bluffte. Andere merkten, daß er nicht bluffte, und wandten sich den Straßen zu, die von dem Platz fortführten.

Pilatus beobachtete die Menge gespannt. Er war viel besser vorbereitet, als sie es ahnten. Er hatte befohlen, daß zweihundert seiner Soldaten heranzogen und Schwerter und Keulen unter ihren Gewändern verbargen. Diese Soldaten waren jetzt in der Menge gut verteilt und hatten den Befehl, auf ein Zeichen hin den lautesten Agitator zu bändigen.

Zehn Minuten verstrichen. Aber mindestens zwei Drittel der Menge blieb trotzig stehen. Es schien Pilatus zu widerstreben, das zweite Trompetensignal zu geben. Die größten Schreihälse begannen, ihn zu verhöhnen.

»Sie bluffen, edler Präfekt. Sie werden uns nicht alle abschlachten!«

»Denken Sie an Cäsarea.«

»Tapferer Pilatus, warum befreist du Judäa nicht von den Römern? Dann wären alle glücklich.«

»Geh lieber nach Hause und schlaf mit deiner hübschen Frau. Solchen Sachen wie dieser bist du nicht gewachsen!«

Bleich vor Wut gab Pilatus das Zeichen für den zweiten Trompetenstoß. Er hallte laut über den großen Platz. Aus den angrenzenden Straßen kamen Soldaten anmarschiert. Aber die eigentliche Säuberung besorgten die als Zivilisten verkleideten Soldaten, die jene, die Pilatus verhöhnt hatten, mit Keulen bearbeiteten. Dann fielen sie über andere her. Obwohl Pilatus seine Männer gewarnt hatte, nicht das Schwert zu benutzen, waren für einige die gemeinen Beleidigungen ihres Präfekten und Roms zuviel. Schwerter blitzten auf und bohrten sich in Menschenarme, -beine, -leiber. Vielen der Juden gelang es zu flüchten. Andere leisteten tapfer Widerstand, ergriffen die Waffen von gefallenen Soldaten und schlugen zurück. Aber das Volk hatte denn doch nicht dieses furchtbare Schauspiel erwartet, diese Angstschreie der Verwundeten, diesen Kampf ums Leben.

Schließlich war der Platz geräumt. Leichen lagen zu Haufen an den beiden Hauptausgängen, zu Tode getrampelt von der in wilder Panik fliehenden Menge. Die Hysterie hatte ebenso viele Leben gefordert wie die römischen Keulen und Schwerter.

Pilatus befahl seinen Soldaten, den Verwundeten zu helfen, aber nur wenige jüdische Mütter ließen es zu, daß ihre verwundeten Söhne und Gatten von seinen Männern angerührt wurden.

Jerusalems neue Wasserversorgung wurde nun für einen ganz unerwarteten Zweck benutzt: zum Waschen der Verwundeten und Toten.

Man hörte keine weiteren Proteste, und alle in Jerusalem begannen, das verbesserte Wassersystem zu benutzen – ein Sieg, der, wie Pilatus wußte, dadurch verdunkelt wurde, daß er zur Gewalt hatte greifen müssen. Würde dieses Massaker als das Jerusalemer Massaker im Gedächtnis der Juden bleiben oder nur als Aufstand Nummer 13 in dem ewigen Zwist zwischen Juden und Römern? Von der Antwort auf diese Frage hingen Erfolg und Mißerfolg seines Amtes als *praefectus Judaeae* ab.

Als er nach Cäsarea zurückkehrte, wollte Procula alles genau wissen, und diesmal mußte er von Ereignissen berichten, von denen sie lieber nichts gehört hätte.

»Ich weiß, du warst in einer furchtbaren Lage«, gab sie zu. »Aber versetze dich in die Lage der Juden. Sie hatten die ganze Zeit geglaubt, Rom bezahle den Bau des Aquädukts und mußten dann entdecken, daß ihr eigener Tempelschatz die Kosten bestritt.«

»Wir hätten – das ist mir jetzt klar – von Anfang an sagen müssen, daß es legal sei, das Tempelgeld für diesen Zweck zu benutzen, dann hätten sich die Menschen allmählich an diesen Gedanken gewöhnt, weil unser Handeln legitim war. Niemand scheint sich daran zu erinnern.«

»Ja, aber als es dann zum Protest kam, mußtest du da wirklich zur Gewalt greifen?«

»Ich habe versucht, es zu vermeiden. Sie ließen mir keine Wahl. Du hättest die Beleidigungen hören sollen. Einige richteten sich sogar gegen dich.«

»Die Menschen wollten sich von dem Palast nicht wegrühren. Stimmt das?«

»Ja.«

»Warum hast du sie nicht einfach dort stehen lassen und dich nicht weiter um sie gekümmert?«

»So wie das erste Mal hier Cäsarea?«

»Warum nicht? Wäre das nicht besser gewesen als Blutvergießen? Der Menge wäre es schließlich langweilig geworden, und sie hätten selber das Feld geräumt.«

»Vielleicht. Vielleicht aber auch nicht. Einige Fanatiker hätten wahrscheinlich dort ein Dauerlager aufgeschlagen. Aber du übersiehst, daß diese Demonstration eine direkte Herausforderung Roms war. Wären wir nicht dagegen eingeschritten, hätten sie das für Schwäche gehalten und wären dadurch zu einem Aufstand ermutigt worden. Daran gibt es nichts zu deuteln.«

»Aber warum jemanden töten?«

»Ich habe dir doch gesagt, ich habe meinen Männern befohlen, das Schwert nicht zu benutzen. Sie haben meinen Befehl überschritten. Einige mußten es. Wir waren natürlich in der Minderzahl.«

»Wirklich? Deine Männer waren bewaffnet und darauf vorbereitet; die Menge war es nicht.«

Pilatus war jetzt fast am Ende seiner Geduld. »Wofür hältst du mich?« rief er. »Für Volesus Messala, den Prokonsul von Asien? Ihn, der eines Morgens dreihundert Bürger enthauptete, dann zwischen den Leichen umherstolzierte und prahlte: ›Was für eine königliche Tat!‹ Ich hasse so etwas.«

»Aber …?«

»Aber! Überleg mal, was hier in Judäa passiert ist. Zu der Zeit, da Herodes starb, mußte unser Legat Varus einen Aufstand in Jerusalem niederschlagen. Es endete damit, daß zweitausend Juden gekreuzigt wurden. Und wenn du glaubst, das sei schändlich für einen Römer – und es ist es –, dann erinnere dich, was der jüdische König Alexander Jannaeus den Juden angetan hat, die sich ihm widersetzten. Während dieser Lump mit seinen Konkubinen sich auf einem öffentlichen Fest vergnügte, hat er achthundert Untertanen zu seiner Unterhaltung gekreuzigt und hat, als sie noch lebten, befohlen, ihren Frauen und Kindern vor ihren Augen die Kehle durchzuschneiden.«

»Hör auf, Pilatus!«

»Nun, was ist im Vergleich mit dieser Art von Grausamkeit schon eine notwendige politische Aktion, die leider ein paar Opfer gefordert hat?«

»Oh, Pilatus! Kann man denn etwas Schlechtes dadurch rechtfertigen, daß man es mit etwas noch viel Schlimmerem vergleicht, neben dem es fast harmlos wirkt?«

Pilatus verkrampfte die Fäuste, bis die Knöchel weiß wurden. »Ich mußte es tun, Procula!«

Zehntes Kapitel

In Jerusalem herrschte jetzt Ruhe. Der scharfen Auseinandersetzung über den Aquädukt waren keine weiteren antirömischen Demonstrationen gefolgt. Aber der Groll gegen Pilatus hielt an. Daß sich dieser Groll nicht in weiteren Aufständen irgendwo in Judäa entlud, war weniger der Zurückhaltung der Juden zu verdanken als der Tatsache, daß ihnen der Antipas-Herodias-Skandal in Galiläa keine Ruhe ließ.

Die seit langem schwelende Empörung des Volkes über diese offenkundige Mesalliance war durch einen Wüstenpropheten namens Johannes aufgeflammt, den sie den Täufer nannten und der sich im Hochland östlich von Jerusalem zum Jordan hin aufhielt. Johannes wäre Pilatus gar nicht aufgefallen, wären da nicht zwei Faktoren gewesen, die zusammen sich doch noch als gefährlich erweisen konnten: erstens kündigte der Mann offenbar eine bevorstehende Weltkrise an – »Tut Buße, denn das Himmelreich ist nahe herbeigekommen!«, war die typische Redewendung, die immer wieder in Berichten, die Pilatus über den Wüstenprediger erhielt, auftauchte; zweitens wanderten große Scharen von Juden aller Schichten in die Wüste, um ihn zu hören. Viele akzeptierten, was er sagte, und ließen sich im Jordan taufen.

Für Pilatus waren Propheten, die Gericht und Verderben voraussagten, keine Seltenheit. Sie sprachen auf öffentlichen Plätzen, auf der Agora in Athen ebenso wie auf dem Forum in Rom; aber sie hatten wenig Zuhörer, und noch weniger Menschen ließen sich von ihnen bekehren. Der Täufer dagegen beherrschte Menschenmassen mit seiner Beredsamkeit, und der Schauplatz war nicht das weltkluge Rom oder das gebildete Griechenland, sondern das immer wankelmütige, ewig unruhige Judäa. Dies war vielleicht ein neuer Pseudo-Messias, ein neuer religiöser und politischer Unruhestifter, der die Sorgen des Präfekten von Judäa noch vermehren würde.

Pilatus schickte einen aramäisch sprechenden Beamten in die judäische Wüste, damit er sich Johannes anhöre und ihm über die Bewegung berichte.

»Dieser Johannes erhebt nicht den Anspruch, ein Messias zu sein«, berichtete der Mann, »und in dieser Hinsicht haben Sie nichts von ihm zu befürchten. Man braucht ihn nur anzusehen und weiß, daß er nicht der jüdische Messias ist«, er lachte, »er trägt einen struppigen Bart und eine Kamelhaartunika mit einem Ledergürtel. Ich habe ihn gefragt, woher er komme. Er scheint eine Weile im Kloster Essene über dem Toten Meer gelebt zu haben. Dann ist er allein in die Wüste gegangen, wo er nur von Honig und – man soll es nicht glauben! – Heuschrecken – lebt.«

»Mein Freund, gebratene Heuschrecken sind in Rom eine Delikatesse«, sagte Pilatus, »Ihr Täufer scheint so etwas wie ein primitiver Gourmet zu sein. Aber woher wissen Sie, daß er keine Messiasambitionen hat?«

»Während ich dort war, fragten ihn einige Priester aus Jerusalem danach, und er antwortete: ›Ich bin's nicht.‹ Dann fragten sie: ›Bist du der Prophet Elias?‹ – ›Nein‹, erwiderte er, und schließlich fragten sie: ›Wer bist du dann? Was hast du über dich zu sagen?‹«

»Und was antwortete er darauf?«

»Er sei die Stimme eines Predigers in der Wüste: der Weg des Herrn solle bereitet werden.«

»Was soll das bedeuten?«

»Daß er ein Vorläufer des Messias ist, der bald in Judäa erscheinen werde.«

Pilatus runzelte die Stirn: »Wie hat diese Behauptung auf das Volk gewirkt?«

»Das ist schwer zu sagen. Einige schienen enttäuscht, daß Johannes nicht der Messias ist. Einige der Frommen fragten ihn, wie sie leben müßten, und er antwortete, sie sollen ihr Gut mit anderen teilen. Aber dann fragten ihn mehrere Zöllner um Rat, und ihnen sagte er: ›Sammelt nicht mehr, als ihr müßt.‹«

»Ich wünschte, sie täten das«, brummte Pilatus.

»Ein Teil unserer Kohorte aus Antonia war dort draußen, um für Ruhe und Ordnung zu sorgen, und ein paar Soldaten fragten Johannes: ›Und wir, was sollen wir tun?‹ «

Pilatus beugte sich in seinem Sessel vor, damit ihm keine Silbe der Antwort entging.

»Der Täufer sagte ihnen: ›Beraubt niemanden, weder mit

Gewalt noch mit List.‹ Ja, so hat er es, glaube ich, gesagt. Und dann: ›Begnügt euch mit eurem Sold!‹ «

»Bei Herkules, das ist ein guter Rat«, lachte Pilatus, »der Täufer gefällt mir. Und wie reagieren die jüdischen Behörden?«

»Äußerst argwöhnisch. Und man kann ihnen das nicht verübeln. Als einige der Pharisäer und Sadduzäer zu ihm kamen, überschüttete dieser Johannes sie mit Worten, wie ich sie noch nie gehört habe. ›Ihr Otternbrut‹, rief er, ›wie wollt ihr der höllischen Verdammnis entrinnen? Tut Buße!‹ «

»Otternbrut?« Pilatus lachte von neuem, »der kann es ja mit Demosthenes aufnehmen!«

»Das ist ungefähr alles. Ach, nein, später in Jerusalem habe ich munkeln hören, daß der Täufer einen Galiläer unter seinen Zuhörern als den kommenden Messias bezeichnet habe.«

»Was? Ist es zu einer Demonstration dieser Leute zugunsten dieses Galiläers gekommen?«

»Davon habe ich nichts gehört.«

Pilatus dachte einen Augenblick nach, dann sagte er: »Und Johannes der Täufer, was sollen wir, wenn überhaupt, mit ihm machen?«

»Ich glaube, er zieht über den Jordan, in Herodes Antipas' Territorium.«

»Selbst wenn er in Judäa bliebe«, sagte Pilatus, »sollten wir ihn ungeschoren lassen, es sei denn, er wiegelte das Volk auf. Vielleicht ist er ein gutes Gegengift für die Jerusalemer Behörden. Je uneiniger die Juden werden, desto leichter für uns. Pharisäer, Sadduzäer, Herodianer, Essener, Jünger des Täufers – und noch ein paar mehr Parteien würden nichts schaden. Und Johannes' Angriffe auf den Tetrarchen von Galiläa und dessen Geliebte Herodias lassen mich im Vergleich damit als einen Ausbund der Tugend erscheinen.«

Und tatsächlich, statt Antipas vom sicheren Judäa des Pilatus aus anzugreifen, zog der Wüstenprophet mutig in das Land des Tetrarchen.

Im Spätherbst des Jahres 29 berichteten römische Reisende, die Cäsarea besuchten, von dramatischen Veränderungen in Rom. Mit dem Tode der betagten Mutter des Kaisers, Livia, der Witwe des Augustus, sei eine Ära zu Ende gegangen, sagten sie. Erstaunlicherweise sei Tiberius nicht zur Bestattung seiner Mutter aus Capri gekommen. Staatsgeschäfte hielten ihn fest, habe er behauptet, aber ganz Rom wußte, daß Mutter und Sohn sich entfremdet hatten, seit sie versucht hatte, sich in diese Staatsgeschäfte einzumischen. Viele behaupteten sogar, Livia sei der wahre Grund, daß Tiberius sich schon so lange in Capri aufhalte.

Kurz nach Livias Tod, erfuhr Pilatus, sei der lange Kampf zwischen Sejanus und Agrippina zu seinem Höhepunkt gekommen. Seit Sejanus Tiberius in der Grotte das Leben gerettet habe, habe der Kaiser ihm immer mehr Vollmachten übergeben, und die Nachwirkungen der Sabinus-Affäre festigten jetzt seine Stellung ungeheuer.

Titius Sabinus, ein Führer der Agrippina-Partei, war angeklagt worden, einen Mordanschlag auf Tiberius geplant zu haben, um Agrippinas Sohn auf den Thron zu heben. Der Senat befahl, Sabinus hinzurichten, und seine Leiche wurde die Treppe der Trauer hinuntergeworfen, jene steile Treppe, über die die Leichen von Verrätern in den Tiber geschleudert wurden.

Obwohl es keinen Beweis gab, daß Agrippina und ihr Sohn Nero (nicht der spätere Kaiser) in das Komplott verwickelt waren, verstärkte Tiberius das Klima des Argwohns noch dadurch, daß er dem Senat einen Brief schrieb, in dem er Agrippina des Stolzes und der Arroganz und Nero der Homosexualität und Zügellosigkeit bezichtigte. Da er sie aber in dem Brief nicht offen des Verrats beschuldigte, befand sich der Senat in einem Dilemma. Schon die Andeutung eines Tadels wäre eine tödliche Beleidigung für Nero, den rechtmäßigen Erben, gewesen, während Nichthandeln den regierenden Kaiser aufbringen mußte.

Während der Debatte versammelte sich der Mob vor dem Senatsgebäude, der Bilder von Agrippina und ihrem Sohne Nero schwenkte, sich für ihre Sicherheit einsetzte und brüllte, daß der Brief des Princeps gefälscht sei. Aus der Demonstration wurde ein Aufruhr, der den Senat so einschüchterte, daß er auseinanderging, ohne auf Tiberius' Brief hin zu handeln. Als Pilatus das hörte, schöpfte er einigen Trost daraus, daß er nicht der einzige römische Beamte war, der sich wütenden Menschenmengen entgegenstellen mußte.

Mit seinen Prätorianern wurde Sejanus natürlich schnell Herr der Lage, warnte Tiberius aber, daß ein Staatsstreich zugunsten seiner Adoptivschwiegertochter und seines Enkels möglich sei.

Der Kaiser schickte einen wütenden Brief an den Senat, warf dem römischen Pöbel Untreue vor und nannte des Senats hinhaltende Taktik eine Beleidigung der kaiserlichen Majestät.

Die erschrockenen Senatoren beeilten sich, ihm zu Willen zu sein. Sie stellten den Antrag, Agrippina und Nero zu Staatsfeinden zu erklären. Die Anträge wurden einstimmig angenommen, und die Bestrafung der beiden dem Kaiser überlassen.

Tiberius verbannte darauf Agrippina nach Pandateria und Nero nach Pontia, zwei Inseln etwa fünfundreißig Meilen vor der italienischen Küste. Sejanus triumphierte.

Diese Nachrichten vernahm Pilatus sehr gern, denn seine Karriere hing von Sejanus' Erfolg ab. Hätte Agrippina gesiegt und Sejanus wäre verbannt, wären alle diejenigen, die Tiberius auf Rat des Gestürzten auf hohe Posten berufen hatte, höchstwahrscheinlich in die Wüste geschickt und Pilatus wäre nach Rom zurückgerufen worden. Im besten Fall wäre seine politische Laufbahn beendet gewesen, im schlimmsten wäre er wie Sejanus in Ungnade gefallen und verbannt worden.

Anfang des nächsten Jahres erreichten weitere Erfolgsmeldungen Cäsarea. Der Senat hatte Sejanus' Feldzug gegen das Haus Agrippina fortgesetzt, indem er den nächsten ihrer Söhne zum Staatsfeind erklärte: der junge Drusus wurde in einem Keller im Palatinpalast eingekerkert. Die Römer wagten jetzt offen, von Sejanus als möglichem Thronfolger zu sprechen, da nur noch ein Sohn Agrippinas übrig blieb – Gajus (Caligula) –, aber der war kaum achtzehn, und wenn auch er sich als untreu erwies und den Weg seiner Brüder ging, so war Sejanus der Thron sicher. So einfach lagen die Dinge.

Im Laufe des Jahres 30 erreichten Pilatus mehrere Berichte, die Sejanus' Aussichten bestätigten. Der Senat beschloß, daß sein Geburtstag öffentlich gefeiert wurde, und vergoldete Statuen von ihm wurden überall in Rom aufgestellt. Staatsbeamte, die Tiberius konsultierten, konsultierten jetzt ebenso Sejanus. Sein Haus war von Delegierten belagert. Es wurde öffentlich für Tiberius und Sejanus gebetet und geopfert.

Pilatus berauschte sich an den Nachrichten aus Rom wie an schwerem Wein. Er rechnete sich zum inneren Kreis von Sejanus' engsten politischen Anhängern, und hatte ihm der Präfekt nicht selbst größere Ehren verheißen, wenn er sich in Judäa bewährte?

Sejanus war die Prätorianertreppe zum Erfolg hinaufgestiegen, ähnlich wie er. Und was wäre natürlicher für Sejanus als Kaiser, als jemandem die helfende Hand zu reichen, der dort stand, wo er selbst einmal gestanden hatte?

Was für einen Posten würde Sejanus ihm nach Judäa geben? Eine andere Provinz, vielleicht Ägypten? Wahrscheinlicher war einer der größeren Verwaltungsposten in der römischen Regierung. Sejanus würde sich von seinen eigenen Männern umgeben wissen wollen. Fast jedes Amt würde Pilatus offenstehen, eingeschlossen das Privileg, im Senat zu sitzen, oder sogar das erprobte Sprungbrett zu unbegrenzter Macht: Prätorianerpräfekt, Vizekaiser von Rom.

Mit einem Anflug von Reue erinnerte sich Pilatus daran, daß Sejanus sein Verhalten in der Fahnenaffäre gerügt hatte. Sicher aber hatte seine Festigkeit während der Unruhen bei der Eröffnung des Aquädukts das Bild eines schwachen Pilatus, das sich Sejanus vielleicht von ihm machte, wieder ausgelöscht. Sejanus hatte auf den Bericht über den Aufruhr in Jerusalem geradezu enthusiastisch reagiert, hatte seine Anwendung von Gewalt voll und ganz gebilligt und nur bedauert, daß nicht mehr Aufständische getötet worden waren – eine abschreckende Lektion für andere jüdische Möchte-gern-Revolutionäre. Pilatus merkte, daß Sejanus' antisemitische Gefühle sich jetzt in Haß gegen die Juden verwandelten, vergrößert auch durch das Brennglas politischer Feindschaft, denn viele Juden hatten Agrippinas julianische Partei im Andenken an Cäsar gestützt. Nach den Berichten waren die römischen Juden wiederum sehr beunruhigt über Sejanus' anhaltende Triumphe.

Pilatus machte etwas anderes Sorgen: Sejanus hatte ihm seit Monaten nicht geschrieben. Diese ganzen Informationen kamen aus inoffiziellen Quellen, aber dann endlich brachte ein Prätorianerkurier einen versiegelten Brief. Pilatus öffnete ihn und las:

»L. Aelius Sejanus an Pontius Pilatus. Die Aufgabe der Sicherung Roms gegen unsere Feinde muß entschuldigen, daß ich so lange nichts habe von mir hören lassen. Aber Sie haben gewiß inzwischen gehört, daß der Sieg unser ist.

Bedeutet das, daß wir in der Wachsamkeit nachlassen können? Das mögen die Götter verhindern! Der Princeps deutet an, daß er vielleicht den Söhnen Agrippinas verzeihen wird. Und wer ist der Feind, der heimlich meine Vernichtung plant und Agrippinas Sache verficht? Die Juden von Rom. Und zwar, glaube ich, auf folgendem Wege: sie setzen sich in Verbindung mit Mitgliedern des Hauses Herodes, die hier in Rom leben, vor allem Berenice. (Sie ist die Mutter jener Herodias, über die Sie mir geschrieben haben, der, die vor kurzem Herodes Antipas geheiratet hat.) Berenice hat das Ohr der Dame Antonia (der Tochter Mark Antons und Schwägerin von Tiberius), die Zugang zu dem Princeps hat! Und was teilen die Juden über Berenice und Antonia Tiberius mit? ›Sejanus ist eine Gefahr für den Staat.‹ Ich habe die römischen Judenführer gewarnt, daß ich ihre gegen den Staat gerichteten Pläne nicht länger dulden werde. Und als Repressalie müssen Sie jetzt die jüdischen Behörden in ihrer Macht beschränken. Schreiben Sie mir, welche besonderen Maßnahmen Sie ergreifen werden. Meine Überlegung dabei ist wohl klar. Druck auf das Judentum ist wirksamer auf das Herz als auf die Extremitäten.

Wie weit ist Ihr Plan der Romanisierung der Juden fortgeschritten? Nicht weit, fürchte ich, aber Sie hatten sich da wirklich eine unmögliche Aufgabe gestellt. Bleiben Sie weiter fest in Judäa, Pilatus, und Sie erwartet eine glückliche Zukunft. Leben Sie wohl!«

Pilatus war verblüfft, wenn nicht beunruhigt über den Brief. Kein Wunder, daß er so fest versiegelt worden war. Noch nie hatte Sejanus so deutlich antisemitische Gefühle gezeigt. Obwohl Pilatus alles andere als projüdisch war, fragte er sich, ob Sejanus das Recht hatte, seine Sorgen den Juden Roms in die Schuhe zu schieben. Er entdeckte viele Risse in Sejanus' Logik. Wenn die Juden tatsächlich den Weg zu Tiberius über Berenice und Antonia benutzt hatten, um ihn anzugreifen, dann vielleicht nur, um sich gegen Sejanus' frühere Angriffe gegen sie zu verteidigen. Noch wahrscheinlicher war, daß Antonia eine Abneigung gegen Sejanus hatte: Agrippina war schließlich ihre Schwiegertochter. Es bedurfte kaum einer Berenice, um ihr zu sagen, daß der Prätorianerpräfekt ihre Familie ruinierte.

Die von Sejanus in seinem Brief geäußerten Wünsche zu erfüllen, würde schwer sein, aber es blieb ihm nichts anders übrig, als ihm zu gehorchen. Der Gedanke, die Macht der jüdischen Führer in Judäa zu beschränken, war vielleicht durchführbar. Er konnte sich aber auch als katastrophal für den Frieden des Landes erweisen.

Der seltsame Brauch hinsichtlich der Gewänder des Hohenpriesters brachte ihn auf eine Lösung. Um die jüdische Priesterschaft zu kontrollieren, hatte Herodes die heiligen Gewänder in seine

Obhut genommen, und Rom war Herodes' Beispiel gefolgt. Die von den Pontifizes nur viermal im Jahr bei hohen Festen getragenen Gewänder wurden in der Antonia eingeschlossen, bis die Feste nahten, zu denen sie den Priestern ausgehändigt wurden, die sie danach sofort wieder abliefern mußten. Es war ein Symbol römischen Supremats, das nie einen Aufruhr ausgelöst hatte. Pilatus suchte nach einer ähnlichen symbolischen Beschränkung des Sanhedrin.

Er fand ihn im *jus gladii*, dem »Gesetz des Schwertes«, dem Exekutionsrecht bei der Verhängung von Todesstrafen. Bisher hatte der Große Sanhedrin Vollmacht, Gerichtsverhandlungen durchzuführen und für von Juden in Judäa begangene Kapitalverbrechen die Todesstrafe zu verhängen und zu vollstrecken.

Um die Wünsche des Sejanus zu erfüllen, plante Pilatus jetzt, den Juden das Exekutionsrecht zu nehmen und es in das *jus gladii* zu übernehmen, das der römische Präfekt schon besaß. Der Sanhedrin würde weiter Juden verurteilen, sie sogar der Todesstrafe würdig finden, aber Urteil und Vollstreckung lagen in den Händen des Präfekten von Judäa.

Pilatus gefiel die Idee. In den Augen der Römer bewies nichts so sehr ihre Souveränität wie das Recht, Todesstrafen zu verhängen. Er konnte das in seinem Bericht leicht ein wenig aufbauschen und so Sejanus zufriedenstellen. Was die jüdischen Gefühle in dieser Sache betraf, konnte er dem Sanhedrin versichern, daß sein Recht, Kapitalverbrechen abzuurteilen, dadurch kaum berührt wurde, da der Präfekt in den meisten Fällen das vom Sanhedrin ausgesprochene Urteil bestätigen würde. Es wäre vielleicht für die jüdischen Behörden sogar eine Erleichterung, daß ihnen das üble Geschäft der Exekution aus den Händen genommen wurde.

Während seines Besuches in Jerusalem zum Passah im Jahre 30 besprach Pilatus mit Kaiphas seine geplante Revision.

Er vertraute ihm an, daß er nur unter Druck Sejanus' die Änderung vornehme, und ließ damit – so diplomatisch wie möglich – dem Hohenpriester keine andere Wahl, als damit einverstanden zu sein.

Kaiphas berichtete dem Sanhedrin darüber, und eine volle Woche verging, ehe er Pilatus dessen Reaktion mitteilte. Man hatte sich wohl oder übel damit abgefunden, jedoch mit der Klausel, daß Pilatus und seine Nachfolger die vom Sanhedrin bei einem Kapitalverbrechen verhängte Strafe nie mildern dürften. Pilatus sagte, er werde über diese Klausel mit seinen Vorgesetzten sprechen. Jedenfalls hörten als symbolische Antwort auf die neue Beschränkung die Sitzungen des Sanhedrin in der Halle der behauenen Steine auf, und sie zogen auf den Annasmarkt weiter oben auf dem Tempelberg um, jetzt nicht mehr die unbeschränkten Führer des jüdischen Volkes.

Pilatus versuchte die bittere Pille damit zu versüßen, daß er eine Forderung der Juden, zu jedem Passah einen vom Volk erbetenen Gefangenen freizulassen, erfüllte. Für eine solche Amnestie gab es im ganzen Römischen Reich keinen Parallelfall. Es war eine Konzession ohne große Folgen.

Elftes Kapitel

Endlich kam die Einladung von Herodes Antipas an Pilatus. Fast drei Jahre hatte der Tetrarch von Galiläa gebraucht, bis er die ihm von Pilatus in Cäsarea erwiesene Gastfreundschaft erwiderte. Die empfindliche Procula ärgerte sich darüber, aber ihr realistischer Mann wies sie darauf hin, daß Antipas nicht aus Unhöflichkeit so lange damit gewartet habe, sondern wegen der Empörung des Volkes über seine Heirat mit Herodias.

Antipas werde seinen Geburtstag kurz nach dem bevorstehenden Laubhüttenfest feiern, stand in der Einladung, und, falls Pilatus und Procula aus Anlaß dieses Festes in Jerusalem seien, werde er sie gern in seinen ganz in der Nähe gelegenen Peräanischen Palast geleiten, von dem man einen herrlichen Blick auf das Tote Meer habe, und sie bitten, eine Woche zu bleiben. Procula hatte nicht vorgehabt, ihren Mann zu dem jüdischen Herbstfest zu begleiten. Aber jetzt besann sie sich eines anderen. Sie nahmen die Einladung an und machten die ihnen nun schon vertraute Reise nach Jerusalem.

Im Herbst folgen dicht aufeinander Rosch ha-Schanah, das jüdische Neujahrsfest, Jom Kippur, das Fest der Versöhnung, und Sukkoth, das Laubhüttenfest, eins der heitersten und bestimmt das größte der hebräischen Feste. In dieser Festzeit konnten sich Pilatus und Antipas in der Stadt zeigen, ohne daß es zu feindlichen Demonstrationen kam. Die Festfreude hielt alle in ihrem Bann.

Nachdem die achttägige Festzeit vorüber war, fuhren Antipas, Herodias, mit der er seit einem Jahr verheiratet war, und eine größere Gruppe galiläischer Politiker und Hofleute mit Pilatus und Procula in einer Wagenkarawane in östlicher Richtung die Berge Judäas hinunter. Immer wieder bot die sich windende Straße einen Blick ins grüne Jordantal, ein willkommener Kontrast zu der rotbraunen Wildnis ringsum. Der Jordan mündete in der Nähe von Jericho in das blaue Tote Meer, eine neun Meilen breite und fast fünfzig Meilen lange, von Felsenklippen umschlossene Wasserfläche. »Sind Sie öfter in dieser Gegend gewesen?« fragte Antipas.

»Ich war vor zwei Jahren nur zu einem kurzen Besuch in Jericho.«

»Wir kommen jetzt in eins der faszinierendsten Gebiete Ihres Römischen Reiches, ja, vielleicht der ganzen Welt. Sehen Sie mal nach Norden in die Richtung von Jericho! Die Erhebungen dort hinter den Palmenhainen kennzeichnen die Lage der ältesten Stadt der Welt, eine Jahrtausende alte Zivilisation.«

»Gibt es einen Beweis dafür?«

»Mein Vater Herodes war an Altertümern interessiert und hat einst seine Männer in diesen Erdhügeln graben lassen, und sie haben dort Steinwerkzeuge entdeckt, die so alt und primitiv waren, daß man sie nirgendwoanders gefunden hat.«

Pilatus deutete nach Süden und fragte: »Was ist das da oben auf dem Berg über dem See?«

»Wo? Ach, dort. Das ist das Kloster der Essener, merkwürdiger Schriftgelehrter, die das Gesetz so genau befolgen, daß sie sich sogar weigern, am Sabbath ihre Notdurft zu verrichten. In ihrer Gemeinschaft dürfen keine Frauen leben. Sie besitzen alles gemeinsam.«

»Soviel ich gehört habe, hat dieser – wie heißt er doch? – Johannes, ja, Johannes, den sie den Täufer nennen, eine Weile bei ihnen gelebt.«

»Sie haben von dem Täufer gehört?« fragte Antipas überrascht.

»Hat das nicht jeder?« lachte Pilatus. »Wo steckt der Mann jetzt?«

Zögernd antwortete Antipas: »In einem meiner Gefängnisse. Seine Bewegung wurde gefährlich ... Aber sehen Sie, Pilatus, jetzt sind wir fast am Ufer des Toten Meers«, und, die Hände an den Mund legend, rief er: »Alles aussteigen!«, und dann berichtete er seinen Gästen von diesem geographischen Wunder, dem Toten Meer.

»Wir sind hier eine Viertelmeile unter dem Meeresspiegel. Wenn ein Verrückter einen Kanal vom Mittelmeer bis hierher bauen würde, würde das Wasser hereinströmen und das ganze Jordantal überschwemmen.« Er hielt inne, um zu sehen, ob das seinen Gästen imponierte. »Und lassen Sie sich nicht durch das kalte Blau des Toten Meers täuschen«, fuhr er dann fort, »sein Wasser ist warm und ölig und hat einen starken Salz- und Asphaltgehalt. Pilatus, stecken Sie doch mal Ihre Hand ins Wasser.« Es war, als griffe man in eine warme, klebrige Suppe. »Und jetzt sehen Sie sich dies an«, sagte Antipas und nahm ein Ei aus dem Verpflegungswagen, »schwimmen Eier auf dem Wasser, oder versinken sie?«

»Sie versinken natürlich«, antwortete Procula für die anderen. Antipas warf das Ei ins Wasser, auf dem es wie ein Korken schwamm. »Nun, Chuza«, wandte er sich dann an seinen Haushofmeister, »warum schwimmst du uns nicht etwas vor?«

»Muß ich das, Exzellenz?«

»Nein, lieber nicht. Du bist normal groß und schlank. Du würdest erst schwimmen, wenn du bis zur Brust hineingingest. Hol' deinen dicken Freund dort.«

Ein Mann aus Antipas' Gefolge, der einen immensen Umfang hatte, zog sich bis auf die Untertunika aus und watete in das Tote Meer hinein. Er ging nicht weiter als sieben oder acht Schritte, denn als das Wasser ihm bis an den Bauch reichte, begann er ohne sein Zutun zu schwimmen, zum großen Vergnügen der am Ufer Versammelten.

Der Mann, der nach dem Bade versäumt hatte, sich abzuspülen, glich, als er herauskam, einer wandelnden Salzsäule. Sehr schnell hatte die heiße trockene Luft das Wasser auf seiner Haut verdunsten lassen, und es war eine scheußliche juckende weiße Salzschicht zurückgeblieben.

»Du kannst das in Callirrhoë abwaschen«, rief Antipas, als sich die Wagenkolonne wieder in Bewegung setzte und um die nordöstliche Ecke des Toten Meers herumfuhr und dann weiter nach Süden, dem befestigten Palast von Machärus zu.

Procula fuhr mit Herodias in dem Wagen gleich hinter Pilatus und Antipas. Immer wieder drehte Pilatus sich um, um zu sehen, wie sich seine Frau in der Gesellschaft der Frau fühlte, die für die notwendigen Sensationen im Lande sorgte. Procula lächelte ihm zu, um ihm zu zeigen, daß bis jetzt alles gutgehe.

Um das Gespräch in Gang zu halten, fragte Pilatus nach den in Strabos neuem Geographiewerk erwähnten unterirdischen Gasen und Feuern am Rande des Toten Meeres.

»Die Natur hat hier unten einen brennenden Herd. Meistens steigen dessen Dämpfe in angenehmer Form auf, so wie in den heißen Quellen dort vor uns; aber manchmal sind es vulkanartige Ausbrüche von Gas, Feuer und Schwefel wie jene, die Sodom und Gomorra, das ein wenig südlich von hier lag, vernichtet haben. Aber das war vor vielen Jahrhunderten.«

Die Karawane hielt kurz in Callirrhoë, wo Antipas seinen Gästen die Thermalquellen zeigte und sich der dicke Mann von der ihn bedeckenden klebrigen Masse befreite. Dieser Badeort war in ganz Palästina wegen seines süßen sprudelnden Mineralwassers berühmt. Herodes der Große hatte einige seiner letzten Tage hier verbracht in dem verzweifelten Bemühen, die furchtbare Krankheit loszuwerden, die bald sein Leben fordern sollte.

»Als Römer, der an sein tägliches Bad gewöhnt ist, interessiert Sie dieser Ort sicher ganz besonders, Pilatus«, sagte Antipas, »aber wir können später noch einmal hierher zurückkehren. Machärus liegt gleich hinter dem nächsten Berge.«

Herodes Antipas hatte Machärus von seinem Vater geerbt, der diesen befestigten Palast erbaut hatte, um seine Südostgrenzen vor den Moabitern und Arabern zu schützen.

Die Sonne ging schon fast unter, als sie den Protikus, der sich unten um die Zitadelle herumzog, erreichten.

Nachdem sich Pilatus und Procula zurückgezogen hatten, ergriffen sie endlich die Gelegenheit, über die Ereignisse des Tages zu sprechen.

»Und was ist es für ein Gefühl, sicher in der Festung seines Feindes eingesperrt zu sein?« begann sie.

»Bitte, Carissima, wir machen hier einen diplomatischen Besuch. So wollen wir unseren Gastgeber lieber Rivalen nennen.« Er lachte. »Hast du das ernst gemeint?«

»Ja, natürlich«, erwiderte sie in einem Ton, der nicht erkennen ließ, ob das wahr war oder nur ein Scherz.

»Nun, du kannst ruhig schlafen. Unsere Leibwache ist bestimmt ...«

»Natürlich, natürlich«, lachte sie, »ich frage mich nur, warum er uns nach Machärus statt nach Tiberias eingeladen hat. Erinnerst du dich, was hier vor drei Jahren geschehen ist?«

»Nein. Was?«

»Hier weilte Antipas' erste Frau, König Aretas' Tochter, auf ihrer Flucht vor Antipas, und von hier floh sie dann zu ihrem Vater.«

Proculas Worte riefen Pilatus ins Gedächtnis, was ihm seine Informanten berichtet hatten. Danach fürchtete Antipas einen neuen Krieg mit Aretas. Und wenn es dazu käme, würde Antipas wahrscheinlich wünschen, daß der Statthalter von Judäa ihm mit seinen Kohorten beistand.

»Wenn wir morgen unsere politischen Gespräche beginnen, dann kannst du darauf gefaßt sein, Procula, daß er König Aretas anschwärzen wird, um mich darauf vorzubereiten, daß es zu einem Krieg mit ihm kommen könnte. Aber ich werde Antipas nicht einen einzigen Soldaten schicken. Außerdem – wenn der Tetrarch von Galiläa den Grenzkrieg mit den Arabern verliert, wird er noch mehr in Ungnade fallen, und Rom könnte das als einen Vorwand benutzen, Galiläa mit der Provinz Judäa zu vereinigen.«

»Und wenn das unter der Regierung des Pontius Pilatus geschähe, würde es doch wohl für ihn sehr vorteilhaft sein?«

Er antwortete nicht, aber sie konnte im Dunkeln sein Lächeln spüren.

Kurz bevor sie einschliefen, hörten sie zu ihrer Verwunderung aus den Tiefen des Palastes Klagelieder heraufhallen. »Wahrscheinlich spricht Antipas seine Nachtgebete«, sagte Pilatus, »Stoff hätte er genug.«

Die Woche in Machärus verlief recht angenehm. Die Gastgeber gaben sich die größte Mühe, es ihren Gästen behaglich zu machen. Wie es Pilatus vorausgesagt hatte, versuchte Antipas tatsächlich, ihn gegen Aretas zu beeinflussen. Er tat es auf eine so theatralische Art, daß es Pilatus nur amüsierte. Ein angeblich arabischer Spion, den man während ihres Besuches in der Nähe von Machärus »gefangen hatte«, mußte gestehen, daß König Aretas eine Invasion nicht nur Galiläas, sondern ebenso Judäas plane. Pilatus hatte einen seiner Wächter, der arabisch sprach, in das Verlies hinuntergeschickt, um mit dem »Spion« zu reden und ihm dann darüber zu berichten.

»Nach seinen Sprachkenntnissen zu urteilen«, meldete der Wächter, »würde ich sagen, daß dieser Clown als Araber ein guter Galiläer ist, doch ich habe so getan, als ob ich seine Geschichte glaubte.«

Aber die täglichen Jagdexpeditionen, die abendlichen Gelage und die köstlichen Bäder in Callirrhoë entschädigten reichlich für

Antipas' Tricks. Erst gegen Ende der Woche wurde es Pilatus lästig, daß der Tetrarch ihn ständig auszuhorchen versuchte.

»Was geht bloß in Rom vor, Pilatus?« fragte er eines Abends.

»Wie meinen Sie das?«

»Wird es Tiberius oder Sejanus sein?«

»Eine unmögliche Alternative. Nach Tiberius' Tod vielleicht Sejanus.«

»Sie haben gehört, was man in Rom sagt: Sejanus ist Kaiser, Tiberius nur ein Inselpotentat.«

»Wollen Sie die Loyalität des kaiserlichen Prätorianerpräfekten anzweifeln?«

»Natürlich nicht«, antwortete Antipas, »ich wollte nur fragen – wird es der junge Gajus Galigula oder wird es Sejanus sein?«

»Ich weiß es wirklich nicht. Möglicherweise wird er als Regent für den jungen Gajus eingesetzt.«

Es war nicht gefährlich, das zu sagen.

»Nun, nehmen wir einmal an, Sejanus ist Regent für den jungen Gajus. Wer würde dann letztlich in Rom herrschen?« fuhr Antipas fort.

»Das, mein Freund, wissen allein die Götter.« Der nicht religiöse Pilatus nahm bei solchen Gelegenheiten gern seine Zuflucht zur Religion.

Antipas grinste nur, da er merkte, daß Pilatus damit ihr Gespräch über römische Politik beendet hatte.

In dieser Nacht wurde Pilatus' Schlaf wieder durch die aus dem Keller des Schlosses heraufhallenden klagenden Gebete gestört. Gleichermaßen merkwürdig war das Verhalten von Antipas' Haushofmeister am nächsten Morgen. Als Pilatus auf ein Klopfen hin seine Tür öffnete, stand Chuza davor. »Exzellenz«, sagte er, »ich muß eine dringende Angelegenheit mit Ihnen besprechen. Eine Bitte ... « Aber da kam einer von Antipas' Dienern vorüber, und Chuza verstummte. »Das Frühstück wird gleich serviert, Exzellenz.« Und dann flüsterte er: »Später.«

Aber aus dem »später« wurde nichts, da ganz Machärus mit den Vorbereitungen für die Geburtstagsfeier des Tetrarchen am Abend beschäftigt war. Sein Halbbruder, der Tetrarch Philippus, kam gerade rechtzeitig, um mitzufeiern, und mit ihm Antipas' Stieftochter Salome, die ihren Halbonkel Philippus besucht hatte. Die

Tochter der Herodias hatte, wie Pilatus und Procula sofort sahen, sich völlig verwandelt, war nicht mehr das verwöhnte Mädchen, an das sie sich erinnerten, sondern eine äußerst anziehende junge Frau.

An dem Festmahl nahm die ganze Schar der in Machärus weilenden Gäste des Antipas teil, darunter auch seine Offiziere und Höflinge, sowie einige Stammesführer aus Galiläa. Es gab ein prächtiges Mahl. Zu den Getränken bemerkte Pilatus: »Für einen Nichtrömer, Antipas, sind Sie ein würdiger Weinkenner.«

»Mein Lieber«, antwortete er, »Sie vergessen, daß die Familie des Herodes die römische Staatsbürgerschaft hat.«

»Einen Toast dann auf den Vetter der Cäsaren!« lachte Pilatus etwas zu laut. Procula trat ihn auf den Fuß.

»Was machen Sie ein so saures Gesicht, Chuza?« rief Antipas über die Tafel seinem Haushofmeister zu. »Sie können sich Sorgen machen, wenn wir wieder in Galiläa sind.«

Chuzas Gesicht hellte sich ein wenig auf, doch später am Abend warf er Pilatus wieder besorgte Blicke zu. Procula bemerkte es und machte ihren Mann darauf aufmerksam. Beide waren etwas beunruhigt, fragten sich, was Chuza Pilatus hatte mitteilen wollen und wozu er dann nicht gekommen war.

Nach dem vierten Gang schnalzte Antipas mit den Fingern, und den Flöten- und Harfenmelodien, die das Fest bis jetzt begleitet hatten, folgte ein Unterhaltungsprogramm. Manches davon, fand Pilatus, war ein bißchen albern. Aber das war verzeihlich, da man die »Künstler« von überallher hatte holen müssen. Am besten waren noch die akrobatischen Affen, die ein Beduine vorführte.

Dann erhob sich Herodias vom Tisch und bat Procula und die anderen Damen, mit ihr in die Frauengemächer des Palastes zu gehen, da die Feier von Antipas' Geburtstag für sie jetzt vorüber sei. Daraufhin zog Antipas an einer Schnur, und eine Wolke von rosa Blütenblättern und Blumengirlanden schwebte von der Decke herunter. Diener hoben die Blütenkränze auf und legten sie den Männern um Kopf und Hals, dann besprengten sie jeden mit Parfüm. Der Duft von Blumen und Parfüm sollte verhindern, daß sich die Feiernden betranken – zumindest sollte dieses Stadium des Gelages noch hinausgeschoben werden.

»Laßt uns einen König wählen«, rief Antipas, und damit begann die nächste Stufe des Rituals. Ein Diener brachte Antipas Würfel. Er schüttelte sie, rief: »Herodias, hilf mir«, und warf eine Acht. Dann reichte er den Würfelbecher Pilatus, der rief: »Procula, hilf mir« und eine Sechs warf.

Als nächster kam Philippus an die Reihe, der den Becher schüttelte, »Salome, hilf mir«, rief und eine Elf warf. Einige hoben darauf die Augenbrauen, denn jeder sollte sich an seine Frau oder Geliebte wenden, damit sie ihm bei seinem Würfeln beistehe, und Salome war weder Philippus' Frau noch Geliebte – soweit man wußte.

Da niemand über Philippus' Elf hinauskam, wurde er zum König des Weines ernannt. Er mußte jetzt die Reihenfolge der Toaste bestimmen und in welchem Verhältnis Wasser mit Wein gemischt werden sollte.

»Wir trinken auf die Gesundheit unseres verehrten Gastgebers an diesem seinem Geburtstag«, rief Philippus.

Das Unterhaltungsprogramm ging weiter. Eine kleine Pantomimentruppe führte ein paar unanständige Spielchen vor, die nicht so gut ankamen, wie Antipas gehofft hatte. Dann erhob sich Philippus und sagte: »Wir trinken auf das Wohl unseres verehrten Gastes, des Präfekten von Judäa. Möge er noch lange bleiben!«

Die letzte Programmnummer bestritten Tänzerinnen, die ihre Sache aber ziemlich schlecht machten. Einige der Gäste waren verstimmt. Dann warf Philippus versehentlich einen Weinkrug um, dessen Inhalt sich über die Tunika eines neben ihm sitzenden galiläischen Politikers ergoß. Ein Sklave, der herbeieilte, um dem Mann beizustehen, stieß mit einem anderen zusammen, der ein volles Tablett fallen ließ, und das alles verdarb die Stimmung so gründlich, daß sich ein Teil der Gäste gern zur Ruhe begeben hätte. Antipas' Geburtstagsfeier hatte ihren Höhepunkt hinter sich. Er rief Chuza zu sich, flüsterte etwas und schickte ihn dann fort.

Nach vier weiteren Toasts erhob sich Antipas, um zu verkünden, daß Salome bereit sei, zur Feier des Tages einen Tanz vorzuführen. Alle stellten ihre Becher hin und starrten den Gastgeber erschrocken an. Bei einem solchen Festessen traten nur Schauspielerinnen und Dirnen auf, nicht Mitglieder der eigenen Familie. Philippus warf seinem Halbbruder einen vorwurfsvollen Blick zu, und Pilatus fragte sich, ob Antipas wirklich so betrunken war.

Zwei Lyraspieler begannen hinter einem Vorhang zu spielen, und dann erschien tatsächlich Salome. Im Feststaat eines galiläischen

Bauernmädchens tanzte die Neunzehnjährige einen lustigen Volkstanz, so wie man ihn beim Laubhüttenfest gern tanzte. Sie wirbelte dicht an den Tischen entlang, so daß man sie genau sehen konnte, obwohl nur Fackeln und Kerzen die Halle erleuchteten. Pilatus war erstaunt, daß in den drei Jahren aus dem launischen Mädchen eine voll erblühte, betörende Frau geworden war. Auch Antipas und seine Freunde waren von ihr begeistert. Sie schien darauf bedacht, jeden der Ehrengäste mit einer freundlichen Tanzgeste zu erfreuen, vor allem aber Philippus, der ganz hingerissen von ihr war.

Plötzlich erschienen Sklaven, und auf ein Zeichen hin wurden alle Kerzen und Fackeln gelöscht. Erschrocken richtete sich Pilatus auf und griff nach seinem Dolch, bis er mitten im Raum eine Kohlenpfanne aufleuchten sah.

Sogleich begannen die Lyraspieler in einem ganz neuen Rhythmus zu spielen, zuerst langsam und sehnsüchtig, dann eine allmählich schneller und schneller werdende Melodie, in die das dumpfe Schlagen einer Trommel hineinklang.

Dann erschien Salome wieder, bekleidet nur mit der durchsichtigen Tunika, die sie unter ihrer Bauerntracht getragen hatte. Es war ein Gewand für junge Mädchen, das die üppigen Formen einer erwachsenen Frau eng umschloß und die Oberschenkel kaum bedeckte. Salomes ganzer Körper schien ein Wirbel zu sein; seine Bewegungen glichen sich der auf- und abschwellenden Musik an, und während sie sich dem Feuer nahte und dann wieder von ihm zurückwich, spielten die Schatten ihres reifen Körpers, ins Riesige vergrößert, an der Decke der Halle. Das ganze war eine Sinfonie der Sinnlichkeit. Ihre helle Haut leuchtete golden durch das hauchdünne Gewand, das sie nur so unvollkommen bedeckte. Pilatus wurde von einem keuchenden Atem abgelenkt. Es war Herodes Antipas, der Salome wie in Trance anstarrte. Er war hilflos von ihrem Anblick gefangen. Das Kinn war ihm auf die Brust gefallen, sein Atem gleich eher einem erregten Grunzen. Ein Sklave erschien mit einem Handtuch, um den Speichel abzuwischen, der aus seinem Munde zu tropfen begann. Ohne darauf zu achten, murmelte Antipas: »Salome, meine Tochter, Salome ... meine – Stieftochter.« Dann lächelte er.

Salome schloß ihren Tanz mit einer tiefen Verneigung vor Antipas. Dann wurde das Feuer in der Kohlenpfanne gelöscht, und bald brannten wieder die Fackeln.

Pilatus, Antipas und die anderen Gäste erhoben sich wie ein Mann, um zu applaudieren. Salomes Tanz hatte das dem Tode der Langeweile verfallene Gastmahl zu begeistertem neuen Leben erweckt. Und der von Dankbarkeit für seine Stieftochter überströmende Antipas lobte unaufhörlich: »Herrlich ... prächtig, geliebte Salome. Und jetzt sollst du eine Belohnung für deinen Tanz haben. Du mußt dir etwas erbitten – bitte, um was du willst – du bekommst es von mir!«

»Danke, Vater ...«

»Ich habe gesagt, Liebste, bitte mich, um was du willst, und, beim Himmel, du bekommst es, und sei es die Hälfte meines Königreichs.«

Antipas' Worte wurden mit Beifall begrüßt.

»Bitte ihn um Peräa«, schlug Philippus lachend vor, »oder um ganz Galiläa, das wäre genau die Hälfte seines Königreichs.«

Aber schon sagte sie: »Ich danke dir, edler Vater. Doch dein Beifall ist Lohn genug.«

»Bitte um etwas, Salome. Ich möchte dir ein Geschenk machen.«

»Nun ... hast du nichts dagegen, wenn ich erst Mutter frage?«

»Nicht das geringste«, lachte Antipas.

Während Salome sich in die Frauengemächer zurückzog, um Herodias um einen Rat zu bitten, war der Gastgeber die Zielscheibe vieler Hänseleien. »Nimm dich in acht, Tetrarch«, sagte der Kommandeur seiner Garde in Tiberias, »erinnere dich, du hast geschworen, ihre Bitte zu erfüllen.«

»Habe ich das?« fragte Antipas gespielt sorgenvoll.

»Du hast gesagt: ›Beim Himmel‹, was einer der stärksten Eide ist.«

»Haha«, jubelte Philippus, »entschuldigen Sie mich, meine Herren, ich gehe jetzt zu Salome, um ihr zu sagen, sie solle um Galiläa bitten. Dann werde ich sie heiraten und Galiläa meiner eigenen Tetrarchie hinzufügen ..., und dann ist mein Reich genau so groß wie Ihr Judäa und Samaria, Pilatus!«

Antipas runzelte einen Augenblick die Brauen, aber dann brach er in lautes Gelächter aus.

»Sie lachen darüber?« sagte Pilatus, während er aufstand. Niemand wußte, ob das ein Scherz sein sollte oder nicht.

Aber Salome kam wieder. Schweigen legte sich über die Halle, während alle sich fragten, was sie gewählt haben möge. Nur ihre leisen Schritte waren zu hören, als sie langsam zu Antipas ging und ihn lächelnd anblickte.

»Nun, Liebste«, sagte er, »was hast du gewählt?«

»Als Lohn, Vater, erbitte ich, daß du mir sofort das Haupt Johannes des Täufers auf einer Schüssel reichst.«

Ein paar stöhnten auf, aber alle anderen schwiegen. Salome wiederholte ihre Bitte energischer.

»Aha«, sagte Antipas mit einem gezwungenen Lachen, »du scherzt natürlich, Salome!«

»Nein, Vater.«

»Deine Mutter ... hat sie dir geraten, darauf zu bestehen?«

»Sie hat mir gesagt, ich solle dich an deinen Schwur erinnern.«

Man hörte keinen Laut, wodurch die Situation noch unheimlicher wurde.

Antipas versuchte zunächst, sich einzureden, das Ganze sei ein Alptraum, aber das gelang ihm nicht. Er hatte den Täufer wegen seiner beständig wiederholten Vorwürfe eingesperrt; immer wieder hatte er seine Ehe mit Herodias öffentlich kritisiert. Deswegen haßte ihn Herodias, und sie hatte Antipas gedrängt, ihn hinzurichten. Aber Johannes war ein heiliger Mann, und Antipas hatte ihm nicht ein Härchen krümmen wollen. Tatsache war, daß, wenn Herodias es nicht merkte, er sich gern mit dem Wüstenpropheten unterhielt, geschickt den Spitzen ausweichend, mit denen Johannes ihn angriff.

Aber es ging jetzt um seinen Schwur, verschuldet durch seine eigene Sorglosigkeit und Herodias' teuflische List. Er würde sie später zur Rede stellen. Doch was sollte er jetzt tun?

Chuza stand neben ihm und flüsterte: »Exzellenz, ich würde mich nicht gesetzlich oder moralisch an diesen Schwur gebunden fühlen, denn es war Ihre Absicht, der jungen Salome ein wertvolles Geschenk zu machen. Und der Kopf des ...«

»Ich habe ihr mein Wort gegeben.«

»Dann fürchten Sie das Volk, Exzellenz. Die Menschen halten Johannes für einen Propheten.«

Salome blickte Antipas herausfordernd an. In ihren Augen las er alles, was ungesagt blieb: »Ich warne dich, Tetrarch Herodes Antipas, vor all deinen Gästen dein Wort zu brechen.«

Pilatus griff nicht ein. Er hatte Chuzas Rat an Antipas gehört, und dieser Rat war richtig. Nur ein Narr konnte ihn nicht befolgen, und der Tetrarch von Galiläa und Peräa war kein Narr.

Aber Pilatus war Römer, ein praktischer Mann, der sich allen Umständen anzupassen wußte, so wie es Rom selber seit siebenhundert Jahren tat. Hier im Osten jedoch war das nicht so leicht, hier hatte das Wort seine eigene Geltung und das gesprochene Wort seine eigene Wirklichkeit. Aus diesem Grunde sprachen die Juden zum Beispiel nie den Namen ihres Gottes aus; sie fürchteten, damit die Gottheit selbst anzutasten.

»Ich habe mein Wort gegeben«, murmelte Antipas und ließ seine Augen über die Tafel schweifen. Es war der stählerne Blick seiner Offiziere aus Galiläa, der seine Entscheidung bestimmte. Wenn er seinen Schwur brach, würde er sich gerade vor den Männern schwach zeigen, denen gegenüber er sich das am wenigsten leisten konnte. Er rief einen Wächter und gab ihm den Befehl.

»Nein«, schrie Chuza auf, aber ein Blick von Antipas brachte ihn zum Schweigen. Pilatus war entsetzt; ein Gefühl der Hilflosigkeit lähmte ihn.

Plötzlich wurde die Stille vom Widerhall eines Schreies zerrissen, der sich aus den Wänden der Kavernen brach: »Tu Buße, Antipas. Das Reich Gottes ist nahe. Der Messias hat ...« Dann hörte man nichts mehr.

Die blutige Trophäe wurde auf einer Schüssel hereingebracht, wie es verlangt worden war, und Salome gereicht. Der Kopf stand aufrecht darauf, und seine offenen Augen blickten Antipas mit dem Zorn des Propheten an. Pilatus wurde übel. Chuza weinte. Salome drehte sich um und brachte die sich rötende Schüssel ihrer Mutter. Antipas' Geburtstagsfeier war beendet.

Pilatus und Procula rüsteten sich am nächsten Morgen in aller Frühe zur Rückreise, zwei Tage früher, als sie es vorgehabt hatten. Erst kurz vor ihrer Abfahrt gelang es Chuza endlich, sie allein zu sprechen.

»Was wollten Sie mir gestern morgen sagen?« fragte Pilatus.

»Ach, nichts«, antwortete Chuza traurig, »es ist jetzt zu spät.«

»Aber was war es?«

»Ich wollte Sie bitten, auf den Tetrarchen einzuwirken, daß er Johannes den Täufer wieder freilasse. Er war ein Prophet Gottes.«

»Es war schauerlich und widerlich. Es erinnert mich an die Zeit, da Ciceros Kopf auf einen Speer gespießt wurde und Antonius' Frau ihm Nadeln in die Zunge bohrte, weil er ihren Mann angegriffen hatte. Frauen können die rachsüchtigsten Kreaturen sein ... Aber was hatte die junge Salome gegen den Täufer?«

»Wie die Mutter, so die Tochter. Johannes sagte immer wieder, Herodias lebe mit Antipas in Sünde und mache die Tochter Salome zur Hure.«

»Warum haben Sie es mir nicht früher gesagt? Ich wußte nicht einmal, daß der Prophet hier war.«

»Sie wußten es nicht? Haben Sie ihn denn nicht jede Nacht Klagelieder singen hören?«

»Er war das also ...«

»Ja«, sagte Chuza mit betrübter Miene. Dann hellte sich jedoch sein Gesicht auf. »Aber Johannes hat nicht umsonst gelebt. Er war der Vorläufer des Messias. Er ist gekommen, Exzellenz. Er ist da!«

»Wer ist gekommen?«

»Der Messias. Er predigt bereits in Galiläa und tut große Wunder.«

Pilatus verabschiedete sich von Chuza; die Leidenschaftlichkeit dieses Landes war ihm unheimlich.

Antipas und Herodias geleiteten sie zu ihrem Wagen; irgendwie versuchten sie, sich für die Ereignisse der Nacht zu entschuldigen. Pilatus bedankte sich kühl.

Ohne sein eigenes Zutun verließ er Marchäus in einer viel stärkeren politischen Position als Antipas. Sie waren jetzt keine Rivalen mehr. Pilatus war Sieger. Den Tempelschatz anzugreifen, mochte in jüdischen Augen schlimm sein, und Aufständische zu töten vielleicht sogar noch schlimmer. Aber was war das verglichen mit der Ermordung eines Propheten Gottes? Die Nachricht von der Enthauptung des Täufers verbreitete sich binnen einer Woche in ganz Palästina.

Zwölftes Kapitel

Das Jahr 31 begann glückverheißend für den Präfekten von Judäa, der diesen Posten jetzt im fünften Jahr bekleidete. Wohlstand und Ruhe herrschten im Lande. Seit Monaten hatten keine Demonstrationen diese Ruhe gestört. Freilich hetzten mehrere Zeloten in Galiläa weiterhin ihre Anhänger auf, aber mit ihnen mochte sich Antipas herumschlagen.

Doch der Tetrarch hatte andere Sorgen. Pilatus erfuhr, daß seit der Enthauptung des Täufers die beiden ersten Damen der Tetrarchie die meistgehaßten des Landes waren und daß sie sich nicht mehr ohne Leibwache aus Tiberias hinauswagten. Salome verließ Galiläa jedoch bald für immer. Der Tetrarch Philippus war behext von dem Mädchen, und schließlich heiratete er sie. Es war einer jener normal-anomalen Romanzen im Hause Herodes. Die Halbnichte heiratete den Halbonkel; aber da das Blut eines Propheten buchstäblich an ihren Händen klebte, war alles andere, was sie tat, vergleichsweise nicht so schlimm.

Anfang dieses Jahres besuchten Pilatus und Procula als Gäste des Statthalters Gajus Galerius und seiner Frau Ägypten. Die beiden Paare unternahmen auf einem der neu hergerichteten königlichen Barkschiffe der Kleopatra eine ausgedehnte Fahrt den Nil hinauf, um die Monumente in Luxor und Theben zu besichtigen, wegen deren unglaublicher Größe die Reise sich schon gelohnt hätte. Während dieser Lustfahrt erzählte Galerius begeistert von seinem Neffen, einem glänzenden jungen Ritter, der jetzt als stoischer Philosoph einen ständig wachsenden Erfolg in Rom verzeichnete. Er hieß Seneca, Lucius Aemaeus Seneca.

Dies sollten aber die letzten glücklichen Tage für Galerius sein, der, nachdem er sechzehn Jahre lang Rom treu gedient hatte, kurz nach dem Besuch des Pilatus erkrankte, sein Amt aufgab und auf der Heimreise nach Rom starb.

Neuer Statthalter wurde Vitrasius Pollio. Pilatus kannte ihn nicht und war sehr gespannt, ob sich mit dieser neuen Ernennung die machtpolitische Situation im Mittelmeerraum verändern würde.

Seine Spannung legte sich aber sofort, als er hörte, daß Sejanus ein lang ersehntes Ziel erreicht hatte. Er war zum Konsul für das Jahr 31 gewählt worden, in das höchste Amt der alten Republik, in dem der Kaiser sein Kollege war. Es war sozusagen eine stumme Vereinbarung, daß der Kommandeur der Prätorianer der Thronerbe war.

Es gab noch andere Hinweise, daß der Purpurmantel des Reiches Sejanus sicher war, auch wenn er ihn noch nicht trug. Agrippinas Sohn, Nero, früherer Thronerbe, hatte auf der Insel Pontia Selbstmord begangen. Die Möglichkeit, daß der Princeps ihm verzieh, wie es Sejanus in seinem Brief an Pilatus befürchtet hatte, bestand nicht mehr. Und jetzt endlich durfte sich Sejanus mit Livilla verloben, der Nichte und Schwiegertochter des Kaisers, um die Sejanus schon so lange anhielt, anfangs sehr zum Mißvergnügen ihres kaiserlichen Herrn und Onkels. Durch die Ehe würde Sejanus Mitglied der kaiserlichen Familie werden.

Tiberius schlug dem Senat vor, Sejanus das prokonsularische Imperium (die prokonsularische Amtsgewalt) zu übertragen, und es geschah. Dadurch wurde er gleichsam ein halber Kaiser, da er durch die prokonsularische Amtsgewalt das Reich außerhalb Roms legal regieren konnte. Konstitutionell konnte Pilatus jetzt seine Befehle entweder von Tiberius oder Sejanus entgegennehmen. Es fehlte Sejanus nur die Macht des Tribunen, um neben Tiberius Kaiser zu sein. Denn die Vorrechte des Tribunen würden dem Präfekten die gleiche Immunität zubilligen, wie der Princeps selbst sie innehatte, und ihm das volle Einspruchsrecht geben.

Proculas Vater schrieb, daß es in Sejanus' Haus jetzt so von Anhängern wimmele, daß kürzlich ein großer Diwan unter den sich in seinem Wartezimmer drängenden Menschen zusammengebrochen sei. Mit der gleichen Post kam ein Brief von dem Großen selbst, in dem Sejanus Pilatus' Gehalt von 100 000 auf 200 000 Sesterzen erhöhte und ihm den Rang eines *ducenarius* verlieh. Diese Beförderung, hoffte Sejanus, werde Pilatus zu noch größeren Anstrengungen in Judäa anregen, während Pilatus vermutete, sie werde noch mehr antisemitische Direktiven aus Rom bewirken. Aber die Gehaltsverdoppelung war natürlich willkommen.

Durch ihres Vaters Brief kam Procula auf den Gedanken, ihre Eltern in Rom zu besuchen. Gajus Proculejus ging es nicht so gut, und aus seinem Brief sprach das sehnsüchtige Verlangen, seine Tochter wiederzusehen. Pilatus redete ihr zu, die Reise zu machen.

Gemessen an anderen römischen Ehen war ihre Ehe sehr gut. Sie waren jetzt fast fünf Jahre verheiratet, für viele lang genug, um sich Gedanken über eine zweite Ehe zu machen; doch sie waren bemerkenswert glücklich. Die Schwierigkeiten, die er als Präfekt hatte, hatten ihre Liebe auf eine harte Probe gestellt, hatten Procula Aufregungen gebracht, wie sie sie nie vorher gekannt hatte. Aber sie waren sich dadurch nur noch nähergekommen. Und sie gaben heiter zu, daß sie einander brauchten, zumal in einer so abgelegenen Provinz wie Judäa.

Manchmal fragte sich Pilatus, ob sie sich so treu geblieben wären, wenn sie das sinnenfrohe Rom nie verlassen hätten. Vielleicht wurde ihre Tugend dadurch geschützt, daß sie in einem fremden Land auf sich selbst gestellt waren. In Cäsarea gab es nur wenig Gelegenheit zu sündigen, zumindest mit Mitgliedern der eigenen sozialen Schicht. Aber nun fuhr Procula allein nach Rom zurück. Pilatus machte das Sorge; er spürte sogar eine leise Eifersucht, wenn er daran dachte. Aber er kannte doch seine Frau und verscheuchte dieses Gefühl sofort wieder.

Seltsamerweise ging es nie um persönliche Dinge, wenn sie sich stritten, sondern immer um Staatsangelegenheiten. Procula war nicht die typische Römerin, die in der Führung ihres Haushalts aufging oder von einer Gesellschaft zur nächsten eilte. Sie war sehr intelligent und interessierte sich für das, was ihr Mann tat oder nicht tat. In kritischen Situationen hätte sie ihn am liebsten beraten, aber sie war klug genug, auch den geringsten Anschein einer Einmischung zu vermeiden. Darum äußerte sie sich zu politischen Fragen nur, wenn die Regierungsgeschäfte glatt gingen. Während Pilatus nie zugab, daß sie ihm geholfen habe – das wäre sehr unrömisch gewesen –, entdeckte Procula zu ihrer Freude hin und wieder, daß einer ihrer Vorschläge verwirklicht worden war.

Ihre Charaktere ergänzten sich merkwürdig gut. Pilatus war der Realist, der berechnende, ehrgeizige, sogar opportunistische Beamte, kühl, religiös neutral. Sie war die empfindsame, phantasiereiche Idealistin mit einer schöpferischen Neigung zu Kunst, Literatur und Religion. Was diese Polarität im Gleichgewicht gehalten hatte, war nicht nur romantische Liebe – das Romantische an dieser

Liebe verblaßte –, sondern gegenseitiges Verständnis, das unbedingt Notwendige, wenn ein Mann und eine Frau ihr Leben zusammenleben wollen.

Etwas fehlte in ihrer Ehe: sie hatten keine Kinder. Im ersten oder den beiden ersten Jahren ihrer Ehe hatten sie alles getan, keine zu bekommen. Aber jetzt, da sie sie sich brennend wünschten, waren sie ihnen offenbar versagt. Procula versprach, daß sie den Hausarzt der Familie Proculejus in Rom konsultieren werde.

Ende Mai, als das Mittelmeer besonders ruhig war, stach das Schiff, mit dem Procula reiste, von Cäsarea aus in See. Mehrere Frauen von Tribunen und ein paar Dienerinnen begleiteten sie auf die Reise nach Rom. Es würde mehrere Monate dauern, bis Pilatus seine Frau wiedersähe. Es hing von ihres Vaters Krankheit ab. Vielleicht würde sie erst im neuen Jahr zurückkehren.

Im Laufe des Sommers näherten sich drei große unbekannte Schiffe Cäsarea. Ein Wächter auf einem der Türme am Eingang zum Hafen berichtete, daß die Schiffe mit bewaffneten Männern gespickt zu sein schienen. Pilatus gab darauf Alarm und schickte eine Kohorte und eine Kompanie Bogenschützen zum Hafen hinunter. Auf den Türmen standen Maschinen, die hundertfünfzig Pfund schwere Steinkugeln über dreihundert Meter weit schießen konnten.

Solch ein Alarm war die übliche Schutzmaßnahme gegen Piraterie. Obwohl Pompejus die Seeräuber vor einem Jahrhundert aus dem Mittelmeer vertrieben hatte, war die Seeräuberei nicht ausgestorben, und immer noch wurden Städte überfallen, geplündert, und die Räuber machten sich mit der Beute aus dem Staube, ehe Hilfe kam.

Pilatus wollte gerade den Befehl zu einem Warnschuß über den Bug des den anderen vorausfahrenden Schiffes geben, als er sah, daß dieses Schiff, wenn auch etwas spät, seine Fahnen hißte. Zu seinem Kummer zeigte es sich, daß es römische Militärfahnen waren. Als die Schiffe sich der Einfahrt näherten, rief ein Herold über das Wasser: »Sagt – wer – ihr – seid!«, denn die Piraten pflegten jede Verkleidung, selbst die der römischen Legionäre zu benutzen, um ihre Opfer zu täuschen.

»Cohors Secunda Italica Civium Romanorum Voluntariorum!« brüllte man zurück – »Zwei italienische Kohorten der römischen

Freiwilligen.« Pilatus' Gesicht verzog sich zu einem Grinsen. Das Latein war ausgezeichnet. Er wußte von solch einer Einheit – und als die Schiffe in den Hafen von Cäsarea einfuhren, waren die Gesichter, die man hinter der Reling sah, unverkennbar römisch. Pilatus' Kohorte brachte ein Hoch aus und bemühte sich, das Bild einer Ehrengarde zu bieten, während die Artilleristen etwas blöde hinter ihren Maschinen hervorgekrochen kamen und von den Türmen winkten.

Als das erste Schiff vor Anker ging, rief eine Stimme von oben: »Was hatten Sie vor, Präfekt? Wollten Sie Ihre römischen Brüder ersäufen?«

Das rief ein sich über das Schandeck beugender Zenturio.

»Ach, Sie ... Sie sind doch der Kurier. Sind Sie nicht Cornelius?« rief Pilatus.

»Es ehrt mich, daß Sie sich meiner erinnern. Vor vier Jahren luden Sie mich ein, nach Judäa zurückzukehren. Da bin ich nun!«

»Salve, Cornelius! Aber warum hat mir Rom nichts davon gesagt, daß die zweite Kohorte hierher verlegt wird, oder besuchen Sie uns nur?«

»Nein. Wir sind nach Cäsarea verlegt worden. Der Präfekt hat Ihnen vor Wochen darüber geschrieben, soweit ich weiß.«

»Seltsam, ich habe den Brief nie bekommen.«

Aber er bekam ihn, als die eintreffende Kohorte ihm einen Pakken Briefe aus Rom überreichte – ein trauriger Kommentar zu den Fähigkeiten der kaiserlichen Post. In dem Brief stand, Sejanus nehme nun doch Pilatus' Vorschlag an, eine Kohorte römischer Soldaten auf solche Außenposten zu schicken, damit sich der Präfekt nicht nur auf nichtrömische Hilfstruppen verlassen müsse. Die aus römischen Freiwilligen rekrutierte Kohorte würde Pilatus' Streitmacht um fünfhundert echte Römer vermehren.

Cornelius war als Zenturio noch ein junger Offizier. Pilatus fand ihn sympathischer als den neu angekommenen Tribun, der die Kohorte befehligte. Zwischen Pilatus und Cornelius entstand bald eine geheime, außerdienstliche Kameradschaft; denn der Zenturio war gescheit, er hatte Charakterfestigkeit und gesunden Menschenverstand, Eigenschaften, denen Pilatus seit Gajus Galerius bei kaum einem Römer begegnet war.

In der Mitte des Sommers hatte er einen besonderen Auftrag für Cornelius. »Es hat mit Spionage zu tun«, sagte er zu ihm, »uns sind Gerüchte zu Ohren gekommen, daß sich in Galiläa etwas zusammenbraut. Galiläa ist ja immer der Nährboden der Aufständischen. Es ist auch die Heimat der Zeloten, und seit geraumer Zeit wissen wir nicht mehr, was Herodes Antipas und seine Untertanen im Schilde führen.«

»Meinen Sie, Antipas könnte dahinterstecken?«

»Kaum. Nur – seine Verwaltung – oder Mißverwaltung – bestimmt das Klima dort und hier mit, denn wenn sich in Galiläa Wolken bilden, regnet es in Judäa. Die Zeloten demonstrieren dort ein bißchen, aber sie sparen sich ihre eigentliche Leidenschaft für Judäa auf.«

»Weil Judäa Rom untersteht?«

»Stimmt. Erst im letzten Monat ist es hier zu einem Blutvergießen gekommen. Vor den Stufen des Tempels wiegelten mehrere Zeloten das Volk auf. Die Menge beleidigte die Wachen vor der Antonia, und es kam zu einem Zusammenstoß. Einige galiläische Pilger wurden niedergeschlagen. Und wem schiebt man das alles in die Schuhe?«

»Dem Präfekten natürlich.«

»Dabei war ich zu der Zeit gar nicht dort. Die Galiläer sind jetzt Märtyrer, ›jene, deren Blut Pilatus mit ihren Opfern vermischte‹.«

»Natürlich. Und welche Rolle weisen Sie mir zu?«

»Begeben Sie sich nach Legio; das ist ein Grenzposten, der den Paß durch das Carmelgebirge in die Ebene von Galiläa kontrolliert. Da Legio so nahe an der Grenze Galiläas liegt, ist es unser Horchposten für das, was dort vorgeht. Sprechen Sie erst mit unseren Leuten, die die Grenze bewachen; suchen Sie sich dann einen unserer aramäischen Führer, um die Kaufleute, die über den Megiddo-Paß ziehen, unauffällig auszufragen.«

»Was wollen wir herausbekommen?«

»Was Antipas tut. Wie das Volk jetzt über die Enthauptung des Täufers denkt und vor allem, was hinter den neuen Unruhen in Galiläa steckt, ob die Zeloten etwas damit zu tun haben und was ihre Pläne sind. Kann Rom noch mehr Schwierigkeiten von ihnen erwarten, und wenn ja, welche? Dies und alles das, was Sie sonst noch erfahren werden.«

Da Pilatus auf Antworten brannte, kamen ihm die drei Wochen, die Cornelius weg war, sehr lang vor. Unterdessen bekam er die ersten Briefe von Procula. Die Seereise sei herrlich gewesen – ohne Seekrankheit, und ihres Vaters Zustand bessere sich allmählich. Ihre Jugendfreundinnen gäben zu ihren Ehren eine Reihe von Gesellschaften. Sie vermisse Pilatus sehr, und ob es ihm nicht möglich sei, später im Jahr, und sei es nur für einen kurzen Monat, zu ihr nach Rom zu kommen.

Erst in ihrem zweiten Brief fand Pilatus das, worauf er erpicht war. Tiberius war noch in Capri. Es werde gemunkelt, daß er endgültig die Macht des Tribunen an Sejanus abtreten werde. Procula hatte den Präfekten eines Nachmittags im Forum getroffen. Sie fuhr in ihrem Brief fort: »... Sejanus erinnerte sich sogar an mich! Er stellte mich den Senatoren, die ihn umstanden, galant als die schöne Frau ›unseres tüchtigen Präfekten von Judäa‹ vor. Was sagst Du dazu? Dann erkundigte er sich nach Dir und den Juden und lud mich sogar ein, einmal bei ihm zu Abend zu essen. Und rate, was er sagte, als sie weitergingen: ›Merkt euch meine Worte, liebe Landsleute. Rom wird noch mehr von Pontius Pilatus hören.‹ Es sieht also so aus, mein Lieber, als ob Du in Deinem politischen Wagenrennen Sieger bleiben wirst ...«

Pilatus las diese Zeilen mit doppelter Befriedigung. Nicht nur, daß sein Stern am Himmel der römischen Politik aufging, sondern da war noch dieser zweite Erfolg: selbst Procula, die Anhängerin Agrippinas, hatte jetzt freundliche Worte für Sejanus!

»Herodes Antipas ist endgültig in der Defensive«, berichtete Cornelius nach seiner Rückkehr, »er tut alles, um seine Untertanen zu versöhnen. Aber das Volk hat ihm die Enthauptung des Täufers nicht verziehen, auch wenn es nicht zu einem offenen Aufstand gekommen ist.«

»Und wie steht er zu Aretas?«

»Aretas schäumt noch immer. Der Kommandant in Legio hat in Jericho erfahren, daß Aretas seine Armee für einen Angriff auf das transjordanische Gebiet vergrößert.«

»Und die Zeloten?«

»Über die ist nichts Besonderes zu berichten. Vielleicht ist das die Stille vor dem Sturm, vielleicht auch nicht. Im Augenblick jedenfalls halten sie sich zurück.«

»Das verstehe ich nicht, Cornelius«, erwiderte Pilatus, der ärgerlich darüber war, daß er nicht die Information erhielt, die er erwartet hatte, »wir haben genaue Berichte über Unruhen dort erhalten. Menschenaufläufe, Versammlungen im Gebirge ...«

»Darauf wollte ich gerade kommen. Sie haben recht. Es ist etwas im Gange. Ein Prophet dort oben scheint viele Anhänger zu gewinnen. Er lehrt das Volk auf andere, eigentlich unorthodoxe Weise, soweit ich es verstanden habe. Die Kaufleute berichteten, er predige in vielen Synagogen Galiläas, und wenn man ihm das nicht gestattet, dann im Freien, auf den Feldern, auf den Bergen. Einmal ist er sogar auf den See Tiberias hinausgefahren und hat von einem Boot aus der Menge gepredigt. Wo er geht und steht, sammeln sich Menschen um ihn.«

»Und was predigt er?«

»Buße tun, sich auf das Nahen des Reiches Gottes vorbereiten.«

»Das war doch die Botschaft des Täufers.«

»Es ist auch die seine. Aber zugleich verkündet er ein ganzes Programm für ein neues Zeitalter, von dem er behauptet, es sei schon angebrochen. Er sagt auch, die Pharisäer, die Sadduzäer und die Priester in Jerusalem täten wenig, um das Volk in diese neue Zeit zu führen.«

»Predigt er Revolution?«

Cornelius dachte einen Augenblick nach, dann antwortete er: »Nein, davon habe ich nichts gehört. Eine geistige Revolution vielleicht, aber keine gewaltsame Erhebung. Die Veränderung müsse im Volk vor sich gehen. Dann werde es um die Gesellschaft besser bestellt sein. Die Menschen sollten lieben, nicht hassen, helfen, nicht weh tun. Eine ziemlich andere Sprache, nicht wahr?«

»Was halten die jüdischen Führer von diesem Propheten?«

»Sie sind geteilter Meinung. Ein paar unterstützen ihn begeistert, aber die meisten sind mißtrauisch. Die Pharisäer hassen ihn wegen seiner scharfen Angriffe, und die Sadduzäer glauben, er sei gegen den status quo. Aber sie haben ihn bis jetzt in Ruhe gelassen.«

»Warum wohl?«

»Des Volkes wegen. Der Mann scheint einen riesigen Einfluß auf das Volk auszuüben, und das ist auch kein Wunder, denn nach jeder seiner Reden soll er heilen, von Krankheiten ...«

»Das ist nichts Ungewöhnliches, Cornelius«, bemerkte Pilatus ein wenig herablassend. »Im östlichen Mittelmeerraum gibt es viele

Gesundbeter. Einige von ihnen sind sogar bis nach Rom gelangt. Ich erinnere mich, als ich jung war ...«

»Ja, ich mich auch. Aber hier ist es anders. Alle Berichte stimmen darin überein, daß die Menschen wirklich geheilt werden.«

»Natürlich werden sie geheilt«, grinste Pilatus, »wie könnte der Gesundbeter sonst im Geschäft bleiben? Es werden nämlich Menschen gesund gemacht, die an gar keiner Krankheit leiden, außer an einer überreizten Phantasie. Manchmal gehören sie zum Gefolge des Scharlatans. Das Ganze ist Theater. Die ›Krüppel‹ werden gedingt, um auf Krücken zu humpeln, die dann fortgeworfen werden. Oder aber bei einer wirklichen Krankheit hatte das Fieber sowieso schon zu fallen begonnen – ein glückliches Zusammentreffen.«

»Ja«, lachte Cornelius, »würden Sie nicht gern diese Scharlatane entlarven, indem Sie ihnen einen wirklich Kranken brächten? Sagen wir, einen von Geburt an Blinden. Und dann sehen, ob er geheilt werden könnte.«

»Ja, so könnte man sie auf die Probe stellen.«

Cornelius schwieg einen Augenblick, dann sagte er: »Nun, genau das hat dieser Mann getan: von Geburt an Blinde, Gelähmte, Taube, Stumme hat er geheilt, so daß sie wieder sehen, hören, sprechen, ihre Glieder benutzen können.«

Pilatus runzelte die Brauen. »Das glaube ich nicht«, sagte er kühl.

»Nun, es wird jedenfalls so berichtet.« Der Zenturio zuckte die Schultern. »Und da ist noch etwas.« – »Was?«

»Dieser Prophet heilt nicht nur, er tut noch mehr, sagte das Volk. Er vollbringt noch andere Wunder. So heißt es, er habe, als auf einer Hochzeit der Wein ausging, Hunderte von Gallonen Wasser in Wein verwandelt. Und nicht in einen gewöhnlichen, sondern in einen erlesenen Wein.«

»Aha, ein Prophet mit Geschmack.«

»Es werden da noch andere Geschichten erzählt, zum Beispiel, während eines Sturms ...«

»Genug, Cornelius. Das alles ist weiter nichts als das alte Wundertäterphänomen. Jede Religion, der ich begegnet bin, hat ihre Wundertäter, ihre Zauberer, und die jüdische Tradition ist reicher darin als die meisten.«

»Da haben Sie wohl recht. Aber jetzt können Sie verstehen, warum er eine solche Gewalt über das Volk hat!«

»Natürlich.« Pilatus beendete das Gespräch und wollte den Zenturio schon entlassen, als ihm noch etwas einfiel. »Moment, Cornelius. Wer ist dieser Prophet eigentlich? Haben Sie etwas über ihn selbst erfahren?«

»Manche glauben, er sei der von den Toten wieder auferstandene Täufer. Herodes Antipas soll dieser Gedanke große Angst einjagen.«

»Dann muß er den Verstand verloren haben.«

»Andere behaupten, er sei kein anderer als Elias, der berühmteste der alten hebräischen Propheten.«

»Das ist ebenso lächerlich. Haben Sie nicht etwas Stichhaltigeres erfahren?«

»Ja. Der Prophet heißt Jeschua. Er kommt aus Nazareth in Galiläa.«

»Hm. Jeschua?«

»Ja, Jeschua oder Josua. In unserer Sprache hieße das Jesus.«

Dreizehntes Kapitel

Als das Unglück geschah, hatte Pilatus das Gefühl, alles breche über ihm zusammen. Es geschah in Rom, aber es strahlte über den ganzen Mittelmeerraum aus. Es war mehr als eine vorübergehende Krise, denn es bedrohte sein Leben und das Leben von Hunderten seinesgleichen. Pilatus würde nie die düstere Erinnerung an das, was geschah, als Procula unerwartet zurückkehrte – nach einer Reise über Land von Rom nach Cäsarea im Winter 31/32 –, abschütteln können.

Übermüdet von der anstrengenden Reise – die Römer reisten nie im Winter, außer in Notfällen –, konnte Procula nur kurz von dem Entsetzlichen berichten und brach dann erschöpft zusammen. Pilatus verbrachte eine Nacht in tiefer Verzweiflung, versuchte, sich aus dem Wenigen, was er bis jetzt wußte, ein Bild zu machen, bis Procula es ihm am nächsten Tag erklären konnte. Sie war am folgenden Morgen immerhin so gefaßt, daß sie Einzelheiten über das berichten konnte, was sich am 18. Oktober zugetragen hatte. Ein Datum, das ihrer beider Leben veränderte und wahrscheinlich das dramatischste Ereignis in der römischen Geschichte kennzeichnete. Procula erzählte die Geschichte langsam und ausführlich, wobei sie immer wieder auf eine lange Rolle Notizen blickte, die sie sich darüber gemacht hatte, da sie wußte, daß Pilatus genau darüber informiert werden mußte. Viele der Einzelheiten hatte sie von einem Vetter, der Senator und Augenzeuge war. Tiberius, sagte sie, habe dem Senat eine Zeitlang nicht geschrieben, aber dann habe der Prätorianerkommandeur in Capri, Sertorius Macro, dem Senat ein langes und wichtiges Dokument vom Kaiser überbracht. Sejanus wollte natürlich wissen, was darin stand. Denn in der Stadt gingen Gerüchte um, daß dies das Dokument sei, durch das ihm jetzt die tribunizische Vollmacht übertragen und er zum Mit-Kaiser gemacht würde.

An dem strahlend schönen Morgen des 18. Oktober, fuhr Procula fort, habe Sejanus seine Elitekohorte zum Apollotempel auf dem Palatin geführt, wo der Senat tagte. Jubelnde Römer drängten sich davor. Jeder, der hoffte, in Sejanus' Gunst zu sein, wollte es erleben, wenn der große Mann noch größer wurde. An der Tür des Tempels hatte Sejanus Macro getroffen, der den Brief des Tiberius in der Hand hielt.

»Warum machen Sie sich so viele Sorgen, Sejanus?« hatte er gutmütig gefragt.

»Der Princeps hat schon eine ganze Zeit nicht geschrieben, und das macht mir natürlich Sorgen.«

»Soll ich die Siegel von dem Brief hier aufbrechen und Sie vorzeitig einen Blick hineintun lassen?«

Sejanus lächelte nur über den Scherz, denn der Brief durfte nicht geöffnet werden, außer vom Senat.

»Kommen Sie, Freund«, lächelte Macro, »ich habe Ihnen etwas Vertrauliches zu sagen.«

Zuschauer und ankommende Senatoren sahen Macro Sejanus etwas zuflüstern. Sie konnten nicht wissen, was, aber als Sejanus, der bis dahin die Stirn gerunzelt hatte, zufrieden lächelte, konnten sie erraten, was Macro ihm anvertraut hatte. Die tribunizische Vollmacht war sein! Die Kunde verbreitete sich sofort in der Menge, und laute Freudenrufe ertönten.

Freudig erregt eilte Sejanus in die Senatskammer und empfing Glückwünsche von allen Seiten. Seine Anhänger jubelten, applaudierten ihm offen, und sogar seine Feinde strengten sich an, Freude zu zeigen, wie Sejanus mit doppelter Befriedigung merkte.

Die alten Senatoren nahmen ihre Plätze ein, als ein Liktor mit seinem Rutenbündel ein Zeichen gab und es in der Kammer totenstill wurde. Der präsidierende Konsul, Memmius Regulus, führte Angehörige des Magistrats nach vorn zu ihren Amtssesseln und warf dann feierlich ein paar Hände voll Weihrauch über die auf dem Apollos-Altar glühenden Kohlen. Darauf streute er geweihtes Korn in einen Korb mit heiligen Hühnern, während ein ehrwürdiger Senator, der einen Stab in der Hand hielt, sie genau beobachtete. Das erregte Gackern der Hennen verriet den Senatoren, daß die Zeichen günstig standen, noch ehe der Augur verkünden konnte: »Es ist nichts Böses zu sehen noch zu hören.« Ein erleichtertes Murmeln war die Antwort. Jetzt konnte die Arbeit beginnen.

Nach einigen Vorbemerkungen erhob sich Regulus, der als *consul suffectus* erst im laufenden Jahr in sein Amt gekommen war, um den Brief des Kaisers vorzulesen.

In den ersten Absätzen war nichts Überraschendes, wenn es auch vielen so schien, daß dies der weitschweifigste Brief sei, den Tiberius je geschrieben habe.

Sejanus wartete beklommen auf das für ihn Entscheidende, aber Tiberius schnitt zunächst einmal die Probleme des Reiches an. Das reichte von der Weizenproduktion in Sardinien bis zu dem beleidigenden Knoblauchgestank der Massen bei öffentlichen Spielen.

»Er wird nachgerade senil«, flüsterte ein Senator in der ersten Reihe einem anderen zu.

Endlich erwähnte der Princeps Sejanus, übte ein wenig Kritik an seiner Steuerpolitik, und schon zogen einige die Augenbrauen hoch. Aber da war der Kaiser auch schon bei einem anderen Thema: im Forum seien öffentliche Ruheräume nötig. Abrupt kehrte er danach wieder zu Sejanus zurück, spielte auf den Ehrgeiz des Präfekten an und wechselte sofort abermals das Thema.

»Was halten Sie davon?« Der Konsul Trio beugte sich zu Sejanus hinüber.

»Typisch Tiberius. Ich soll demütig bleiben, und er liebt es auch, einem einen Schrecken einzujagen. Warten Sie. Erst verteilt er Nadelstiche, und dann, wenn der Senat bereit ist, mich abzuschreiben, kommt der Überraschungseffekt: die Tribunenwürde. Sejanus steht ihm schließlich näher als sein Sohn, selbst wenn er ein wenig Disziplin braucht.«

»Spielereien eines alten Mannes.«

»Mag sein.« Sejanus bemerkte die betroffenen Blicke einiger seiner Anhänger und lächelte ihnen beruhigend zu, denn er wußte ja, wie der Brief enden würde. Aber viele im Senat bezweifelten allmählich, daß er überhaupt ein Ende fand. Regulus las und las und las mit monotoner Stimme.

Sejanus wurde ungeduldig. Dies sollte sein großer Augenblick sein. Aber der Princeps machte es einem wirklich schwer. Er spähte nach Macro aus, konnte ihn jedoch nicht entdecken.

Dann vernahm er etwas, das ihn zusammenzucken ließ. Regulus hob die Stimme bei dieser Stelle:

». . . Schließlich, Senatoren, bedaure ich, Ihnen mitteilen zu müssen, daß unser Diener und Präfekt, Lucius Aelius Sejanus, in den wir so großes Vertrauen gesetzt haben, ein Verräter ist. Er hat den Staat und den Princeps selbst durch seine fanatische Verfolgung

Agrippinas und des Hauses des Germanicus, durch seine Prozesse gegen Mitglieder der Julianischen Partei, seinen übergroßen persönlichen Ehrgeiz und die Konspiration gegen Rom in Gefahr gebracht. Sejanus ist ein zweiter Catilina. Ich bitte Sie jetzt, Ihre Treue damit zu bekunden, daß Sie den Präfekten Sejanus sofort verhaften und unter strenger Bewachung halten, bis ich nach Rom komme. Und da ich ein alter Mann bin, dessen Leben sehr gefährdet ist, bitte ich Sie, daß Sie eine Leibwache unter dem Befehl des Konsuls Regulus nach Capri entsenden, die mich nach Rom geleitet. Leben Sie wohl!«

Schweigen senkte sich auf die Kammer. Ein paar Senatoren erhoben sich leise von ihren Bänken und rückten von Sejanus ab. Dann begann ein immer stärker werdendes Gemurmel, dem ein mißtönender Chor von Verdammungsurteilen aus eben den Mündern erfolgte, die erst vor einer Stunde dem Präfekten zugejubelt hatten.

Der wie vom Blitz getroffene Sejanus blickte sich suchend nach seinen Prätorianern um. Aber sie waren verschwunden; die ganze Kohorte war von den Nachtwachen abgelöst worden, die jetzt in den Senat einmarschierten. Ihr Kommandeur, Gräcinius Laco, stand zwischen Sejanus und dem nächsten Ausgang. Eine Gruppe von Tribunen und Liktoren hatte ihn umstellt.

»Kommen Sie, Sejanus.«

Er antwortete nicht. Er war völlig verwirrt.

»Sejanus, kommen Sie«, rief Konsul Regulus ein zweites Mal, jetzt mit dem Finger auf den Angeklagten deutend. »Hierher! Sofort!«

»Ich? Sie rufen mich?« Sejanus, der es nicht gewöhnt war, Befehle zu empfangen, stand langsam auf, während Regulus den letzten Absatz in Tiberius' Brief wiederholte, jetzt als eine formelle Anklage. Das Gesicht des Präfekten glich einer wächsernen Totenmaske.

Als der Konsul zu Ende gelesen hatte, richtete er sich an einen verläßlichen Senator, um ihn nach seiner Meinung zu fragen: »Müßte Sejanus nicht eingekerkert werden?«

Er wagte nicht, die Sache dem ganzen Senat zu unterbreiten, da Sejanus' Anhänger sich inzwischen von dem Schrecken erholt haben und ihren Mann verteidigen könnten.

»Er müßte eingekerkert werden«, kam die Antwort.

Regulus vertagte dann den Senat, während Laco und die Nachtwachen Sejanus umstellten, ihm die Hände banden und ihn dann aus dem Apollotempel hinausführten. Die Nachricht von seiner Verhaftung hatte sich wie ein Lauffeuer in Rom verbreitet; Menschenschwärme strebten der Via Sacra zu, um das Unglaubliche mit eigenen Augen zu sehen: der zweite Mann des Reiches, der, einen Strick um den Hals, wie ein Esel quer über das Forum in das Tullianum geführt wurde.

Pilatus bat Procula, ihren Bericht zu unterbrechen, während er sich erhob, um seine Nerven zu beruhigen. Er atmete schwer, spürte einen brennenden Druck im Magen, bestellte sich einen Krug starken Wein und ging dann, die Hände ringend, auf und ab. Als der Wein gebracht wurde, trank er einen Becher in einem Zuge aus und füllte ihn gleich wieder. Schließlich ließ er sich in einen Sessel fallen und bat seine Frau fortzufahren.

Die Bevölkerung begrüßte den Sturz des Sejanus mit wilder Freude, berichtete Procula, zerschlug seine Statuen und schändete seine Denkmäler. Anhänger der Agrippina führten natürlich die Demonstrationen an. Aber Anhänger von Sejanus waren verzweifelt darauf bedacht, die Partei zu wechseln, und übertrafen sich selbst in dem Bemühen, zu zeigen, daß sie den Mann immer gehaßt hatten.

Aber wo waren die Prätorianer? Der im Kerker schmachtende Sejanus hatte eine große Hoffnung: daß 9000 Männer der Prätorianergarde durch Rom marschierten, in das Staatsgefängnis eindrangen, ihn befreiten und seine Feinde schlugen. Aber im Castra Praetoria regte sich nichts.

Die Reaktion der Bürgerschaft und die Untätigkeit der Prätorianer bestärkte den Senat in seinem Entschluß. Als er am gleichen Tage noch einmal zusammentrat, waren wütende Reden gegen Sejanus zu hören. Gegen Abend dann ließ Regulus abstimmen. Die vielen erhobenen Hände zu zählen, war nicht nötig. Regulus verkündete: »Der Senat und das römische Volk verurteilen Lucius Aelius Sejanus wegen Hochverrats zum Tode!«

Das römische Gesetz verlangte, daß neun Tage zwischen Urteil und Vollstreckung lagen. Aber Rom war nicht in der Stimmung, so lange zu warten. Noch am gleichen Abend begaben sich mehrere Konsuln und Prätoren in das Tullianum und befahlen die Hinrichtung. Im flackernden Schein der Fackeln wurde er aus seiner Zelle geholt und in die schwarze Totenkammer geführt. »Nein«, schrie Sejanus, »das ist gegen das römische Gesetz! Die Prätorianer«, brüllte er, »holt die Prätorianer!« Aber man steckte ihm einen Knebel in den Mund. Dann wurde ein langer Lederriemen um seinen Hals geschlungen, und die Henker zogen an beiden Enden. Der Mann, der den Tag so gut wie als Mitkaiser Roms begonnen hatte, wurde am Ende dieses Tages stranguliert.

Seinen Leichnam warf man die Trauertreppe hinunter. Er fiel aber nicht in den Tiber. Der Pöbel spielte erst mit ihm. Drei Tage und drei Nächte dauerte dieses makabre Treiben, dann wurde die Leiche an Haken durch die Straßen am Ufer geschleift und schließlich im Tiber versenkt. Oder nicht? Ein anderes Gerücht wollte wissen, der Mob habe Sejanus' Leiche in so kleine Stücke gerissen, daß der Henker nicht eins finden konnte, das groß genug war, um über die Trauertreppe geworfen werden zu können.

In der Woche nach Sejanus' Tod herrschten in Rom Unordnung und Aufruhr. Der rasende Pöbel, der keine Vergebung kannte, spürte die bekannten Freunde Sejanus' auf und lynchte die, deren er habhaft wurde. Unterdessen machten die Prätorianer, die wütend darüber waren, daß man sie verdächtigte, Tiberius weniger ergeben zu sein als die Nachtwachen, ihrem Zorn damit Luft, daß sie brandschatzten und plünderten, statt dem Pöbel entgegenzutreten.

Was der Senat in dieser Krise tat, war nicht viel besser. Die Senatoren beschlossen folgende Maßnahmen, die alle einstimmig angenommen wurden:

Erstens: eine Freiheitsstatue sollte im Forum errichtet werden.

Zweitens: der 18. Oktober würde von jetzt an Feiertag sein.

Drittens: in Zukunft würde niemand mehr besonderer Auszeichnungen teilhaftig, außer dem Princeps.

Viertens: Tiberius würde fortan »Vater seines Landes« genannt und sein Geburtstag mit zehn Pferderennen und einem großen Festmahl gefeiert werden.

Fünftens: Macro und Laco würden besonders dafür belohnt werden, daß sie Sejanus zu Fall gebracht hatten.

Das römische Volk hatte Blut gekostet und schien nun auf den Geschmack gekommen zu sein. In einer weiteren stürmischen Sitzung des Senats bemerkte ein alter Patrizier dunkel: »Das Blut Sejanus' pulsiert noch in seinen Kindern, jenes Blut, das gegen den Staat konspiriert.« Und daraufhin verurteilten die Senatoren als das Gewissen des Staates, das sie waren, Sejanus' Kinder zum Tode. Das älteste wurde sechs Tage nach seinem Vater hingerichtet, ein anderes kurze Zeit darauf, und schließlich kamen der jüngste Sohn und die jüngste Tochter an die Reihe. Zu jung, um zu verstehen, was geschah, schluchzte das kleine Mädchen, als man es in den Kerker brachte, es tue ihm leid, es werde nie wieder etwas Unrechtes tun, es werde immer ein braves Mädchen sein, wenn man ihm nur eine Tracht Prügel gäbe und es dann laufen ließe.

In dem dunklen Kerker fanden die Henker das zunächst recht niedlich, aber als sie dann die Würgschraube um seinen schlanken Hals legten, erinnerte sich einer daran, daß noch nie in Rom die Todesstrafe an einer Jungfrau vollstreckt worden war. Das ließ sie zögern, aber nach den Geschichten, die Procula gehört hatte, gewährten sie ihm nur eine kurze Galgenfrist – dann wurden das Mädchen und ihr Bruder mit dem gleichen Riemen erdrosselt.

Als Procula ihm dies berichtet hatte, lief es Pilatus vor Entsetzen und Haß kalt den Rücken hinunter. Seine eigene Stadt und seine Landsleute zu hassen, war eine neue Erfahrung für Pilatus. »Aber ich verstehe das alles nicht«, sagte er, »es sind da zu viele unbeantwortete Fragen. Warum haben die Prätorianer Sejanus nicht verteidigt? Und warum hat Macro, sein eigener Untergebener, ihn hinsichtlich der Tribunenwürde belogen? Wer hat ihn am 18. Oktober in die Falle gelockt und warum?«

»Nun«, erwiderte Procula, »der junge Caligula war das einzige Hindernis zwischen Sejanus und dem Thron. Schließlich war es Antonia, die ...«

»Caligulas Großmutter?«

»Ja. Sie erfuhr, daß ein Agent im Auftrag Sejanus' bereit war, vor dem Senat Caligula eines Verbrechens zu beschuldigen, das er nie begangen hatte, und sie konnte den Beweis erbringen, daß das stimmte. Sie hatte außerdem auch den Beweis, daß Sejanus jahrelang intrigiert und konspiriert hatte.«

»Was? Sejanus war wirklich schuldig?«

»Darauf komme ich noch zurück. Antonias Problem war es, wie sie es Tiberius auf Capri mitteilen konnte, da Sejanus alle Verbindungen zwischen der Insel und dem Festland kontrollierte. Es gelang ihr, durch Pallas, ihren treuesten Sklaven, der zum Glück nicht durchsucht wurde, Tiberius einen Brief zu schicken. Und so wurden Tiberius endlich die Augen geöffnet. Sofort ließ er den jungen Caligula, um ihn zu schützen, nach Capri kommen, und dann bereitete er den Sturz Sejanus' vor.«

»Der Princeps hat sich wahrlich selber als ein Meister im Täuschen erwiesen.«

»Er mußte es, Pilatus! Bedenke doch, selbst in Capri wimmelte es von Sejanus' Agenten. Die Prätorianergarde war seine Garde. Die in der Nähe stehenden Legionen waren seine Legionen. Darum mußte Tiberius ihn in Sicherheit wiegen, was jene Gerüchte erklärt, daß die Tribunenwürde an Sejanus übertragen werden sollte. Zum Glück für den Kaiser stand Macro als Kommandeur der Garde auf Capri privat seinem Präfekten kritisch gegenüber, und Tiberius zog ihn ins Vertrauen. Ihm sagte er, er solle den Sejanus beschuldigenden Brief dem Konsul Regulus und nicht Trio, der Sejanus' Freund sei, geben.«

»Wenn er es nur gewußt hätte, dann hätte Sejanus einfach den Senat mit seinen Prätorianern umzingelt. Warum sind sie nicht geblieben?«

»Als Sejanus Macros Köder hinsichtlich der tribunizischen Gewalt schluckte und in den Senat eilte, ging Macro wieder hinaus und zeigte den Prätorianern eine Sonderverfügung von Tiberius, durch die er zum neuen Prätorianerpräfekten und Nachfolger von Sejanus ernannt worden war. Natürlich waren die Männer sprachlos, aber als Macro hinzufügte, daß der Princeps ihnen eine Sonderzulage verspreche, wenn sie schwiegen und gehorchten, gehorchten sie seinem Befehl und kehrten ins Lager zurück.«

»Unglaublich. Offenbar hat Sejanus sich so viel um die Politik gekümmert, daß er es darüber vernachlässigte, mit den Gardisten engen Kontakt zu halten, denn sie waren seine Hauptstütze.«

»Kaum waren die Prätorianer gegangen, da erschien Laco, der an dem Komplott beteiligt war, mit seinen Nachtwachen und umzingelte den Senat. Tiberius' Brief war absichtlich so lang und weitschweifig wie möglich, um Macro die Zeit zu geben, zum Castra Prätoria hinüberzueilen und den Befehl über die anderen Prätorianerkohorten zu übernehmen, ehe Sejanus Gegenmaßnahmen ergreifen konnte. Übrigens, Tiberius machte sich solche Sorgen, daß die Prätorianer Sejanus treu bleiben könnten, daß er im Hafen von Capri Schiffe bereitstehen hatte, die ihn zu loyalen Armeen in den Provinzen bringen würden. Und um sicher zu sein, einen Vorsprung vor Sejanus zu haben, spähte er beständig von den Klippen Capris nach einem Feuersignal vom Festland aus, das ihn für den Fall, daß sein Gegenanschlag mißlang, rechtzeitig warnte.«

Pilatus saß ein paar Augenblicke still da, dann wandte er sich ärgerlich an seine Frau: »Moment mal, willst du damit sagen, Sejanus habe einen Anschlag auf das Leben Tiberius' geplant?«

»Das ist noch nicht klar. Als ich Rom verließ, waren die Prozesse gegen die Anhänger Sejanus', jene, die dem Mob entkommen waren, noch nicht abgeschlossen.«

»Aber wäre es vernünftig von ihm gewesen, den einzigen Mann anzugreifen, der ihn zum Thronerben ernennen konnte? Und selbst wenn Sejanus so schwarz wäre, wie du ihn malst, hätte er nicht Tiberius sein Leben auf Capri beschließen lassen, ehe er handelte?«

»Vielleicht. Aber nachdem Tiberius' Brief dem Senat vorgelesen worden war, war das Römische Reich für sie beide nicht mehr groß genug.«

»Je mehr ich davon höre«, sagte Pilatus, »desto mehr bin ich davon überzeugt, daß noch nie in der Geschichte einem Mann so ungeheures Unrecht getan worden ist wie Sejanus, der seinem Kaiser sein Leben lang gedient und ihn gegen ein Dutzend Anschläge geschützt hat. Und was war sein Lohn? Tod – und die Abschlachtung seiner unschuldigen Kinder. Was waren die angeblichen Konspirationen und Intrigen Sejanus'? Ein von Antonia höchstwahrscheinlich ersonnenes Märchen. Schließlich ist sie die Schwiegermutter Agrippinas und hat darum ein Vorurteil gegen ...«

»Hör auf, Pilatus«, rief Procula, »ich habe mich sehr bemüht, angesichts unserer politischen Differenzen eine ›Ich-hab's-ja-immer-gesagt-Haltung‹ zu vermeiden. Du weißt, wie oft wir uns über Sejanus und Agrippina gestritten haben. Aber Sejanus' Komplott, seine horrende Schuld, ist jetzt eine nüchterne und bewiesene Tatsache!«

»Wieso bewiesen?«

»Außer dem, was ich dir schon gesagt habe; einer der Konspiratoren, Satrius Secundus, ist zur anderen Seite übergegangen und hat den absoluten Beweis geliefert. Briefe, die Sejanus an Provinzgouverneure geschrieben hat, wurden abgefangen und sind ebenfalls belastend.«

Pilatus machte ein unglückliches Gesicht. Er dachte eine Weile nach, dann sagte er: »Sejanus' Briefe deuteten an, daß etwas wie eine entscheidende Machtprobe bevorstehe. Und was wird, wenn sie seine Akten durchsehen und Entwürfe der Briefe an mich finden, in denen die nahende Krise erwähnt wird? Dann denken sie vielleicht, ich sei an dem Komplott beteiligt gewesen.«

Leise antwortete Procula: »Das könnte das Ende deiner Amtszeit hier sein, Pilatus.« Beide schwiegen. Tränen rannen ihr über die Wangen. »Du mußt der Wahrheit ins Auge sehen«, rief sie schließlich, »daß du ein Freund von Sejanus gewesen bist, kann dich so belasten, daß du nicht nur deinen Posten verlierst, sondern« – sie brach in Tränen aus – »dein Leben.«

»Aber, aber«, tröstete Pilatus sie, »ist das nicht etwas übertrieben?«

»Nein! Vor meiner Abreise sagte mir Vater, du könntest jeden Augenblick zurückgerufen werden. Die Gefängnisse Roms sind voll von Anhängern des Sejanus.«

»Aber Tiberius hat sein Spiel um die Macht gewonnen. Warum ist er jetzt so rachsüchtig?«

»Bist du endlich bereit, die ganze Wahrheit zu hören?« – »Ja.«

»Erinnerst du dich an Drusus?«

»Agrippinas Sohn?«

»Nein. Den anderen Drusus – den einzigen Sohn, den Tiberius gezeugt hat, den, der vor drei Jahren starb, ehe wir nach Judäa aufbrachen.«

»Ja. Was ist mit ihm?«

»Woran ist er gestorben?«

»An einer Art Fieber, glaube ich.«

»Das glaubten damals alle. Auch der Princeps, dem es das Herz brach, daß sein eigen Fleisch und Blut ihm nicht auf den Thron folgen würde. Aber Apicata, die geschiedene Frau von Sejanus, hat schließlich die furchtbare Wahrheit enthüllt. Nachdem sie gesehen hatte, wie ihre Kinder erwürgt und die Treppe hinuntergeworfen wurden, beging sie Selbstmord, schrieb jedoch vorher noch an Tiberius, Drusus sei keines natürlichen Todes gestorben.«

»Was?«

»Sejanus hat Drusus' Frau Livilla verführt, und die beiden haben Drusus vergiftet, in der Hoffnung, nach seinem Tod heiraten zu können.«

Pilatus war so entsetzt, daß er kein Wort herausbrachte.

»Als Tiberius das erfuhr, wurde er fast wahnsinnig. Er weigert sich jetzt, Capri zu verlassen, und lebt nur, um sich an allen zu rächen, die mit Sejanus verbunden gewesen sind.«

»Sejanus ... hat ... Drusus ... vergiftet?«

»Apicatas Brief allein genügte Tiberius nicht als Beweis. Sie konnte schließlich die Geschichte erfunden habe, um sich für die Ermordung ihrer Kinder zu rächen. Aber die Sklaven und Dienerinnen Livillas bestätigten die Vergiftung.«

»Was hat Tiberius mit Livilla gemacht?«

»Er hat sie verhungern lassen. Und erinnerst du dich übrigens, wie Nero gestorben ist?«

»Er hat Selbstmord in Pontia begangen.«

»Ja. Aber jetzt ist es ans Licht gekommen, wie das geschehen ist. Sejanus' Agenten logen dem armen Nero vor, der Senat habe ihn zum Tode verurteilt. Und das war zuviel für Nero, und da nahm er sich das Leben.«

»Sejanus ist auch daran schuld?«

»Ja. Und was, glaubst du, hat all die Zwistigkeiten zwischen Tiberius und Agrippina bewirkt, die schließlich zu ihrer Verbannung führten? Sejanus berichtete Agrippina, der Princeps plane einen Anschlag auf sie, und dann berichtete er dem Princeps, daß Agrippina einen Anschlag auf ihn plane. Und wer hat den jüngeren Drusus auf dem Palatin eingesperrt? Und wer hat den Justizmord auf den jungen Caligula geplant? Das alles hat Sejanus getan, um den Thron für sich zu gewinnen. Und fast zehn Jahre lang hat er Tiberius hinters Licht geführt.«

»Und nun wird der natürlich allen, die auf Seiten Sejanus' gewesen sind, den Garaus machen.«

»Das kann man ihm nicht verübeln.«

»Ich ... ich brauche Zeit, um nachzudenken, Procula. Es war gut, daß du mir das alles berichtet hast.«

Vierzehntes Kapitel

Pilatus wußte, die nächsten Monate würden über seine weitere Laufbahn, ja, sogar sein Leben entscheiden. Daß er das gleiche Schicksal erlitt wie Sejanus, war leicht möglich, da er hörte, daß Freunde und Anhänger des gestürzten Präfekten und Männer, die er gefördert hatte, im Gefängnis saßen und darauf warteten, vom Senat wegen Verrats verurteilt zu werden. Das Ende konnte in einem Brief kommen, in dem ihm seine Abberufung mitgeteilt wurde, einem Brief, den ein Prätorianerkurier aus Rom überbrachte. Aber wahrscheinlicher war, daß ein neu ernannter Präfekt von Judäa in Cäsarea landen würde mit der Order, daß Pilatus nach Rom zurückkehren solle, um dort vor Gericht gestellt zu werden. Jedes im Hafen ankommende große Schiff ließ ihn das Schlimmste erwarten.

Oder würde das Schicksal vielleicht gnädig sein und Tiberius seine enge Verbindung mit Sejanus vergessen lassen? Es waren jetzt fast sechs Jahre seit seinem letzten Besuch beim Princeps, den sein Gönner Sejanus vermittelt hatte, und das einzige, was Tiberius vielleicht davon im Gedächtnis gelieben war, war sicher der Einsturz der Grotte. Nein, das war Wunschdenken. Der Einsturz würde dem Kaiser den ganzen Besuch, und was ihm vorausgegangen war, nur unvergeßlicher machen.

Aber das Tiberieum. Das letzte Schreiben, das Pilatus vor Sejanus' Sturz vom Princeps erhalten hatte, war wohlwollend gewesen. Er hatte darin seiner Freude über die Vollendung der neuen Basilika und den Bau der neuen Jerusalemer Wasserleitung Ausdruck gegeben. Die Tatsache, daß der Aquädukt Rom kaum eine Sesterze kostete, hatte Tiberius besonders angesprochen, für den es geradezu eine heilige Pflicht war, alles zu tun, damit das kaiserliche Budget ausgeglichen blieb. Aber wenn er noch in der Gunst des Kaisers stand, dann wäre auch Pilatus' *acta* für 31, ein Jahresabschlußbericht, mit ein paar anerkennenden Worten bedacht worden. Tiberius hatte nichts von sich hören lassen.

Im politischen Handeln lehnte sich der Princeps jetzt wahrscheinlich eng an Sertorius Macro an, den neuen Prätorianerpräfekten. Pilatus kannte ihn aus den Castra Prätoria, aber daraus ließen sich keine Schlüsse ziehen, wie er Tiberius hinsichtlich Judäa beraten würde. Als guter Hasser war Macro bereits eifrig am Werk, die Sejanianer vor Gericht zu bringen.

Eine neue Politik und ein Machtwechsel im Nahen Osten schienen jetzt das Gebot der Stunde zu sein. Aelius Lamia, der abwesende Statthalter von Syrien, war von diesem Geisterposten abberufen und Stadtpräfekt von Rom geworden, während Pomponius Flaccus sein Nachfolger in Syrien wurde. Und Flaccus war schon auf dem Wege dorthin. Zum erstenmal würde damit Pilatus ein Kollege höheren Ranges vom Norden über die Schulter blicken und möglicherweise ein Hemmschuh für seine Freiheit sein.

In Ägypten war Vitrasius Pollio nur ein paar Monate im Amt gewesen. Dann starb er. Inzwischen hat Tiberius ebenfalls einen Flaccus, A. Avillius Flaccus, zu seinem Nachfolger ernannt. Veränderung lag also in der Luft, und Pilatus fragte sich, wann er an die Reihe käme. Aber noch kam kein Brief aus Capri oder Rom.

Zu Passah 32 machte er seine übliche Reise nach Jerusalem. Aber diesmal nahm er etwas mit, das beweisen sollte, wie treu ergeben er Tiberius war, was ihm im Augenblick besonders wichtig schien.

Das Ideale wäre gewesen, in der anderen Hauptstadt seiner Provinz, Jerusalem, auch ein öffentliches Gebäude wie das Tiberieum zu errichten. Pilatus ärgerte sich, daß er nicht daran gedacht hatte, die neue Wasserleitung Tiberius-Aquädukt zu nennen. Herodes Antipas mit seinem ewigen Umschmeicheln des Princeps, seiner »Tiberianisierung« jedes Ortsnamens in Galiläa, stand jetzt vielleicht höher in des Kaisers Gunst als zur Zeit des Sejanus. Pilatus mußte eine Möglichkeit finden, den Princeps im Herzen der heiligen Stadt zu ehren, ohne jedoch die Juden dabei zu beleidigen. Die Lösung lag in dem, was er in Kisten mitbrachte.

Er mußte diesmal besonders darauf bedacht sein, die Juden nicht vor den Kopf zu stoßen, denn in Rom munkelte man, daß, während Sejanus Antisemit gewesen war, Tiberius jetzt einer projüdischen Politik zuneigte. Als ersten Schritt auf diesem Wege waren die Juden von ihm ermutigt worden, nach Rom zurückzukehren. Jerusalem hatte natürlich Sejanus' Sturz freudig begrüßt. Und angesichts des im Reich wiederhergestellten Status der Juden hatte Pilatus vorsichtig angeordnet, die Herstellung von Münzen mit einem *lituus*-Symbol, dem römischen Augurenstab, einzustellen.

Nach seiner Ankunft im Herodespalast in Jerusalem packte er vorsichtig seine Kiste aus, und Diener mußten den Inhalt polieren. Es waren große heraldische Schilde, mit Gold pattiert, die die schlichte Inschrift trugen:

Zu Ehren von
Tiberius Cäsar
gewidmet von
Pontius
Pilatus

Seine Goldschmiede in Cäsarea hatte gute Arbeit geleistet, und Pilatus hängte die Schilde in die große Empfangshalle des Palastes.

Er glaubte, mit dieser Geste das Richtige zu tun. Die blinkenden Schilde waren eine öffentliche Demonstration seiner Loyalität dem Kaiser gegenüber in eben der Stadt, die einst die Entfernung der Medaillons mit seinem Bild gefordert hatte. Ein Schild war bereits auf dem Wege nach Capri zusammen mit einem Hinweis auf ihre bevorstehende Anbringung im Jerusalemer Palast. Man wußte, daß Tiberius so etwas liebte: Trophäen, lobende Erwähnungen, Plaketten und ähnliches fanden sich zu Haufen in seinen Arbeitszimmern auf dem Palatin und in Capri.

Und die Schilde konnten die Juden kaum beleidigen. Es waren keine Bilder darauf, nur Buchstaben. Nichts an ihnen widersprach dem hebräischen Gesetz, denn das Gesetz verbot Inschriften nicht.

Am nächsten Morgen war Pilatus doppelt froh, daß er darauf bedacht gewesen war, auf die jüdischen Empfindlichkeiten Rücksicht zu nehmen. Ein aus Cäsarea gekommener Kurier brachte ihm den lange erwarteten – und lange gefürchteten – Brief von Tiberius, der kurz nach seiner Abreise nach Jerusalem eingetroffen war. Nervös öffnete er ihn und las das Folgende, das der Kaiser geschrieben hatte, ehe der Schild bei ihm eingetroffen war.

»Tiberius Caesar Augustus, *pontifex maximus*, fünfmaliger Konsul, Imperator, im Besitz der tribunizischen Gewalt im dreiunddreißigsten Jahr, an Pontius Pilatus, *praefectus Iudaeae*.

Wenn Sie gesund sind, ist es gut. Ich und die Armee sind ebenfalls wohlauf.

Nach dem Tode des Verräters, Mörders und Feindes Roms, Sejanus, habe ich erfahren, daß seine Anschuldigungen der Juden Roms Verleumdungen sind, die er erfunden hat, um die jüdische Nation zu vernichten. Von nun an werden nur noch gegen Juden, die wirklicher Verbrechen schuldig sind, und nicht gegen das ganze Volk als solches Strafmaßnahmen ergriffen.

Ich habe an alle meine Statthalter im Reich geschrieben, sich mit den unter ihrer Jurisdiktion lebenden Juden auszusöhnen und ihre alten Bräuche nicht anzutasten. Im Gegenteil, sie sollen sie schützen. Das gleiche muß natürlich auch für Judäa, ihre Heimat, gelten. Ich ermahne Sie hiermit, den Frieden Judäas dadurch zu erhalten, daß keine der jüdischen Institutionen behindert wird. Leben Sie wohl.

Gegeben an den Iden des Februar, A.U.C. 785 unter dem Konsulat des I. Gnaeus Domitius und M.F. Camillus Scribonianus.«

So war Tiberius' Brief eine Direktive für das Verhalten den Juden gegenüber – und Pilatus hätte nicht glücklicher oder erleichterter sein können. Der Brief des Kaisers hatte ihm nicht befohlen, nach Rom zurückzukehren, um als Mitverschwörer Sejanus' abgeurteilt zu werden. Der letzte Satz des Briefes war sogar geradezu seine Bestätigung als Statthalter.

Es war also möglich, daß Tiberius seine enge Verbindung mit dem gestürzten Präfekten vergessen hatte. Oder doch nicht? Der Brief erhielt kein Lob für ihn, nichts, das sich auf seinen glänzenden Bericht für das Jahr 31 bezog, und darum konnte es durchaus möglich sein, daß Tiberius dabei war, eine Anklage gegen ihn zu konstruieren, ehe er ihn offiziell zurückrief. In dem Fall war die Übersendung des goldenen Schildes nach Capri gerade zur richtigen Zeit erfolgt, wenn auch diese Geste allein die Katastrophe kaum abwenden würde.

Jerusalem feierte das Passah 32 mit freudigerer Inbrunst, als es Pilatus je erlebt hatte. Der Grund war nicht schwer zu erraten. Den Antisemit, den zweithöchsten Mann in Rom, gab es nicht mehr, und Pilger, die aus allen Teilen des Reiches nach Jerusalem geströmt kamen, berichteten von Tiberius' neuer versöhnlicher Politik dem Judentum gegenüber. Bei einem besonderen Dankgottesdienst wogte ein Menschenmeer auf den breiten Terrassen des Tempels. Vier Söhne Herodes' des Großen waren aus diesem Anlaß nach Jerusalem gekommen – wahrscheinlich, um aus der guten Stimmung für sich Kapital zu schlagen, dachte Pilatus.

Aber bei ihm war es nicht viel anders. In einer Besprechung mit Joseph Kaiphas und Führern des Sanhedrin las er Auszüge aus Tiberius' Brief vor, die sich auf die neue kaiserliche Politik Judäa gegenüber bezogen. Die jüdischen Führer waren beglückt über den dramatischen Wandel, und der heilige Rabbi Zadok, der vor zwei Jahren begonnen hatte, für die Sicherheit Jerusalems zu fasten, hatte Tränen in den Augen. Es schien ihnen, daß die brennenden Wunden in den jüdisch-römischen Beziehungen sich schließlich doch schließen und vernarben würden. Und als während des Passahfestes Pilatus vor der Menge erschien, um von seinem Tribunal aus die jährliche Freilassung eines vom Volk ausgewählten Gefangenen zu verkünden, ertönten laute Hochrufe. Er traute seinen Ohren nicht.

Gerade als Pilatus' Verhältnis zu seinen Untertanen sich endgültig zu bessern schien, kühlte ein neuer Sturm plötzlich die Atmosphäre ab. Es hatte damit begonnen, daß eine von den vier Söhnen des Herodes angeführte Menge zum Palast zog.

Aber es war eine geordnete Demonstration ohne Gebrüll und Geschrei, und ihre Anführer wurden in den Palast eingelassen, als sie um eine Audienz bei dem Statthalter baten.

Pilatus kam in die Halle hinaus und sah den Tetrarchen von Galiläa.

»Seien Sie gegrüßt, Antipas«, begann er leutselig, »sind Sie gekommen, um Ihres Vaters Palast wieder in Besitz zu nehmen?«

»Nein, mein Freund«, antwortete Antipas lächelnd, »der Hasmonäer-Palast genügt uns. Sie kennen meinen Bruder Philippus, den Tetrarchen.«

»Natürlich. Ich gratuliere zu Ihrer Verheiratung mit der schönen Salome, Philippus.«

»... und dies ist mein Bruder Herodes Philippus.«

»Freue mich, Sie wiederzusehen.« Pilatus konnte sich nur schwer beherrschen, statt dessen zu sagen: »Ach ja, Herodias' ehemaliger Ehemann, der von dem Mann, der dich vorstellt, zum Hahnrei gemacht worden ist!«

»... und dies hier ist mein dritter Bruder, den Sie noch nicht kennen. Er heißt ebenfalls Herodes und ist der Sohn meines Vaters und Kleopatras von Jerusalem ... und mehrere Hohepriester und Mitglieder des Sanhedrin haben sich uns angeschlossen.«

»Willkommen, meine Herren«, sagte Pilatus, der sich noch immer fragte, was der Grund eines solchen Besuches sein könnte, bei dem noch Hunderte von Bürgern vor den Palasttoren versammelt waren.

»Dürften wir vielleicht einmal die große Empfangshalle des Palastes sehen?« fragte Antipas.

»Selbstverständlich. Bitte, hier entlang, meine Herren!«

Pilatus führte die Abordnung in die Halle, die jetzt mit den goldenen Schilden geschmückt war. Sofort kam es zu einem lebhaften Gespräch auf Hebräisch zwischen den Sanhedristen, während die Söhne des Herodes schwiegen. Pilatus konnte die Priester nicht verstehen, aber sie sprachen offenbar über die Schilde, da sie auf einen zugingen und ihn genau betrachteten. Einige seufzten, andere schüttelten den Kopf, und das Gespräch wurde erregter. Dann berieten sich die Priester mit den Söhnen des Herodes, wovon Pilatus ausgeschlossen blieb. Minuten verstrichen.

Schließlich trat Antipas aus der Gruppe vor und fragte: »Wie lange hängen die goldenen Schilde schon hier im Palast, Präfekt?«

»Etwa eine Woche. Warum?«

Antipas holte tief Atem und sagte dann: »Die Juden nehmen Anstoß an den Schilden und sie ...«

»Meinen Sie, daß Ihre Delegation und all die Menschen draußen gekommen sind, um sich über diese schlichten Schilde zu beschweren?« fragte Pilatus, der seinen Zorn kaum noch beherrschen konnte.

»Ja ...«

»Wie haben Sie überhaupt von den Schilden erfahren?«

»Mehrere der jüdischen Diener im Palast waren über sie beunruhigt«, antwortete Rabbi Ananias, »und sie fragten, ob die Schilde gegen unser Gesetz verstießen. Später erfuhr die Öffentlichkeit von den neuen Greueln, und ...«

»Greuel?« fragte Pilatus wütend, »ich war ausdrücklich darauf bedacht, daß die Schilde so angefertigt wurden, daß sie Sie nicht beleidigten. Sie stellen kein lebendiges Wesen im Himmel oder auf Erden dar oder in der Hölle! Betrachten Sie sie! Es sind keine Bilder darauf, meine Herren. Was haben Sie dagegen?«

Mit kühler Heiterkeit, die ganz im Gegensatz zu Pilatus' Erregung stand und seine Wut noch steigerte, erwiderte Ananias: »Die Schilde sind heidnische Trophäen, die eine fremde Macht in den Mauern unserer heiligen Stadt aufgehängt hat. Zweifellos haben sie auch für Sie eine heilige Bedeutung.«

»Wir haben natürlich nichts dagegen, wenn Sie den Kaiser wie auch immer außerhalb der heiligen Stadt ehren, aber diese Schilde mit den Inschriften können in Jerusalem nicht geduldet werden. Im Namen des Sanhedrin und der jüdischen Nation bitten wir respektvoll, daß sie so bald wie möglich entfernt werden.«

»Aber Sie mißdeuten sie. Es stehen nur der Name des Kaisers und meiner als des Stifters darauf. Was könnte daran sakral sein?«

»Leugnen Sie, daß die Medaillons, die Sie vor Jahren nach Jerusalem bringen wollten, religiöse Bedeutung hatten?« fiel Rabbi Alexander ein.

»Wie lange tragen Sie einem etwas nach, wie lange, frage ich Sie?« rief Pilatus. »Oder haben Sie vergessen, daß ich die Fahnen entfernt habe?«

»Es geht nur um Folgendes«, versuchte Philippus zu vermitteln, »das Volk wußte, daß die Insignien eine starke religiöse Bedeutung für die Truppen hatten, und was ist ein Schild anderes als ein Teil der militärischen Ausrüstung wie die Fahnen? Wie soll das Volk dann glauben können, die Schilde hätten keine kultische Bedeutung?«

»Und nicht nur das, Tetrarch Philippus«, sagte der berühmte Schriftgelehrte Jochanan ben-Zakkai. »Präfekt, sind Sie ganz ehrlich zu uns, wenn Sie sagen, diese Schilde seien religiös neutral?«

»Wagen Sie, an meiner Wahrhaftigkeit zu zweifeln?«

»Bestimmt nicht. Aber sagt Ihnen der Ausdruck *ancile* etwas?«

Plötzlich ging Pilatus die Bedeutung auf, obwohl er sich nicht vorstellen konnte, daß ben-Zakkai so gebildet war, daß er diese winzige Einzelheit aus der römischen Geschichte kannte. Aber er konnte es sich nicht leisten zu bluffen, für den Fall, daß der Rabbi es wirklich wußte, und darum fragte er ziemlich lahm: »Worauf wollen Sie hinaus?«

»Es war in der Ära der frühen römischen Königszeit, während der Herrschaft Ihres Königs Numa Pompilius. Ein heiliger ovaler Schild, der *ancile,* der angeblich vom Himmel gefallen war. Ihre

Priester erklärten, der Schild verbürge der Stadt Rom göttlichen Schutz, und darum wurde er eifersüchtig gehütet. Numa hatte solche Angst, daß der heilige Schild gestohlen werden könnte, daß er elf genau gleiche anfertigen ließ, so daß der echte nicht mehr zu unterscheiden war und darum nicht gestohlen werden konnte. Die zwölf Schilde wurden dem heidnischen Gott Mars und seinen Priestern anvertraut, und, Präfekt, ich finde es bezeichnend, daß auch Sie mehrere Schilde haben anfertigen lassen ... Aber die Bedeutung Ihrer Inschrift ist nur allzu klar: ›Möge Mars den Kaiser und die Stadt Rom mit dem heiligen Schild Numas schützen.‹ Und dieses Heidentum in unserer heiligen Stadt!«

Ben-Zakkais Wissen imponierte Pilatus, auch wenn er sich nicht an den Mythos von Numas Schild erinnert hatte, als er die Trophäen für seinen Palast anfertigen ließ. »Ich bewundere Ihre große Kenntnis unserer Vergangenheit, Rabbi«, sagte er, »und was Sie über Numa und die Schilde sagen, stimmt. Die Priester des Mars ziehen sogar in jedem März durch Rom und pressen ihre Schilde an sich, während sie singen und tanzen. Aber ich schwöre Ihnen bei Ihrem eigenen Gott, daß die Geschichte Numas mich nicht dazu veranlaßt hat, diese Schilde herstellen zu lassen. Ich glaube übrigens nicht einmal an den Mythos oder an Mars – ich bin nämlich kein sehr religiöser Mensch, und Sie irren sich, wenn Sie glauben, daß diese Art Schild auf Numa zurückgeht. Seine waren kleine ovale Schilde, während diese runde Soldatenschilde sind, die wir *clipeus* und nicht *ancile* nennen.«

Die Abordnung besprach sich kurz auf hebräisch, dann sagte Rabbi Ananias: »Im Zusammenhang mit Ihren früheren Indiskretionen hinsichtlich unserer Bräuche und in Anbetracht der heidnischen Bedeutung römischer Schilde im allgemeinen, auch wenn sie von Ihnen nicht beabsichtigt ist, müssen wir darauf bestehen, daß sie aus Jerusalem entfernt werden.«

Pilatus, in dem der Zorn neu aufwallte, entgegnete: »Aber einer von Ihren Rabbis in Cäsarea hat festgestellt, daß auf den Schilden nichts Beleidigendes ist. Ich habe mir alle Mühe gegeben ...«

»Ja, das haben Sie, und das Geschriebene beleidigt uns nicht, sondern die Schilde tun es.«

Pilatus wußte, es war Zeit, seinen Trumpf auszuspielen. Er hatte gedacht, er brauchte es nicht, aber offenbar würde nur ein logischer Sprung die Priester überzeugen. »Ist einer von Ihnen schon einmal in den Synagogen Alexandriens gewesen?« fragte er, »wissen Sie, wie Ihre Glaubensbrüder den Kaiser in Ägypten ehren? Sie weihen ihm Votivschilde, und sie hängen diese Schilde an die Wände ihrer Synagogen! Nicht in die öffentlichen Basiliken. Nicht in ihre Wohnungen, sondern in ihre Bethäuser. In ihren Synagogen sind Säulen, goldene Kronen, Plaketten, und auf allen steht: ›Zu Ehren von Tiberius!‹ Ich habe sie gesehen, als ich in Ägypten war, und jetzt erheben Sie Einspruch, wenn ein römischer Statthalter seinen Kaiser in seinem eigenen *Praetorium* auf die gleiche Weise ehrt.

Geht Ihnen jede Toleranz ab, jedes Gefühl für Anstand? Muß Ihr Volk dauernd jammern und agieren und demonstrieren, und aus keinem berechtigten Grunde – wo wir gerade gehofft hatten, daß unsere Beziehungen sich verbessern würden?«

Einige der Priester machten ein verdutztes Gesicht. Aber Rabbi Ananias antwortete in seinem überlegenen Ton: »Was unsere Brüder in Alexandria betrifft, so werden wir für sie beten. Sie irren aus Unwissenheit, und wir werden sie darum aufklären müssen.«

Antipas, der sich bis jetzt aus der Diskussion herausgehalten hatte, sagte zu Pilatus: »Es ist besser, Sie entfernen die Schilde. Sie sind ein heidnisches Symbol geworden. Eine unnötige Zurschaustellung der römischen Macht im Herzen der heiligen Stadt. Sie tun das gleiche, was mein Vater zu tun versucht hat: Rom zu gefallen auf Kosten der jüdischen Empfindlichkeit. Und die Juden haben ihn deswegen gehaßt. Sie werden es nicht fertigbringen, das Volk zu überzeugen.«

»Nun, warum überzeugen Sie es dann nicht, Antipas? Als mein Kollege täten Sie doch besser daran, mich zu stützen, als eine Demonstration gegen mich anzuführen. Sie gelten doch wohl in Galiläa nicht gerade als Muster jüdischer Orthodoxie!«

Die Auseinandersetzung war jetzt persönlich geworden, und Antipas antwortete schlagfertig: »Ich finde es amüsant, Präfekt, daß Sie gerade in dieser Zeit es so eilig hatten, diese Schilde aufzuhängen. Könnte es nicht einer gewissen Krise wegen sein, zu der auch der Sturz einer gewissen Person gehört?«

Pilatus wurmten nicht so sehr die Worte, die nur allzu wahr waren, wie die spöttische Art, in der Antipas sie aussprach. Und diese neue Pose als Mitstreiter des Sanhedrin war widerwärtig – erst der

Ehebrecher, der dem Bruder die Frau stahl, dann der Prophetenmörder und jetzt der Held des Glaubens.

»Daß ich mit Aelius Sejanus gut stand, das ist kein Geheimnis«, sagte Pilatus mit aller Würde, die er aufbringen konnte, »und genauso ist es mit Ihnen, Tetrarch.«

Die beiden funkelten einander kurz an, ehe Pilatus sich an die übrigen wandte und sagte: »Es geht hier um ein Prinzip, meine Herren. Wenn ich die Schilde entfernen ließe, wäre das nicht nur das stumme Eingeständnis, daß sie doch religiös sind – und sie sind es nicht –, sondern es wäre die schlimmste Beleidigung für Tiberius Cäsar. Stellen Sie sich vor, er erführe, daß sechs vergoldete Schilde ihm zu Ehren in diesem *Praetorium* hingen und entdeckte dann, daß sie unter dem Druck des Volkes hätten entfernt werden müssen.«

»Trotzdem«, entgegnete Ananias, »müssen wir kategorisch darauf bestehen – es ist eine Gewissensfrage für uns –, daß die Schilde aus Jerusalem entfernt werden, es sei denn, Sie weisen uns ein Dokument vom Kaiser vor, daß unsere Bräuche nicht beachtet werden sollen. Laden Sie nicht die Verantwortung auf sich, Präfekt, den Frieden zu stören! Sie ehren den Kaiser nicht damit, daß Sie unsere Gebote mißachten. Wenn Sie unserer Bitte nicht nachkommen, werden wir unseren Fall Tiberius Cäsar unterbreiten müssen.«

Daß man sich über seinen Kopf hinweg an den Kaiser wenden wollte, wäre Pilatus unter keinen Umständen lieb gewesen, aber in seiner im Augenblick gefährdeten Lage war das besonders unangenehm. Andererseits würde es noch schlimmer sein, wenn Tiberius erfuhr, daß der Schild, den man ihm nach Capri geschickt hatte, nur noch eine Attrappe war, da die Originale entfernt worden waren. Außerdem blufften die Priester wahrscheinlich. Pilatus würde die Probe aufs Exempel machen.

»Dann wählen Sie Ihre klügsten Vertreter, Rabbi Ananias«, antwortete er, »denn diese Mission wird keine erfreuliche sein. Es wird darauf hinauslaufen, daß Sie fragen müssen: ›O Kaiser, dürfen wir Sie bitten, Sie zu entehren, indem wir Trophäen entfernen, die Ihnen zu Ehren aufgehängt sind?‹ « Pilatus hielt einen Augenblick inne und fuhr dann fort: »Ich wiederhole: dies sind harmlose weltliche Zeichen des Gedenkens, die nichts mit Religion zu tun haben, und sie hängen auf römischem Territorium, in einem römischen *Praetorium*, so daß das Volk sie nie sehen wird. Darum bleiben die

Schilde, wo sie sind, und was die Menge betrifft, ich mache Sie alle persönlich dafür verantwortlich, daß sie friedlich auseinandergeht. Leben Sie wohl, meine Herren!«

Die Söhne des Herodes und die Männer des Sanhedrin verließen den Palast, um zum Volk zu sprechen. Pilatus konnte nicht hören, was gesagt wurde, aber es mußte etwas Beschwichtigendes sein, denn die Menge zog ohne Widerspruch von dannen.

Es kam zu keinen Aufständen in Jerusalem. Als Pilatus am Ende der Passahfeiern die Stadt verließ, um nach Cäsarea zurückzukehren, hatte er zum erstenmal das Gefühl, Präfekt von Judäa zu sein.

Fünfzehntes Kapitel

Eines Tages schlug der Zenturio Cornelius »eine neue Lösung« für das Problem Jude contra Römer vor. Pilatus war natürlich mehr als neugierig, was das sein könnte, aber alles, was Cornelius raten konnte, war: »Untereinander heiraten«. Pilatus war sicher, nicht richtig gehört zu haben. Dann teilte der Zenturio ihm die frohe Nachricht mit, daß er, ein herrischer Römer, den Reizen eines jüdischen Mädchens aus Cäsarea erlegen sei und sie heiraten wollte – natürlich nur mit Pilatus' Genehmigung. Es sei die einzige Lösung für den judäisch-römischen Antagonismus, spottete Cornelius.

Pilatus glaubte, er scherze, bis der Zenturio ihm seine künftige Frau vorstellte. Sie war ein hübsches Mädchen von siebzehn Jahren, die Pilatus als eine von Proculas Palastdienerinnen schon gut kannte. Cornelius behauptete, sie werde in Cäsarea nicht verachtet werden. Die jüdische Gemeinde der Stadt runzelte die Brauen über Ehen zwischen den Erwählten und Heiden, während die Nichtjuden in der Hauptstadt ebenso überzeugt waren, daß Cornelius sich durch eine solche Mißheirat erniedrige. Wenn er auch verblüfft und ein wenig skeptisch war, Pilatus wollte seinem Günstling nichts abschlagen, und so stimmte er der Ehe zu. Er konnte es seinem Offizier kaum verdenken, denn ihm selber war der Charme des Mädchens aufgefallen.

Die Hochzeit war ein diskreter Kompromiß zwischen einer römischen Ziviltrauung und der jüdischen Zeremonie, der offensichtlich diejenigen befriedigte, die dabei waren. Seit Menschengedenken war es die erste derartige Verbindung zwischen Juden und Nichtjuden in Cäsarea. Da Cornelius den Göttern der römischen Mythologie gegenüber ebenso skeptisch war wie Pilatus, glaubte er an nichts Übernatürliches mehr, aber seine Braut hatte als gute Jüdin einen starken Glauben. Und da etwas immer besser ist als nichts, versprach Cornelius, sie ungehindert ihre Religion praktizieren zu lassen, wenn sie nur nicht versuchte, aus ihm einen Juden zu machen. In welchem Glauben ihre Kinder erzogen werden sollten, hatten sie nicht vereinbart. Die heimliche Ehestifterin war Procula. Sie wünschte nicht, daß das bekannt wurde, aus Angst, es könne ihrem Mann schaden. Da die Braut eine von ihren Lieblingsdienerinnen gewesen war, hatte sie sie Cornelius vorgestellt und dann zugesehen, wie die Romanze zwischen ihnen zur Ehe reifte. Procula war in solchen Dingen immer liberal gewesen.

Sie hatte auch einen höheren Respekt vor dem Judentum als Pilatus. Die Hysterie und das politische Blutvergießen in Rom hatten ihren einst unerschütterlichen Glauben an die römische Staatsreligion erschüttert. Was für Götter mußten das sein, die solche Scheußlichkeiten zuließen! Die Juden dagegen glaubten an einen Gott, und nur einen zu verehren, schien ihr weniger verwirrend, als mehrere Dutzend Götter, Göttinnen, Halbgötter, Geister und tote Kaiser anzubeten. Außerdem hatten die Juden ihre Gebote, die ihr Leben viel sinnvoller lenkten, als wenn man die Geschmacksgewohnheiten heiliger Hühner beobachtete oder eine Schafsleber abtastete. Die Römer, hatte sie das Gefühl, hatten schon so lange von den Tieren ihre Omen bekommen, daß sie ebenso wie sie zu leben begannen.

Pilatus war glücklich zu hören, wie enttäuscht seine Frau von der römischen Religion war, aber ihre neue Bewunderung für das Judentum machte ihm Sorgen. Er fürchtete, daß sie sich zum jüdischen Glauben bekehren könnte, und das, obwohl er römischer Präfekt war.

»Toleranz ist keine Konversion«, antwortete Procula.

»Aber dann sag mir«, klopfte er auf den Busch, »warum du dir den jungen Cornelius für dein Experiment in zwischenstaatlicher Liebe ausgesucht hast.«

»Experiment? Das wird eine sehr glückliche Ehe werden. Du wirst es sehen.«

»Und warum Cornelius?«

»Weil ich ihn ebenso gern habe wie du. Ich habe ihn sogar, während du in Jerusalem warst, ziemlich oft gesehen. Wir hatten lange Gespräche.«

»Ach!« Pilatus zog seine linke Augenbraue hoch. »Muß ich eifersüchtig sein?«

»Das glaube ich kaum«, antwortete sie lächelnd, »wir mußten eine Hochzeit planen. Aber da ist noch etwas, von dem du mir nie etwas gesagt hast.« – »Was?«

»Die Berichte über den neuen Propheten in Galiläa.«

»Wer ist denn das?« brummte er. Was er im Augenblick am wenigsten brauchen konnte, war ein neuer Prophet im Lande.

»Er wird Jeschua genannt.«

»Ach, der. Ja, ich weiß von diesem Jesus. Er scheint eine Art Wunderheiler zu sein.«

»Mehr als das offenbar. Während du in Jerusalem warst und zusahst, wie die Juden ihr Passahmahl bereiteten, hat dieser Jesus auf seine Art ein Passahmahl für mehr als fünftausend Menschen bereitet, die ihn am See Tiberias predigen hörten.«

»Nun, das war nett von ihm, aber nicht gerade aufregend. Cäsars Freund Grassus hat einmal ein Festmahl für die ganze Bürgerschaft Roms veranstaltet; und an den Tischen, die er in den Straßen hatte aufstellen lassen, drängten sich mehr als fünfzigtausend ...«

»Laß mich erst zu Ende erzählen, Pilatus. Das war ganz anders. Jesus hoffte, den vielen Menschen dadurch entkommen zu können, daß er mit seinen zwölf Jüngern eine Fahrt über den See Tiberias machte. Aber die Leute gingen ihm am Ufer entlang nach und fingen ihn ab, kaum daß er wieder an Land gegangen war. Und so verbrachte er den größten Teil des Tages damit, zu predigen und die Menschen zu heilen. Aber als es Abend wurde, hatten sie alle Hunger, und der nächste Markt war meilenfern. Ein kleiner Schafhirte verkaufte ihnen fünf Laibe Brot und zwei Karpfen, doch das reichte natürlich nicht ...«

»Procula, das ist eine rührende kleine Geschichte, aber hat sie eine Pointe?«

»Ich komme noch darauf. Jesus ließ die Leute sich ins Gras setzen, dann betete er und begann, die Brote und den Fisch auszuteilen. Er vermehrte sie, und jeder hatte so viel zu essen, daß später zwölf Körbe voller Krumen aufgesammelt wurden.«

»Und das alles von fünf Broten und zwei Fischen?«

»Ja.«

»Sie haben Brot von ihrem Schiff geholt.«

»Nein.«

»Die Menschen hatten sich etwas zu essen mitgebracht und teilten es untereinander.«

»Nein.«

Pilatus dachte einen Augenblick nach, dann sagte er: »Nun, ich weiß nicht, was du gehört oder was die Leute wirklich gesehen haben, aber was du da berichtest, ist unmöglich.«

»Ich wußte im voraus, daß du das sagen würdest; aber Cornelius sagt, es gebe Menschen hier in Cäsarea, die dort an jenem Abend Brot und Fisch gegessen haben.«

Diese fantastische Geschichte ließ Pilatus sonderbarerweise keine Ruhe. Er suchte nach einer vernünftigen Erklärung und bat Cornelius, ein paar Cäsareaner ausfindig zu machen und in den Palast zu bringen, die tatsächlich an dem inzwischen schon berühmten Mahl im Freien teilgenommen hatten. Zwei Tage später erschien der Zenturio mit sechs Menschen, die nach Galiläa gepilgert waren. Sie waren recht nervös, daß der Landpfleger von Judäa sie hatte rufen lassen. Aber als sie merkten, daß sie ihm nur von dem Ereignis erzählen sollten, von dem jetzt in ganz Palästina gesprochen wurde, taten sie es nur allzu gern.

Und im wesentlichen stimmte ihr Bericht mit dem Proculas überein. Sie waren nur darin verschiedener Meinung, wie viele Menschen es etwa gewesen waren. Und eine alte Frau behauptete, es seien zwei Brote und fünf Fische und nicht fünf Brote und zwei Fische gewesen. Pilatus bedankte sich bei den Sechsen und entließ sie.

Später erzählte er Procula von der Begegnung, fügte aber hinzu: »Ganz gleich, was sie sagen, es muß eine Erklärung dafür geben. Wenn ich dort gewesen wäre, hätte ich sie bestimmt gefunden. Aber eins, was sie berichten, klingt wahr.« »Was?«

»Was sie von der Reaktion der Menge sagen. Als sie gegessen hatten, riefen die Leute: ›Dieser Mann soll unser König sein!‹ Und das glaube ich. Ein Mann, der Kranke heilen und Essen für eine große Menge herbeizaubern kann, könnte König werden. Aber zum Glück hat dieser Jesus das Richtige getan, als das Volk ihm eine Krone anbot.«

»Was hat er getan?«

»Er hat sich in die Berge zurückgezogen.«

»Warum sagst du zum Glück?« fragte Procula.

»Weil, wenn er den Titel König angenommen hätte, Herodes Antipas ihn des Hochverrats gegen den Kaiser hätte anklagen müssen.«

Noch etwas anderes an diesem Phänomen beunruhigte Pilatus. Das Volk sprach von Jesus als dem Christus. Er wußte, das bedeutete: »der Gesalbte«, aber zu seiner Überraschung erfuhr er, daß es nur die griechische Übersetzung des hebräischen Wortes Messias war. Und ein Messias war für Rom gefährlich.

Das ganze Jahr 32 hindurch verfolgte er genau, was in Rom vorging. Aber was er erfuhr, war sehr ermutigend. Tiberius blieb in seinem selbstgewählten Exil auf Capri, machte einmal eine Seefahrt an der Küste Italiens entlang zur Mündung des Tiber und ging dort an Land. Rom bereitete einen glänzenden Empfang für den wiederkehrenden Kaiser vor, mußte dann aber erfahren, daß Tiberius es sich anders überlegt hatte und in die Felseneinsamkeit von Capri zurückgekehrt war. Böse Zungen behaupteten, der Princeps könne es ohne die lüsternen Spiele, die er sich in den Villen und Grotten von Capri ersann, nicht aushalten. Aber Pilatus war skeptisch gegenüber diesem Klatsch. Würde ein verbitterter Zweiundsiebzigjähriger sich wirklich mit solchen »Leibesübungen« abgeben, zumal jetzt, da es ihn in Wirklichkeit nur danach gelüstete, sich an den Anhängern Sejanus' zu rächen?

Da der Präfekt erst Ende 31 gestürzt worden war, fanden die meisten Hochverratsprozesse im Jahre 32 statt. Pilatus hörte, daß die eigentliche Terrorherrschaft in den Wochen nach der Hinrichtung des Sejanus geendet hatte, als die Senatoren davon abließen, einander anzugreifen. Aber jetzt fanden die regulären Prozesse statt. Bezeichnenderweise kam jeweils ein Brief aus Capri, in dem ein hoher Beamter als Mitverschwörer des Sejanus beschuldigt wurde. Wenn der Senat den Mann schuldig befand, wurde er hingerichtet, oder er durfte Selbstmord begehen. Die wenigen Unschuldigen wurden freigesprochen. Freundschaft mit Sejanus, die einst etwas sehr Nützliches gewesen war, war jetzt, wie Pilatus nur allzu klar wurde, eine Todsünde. Viele prominente Römer lebten wie er in der täglichen Angst, wegen Verrats gegen Staat und Kaiser belangt zu werden.

Inzwischen hatte sich Pilatus allmählich daran gewöhnt, unter diesem politischen Damoklesschwert zu leben, obwohl Berichte, nach denen der Princeps sich jetzt auch den Ritterstand vornahm, um dort Sejanianer aufzuspüren, alles andere als tröstlich waren. Aber noch schlimmer war, daß Tiberius nicht den Empfang des goldenen Schildes bestätigte. Gewiß, er war jetzt damit beschäftigt, nach Schuldigen zu suchen. Aber hätte nicht sein Sekretär in Capri den Anstand haben können, Pilatus mitzuteilen, daß die Trophäe angekommen sei?

Der Princeps war natürlich immer unberechenbar, aber jetzt war er obendrein noch empfindlich. Ein Brief von Proculejus berichtete von dem neuesten kaiserlichen Spleen. Ein Senator namens Gallio hatte angeregt, daß pensionierten Prätorianern die Ehre zuteil werden sollte, mit Rittern in den letzten vierzehn Reihen im Theater zu sitzen. Aber ein Brief des Kaisers vereitelte den Vorschlag; es hieß darin, Gallio versuche, den Gardisten auf verräterische Art den Kopf zu verdrehen, und als Belohnung für seine harmlose Anregung wurde Gallio aus Italien verbannt. Als man dann erfuhr, daß er vorhabe, auf der schönen Insel Lesbos zu leben, wurde er nach Rom zurückgeschleppt und inhaftiert, da Tiberius solch ein Exil zu schön für ihn fand.

Im Spätsommer bekam Pilatus einen weiteren Brief mit den großen purpurnen kaiserlichen Siegeln, den zweiten von Tiberius seit Sejanus' Sturz. Allein das Öffnen von Briefen des Princeps war für ihn eine Qual, aber diesmal war er zuversichtlicher. Dies würde endlich die Bestätigung des Kaisers sein, daß er den goldenen Schild erhalten habe. Der Brief lautete:

»Tiberius Caesar Augustus, *pontifex maximus,* fünfmaliger Konsul, gewählter Imperator, im Besitz der tribunizischen Gewalt im vierundreißigsten Jahr, an Pontius Pilatus, *praefectus Iudaeae:*

Haben Sie vergessen, daß ein Präfekt in seiner Provinz nach dem Willen des Kaisers und nicht nach seinem eigenen regiert? Oder haben Sie meinen letzten Brief nicht gelesen, der diesen Willen ausdrückte? Oder nehmen Sie vielleicht lieber Anweisungen von dem toten Sejanus als von dem lebenden Tiberius an? In diesem Fall sollten Sie ihm nachfolgen!«

Pilatus brach vor Angst der Schweiß aus, und seine Hand zitterte so sehr, daß es ihm schwerfiel, die Rolle weiterzulesen. Schließlich legte er sie auf einen Tisch.

»In meinem letzten Brief – ich sage nicht: ›wenn mich mein Gedächtnis nicht täuscht‹, denn es täuscht mich nicht – habe ich Ihnen klar und deutlich gesagt, daß Sie nicht jüdische Bräuche antasten, sondern sie im Gegenteil bewahren helfen, ja sogar verteidigen sollen. Was soll also Ihre neue Provokation hinsichtlich der goldenen Schilde? Ich will nicht den Undankbaren spielen und nicht verschweigen, daß ich das Motiv Ihrer Geste zu schätzen weiß. Aber es war eine Geste am falschen Ort, da die Juden geradezu fanatisch darauf aufpassen, was in ihrer heiligen Stadt geschieht oder nicht geschieht. Sie sollten das nämlich wissen.

Herodes Antipas, seine Brüder und die Hohenpriester des Sanhedrin haben mir geschrieben und mich um die Entfernung der Schilde aus dem Palast in Jerusalem gebeten. Ich habe ihnen geantwortet, daß ihre Bitte erfüllt werde. Sie werden die Schilde sofort entfernen. Aber da sie hübsch sind, sollten sie ausgestellt werden: Ich schlage darum vor, daß Sie sie in den Tempel des Augustus in Cäsarea hängen.

Sie müssen die Juden versöhnen, Pilatus. Stellen Sie meine Geduld nicht wieder auf eine so harte Probe, sonst werden wir nachprüfen müssen, wie eng Ihre Beziehungen mit dem gemeinen Verräter Sejanus gewesen sind – nachdem wir Sie nach Rom zurückgerufen haben. Leben Sie wohl.

An den Kalenden des Juli, A.U.C. 785«

Pilatus verbrachte die nächsten Minuten damit, sich zu sammeln. Konnte ein Mann fürchten, hassen, verzweifeln und zugleich entsetzt, enttäuscht, wütend und rachsüchtig sein? Er konnte es. Vor allem aber waren in ihm eine schreckliche Angst und ein tödlicher Haß auf die Söhne des Herodes. Sein erster nüchterner Gedanke war, einen Kurier zum Tribunen von Jerusalem zu schicken mit dem Befehl, die Schilde aus dem Palast zu entfernen. Erst dann konnte er seiner Wut über die Kühnheit des Antipas und der Männer des Sanhedrin freien Lauf lassen. Sie hatten also ihre Drohung wahrgemacht, die er nur für einen Bluff gehalten hatte: daß sie sich an Tiberius wenden würden.

Natürlich hätte er sich nie in diese üble Lage bringen dürfen. Wenn er die Trophäen in Cäsarea aufgehängt hätte, hätte das seinem Zweck völlig genügt. Warum also hatte er Jerusalem gewählt? Seinem Rat hatte er als Grund genannt: Tiberius die Fahnenaffäre vergessen zu machen, an die er sich vielleicht noch erinnerte und die für den Kaiser schmählich gewesen war. Die Schilde würden Tiberius in eben der Stadt ehren, die die Bilder verworfen hatten – ohne die Juden zu beleidigen.

Aber war das der einzige Grund? fragte sich Pilatus schließlich. Oder hatte die Entfernung der Medaillons den Princeps wirklich geärgert? Krisen haben das Gute, daß sie einen Menschen oft dazu bringen, ehrlich gegen sich selbst zu sein. Pilatus dachte über seine Motive nach und entdeckte schließlich eine andere Erklärung für seinen Plan, die Schilde in Jerusalem aufzuhängen. Die Fahnen waren ein persönlicher Rückschlag für ihn in Jerusalem gewesen; die Schilde sollten seine persönliche Rechtfertigung in Jerusalem sein. Niemand liebt es, wenn man seine Pläne durchkreuzt.

Trotzdem sagte sich Pilatus, die Hauptschuld an seiner Misere trage Herodes Antipas und nicht er selber. Er hatte ehrlich geglaubt, daß die Schilde die Juden nicht beleidigen würden. Und die Einwände der Hohenpriester wurden von keinem hebräischen Gesetz bestätigt. Auch hatten sie ihre Sache nicht logisch verfochten. Hätte Tiberius nur den Dialog hören können, hätte er ihm bestimmt keine Vorwürfe gemacht, sondern im Gegenteil ihn dazu beglückwünscht, daß er Roms Interessen so gut vertrat. Antipas wußte genau, daß er diese Art von Schmuck in seinem eigenen *Praetorium* wohl anbringen konnte, und dennoch hüllte er sich in den Mantel der jüdischen Frömmigkeit und beschwerte sich über Pilatus' Kopf hinweg, statt zwischen ihm und den Priestern zu vermitteln. Der Heuchler! Er wandte sich gegen bilderlose Schilde, er, der das Judentum damit beleidigte, daß er seinen eigenen Palast in Tiberias mit Tierbildern schmückte. Hätte Pilatus sich nur schon früher daran erinnert!

Warum hatte Antipas ihm diesen Schlag versetzt? Nun, das war klar. Wenn in Rom Freunde Freunde denunzierten, nur um sich als Gegner von Sejanus auszuweisen, warum sollte dann nicht ein Rivale einen Rivalen anschwärzen? Obwohl Sejanus, wie jeder wußte, Antipas' Gönner gewesen war, war es dem Tetrarchen immer gelungen, sich Tiberius' Gunst zu erhalten. Dadurch, daß er Pilatus als den ungehorsamen Präfekten hinstellte, der die Anweisungen des Kaisers mißachtete, möglicherweise mit Hinweisen auf Pilatus' frühere Abhängigkeit von Sejanus, stellte sich Antipas vor dem Kaiser in ein besonders gutes Licht, und wenn Pilatus abberufen wurde, wer konnte dann besser seine Nachfolge antreten als der einzige Mann, der bewiesen hatte, daß er mit Römern und Juden gleich gut auszukommen vermochte? Der Tetrarch von Galiläa ... und Judäa, sozusagen die Wiederherstellung des Reiches Herodes' des Großen. Vorher wäre das nicht möglich gewesen, da der Sanhedrin Antipas nicht grün war. Aber jetzt, da er erfolgreich die Sache der Juden vertreten hatte, würde sein Ansehen in Judäa steigen. Nach seiner unseligen Heirat, seinem Zwist mit dem König Aretas und nach der Enthauptung des Täufers war Herodes Antipas endlich ein diplomatischer

Coup gelungen. Daß das auf Pilatus' Kosten geschehen war, mußte ihm doppelt süß eingehen. Für Pilatus war es doppelt bitter.

Pilatus' Zukunft schien jetzt völlig ungewiß. Ohne Procula etwas davon zu sagen, schrieb er sein Testament, denn er wußte nun, Tiberius hatte nichts vergessen.

Nachdem er eine Woche in Angst und Verzweiflung gelebt hatte, entwarf er eine lange Antwort an den Kaiser. Er schrieb sie immer wieder um, las sie dann Procula vor, um zu hören, was sie davon hielt, und schrieb sie schließlich noch einmal. Die Sprache mußte vollkommen, die Argumentation stichhaltig sein. Es war eine unglaubliche Lage: sein Leben konnte von dem abhängen, was er auf ein Stück Papyrus schrieb.

Der Brief begann damit, daß er dem Kaiser versicherte, daß die Schilde sofort entfernt worden seien; aber dann folgte die Erklärung, warum Pilatus sie ursprünglich aufgehängt hatte. Er berief sich dabei auf das jüdische Gesetz und die Synagogen in Alexandria. Der Brief schloß mit der Feststellung, er habe Sejanus in den letzten fünf Jahren vor seinem Sturz nicht gesehen und habe nichts von seiner verräterischen Verschwörung gewußt.

Solch eine Antwort war ein berechnetes Risiko. Sie war nicht kriecherisch, denn das Bedürfnis, durch Unterwürfigkeit seine Haut vielleicht zu retten, hätte ihn vor Tiberius nur erniedrigt. Andererseits, wenn er sein Verhalten verteidigte, konnte es geschehen, daß Tiberius, wenn er beim Öffnen des Briefes in schlechter Stimmung war, ihn sofort zurückrief. Doch es gibt Augenblicke, da die persönliche Integrität keine andere Wahl läßt. Für Pilatus war dies ein solcher Augenblick.

Die nächsten Wochen würden es zeigen. Eine rasche Antwort aus Capri würde ein böses Omen sein. Kein Brief dagegen wäre eine gute Nachricht.

Im Herbst 32 kam kein weiterer Brief von Tiberius. Pilatus' Aufmerksamkeit wurde jetzt wieder auf Jerusalem gelenkt. Seit der Episode mit den Schilden hatte er immer wieder die Antoniakohorte unter Androhung schwerster militärischer Strafen gewarnt, die Juden in keiner Weise zu beleidigen. Viele der jüdischen Aufstände im Laufe der Jahre waren durch Reibereien zwischen Soldaten und Volk ausgelöst worden. Und Pilatus konnte sich keinerlei Aufruhr leisten.

Er bat auch den Tribunen von Jerusalem, ihm über die Tätigkeit jenes merkwürdigen Mannes zu berichten, der Hoherpriester der Juden war. Joseph Kaiphas hatte nicht zu der Abordnung gehört, die um die Entfernung der Schilde ersuchte. Und auch bei den anderen Zusammenstößen zwischen Pilatus und den Juden, eingeschlossen die Aquädukt- und die Fahnenaffäre, war er nicht in Erscheinung getreten. Kaiphas hatte sich ihm nie offen widersetzt. Warum?

Wie es hieß, war Kaiphas ein weltkluger Sadduzäer, ein vernünftiger Pontifex, der Aufruhr und Unordnung ebenso haßte wie Pilatus. Die Zeloten und die meisten der Pharisäer fanden sogar, er sei romhörig. Aber war Kaiphas das wirklich? Pilatus bezweifelte es. Daß der Hohepriester ihm öffentlich nicht entgegentrat, war nur Selbstschutz. Da Pilatus ihn jederzeit entlassen konnte, mußte er sich bei jeder antirömischen Demonstration im Hintergrund halten, selbst wenn seine Sympathien auf Seiten der Juden waren – bis zu einem bestimmten Punkt. Wenn aus einem Protest offene Rebellion wurde, konnte Kaiphas seine Hände in Unschuld waschen. Er würde wahrscheinlich sogar mit Pilatus gemeinsame Sache machen, um sie niederzuschlagen, denn solch eine Rebellion konnte zu einer massiven römischen Intervention führen, und dann verlor er sein Amt. Keinesfalls würde er für Pilatus' Ablösung agieren, da ein neuer Statthalter einen neuen Hohenpriester berufen könnte.

Auch Kaiphas stand zwischen Jerusalem und Rom, dachte Pilatus, und er fürchtete jetzt, daß Kaiphas durch Tiberius' neue Politik den Juden gegenüber versucht sein könnte, sich nicht mehr an die Abmachung zu halten, nach der die beiden in den letzten sechs Jahren Judäa regiert hatten, und zu wagen, ihm gelegentlich offen entgegenzutreten. Darum hatte Pilatus den Tribun angewiesen, das Tun und Lassen des Hohenpriesters zu überwachen.

Aber der Tribun berichtete, daß in letzter Zeit Kaiphas und seine Clique gar nicht an feindliche Handlungen gegen Rom hätten denken können, da ihre Aufmerksamkeit von sich verstärkenden inneren Unruhen ganz beansprucht wurde. Das Volk sei sehr erregt, schrieb er, und der Sanhedrin versuche, es in Schach zu halten. Wahrscheinlich werde es zu keiner Erhebung kommen, aber es liege etwas in der Luft. Es seien antirömische Elemente in der Bewegung, aber ebenso viele, die gegen den Sanhedrin seien.

Pilatus rief Cornelius und sagte: »Lesen Sie dieses Schreiben des Kommandanten von Jerusalem, und sagen Sie mir dann, ob Sie daraus klug werden.«

Der Zenturio las es und gab zu: »Mir scheint das dummes Geschwätz zu sein!«

»Ein guter Tribun hätte eine bessere Spürnase haben müssen. Ich mache mir Sorgen. Vielleicht entwickelt sich etwas Gefährliches. Vielleicht hat jemand nur die Nerven verloren. Und darum wäre es gut, Cornelius, wenn Sie nach Jerusalem führen und auskundschafteten, was da wirklich los ist.«

»Ich werde mein Bestes tun.«

»Nehmen Sie sich Zeit. Kommen Sie erst wieder, wenn Sie Genaues wissen.«

Cornelius brach Mitte Dezember nach Jerusalem auf und kehrte Ende Januar 33 nach Cäsarea zurück. Er begann seinen Bericht mit einer merkwürdigen Feststellung: »Der Messianismus gärt in ganz Judäa.«

»Was soll das heißen?«

»So haben mir die Verwandten meiner Frau in Jerusalem die augenblickliche Stimmung erklärt. Das gemeine Volk sehnt sich nach einem patriotischen und religiösen Befreier, mit dem eine große Ära der Unabhängigkeit, des Friedens und des Wohlstands hier in Palästina beginnen wird.«

»Die alte Hoffnung auf den Messiaskönig. Nun, ist er schon aufgetaucht?«

»Es scheinen da mehrere Kandidaten zu sein. In Samaria ist einer der Favoriten ein Scharlatan namens Simon Magus, ein Mann der schwarzen Magie, der die Samaritaner mit seinen Tricks in Erstaunen versetzt und sich selber bescheiden die große Macht Gottes nennt. Aber die Juden beachten ihn kaum. Die Galiläer-Zeloten haben jetzt einen Anwärter namens Jesus Bar-Abbas, was bedeutet: Erlöser, Sohn eines Priesters. Er ist ein Rabbisohn, der auf die schiefe Ebene gekommen ist. Er hat einen Aufstand in der Nähe von Jerusalem inszeniert und hat nichts damit erreicht, hat nur ein paar wehrlose Juden ausgeraubt und getötet. Unsere Antoniakohorte hat den Aufstand im Handumdrehen niedergeschlagen, und jetzt sitzen Bar-Abbas und seine Bande im Gefängnis und warten auf ihre Aburteilung.«

»Hat das Volk ihn unterstützt?«

»Nein. Die Juden wußten, er war der falscheste der falschen Messiasse. Er wollte sich nur die Volksstimmung zunutze machen.«

»Übrigens, was ist aus dem anderen Jesus geworden, der angeblich die Menge in Galiläa gespeist, aber eine Krone abgelehnt hat?«

»Er scheint der richtige Messiaskandidat zu sein.«

»Was?«

»Mißverstehen Sie das nicht – Jesus scheint keine politische Macht zu erstreben. Manche glauben, der Messias werde ein politischer Monarch, ein erobernder König sein, andere sagen, er werde ein geistiger Reformer sein, der als ›König‹ nur über die Herzen und Seelen der Menschen herrschen werde. Jesus scheint mehr dieser Typ zu sein.«

»Haben Sie sonst noch etwas über ihn in Jerusalem gehört?«

»Allerlei. Herodes Antipas scheint ihn eine Weile geschützt zu haben, aber dann wollte er ihn verhaften, und darum ist Jesus auf unser Territorium gekommen.«

»Nach Judäa?«

»Ja. Und es ist nicht das erste Mal. Er war schon mehrmals zum Passahfest in Jerusalem. Und in der letzten Woche habe ich ihn endlich selber auf der Terrasse des Tempels gesehen.«

»Was für ein Mann ist er?«

»Er hat wallendes Haar und einen Bart, hat ein manchmal freundliches, dann wieder weniger freundliches Gesicht und ist sauber gekleidet – er unterscheidet sich also kaum von allen anderen in der Stadt, außer in einem.«

»Und das ist?«

»Es sind immer viele Menschen um ihn. Als ich ihn sah, fragten einige seiner Feinde: ›Wie lange willst du uns noch im Ungewissen lassen? Wenn du der Messias bist, dann sag' es uns.‹ – ›Ich habe es euch gesagt, aber ihr glaubt es nicht. Die Werke, die ich in meines Vaters Namen tue, zeugen für mich‹ – ich glaube, so hat er es gesagt.«

»Der Mann gibt sich also selber als der Messias aus!« Pilatus machte ein besorgtes Gesicht. »Was haben die, die ihn gefragt haben, darauf gesagt?«

»Sie wollten ihn wegen Gotteslästerung steinigen. Aber er ist ihnen entkommen.«

»Wegen was für einer Gotteslästerung?«

»Daß er gesagt hat: ›Werke, die ich in meines Vaters Namen tue.‹ Er berief sich auf eine besondere Verwandtschaft mit dem jüdischen Gott.«

»Dann hat dieser Jesus also nicht viele Anhänger?«

»Das habe ich nicht gesagt. Nach der versuchten Steinigung sind ihm sogar noch mehr Leute gefolgt ... zumal nach jenem Ereignis in Bethanien. Wenn ich nicht in Jerusalem mehr hätte über den Sanhedrin erfahren wollen, wäre ich vielleicht dabei gewesen.«

»Was ist da geschehen?«

»Entweder hat Jesus einen Mann vom Tode erweckt, oder er hat den prächtigsten Trick in der Geschichte der Zauberei vorgeführt. Der Mann hieß Lazarus und war ein Freund von Jesus. Er lebte mit zwei Schwestern in Bethanien, bis er erkrankte und starb. Vier Tage später kam Jesus dorthin und befahl, den Stein von dem Grabe abzuheben. Die eine der Schwestern sagte darauf, er stinke schon, aber Jesus rief mit lauter Stimme: ›Lazarus, komm heraus!‹ Und der Verstorbene kam heraus, gebunden mit Grabtüchern an Füßen und Händen. Sie banden die Tücher auf. Es war Lazarus, lebendig und gesund.«

»Unsinn.«

»Die Kunde verbreitete sich an jenem Abend in ganz Jerusalem – Bethanien ist nur zwei Meilen von dort entfernt. Ich begab mich am nächsten Tage hin und fand das Grab offen. Aber um das Haus des Lazarus drängten sich so viele Menschen, daß ich nicht versucht habe, mit ihm zu sprechen.«

Pilatus wußte nicht, was er davon halten sollte. »Merkwürdig«, sagte er, »wie, glauben Sie, hat er das fertiggebracht?«

»Wie meinen Sie das?«

»Daß es so aussah, als ob er einen Mann vom Tode erwecke. Wissen Sie, etwas an der Geschichte stimmt nicht, denn Lazarus war ein Freund von Jesus, und die beiden Freunde haben beschlossen, etwas sehr Spektakuläres aufzuziehen, um die Menschen ein für allemal zu überzeugen.«

»Ich weiß nicht, Präfekt. Ich weiß es wirklich nicht. Die Ärzte haben gesagt, der Mann sei tot.«

Pilatus lächelte.

Cornelius hatte nicht von einer entscheidenden Sitzung des Sanhedrin berichten können, denn er tagte gerade an dem Tage, da er nach Cäsarea zurückfuhr. Das Lazarus-Ereignis hatte zur Einberufung dieser außerordentlichen Sitzung geführt, bei der die Tagesordnung nur aus einem Punkt bestand: was man gegen Jesus von Nazareth unternehmen solle. Wenn er weiter seine Zeichen und Wunder tun durfte, werde er die ganze Bevölkerung für sich gewinnen, sagte man sich. »Und dann werden die Römer kommen«, warnte ein alter Schriftgelehrter, »und unseren Tempel und unsere Nation vernichten.« Alle redeten darauf erregt durcheinander.

Dann hob der Hohepriester Kaiphas seine Hände, um Schweigen zu gebieten. »Benutzt euren heiligen Verstand, Brüder«, sagte er, »ist es nicht besser, daß ein Mann für das Volk stirbt, als daß die ganze Nation zugrunde geht? Unser einziges Problem ist: wie soll dieser Mann sterben?«

Am 22. Februar 33 oder einen Tag früher oder später veröffentlichte der Große Sanhedrin den Beschluß, Jesus zu verhaften und zu verurteilen. Ein Gerichtsbeamter mußte diesen Beschluß öffentlich ausrufen oder ihn in den größeren Städten Judäas etwa vierzig Tage vor der Gerichtsverhandlung amtlich bekanntgeben.

Gesucht wird:

Yeshu Hannosri oder Jesus der Nazarener

Er soll gesteinigt werden, weil er Zauberei getrieben und Israel zum Abfall verleitet hat. Jeder, der etwas zu seinen Gunsten sagen kann, soll sich melden und ihn verteidigen. Jeder, der weiß, wo er ist, soll es dem Großen Sanhedrin in Jerusalem mitteilen.

Sechzehntes Kapitel

Dies war das Jahr, das den Lauf der Geschichte ändern und vieles in der Weltkultur umstoßen würde, von der Zeitrechnung bis zu den religiösen und philosophischen Werten. Aber niemand hätte das in den ersten Monaten des Jahres 33 ahnen können. Niemand hätte wissen können, daß dies eine Mal nicht Rom, sondern Jerusalem die Weltgeschichte bestimmen würde.

Für Rom war es ein ebenso gefährliches Jahr wie das vorhergehende. Der wie immer argwöhnische Tiberius forderte eine besondere Leibwache zu seinem Schutz, sollte er schließlich doch den Senat noch einmal besuchen. Die wie immer hilflosen Senatoren stimmten dem nicht nur zu, sie brachten sogar ein Gesetz ein, daß jeder von ihnen am Eingang zum Senat, wenn der Kaiser anwesend war, nach verborgenen Dolchen durchsucht werden sollte. Es werde, erklärten sie, keine Wiederholung der Iden des März geben.

Aber Tiberius kehrte nie in die Hauptstadt zurück. Wieder einmal näherte er sich ihr bis auf vier Meilen, blieb einige Zeit dort, fand dann aber plötzlich einen Vorwand, nach Capri zurückzukehren. »Wie eine vom Licht angezogene Motte um eine Kerze kreist, die dennoch fürchtet, daß sie sich verbrennt«, sagten seine Kritiker.

Und die Prozesse und Hinrichtungen gingen weiter, obwohl der Kaiser ihnen jetzt ein Ende machen wollte. Er ergriff zwei drastische Maßnahmen, um das Blutvergießen zu beenden. Er gab den Befehl, daß alle im Gefängnis sitzenden Komplizen Sejanus' getötet werden sollten. Und so wurden die Unglücklichen umgebracht und ihre Leichen die Treppe der Trauer hinunter in den Tiber geworfen. Danach ließ Tiberius mit einer gewissen grimmigen, aber poetischen Gerechtigkeit die Leichen einiger der bekanntesten Ankläger, die den Staat in eine bedrohliche Lage gebracht hatten, ebenfalls in den Fluß werfen.

Die Öffentlichkeit applaudierte dieser letzten Tat, und seine Popularität wuchs; er wies aber weitere Ehrungen, die ihm der Senat zudachte, zurück. Und als eine Wirtschaftskrise in jenem Jahre Rom an den Rand des finanziellen Ruins brachte, stabilisierte er die Lage dadurch wieder, daß er hundert Millionen Sesterzen zur Verfügung stellte, damit sich die Schuldner zinsloses Geld leihen konnten.

Eine Zeitlang war das Jahr A.U.C. 786 als das der wirtschaftlichen Depression bekannt, aber in späteren Zeiten sollte man es wegen dessen, was in jenem Frühling in Palästina geschah, Anno Domini 33 nennen. Der Präfekt von Judäa konnte natürlich nichts von dem Trommelwirbel des Schicksals hören, als er sich rüstete, Cäsarea zu verlassen, um eine wichtige Rolle in Jerusalem zu spielen. Pilatus, der sich mit vielen kleinen Regierungsproblemen herumschlagen mußte und immer in der Angst lebte, vom Kaiser abberufen zu werden, nahm von Jesus von Nazareth kaum Notiz. Wenn er seine Wunder wie ein guter braver Wundertäter tat und keinen Aufstand predigte, würde man sich nicht mit ihm zu befassen brauchen.

Pilatus ärgerte sich ein wenig, als in Cäsarea der Beschluß bekanntgegeben wurde, Jeschua Hannosri zu verhaften. Denn das deutete darauf hin, daß der Sanhedrin sein altes Recht, die Todesstrafe durch Steinigen zu vollziehen, wieder geltend machen könnte. Cornelius sagte, daß Steinigen nach jüdischem Brauch nicht unbedingt zu Tode steinigen bedeute, wenn es auch im allgemeinen dazu führte. Um die Luft zu reinigen, schickte Pilatus ein Schreiben an Kaiphas, in dem er ihn, ohne Jesus zu erwähnen, warnte: »Verurteilen Sie, wen Sie wollen, aber denken Sie daran, das das *ius gladii* bei dem Präfekten von Judäa bleibt!«

Passah fiel in jenem Jahr auf Anfang April, und Pilatus hatte wie immer vor, zu der Zeit mehrere Wochen in Jerusalem zu verbringen. Der sehnsüchtigen Erwartung eines Messias im Lande wegen dachte er ernstlich daran, sich von einem stärkeren Kontingent der italienischen Kohorte begleiten zu lassen, aber dann verwarf er den Gedanken wieder. Es wäre das erste Mal seit 37 Jahren, daß römische Truppen in die Heilige Stadt kämen, und die Bewohner von Jerusalem würden darin bestimmt eine Bedrohung sehen. Es war darum besser, sich mit den örtlichen Hilfskräften zu begnügen und sich im übrigen auf die Antonia-Kohorte zu verlassen.

Procula wollte gern mitfahren, aber Pilatus war dagegen. »Das ist zu gefährlich«, sagte er, »in der Stadt gärt es.« Sie brauchte mehrere Tage, um durch sanftes Schmeicheln und sogar ein paar Tränen zu erreichen, was den meisten Ehefrauen in viel kürzerer Zeit gelingt, nämlich eines Mannes unabänderlichen Entschluß umzustoßen. Aber sie wagte nicht, ihm den wirklichen Grund ihrer Bitte zu sagen, denn dann hätte er sich nicht erweichen lassen: Cornelius hatte ihr nämlich gesagt, daß Jesus das Passahfest in Jerusalem verbringen werde. Die verschiedenen Berichte über den galiläischen Propheten hatten anfangs nur ihre Neugier gekitzelt, aber jetzt interessierte es sie brennend, was der merkwürdige Mann sagte und tat. Sie hatte sogar daran gedacht, ihren Mann zu bitten, ihr zu erlauben, ihn anzuhören, aber er hätte ihr das so sicher untersagt, daß sie ihm lieber erst gar nicht damit gekommen war. Doch der Galiläer ließ sie nicht los. Selbst wenn er sich nicht in Jerusalem zeigte – er war schließlich ein Gejagter –, konnte sie wenigstens jene sprechen, die ihn gesehen hatten.

Die Fahrt nach Jerusalem dauerte viel länger als sonst, denn die Straßen waren von Menschenscharen verstopft, die wie in jedem Jahr in die heilige Stadt pilgerten. Am Sabbat jedoch, wenn kein frommer Jude mehr als eine halbe Meile ging, herrschte weniger Verkehr, und so traf Pilatus' Gefolge fast planmäßig am Tag nach dem letzten Sabbat im März in Jerusalem ein.

Je näher sie der Stadt kamen, desto mehr war die Straße von Pilgern überfüllt, die Psalmen und die traditionellen Passahlieder sangen. Lastesel schrien, Opferlämmer blökten. Junge Menschen stützten alte, Kinder gingen verloren, Mütter riefen nach ihnen, und Männer fluchten über die widerspenstigen Esel oder liefen hin und her, um die Schafe beieinander zu halten. Eine Wolke von Staub, Schweiß- und Tiergeruch lag über der Straße, die nur gelegentlich von einem Windstoß aus dem Westen durchblasen wurde.

Als sie den Rücken des letzten Hügels erreicht hatten und Jerusalem vor ihnen lag, fielen viele in der Menschenkarawane auf die Knie und beteten und weinten vor Freude. Pilatus und sein Gefolge dagegen hielten sich nicht auf. Sie fuhren weiter zum Wassertor. Ganze Zeltstädte waren um Jerusalem herum entstanden, viel mehr, als Pilatus beim Passah im Jahr zuvor gesehen hatte. Da die jüdische Hauptstadt die zum Fest kommenden Pilgerscharen nicht beherbergen konnte, waren diese Zeltstädte unbedingt nötig. Noch vor Ende der Woche würde sich Jerusalems Bevölkerung vorübergehend um zweihundertfünfzigtausend Menschen vermehren.

»Eine reguläre religiöse Armee«, sagte Pilatus, »stell dir vor, was passieren würde, wenn jeder von ihnen bewaffnet wäre. Wir wären dann verloren.« Ihm graute vor Menschenmassen, denn sie hatten ihm schon oft das Leben schwergemacht.

Plötzlich zupfte ihn Procula am Arm: »Sieh mal nach Osten, zum Ölberg hinauf ...«

Pilatus sah dorthin. Über den Köpfen einer großen Menschenmenge zu beiden Seiten der Straße bewegte sich etwas Grünes. Die Menge schien Palmenzweige zu schwingen. Ein durch die Entfernung gedämpftes Geschrei war zu hören.

»Ich kann nicht erkennen, was das ist, Procula«, sagte er, »wenn wir hier in Griechenland wären, wäre es der Empfang eines heimkehrenden olympischen Siegers. Wir werden es erfahren, wenn wir nach Jerusalem kommen. Sie scheinen in die Stadt zu gehen.«

Erst am Abend berichtete der Tribun in der Antonia Pilatus ausführlich über die Palmenschwinger. Aber die Erklärung befriedigte ihn kaum, da sie voller Widersprüche war. Ja, die Demonstration sollte einen Mann ehren, den Propheten Jesus, der offenbar sein Versteck aufgegeben hatte. Ja, es könnte etwas mit Politik zu tun haben. Viele Juden glaubten, daß ihr Messias auf eben diesem Ölberg als König ausgerufen werde. Manche hatten auch gerufen: »Es lebe der Sohn Davids«, ein bedeutungsschwerer Name, wenn Jesus den Anspruch erheben sollte, Erbe des Königs David in einer wiederhergestellten jüdischen Monarchie zu sein. Selbst das Schwingen der Palmenzweige konnte symbolisch sein, denn die Palme war das nationale Emblem Palästinas ... Und wie viele von denen, die nach Jerusalem strömten, waren Mitglieder der Zeloten-Partei in Galiläa?

Aber andere sagten ihm, Jesus sei ein unpolitischer Mensch, und er werde von den Pilgerscharen mißverstanden. Noch andere behaupteten, das Volk wisse das und umjubele nur seinen Lieblingspropheten. Er kam nicht in einem goldenen Wagen, sondern ritt auf einem Esel, bestimmt eine schlechte Propaganda für Königsmacher. Und als Jesus nach Jerusalem kam, hielt er keine flammenden Reden, stellte auch keine hohen Ansprüche. Er ging nur zum Tempel, genoß die Aussicht über das Kidrontal und kehrte dann mit seinen Jüngern nach Bethanien zurück, denn es war bald Abendbrotzeit.

Pilatus konnte sich auf das alles keinen Reim machen. Die Episode war entweder harmlos oder äußerst bedeutsam. Aber das Schicksal des verwirrenden Propheten hing von dem ab, was er angesichts einer so begeisterten Unterstützung von nun an tat oder nicht tat. Wenn Jesus sich in die Politik einmischte, würde Rom eingreifen, so sehr auch Pilatus den Gedanken haßte, darin verwickelt zu werden.

Aber dann sagte er sich, daß selbst wenn der Prophet sich strikt auf das Religiöse beschränkte, er Schwierigkeiten mit Kaiphas und dem Sanhedrin haben würde, die in ganz Judäa den Beschluß, ihn zu verhaften, verkündet hatten. Aber warum hatte ihn dann die jüdische Tempelwache bei seinem Besuch im Tempel am Nachmittag nicht verhaftet?

Als sich Pilatus an diesem Abend in den Palast des Herodes zurückzog, war er ratloser denn je. Procula dagegen verbarg kaum ihre Freude, daß Jesus doch nach Jerusalem gekommen war. Sie würde so zumindest die Gelegenheit haben, ihn zu hören, ja vielleicht ihm sogar begegnen. Würde er eine Einladung in den Palast zum Abendessen bei ihnen annehmen? fragte sie sich. Schließlich gaben römische Statthalter immer berühmten Männern in ihren Provinzen ein Essen. Vielleicht könnte sie mit eigenen Augen sehen, ob er wirklich Wunder vollbrachte oder nicht. Oder könnte wenigstens versuchen, dahinterzukommen, wieso er diese Macht über das Volk hatte, ob er das seiner Persönlichkeit oder seiner Botschaft verdankte. Aber das wäre zu schön, um wahr zu sein, denn ihr Mann würde nie bereit sein, einen Messias, wer immer er auch sei, zu empfangen.

Am Morgen, als Pilatus die Jerusalemer Kohorte in der Antonia inspizierte, forderte er seine Soldaten auf, sich in der kommenden Woche besonders gut zu benehmen. Er begab sich dann zu der südlichen Stadtmauer, um seinen geliebten Aquädukt zu besichtigen. Infolge der starken Regenfälle in diesem Frühling strömte das Wasser stärker denn je.

Im Laufe des Tages leitete er eine Versammlung der Hauptsteuereinnehmer von Judäa. Er war gerade dabei, die jährlichen Steuerbeträge festzusetzen, als der kleine Zachäus, der Obersteuereinnehmer für Jericho, sagte: »Edler Präfekt, bei der Durchsicht meiner Abrechnung stelle ich fest, daß ich mich bei dem Tribut des letzten Jahres um fünfzigtausend Sesterzen geirrt habe.«

»Zachäus«, erwiderte Pilatus, »Steuern aus der kaiserlichen Schatzkammer zurückzuzahlen ist unmöglich.«

»Nein, nein, Exellenz, ich schulde der Schatzkammer fünfzigtausend Sesterzen. Und hier sind sie.« Zachäus' Augen strahlten vor Glück.

»Was ist über Sie gekommen, Zachäus? Sonst feilschen Sie mit mir immer um den letzten Quadrans.«

»Als ich am letzten Donnerstag oben in Jericho war, hat der Prophet ...« Er verstummte jäh und lachte dann. »Ach ... nichts, nichts, meine Herren. Wieviel, sagten Sie, Exzellenz, wird das arme Jericho in diesem Jahr ›beisteuern‹ müssen?«

Darauf folgte ein allgemeines Gelächter, da Jericho pro Einwohner das höchste Einkommen aller reinjüdischen Städte in Palästina hatte.

Als sich die Finanzkonferenz vertagte, erschien der Tribun von Jerusalem, um etwas zu berichten, von dem er glaubte, daß es Pilatus interessieren könne. »Es war genau vor einer Stunde, Präfekt. Wir hörten in der Antonia, daß es in der Tempelenklave laut herging. Ich ging mit einer Abteilung Soldaten hin, aber da war es schon zu spät.«

»Wofür zu spät?«

»Der Prophet Jesus. Er hatte eine Peitsche in den Händen und schlug mit ihr die Viehhändler im Tempelhof, die ihre Tiere als Opfer verkauften. Er trieb sie hinaus, Rinder, Schafe und alles. Sie hätten das Brüllen und Blöken hören sollen! Und das Fluchen!«

Während der Tribun das berichtete, verzog sich sein Gesicht zu einem Lächeln, das Pilatus ansteckend fand.

»Hat Jesus eine Erklärung für dieses ... sonderbare Verhalten gegeben?«

»Er sagte: ›Mein Haus soll ein Bethaus heißen. Ihr aber macht eine Räuberhöhle daraus.‹ Oh, sein Gesicht war finster vor Zorn. Dann ging er zu den Taubenhändlern, und während sie mit offenem Munde dabeistanden, öffnete er ihre Käfige und ließ alle Tauben davonfliegen. Und schließlich kamen die Wechsler an die Reihe. Das war eine Szene! Jesus stieß ihre Tische um, und die Münzen rollten mit lautem Geschepper über den Hof. Ha, Sie hätten sehen sollen, wie die Wechsler sich um das Geld balgten!«

»Erzählen Sie mir noch mehr!« bat Pilatus.

»Er säuberte den Tempel von den Händlern. Wenn ich meine Meinung sagen darf, Herr, das war ein guter Gedanke von ihm. Der Tempel glich allmählich einem persischen Markt.«

»Oder einem Zoo, möchte ich sagen. Aber, Tribun, haben Sie oder Ihre Männer nicht versucht, einzuschreiten?«

Der Tribun zuckte ein wenig zusammen. »Nein, Herr. Ich wollte die Autorität der Tempelwächter nicht antasten.«

»Warum taten die nichts?«

»Sie hätten nicht gewagt, Jesus zu dieser Zeit und an diesem Ort zu verhaften. Er ist bei den Pilgern zu beliebt.«

»Wenn nun nicht viele Menschen und keine Tempelwachen dort gewesen wären, hätten Sie dann versucht, dem Propheten Einhalt zu gebieten?«

»Nur sehr widerwillig.«

Pilatus klopfte ihm auf die Schulter. »Sie sind ein guter Mann, Tribun«, dann lächelte er, »mir fiel nur gerade ein, daß die meisten Konzessionen in den Tempelhöfen den Familien Annas und Kaiphas gehören. Ich hätte viel darum gegeben, hätte ich ihre Gesichter sehen können, als sie davon erfuhren!«

Beim Abendessen erzählte Pilatus Procula von dem Vorfall. Sie lachten beide schallend, und Procula nahm sich im stillen vor, am nächsten Morgen zum Tempel zu gehen, in der Hoffnung, Jesus zu sehen.

Es gelang ihr am Tag darauf, denn in dieser berühmten Woche erschien Jesus täglich im Tempel, um zu den Menschen zu sprechen. Umgeben von einer Schar Dienerinnen und mehreren Leibwächtern, näherte sich Procula dem jungen Propheten bis auf fünfzehn Meter, fürchtete sich aber, näher an ihn heranzutreten. Es waren dort zu viele Menschen, und sie wollte kein Aufsehen erregen.

Pilatus nahm den Bericht von ihrem Erkundungsgang in den Tempel weniger mißvergnügt auf, als sie gefürchtet hatte, denn er wollte gern mehr wissen.

»Du hättest den Mann hören sollen, Pilatus«, sagte sie, »die Menschen waren ganz in seinem Bann. Als er seine Rede beendet hatte, drängten sich einige Pharisäer durch die Menge und fragten ihn etwas, was dich, glaube ich, sehr interessieren wird. ›Meister, was ist deine Meinung? Ist es recht, dem Kaiser Steuern zu zahlen, oder nicht?‹ «

Pilatus blickte sie betroffen an: »Was hat er geantwortet, Procula? Wiederhole seine Worte möglichst genau. Ich brauche dir wohl nicht erst zu sagen, daß das Schicksal dieses Jesus davon abhängen kann, was er auf diese Frage geantwortet hat.«

»Meine Dienerinnen haben es mir folgendermaßen übersetzt: Er sagte: ›Ihr Heuchler. Ihr wollt mich mit meinen eigenen Worten fangen, nicht wahr? Was versucht ihr mich? Zeigt mir einen Denar.‹ Und sie reichten ihm einen Denar. Er hielt ihn hoch und fragte: ›Wessen Bild ist dies und wessen Inschrift?‹ ›Des Kaisers‹, antworteten sie, und Jesus sagte: ›So gebt dem Kaiser, was des Kaisers ist, und Gott, was Gottes ist.‹ «

»Genial«, gab Pilatus zu, »einfach genial. Selbst Cicero wäre stolz auf solch einen Ausspruch gewesen.«

»Dann gingen die Pharisäer ... «

»Ich meine, in was für einer Klemme saß er da. Wenn er gesagt hätte, es sei verkehrt, die Steuer zu zahlen, wäre er für das Volk ein Held gewesen, aber ich hätte ihn wegen Hochverrats verhaften müssen. Wenn er aber nur einfach geantwortet hätte, es sei richtig, die Steuern zu zahlen, dann hätten die Leute ihn einen römischen Lakai genannt.«

»Jedenfalls«, fuhr Procula fort, »verschwanden die Pharisäer. Dann fragte ihn einer der Schriftgelehrten: ›Rabbi, was ist das höchste Gebot in der Thora?‹ Und eine meiner jüdischen Dienerinnen sagte, das sei eine furchtbare Frage. Ihr Gesetz sei in allem gleich groß. Aber Jesus antwortete: ›Du sollst den Herrn, deinen Gott, lieben von ganzem Herzen, von ganzer Seele und von ganzem Gemüt. Du sollst deinen Nächsten lieben wie dich selbst.‹ Ein tiefes Schweigen folgte, bis jemand rief: ›Weiser Rabbi, du hast in einem Satz das ganze Gesetz zusammengefaßt!‹, und dann jubelte das Volk. Stell dir vor, im Tempel!«

»Was haben die Hohenpriester dazu gesagt?«

»Was glaubst du? Jesus hat sie dann heftig angegriffen. ›Wehe euch, ihr Schriftgelehrten und Pharisäer, ihr seid Heuchler‹, sagte er mehrmals, und einmal nannte er sie ›blinde Narren‹. Dann, glaube ich: ›Otternbrut‹. Und sogar: ›weißgekalkte Gräber, außen schön und innen verrottet‹.«

»Wie konnten sie sich so etwas bieten lassen?«

»Das Volk ... bedenke doch!«

»Ja, ich verstehe das jetzt. Darum konnte Kaiphas diesen Jesus nicht verhaften – ja, des Volkes wegen. Aber was wird er nun tun?« Er lächelte. »Kaiphas soll nur ja nicht zu mir kommen und mich um Hilfe bitten. Diesmal sitzt er am Angelhaken, und ich kann zusehen, wie er zappelt ... Ich glaube, ich werde diesmal Passah genießen«, murmelte er zufrieden.

Am Mittwoch hielt Pilatus Gericht. Die ersten beiden Tage in Jerusalem hatte er sich mit Steuerfragen beschäftigt, und jetzt würde er für den Rest der Woche und einen Teil der nächsten Richter sein. Kapitalverbrechen, Berufungsverfahren, alle örtlichen Streitigkeiten zwischen Juden und Nichtjuden und jene politischen Vergehen, die eine Bedrohung der römischen Verwaltung bedeuteten, würden vor sein Tribunal kommen. Da Pilatus nicht allzu häufig nach Jerusalem kam, was es eine lange Liste.

Das Gericht tagte in der Hauptempfangshalle des Herodespalastes, aus der inzwischen die goldenen Schilde entfernt worden waren und in der Pilatus auf einem Podium thronte. Die Sitzungen dauerten vom frühen Morgen bis Mittag und dann, weil es so viele Fälle waren, von zwei bis vier Uhr nachmittags. In Rom standen dem Richter meistens eine Anzahl Geschworene zur Seite, aber in Provinzen wie Judäa war der Statthalter als Richter auf sich allein gestellt. Dennoch mußte er die Verhandlungen sorgfältig leiten, denn das Gesetz war eine römische Spezialität.

Es war ein anstrengender Tag für Pilatus. Zwei Angeklagte wurden freigesprochen, einer zu Gefängnis und einer zum Tode verurteilt. Dieser wurde vor Anbruch der Nacht gekreuzigt. Vielleicht war es menschlich, daß nach römischem Recht die Strafe sofort vollstreckt wurde.

Aber dies waren nur Routinefälle. Die wichtigeren Prozesse kamen erst in der nächsten Woche an die Reihe. Vor allem der Roms gegen Barabbas. Schon jetzt begann Pilatus, sich darauf vorzubereiten. Nicht daß er an Barabbas' Schuld zweifelte. Aber dieser Prozeß würde in Jerusalem größeres Aufsehen erregen als alle anderen. Schon der Mann auf der Straße hatte den politischen Freiheitskämpfer verurteilt, und es interessierte ihn nur noch, ob der Präfekt ihn vielleicht auf eine ganz besondere Art hinrichten lassen würde. Pilatus' Problem würde es sein, der Versuchung nicht nachzugeben und den Zorn Roms auf gefährliche Rebellen wie Barabbas zu sehr sichtbar werden zu lassen. Bei dieser Gelegenheit würde er auch, ahnte Pilatus, von einem Richterkollegen unter die Lupe genommen werden. Herodes Antipas war gerade zum Pessach, wie die Juden ihr

Passah nannten, in Jerusalem eingetroffen, und er würde sich kaum die Gelegenheit entgehen lassen, Pilatus' Auftreten im Barabbas-Prozeß kritisch zu beurteilen.

Später an diesem Abend erschien Kaiphas' Diener Malchus im Palast mit folgendem Brief:

»Joseph Kaiphas, Hoherpriester, an Pontius Pilatus, *praefectus Iudaeae*

Friede!

Wäre es nicht eine so dringende Angelegenheit, bei der die Sicherheit des Staates auf dem Spiel steht, würde ich Sie nicht zu dieser Stunde stören. Jeschua Hannosri, ein Betrüger und falscher Prophet, der mehrmals unser Gesetz gebrochen hat und dessen Häresie vom Großen Sanhedrin verurteilt worden ist, weilt zum Passahfest in Jerusalem. Es ist Ihnen bestimmt nicht verborgen geblieben, wie viele Anhänger er hat, und so könnte es jeden Augenblick zu einem gefährlichen Aufruhr kommen. Die Lage ist so brenzlig, daß, obwohl der Sanhedrin einen Haftbefehl gegen ihn erlassen hat, wir des Volkes wegen nicht gewagt haben, ihn festzunehmen. Wir haben jetzt beschlossen, Jeschua heute nacht zu verhaften, wenn er nicht von Anhängern umgeben ist. Einer seiner Jünger ist von ihm abgefallen und wird uns sagen, wo er sich heute nacht aufhält, so daß unsere Tempelwache ihn festnehmen kann.

Wir bitten untertänigst, unsere Wache durch ein großes Kontingent der in der Antonia stationierten Kohorte zu verstärken. Viele von den zahlreichen Pilgern, die auf den Höhen rings um Jerusalem kampieren, sind Anhänger Jeschuas, und diese werden unsere Polizei angreifen, sobald sie wissen, daß wir den Betrüger in Gewahrsam haben. Mit Ihrer liebenswürdigen Unterstützung können wir gemeinsam Zeit und Ort der Verhaftung festlegen. Friede sei mit Ihnen.«

Pilatus haßte es, Entscheidungen zu fällen, wenn er schläfrig war und es ihn nach dem Bett verlangte. Er ärgerte sich über diese Störung, aber ihm blieb kaum eine Wahl. Darum diktierte er einem Adjutanten eine Antwort, die dieser Malchus überreichte:

»Pontius Pilatus an Joseph Kaiphas. Seien Sie gegrüßt.

Ich verstehe Ihre Sorge. Man hat uns in den letzten Monaten über Jesus den Nazarener wiederholt berichtet, und wir sind bereit gewesen, ihn zu verhaften, sobald er das Volk zum Aufstand aufrief. Bisher scheint er das nicht getan zu haben. Er hat Sie vielleicht auf religiösem Gebiet beleidigt, aber da ein Urteil zu fällen, steht mir kaum zu.

Ich fühle mich darum nicht berechtigt, römische Truppen einzusetzen, um Jesus festzunehmen, selbst wenn die Tempelwache die eigentliche Verhaftung vornähme. Ich bin sicher, daß, wenn Ihre Polizei in entsprechender Stärke auftritt, es für Sie ganz leicht sein wird, Jesus bei Nacht zu verhaften. Wenn unsere Soldaten sich daran beteiligten, würde das nicht allen Pilgern verraten, was Sie vorhaben? Wenn Ihre Männer angegriffen werden, werden wir ihnen natürlich sofort zu Hilfe kommen. Leben Sie wohl.«

Pilatus sagte nicht, warum er die militärische Unterstützung verweigerte. Warum sollte er anstelle von Kaiphas sich vom Volk schmähen lassen, weil er einen Propheten verhaftete? Denn das Volk würde bestimmt dazu neigen, eher Rom als die eigenen Landsleute in der Tempelwache dafür verantwortlich zu machen. Er würde nicht Antipas' Fehler begehen und einen jüdischen Propheten köpfen, zumal nicht in seinem jetzigen »Bewährungsstatus«. Es sah außerdem so aus, als ob auch Kaiphas die Rolle des Prophetenmörders verschmähte und versuchte, sich bei dieser widerlichen Aufgabe in einen römischen Mantel zu hüllen.

In diesem Augenblick tagte der Hohepriester mit seinem Schwiegervater Annas und dem inneren Rat des Sanhedrin in seinem Hause unweit des Herodespalastes in der Oberstadt. Die Männer des Sanhedrin waren einmütig für eine Verhaftung Jesu, waren sich aber uneinig, ob sie vor oder nach dem Passahfest erfolgen sollte. Jene, die für Aufschieben waren, begründeten das damit, daß für den Prozeß und die Vollstreckung der Strafe vorher kaum genügend Zeit sei, und daß, wenn das Fest erst begonnen hätte, die Strafe erst recht nicht vollstreckt werden könne. Es sei darum besser, bis zum Ende der Passahwoche zu warten, wenn die Pilger Jerusalem wieder verlassen hatten – und dann den Mann zu verhaften.

»Aber was ist, wenn Jeschua dann mit seinen Anhängern ebenfalls die Stadt verläßt?« fragte Kaiphas.

»Wahrscheinlicher ist«, fiel Annas ein, »daß der Betrüger das Fest dazu benützen wird, seine Anhänger gegen uns aufzuwiegeln. Sie wissen, was er im Tempel getan hat! Wir müssen zuschlagen.«

Das leuchtete ein. Man würde jetzt alle Mitglieder des Sanhedrin benachrichtigen, sich auf Abruf bereitzuhalten. Die Tempelwache sollte Jesus am besten nachts verhaften, wenn er allein war. Es würde in Jerusalem oder in der Nähe geschehen müssen, denn wenn die Wache bis zu seinem Quartier Bethanien geschickt werden müßte, würden die Tausende von Pilgern, die auf den Höhen im Osten kampierten, Wind von seiner Verhaftung bekommen und Lärm schlagen.

Und damit alles klappte, brauchte man einen Eingeweihten, der es ihnen mitteilen konnte, sobald Jesus in der Lage war, in der es für ihn so leicht kein Entrinnen gab. Sie fanden diesen Mann oder vielmehr, er hatte sie gefunden.

»Sein Name«, sagte Kaiphas, »ist Judas Ischariot, und er ist bereit, seinen Lehrer für dreißig Denare zu verkaufen. Aber vielleicht steckt auch mehr dahinter. Er ist nämlich der einzige Nichtgaliläer unter Jeschuas Jüngern. Wahrscheinlich ist er sich bewußt, daß er seinem Lande die Treue gebrochen hat, und möchte sich von seiner Schuld dadurch befreien, daß er zu uns kommt. Er will versuchen herauszubekommen, was sie für morgen abend planen.«

»Wie schwer, glaubst du, wird es sein, Pilatus' Zustimmung zu erreichen?« fragte Annas.

Pilatus' Antwort, die ihnen Malchus brachte, war auch die Antwort auf diese Frage. Kaiphas las den Brief laut vor und sagte dann: »Er will seine Truppen nicht einsetzen, aber er meint, unserer Tempelwache würde es ein leichtes sein, die Verhaftung vorzunehmen. Zwischen den Zeilen steht, glaube ich, das ist eure Angelegenheit. Rom wird sich nicht einmischen.«

Am Donnerstag hatte Pilatus ebenso viel zu tun, aber weniger Leute als sonst waren als Zuhörer anwesend, da mit Sonnenuntergang der Tag der Vorbereitung auf das Passahfest begann. Andere, darunter viele Galiläer, würden das Passahmahl an diesem Abend essen, denn man war sich unter den Juden nicht einig darüber, ob die Woche des

Festes an diesem oder erst am nächsten Tage begann. Die Mehrheit, und ebenso die Priesterschaft Jerusalems, würde mit der Feier Freitag bei Sonnenuntergang beginnen.

Pilatus konnte nicht so viel erledigen, wie er sich vorgenommen hatte, und darum mußte sein Gericht am Nachmittag noch einmal tagen. Die beiden schlimmsten Verbrecher an diesem Tage wurden jetzt hereingeführt: zwei Männer, die eine kleine Gruppe von Festpilgern auf dem Wege in die heilige Stadt überfallen und ausgeraubt, und, als sie auf Widerstand stießen, mehrere der Pilger getötet hatten. Eine römische Patrouille aus der Garnison Jericho, denen die Überlebenden der Gruppe Hinweise gaben, hatte sie gefesselt nach Jerusalem gebracht.

Pilatus eröffnete die Verhandlung mit dem Aufruf dreier Frauen, die zu den Überfallenen gehört hatten. Mit Tränen und Haß in den Augen deuteten sie anklagend auf die beiden Männer und beschuldigten sie des Raubes und Mordes. Andere Zeugen, teils Pilger aus der Gruppe, teils Soldaten, bestätigten diese Aussage.

Die Banditen hatten keinen Rechtsbeistand und versuchten, sich selbst zu verteidigen. Sie hatten einen Zeugen, der behauptete, sie wären zu der Zeit in Jerusalem gewesen, aber das Alibi brach in sich zusammen, denn die Patrouille aus Jericho hatte schriftliche Geständnisse von den beiden nach ihrer Festnahme erhalten. Und damit war ihre Schuld bewiesen. Die einzige Komplikation war in diesem sonst einfachen Fall das Problem der Strafvollstreckung. Für eine Kreuzigung war es an diesem Tage schon zu spät. Andererseits mußte die Vollstreckung dem Urteil unmittelbar folgen. Pilatus löste es damit, daß er verkündete: »Urteil und Strafvollstreckung werden bis morgen früh verschoben. Die Sitzung ist geschlossen.«

Beim Tempel rief ein Priester, der den dunklen Himmel genau betrachtet hatte, er könne drei Sterne über sich sehen. Trompetenstöße zerrissen die Abendstille. Für die Juden hatte ein neuer Tag, Freitag, der 14. Nisan, begonnen, denn sie rechneten von Sonnenuntergang zu Sonnenuntergang. Pilatus hörte das Trompetengeschmetter, während er mit Procula zu Abend aß. Für sie war es noch Donnerstag, der 2. April, da die Römer von Mitternacht zu Mitternacht zählten.

In einem gemieteten Zimmer in einem Hause südlich vom Palast aß eine Gruppe von dreizehn Männern schon früh das Passahmahl, das Seder, das aus ungesäuertem Brot, grünen bitteren Kräutern, Fleisch und Wein bestand. Genau das gleiche hatten die Israeliten am Abend vor ihrem hastigen Exodus aus Ägypten vor dreizehnhundert Jahren gegessen. Aber dieses Mahl endete anders. Der im Meinungsstreit stehende Lehrer aus Galiläa verteilte Brot und Wein an seine Tischgenossen und bezeichnete es dann seltsamerweise als sein Fleisch und Blut.

Aber die Dreizehn waren jetzt nur noch zwölf. Einer von ihnen, Judas Ischariot, war gegangen. Wahrscheinlich hatte er woanders etwas Dringendes zu erledigen.

Siebzehntes Kapitel

Es klopfte laut an die Tür des Palastes des Hohenpriesters. Malchus öffnete sie und führte Judas hinein, wo Kaiphas und die führenden Männer des Sanhedrin beim Essen saßen. Judas war ein dunkelhaariger, schlanker, servil wirkender Jude.

»Exzellenz«, sagte er, sich vor dem Hohenpriester verbeugend, »sie haben vor, heute abend nach dem Seder in den Garten Gethsemane jenseits des Kidrontals zu gehen. Und schon bald, wie ich glaube. Ich komme gerade von ihnen.«

»Jeschua und die elf anderen? Und sonst noch jemand?« fragte Kaiphas sichtlich erregt.

»Nein.«

»Sind Sie sicher, daß sonst niemand dort sein wird?«

»Ganz sicher. Jeschua sagte, er wolle allein sein, um zu meditieren. Und sie lieben den Garten, gehen oft dorthin.«

»Sind sie bewaffnet?«

»Nur zwei von ihnen haben Schwerter, Petrus und Jakobus.«

»Wie weit waren sie mit dem Seder, als Sie sie verließen?«

»Fast fertig.«

Kaiphas dachte einen Moment nach und sagte dann: »Gott hat uns gezeigt, daß dies heute die Nacht sein muß, meine Brüder, denn es ist unsere letzte Chance, Jeschua vor dem Pesach zu verhaften.«

»Augenblick mal, Kaiphas«, sagte Rabbi Ananias, »es wird dort draußen sehr dunkel sein. Wie können wir darum sicher sein, daß wir den richtigen festnehmen? Es wäre entsetzlich, wenn wir einen falschen griffen und uns Jeschua entschlüpfte!«

»Wenn Sie gestatten, Exzellenz«, sagte Judas, »ich werde Ihnen zeigen, wer Jeschua ist, indem ich ihn küsse.«

»Einverstanden. Malchus, sag dem Hauptmann der Tempelwache, er soll uns mit seinen gesamten bewaffneten Männern erwarten, und sorge dafür, daß die Mitglieder des Sanhedrin benachrichtigt werden!«

»Wird er zunächst in mein Haus gebracht werden?« fragte Annas.

»Ja, Vater.«

Mehrere hundert mit Schwertern und Keulen bewaffnete und Fakkeln tragende Männer verließen die Tempelenklave, marschierten durch das Kidrontal und umstellten schnell den Garten dahinter. Judas führte die Offiziere und Hohenpriester zu einer kleinen Gruppe von Männern. Dann ging er auf einen zu, dessen Schweiß im Mondschein glitzerte, und küßte ihn.

»Wen suchet ihr?« fragte Jesus.

»Jeschua Hannosri«, antwortete ein Offizier.

»Der bin ich. Aber haltet ihr mich für einen Räuber, daß ihr Schwerter und Keulen benutzen müßt, um mich festzunehmen? Tag für Tag habe ich im Tempel gelehrt, aber ihr habt mich dort nicht gegriffen. Doch die Schriften der Propheten müssen erfüllt werden.«

Selten hatte sich jemand so widerstandslos verhaften lassen. Mit dem Eifer eines Dieners, der seinem Herrn gefallen will, packte als erster Malchus Jesus. Das war zu viel für einen seiner Jünger, einen stämmigen Fischer, der sein Schwert herauszog und Malchus das rechte Ohr abhieb.

Jesus griff mit einem schnellen Befehl ein: »Stecke dein Schwert in die Scheide, denn wer das Schwert nimmt, der soll durchs Schwert umkommen.«

Verlegen wischte Petrus die Klinge ab und steckte sie wieder in die Scheide.

Die anderen Jünger machten entsetzte Gesichter und standen zitternd am Rande des Gartens. Jesus sah es und sagte: »Wenn ich der bin, den ihr sucht, dann laßt die dort gehen!« Da liefen sie davon und verschwanden im Dunkel zwischen den Olivenbäumen. Jesus wurde gebunden und nach Jerusalem zurückgebracht.

Als die Soldaten mit dem Gefangenen zurückkehrten, erfuhr Kaiphas die Einzelheiten von Malchus, der, immer noch erschrokken, die Hand an seine rechte Wange preßte.

»Gute Arbeit, Malchus«, lobte der Hohepriester, »oh – das Ohr! – Es tut mir leid – aber wir werden dich als Zeugen vor Gericht dafür brauchen, daß sie bewaffnet waren und Widerstand geleistet haben. Und jetzt geh zum Arzt.«

Malchus, der immer noch benommen war, nahm seine Hand langsam fort und zeigte Kaiphas sein rechtes Ohr, das genau dort saß, wo es sitzen mußte. »Jeschua«, sagte er, »hat es aufgehoben, hat es an die Stelle gehalten, wo es gesessen hatte, und hat es geheilt.«

»Du Tor!« Kaiphas gab ihm eine Ohrfeige. »Wir haben keine Zeit für deine blöden Lügen. Nimm dich zusammen, und jetzt bring dies in den Herodespalast!« Er schob seinem Diener einen Brief in die Hand, schickte ihn weg und murmelte: »Eine kleine Aufregung, und schon phantasiert der Bursche.«

Pilatus und Procula wollten gerade zu Bett gehen, als Malchus mit folgender Botschaft erschien:

»Joseph Kaiphas an Pontius Pilatus, Frieden. Unsere Wache hat Jeschua Hannosri in der Nähe des Kidrontals verhaftet. Er hat kaum Widerstand geleistet. Aber wir bitten Sie dringend, die Antoniakohorte in Alarmbereitschaft zu halten, bis der Fall abgeschlossen ist. Es könnte zu einem Aufstand kommen, wenn das Volk morgen erfährt, was geschehen ist. Jeschua wird natürlich vom Großen Sanhedrin ein gerechter Prozeß gemacht werden. Friede.«

»Was steht darin, Pilatus?« fragte Procula.

Er reichte ihr den Brief und beobachtete dann, wie sie darauf reagierte. Und schon spiegelten sich in ihrem Gesicht Trauer und Sorge.

»Ein gerechter Prozeß«, sagte sie, »glaubst du das?«

»Vielleicht. Schließlich versuchen sie nur einen möglichen Aufstand im Keim zu ersticken und den Frieden zu wahren. Sie könnten auf die Todesstrafe aus sein, obwohl Kaiphas mir das wahrscheinlich gesagt hätte, wenn es so wäre. Sie werden Jesus wohl einkerkern, um ihm eine Lektion zu erteilen, oder ihn auf irgendeine Weise demütigen, die ihn vor seinen Anhängern bloßstellt. Jedenfalls wird nach dem Passahfest in Jerusalem nur noch ein kleines Häuflein von seinen Anhängern übrig bleiben.«

Und darauf schickte Pilatus an den Kommandanten der Antonia den Befehl: »Halten Sie Ihre Männer bis auf weiteres in Alarmbereitschaft.«

Inzwischen wurde Jesus ins Haus des Annas gebracht, der ihn vor seinem Schwiegersohn Kaiphas verhören wollte. Ein paar Augenblicke lang starrte der weißhaarige Priesterpatriarch den Gefangenen an. »Bist du Jeschua Hannosri?« fragte er schließlich.

Jesus nickte.

»Dann bist du also der Mann, über den man von hier bis nach Galiläa redet. Wie kommt das, Jeschua? Was hast du gegen unsere

Führung hier in Jerusalem? Du hast Furchtbares gesagt und getan im Tempel ... und anderswo.«

Jesus schwieg.

»Wie groß ist deine Bewegung?« fuhr Annas fort. »Wer sind deine Hauptanhänger? Was ist deine Lehre, deine Botschaft? Was sagst du dem Volk?«

Aber Jesus, der wußte, daß sein Erscheinen vor Annas nur ein Vorspiel zu der unvermeidlichen Konfrontation mit Kaiphas war, entgegnete: »Was ich lehre, ist allgemein bekannt. Ich habe offen in den Synagogen und den Tempeln gelehrt. Fragen Sie das Volk!«

Einer der Tempelwächter schlug ihn auf die Wange und schnarrte: »Ist das die Art, wie man einem früheren Hohenpriester antwortet?«

Jesus wandte sich ihm zu und sagte: »Wenn ich etwas Falsches gesagt habe, dann beweise es. Aber wenn es richtig ist, warum schlägst du mich dann?«

Annas' Gesicht verfinsterte sich, und er sagte: »Wenn der Angeklagte störrisch ist, ist dieses Verhör beendet. Bindet ihn, Wächter, und führt ihn vor den Hohenpriester.«

Mitglieder des Großen Sanhedrin versammelten sich im Palast des Kaiphas zu einer außerordentlichen Nachtsitzung. Da die Tore des Tempelberges nachts verschlossen waren, konnten sie nicht in ihrer Kammer zusammentreten. Alle siebzig jüdischen Senatoren setzten sich jetzt im Halbkreis um Kaiphas, den Vorsitzenden des Sanhedrin, und zwei Gerichtsbeamte. Die große Halle von Kaiphas' Palast war in den rosiggelben Schein flackernder Fackeln getaucht. Es roch nach Harz und Rauch.

Die erregten Gespräche verstummten, als Jesus in die Halle geführt wurde und sich vor Kaiphas stellen mußte. Der Gefangene ließ seine Augen über die Bankreihen gleiten und spürte, wie ihn hundertvierzig Augen anstarrten. Hinter ihm drängten sich Zeugen und ein paar Neugierige.

Kaiphas, der sein Amtsgewand trug, gebot Ruhe und rief zunächst die Zeugen auf, die etwas Stichhaltiges gegen Jesus vorzubringen hatten. Nach dem jüdischen Gesetz waren mindestens zwei Zeugenaussagen notwendig, um eine Anklage zu untermauern, die andernfalls null und nichtig war.

Ein Dutzend oder mehr Menschen bahnten sich mit den Ellbogen den Weg nach vorn und wurden von Ananias, der für sein besonderes Geschick, jemanden ins Kreuzverhör zu nehmen, bekannt war, vernommen. Die meisten der Zeugen berichteten von einzelnen Taten, durch die Jesus offenbar den Sabbat geschändet hatte. Aber jeder sprach von etwas anderem, nicht zwei von dem gleichen, so daß die Aussagen nichts nützten.

Kaiphas rief weitere Zeugen, und auch sie drängten sich durch die Menge nach vorn. Manche von ihnen waren lichtscheues Gesindel, das in dieser großen Stunde eine Rolle spielen wollte, aber sie wurden hinausgeworfen, nachdem sich ihr falsches Zeugnis als lächerlich erwiesen hatte. Andere beschuldigten ihn, am Sabbat Kranke geheilt zu haben; das, fand Ananias, reichte für eine Anklage nicht aus. Selbst die erfahrenen Rabbis waren da nicht einer Meinung, obwohl es eine feste Tradition war, daß ärztliche Hilfe am Sabbat nur bei Lebensgefahr geleistet werden durfte. Ein gebrochenes Bein zum Beispiel genügte da nicht.

Andere Aussagen wiederum stimmten nicht überein, obwohl es sich um das gleiche Geschehnis handelte. Schließlich glaubte Ananias in den übereinstimmenden Aussagen zweier Männer den für eine Anklage notwendigen Beweis gefunden zu haben. Jesus sollte gesagt haben: »Ich werde diesen Tempel zerstören und ihn in drei Tagen wiedererbauen.« Jede Bedrohung des Tempels war schwerste Gotteslästerung.

Dann rief jemand aus der Menge: »Jeschua meinte den ›Tempel‹ seines Leibes, nicht den großen Tempel.« Lautes Gemurmel erhob sich, und Kaiphas gebot Ruhe. Dann blickte er den Angeklagten durchbohrend an und fragte: »Hast du nichts auf die Anschuldigungen, die diese Zeugen gegen dich vorbringen, zu antworten?«

Jesus antwortete nicht. Nach dem Gesetz brauchte er das nicht, da nichts von dem, was die Zeugen ausgesagt hatten, bewiesen war. Kaiphas wußte das. Er hatte in den letzten Minuten die Lage bedauert, in die ihn dieser gesetzliche Engpaß gebracht hatte. In ihrer Hast hatten sie die falschen Zeugenaussagen nicht durch Voruntersuchungen ausgeschieden. Ihm wurde klar, daß das Ziel, das er sich in den letzten Monaten gesetzt hatte, in sich zerfiel. Denn wenn kein gültiger Beweis erbracht werden konnte, würde der Sanhedrin nach dem Gesetz gezwungen sein, Jesus für unschuldig zu erklären und ihn freizulassen. Und das würde ihm bei dem Volk noch mehr Freunde zuführen und dem religiösen Establishment in Jerusalem großen Schaden zufügen.

Aller Augen in der Halle waren auf Kaiphas gerichtet. Als ein »Kaiphas«, was übersetzt soviel wie Untersuchungsrichter hieß, strafte er seinen Namen Lügen. Was für einen Beweis hatte er – warum haßte er Jeschua Hannosri? Er hatte vier Gründe: Erstens war Jeschua ein das Gesetz brechender falscher Prophet, der das Volk mit gefährlichen Reden täuschte; zweitens griff er die jüdischen Autoritäten in beleidigender Weise an; drittens plante er wahrscheinlich einen Aufruhr, der zu einem römischen Eingreifen führen würde, und viertens leugnete er nicht, der Messias zu sein. Ach, ohne stichhaltige Zeugenaussagen konnte leider auf den ersten drei Beschuldigungen keine Anklage aufgebaut werden ... Aber die vierte! Keine Zeugen? Warum nicht siebzig Zeugen?

Kaiphas erhob sich von seinem Richterstuhl und ging zu dem Gefangenen hinüber. Die anderen Mitglieder des Sanhedrin standen ebenfalls auf, denn der Brauch forderte diese Ehrung des Vorsitzenden. »Du willst dich nicht zu diesen Anschuldigungen äußern?« fragte der Hohepriester. »Aber dann beantwortest du vielleicht dieses: Ich beschwöre dich beim lebendigen Gott, uns zu sagen ... Bist du der Messias? Bist du der Sohn Gottes?«

Kaiphas hatte der Frage den gefürchteten Schwur des Alten Bundes vorangestellt. Danach wäre selbst Schweigen verbrecherisch, und eine falsche Antwort würde eines Fluches würdig sein. Aber die Frage hätte dessen gar nicht bedurft, denn der von Jesus wiederholt öffentlich mit den Worten »Meine Stunde ist noch nicht gekommen« angedeutete Zeitpunkt war jetzt da.

»Bist du der Sohn Gottes?« fragte Kaiphas noch einmal.

Mit einem Blick, der dem Hohenpriester tief in die Seele drang, erwiderte Jesus: »Ich bin es, wie du gesagt hast, und du wirst den Sohn des Menschen zur Rechten des allmächtigen Gottes sitzen sehen.«

Das war eine vollständige und kategorische Antwort. Kaiphas zerriß im Zorn sein Priestergewand. Mit lauter Stimme rief er, damit ihn alle hörten: »Eine Gotteslästerung. Brauchen wir noch weitere Zeugen? Ihr habt diese Gotteslästerung gehört. Ihr seid jetzt die Zeugen. Wie lautet euer Urteil?«

Kein Mitglied des Sanhedrin hätte entscheiden können, ob Jesu Ausspruch die nüchterne Wahrheit oder die schlimmste Blasphemie war, die aus dem Munde eines Juden kommen konnte. Kaiphas hatte gerade gesagt, daß es eine Blasphemie sei und daß er deswegen verurteilt werden müsse. Die Männer des Sanhedrin dachten vielleicht anders darüber.

Aller Aufmerksamkeit richtete sich jetzt auf das jüngste Mitglied des Sanhedrin, das am Rande des Halbkreises saß, denn nach dem üblichen Verfahren begann die Abstimmung bei ihm und endete bei dem ältesten Mitglied, dem Vorsitzenden, der die entscheidende Stimme abgab. Der junge Mann sagte in die totenstille Halle hinein: »Er ist des Todes schuldig.«

Erregtes Flüstern erhob sich. Das nächste Mitglied stand auf und sagte das gleiche: »Er ist des Todes schuldig« – »Er ist des Todes schuldig« – »Er ist ... « In Joseph Kaiphas' strenges Gesicht kam ein befriedigter Ausdruck, und als siebenunddreißig Schuldsprüche gezählt worden waren, triumphierte er. Nur eine Mehrheit von zwei Stimmen war für eine Verurteilung notwendig. Dennoch wurden alle siebzig aufgerufen.

Als der Gerichtsschreiber den Namen von Joseph von Arimathia aufrief, erhob sich ein prächtig gekleideter, mittelgroßer Mann und sagte: »Ich enthalte mich der Stimme.« Es entstand eine kleine Unterbrechung, Kaiphas blickte Joseph vorwurfsvoll an, und dann ging die Abstimmung weiter.

Noch einmal gab es Unruhe, als ein Mann namens Nikodemus sich der Stimme enthielt, aber schließlich gab Kaiphas seine entscheidende Stimme ab und sagte: »Brüder, es sind neunundsechzig Stimmen für eine Verurteilung abgegeben worden, während zwei sich ihrer Stimme enthalten haben. Jeschua Hannosri ist hiermit zum Tode verurteilt.«

Laute Rufe ertönten, man applaudierte, und der Sanhedrin war vertagt. Die Tempelwächter ergriffen jetzt Jesus und schleppten ihn in den Hof, wo sie ihn schlugen und schmähten, wie es üblich war, wenn jemand das Todesurteil erhalten hatte. Einige spuckten ihm ins Gesicht, während andere ihm die Augen verbanden und höhnten: »Nun, sage uns, du Messias, wer hat dich geschlagen?«

Aber eine große Schwierigkeit blieb noch. Nach dem jüdischen Gesetz war das Gerichtsverfahren ungesetzlich, da nur Fälle, in denen es um Geld ging, nach Sonnenuntergang verhandelt werden durften. Prozesse, in denen es um Kapitalverbrechen ging, durften nur bei Tage stattfinden. Man löste das Problem aber damit, daß man Jesus kurz nach Anbruch der Morgendämmerung am nächsten Tag bei einer offiziellen Sitzung auf dem Tempelberg dem Großen Sanhedrin noch einmal vorführte. Nach Erledigung der Formalitäten forderte Kaiphas von neuem eine Verurteilung von den Mitgliedern des Sanhedrin. Wieder rief der Gerichtsschreiber jeden Namen auf, beginnend mit dem des Jüngsten. Jeder Aufgerufene erhob sich darauf und antwortete: »Des Todes schuldig.« Wie am Abend zuvor enthielten sich wieder nur zwei der Stimmen.

Eine letzte Komplikation wurde einfach nicht beachtet. Um überhastete Verurteilungen zu verhindern, verlangte das jüdische Gesetz, daß eine Todesstrafe erst am Tage nach dem Prozeß ausgesprochen werden durfte. Darum war eine Gerichtsverhandlung am Freitag, die mit einem Todesurteil endete, ungesetzlich, da dem Freitag der Sabbat folgte, an dem ein Todesurteil weder ausgesprochen noch vollstreckt werden durfte. Das einzige Urteil, das gesprochen werden durfte, war ein Freispruch. Aber unter diesen besonderen Umständen fühlte sich der Sanhedrin nicht an eine solche Beschränkung gebunden.

Wäre Judäa nicht eine römische Provinz gewesen, wäre Jesus wahrscheinlich unterhalb der Ostmauer von Jerusalem zu Tode gesteinigt worden. Auf dem Wege dorthin hätte ein Herold verkündet:

»Jeschua Hannosri, Sohn der Mirjam von Nazareth, wird gesteinigt, weil er gotteslästerliche Äußerungen getan hat und ein falscher Prophet und Betrüger ist. Mitglieder des Sanhedrin haben gegen ihn ausgesagt. Wenn jemand etwas weiß, das ihn entlasten könnte, dann soll er sich melden und es vortragen.«

Etwa zehn Ellen von der Richtstätte entfernt würde man dann zu dem Verurteilten sagen: »Bekenne!«

»Möge mein Tod eine Sühne für alle meine Sünden sein«, hätte die Standardantwort gelautet, obwohl Jesus keine Sünde begangen hatte.

Aber da das *ius gladii* jetzt dem römischen Statthalter vorbehalten war, hätte Pilatus das Urteil des Sanhedrins prüfen, die Strafe aussprechen, Anweisungen für die Hinrichtung geben oder den Fall ad acta legen müssen. Wäre er in Cäsarea gewesen und der Kommandant der Antonia anderweitig beschäftigt, dann hätte der Sanhedrin es vielleicht riskiert, die Sache in die eigene Hand zu nehmen und

Jesus steinigen lassen mit der Behauptung, es habe der Mob getan. Aber Pilatus war sehr gegenwärtig in der heiligen Stadt.

Achtzehntes Kapitel

Es war sechs Uhr morgens am Freitag, dem 3. April des Jahres 33 – für die Juden der 14. Nisan des Jahres 3793. In dem prächtigen Schlafzimmer im Herodespalast schlief Procula länger als sonst. Ihr Mann stieg leise aus dem Bett, denn ihn erwarteten noch viele Fälle im Gericht.

Er blickte an diesem frischen Frühlingsmorgen über Jerusalem hin. Die Sonne begann den Nebel über dem Ölberg zu durchbrechen. Bald würde es für die Jahreszeit ungewöhnlich warm sein. Er gab Anweisungen, daß sein Richterpodium im schattigen Innenhof des Palastes aufgestellt würde, so wie es schon am Tage zuvor geschehen war. Am Nachmittag würde man es vor den Palast stellen, weil die Sonne dann nicht mehr dorthin schien.

Nach einem schnellen Frühstück bestieg Pilatus sein Tribunal und blickte auf die kleine Schar von Leuten vor ihm, die in den Prozessen dieses Tages nun jeder seine Rolle spielen würden. Aber zunächst mußten die gestern nicht mehr beendeten Verhandlungen abgeschlossen werden. Die beiden Straßenräuber, deren Verurteilung vertagt worden war, wurden ihm vorgeführt.

»Ich spreche euch schuldig«, sagte Pilatus zu ihnen, »in beiden Fällen wird die Todesstrafe verhängt.« Die Männer zuckten nicht mit der Wimper. In jener Zeit wurde die höchste Strafe für geringere Verbrechen verhängt als die, deren sie schuldig waren, sie waren darum darauf vorbereitet. *»Staurotheto kai staurotheto«*, rief Pilatus den Wächtern zu, während er auf die Übeltäter deutete. »Kreuziget ihn – und kreuziget ihn!« Und die beiden wurden für die gefürchtete Strafe vorbereitet – die übliche römische Methode der Exekution von Sklaven und Verbrechern, die nicht die römische Staatsbürgerschaft besaßen.

Während dieser Fall abgeschlossen wurde, erschien ein ziemlich langer Zug von Priestern, Tempelwächtern, Schreibern und Volk auf der Esplanade vor dem Palast. Im Innenhof hastete ein Mann zum Tribunal herauf. Wütend fragte ihn Pilatus:

»Was soll diese Störung, Malchus?«

»Verzeihen Sie mein Eindringen, Exzellenz. Mein Herr Kaiphas und der ganze Sanhedrin sind draußen, um Sie um Ihre Bestätigung des gegen Jeschua Hannosri ergangene Urteil zu bitten.«

»Willst du damit sagen, daß sie ihn schon verurteilt haben?« fragte Pilatus in scharfem Ton.

»Ja«, antwortete Malchus.

»Aber dafür hatten sie doch gar nicht genug Zeit ...«

»Kaum. Obwohl zwei Sitzungen des Sanhedrin seit der Verhaftung abgehalten worden sind.«

»Wie lautet ihr Urteilsspruch?«

»Schuldig.«

»Und die Strafe?«

»Sie wollen die Todesstrafe.«

»Die Todesstrafe?«

»Ja. Sonst hätten sie den Gefangenen nicht hergebracht.« Ein Zenturio unterbrach das Gespräch. »Verzeihung, mein Präfekt, ich muß Ihnen berichten, daß sich eine riesige Menschenmenge vor dem Palast versammelt. Soll ich von der Antonia Verstärkung erbitten?«

»Ja, aber die Soldaten sollen sich nicht zeigen.« Und sich wieder Malchus zuwendend, sagte er: »Das ist einfach unglaublich. Der Hohepriester hätte es nicht wagen dürfen, mich, der ich hier richte, auf diese Art zu unterbrechen.« Pilatus hatte ernsthaft vor, den Sanhedrin warten zu lassen, vielleicht bis nach der Aburteilung des Barabbas in der nächsten Woche. Aber ernüchtert durch frühere Zusammenstöße mit den Juden und nach einem Blick auf die Menschenmenge, die sich offenbar dieses Falls wegen draußen versammelte, besann er sich eines anderen.

»Mein Herr Kaiphas hat mir befohlen, Ihnen auszurichten, wie tief er es bedaure, Sie stören zu müssen«, fuhr Malchus fort, »aber er meinte, Sie würden verstehen, daß ein ernster Aufruhr droht, wenn nicht das Urteil schnellstens ergeht. Er hat auch gesagt, der Sanhedrin erwarte nicht, daß Sie Ihren Tagesplan durch eine zusätzliche Verhandlung umstoßen – der Prozeß hat bereits stattgefunden –, man möchte nur, daß Sie das Urteil bestätigen, was kaum Zeit beansprucht.«

Pilatus kochte vor Wut, aber er beherrschte sich und sagte ruhig: »Dann sollen sie hereinkommen«.

»Sie müssen leider vor dem Praetorium bleiben, Herr, weil sie sonst den Feiertag schänden und dann heute abend nicht das Passahmahl essen können.«

Sich nur noch mühsam beherrschend, machte Pilatus Malchus ein Zeichen zu verschwinden, dann ließ er den elfenbeinernen Richterstuhl dorthin tragen, wo er am Nachmittag Gericht halten wollte. Nachdem das geschehen war, ging er aus dem Palast zu der Menge hinaus und bestieg sein Tribunal.

Er setzte sich auf den Richterstuhl und umklammerte dessen Armlehnen so heftig, daß die Knöchel seiner Hände weiß wurden. Ein paar Augenblicke dachte er über den Fall nach; wie der Sanhedrin diesen komplizierten Fall in der kurzen Zeit hatte verhandeln können, war ihm schleierhaft ... Sie hatten einen gerechten Prozeß versprochen! Und nun die Todesstrafe? Wenn sie ihn auch nicht sonderlich überraschte angesichts des Hasses zwischen den jüdischen Behörden und Jesus, so war sie doch zumindest unklug, da sich Kaiphas selbst Sorgen machte, daß ein Aufstand ausbrechen könnte. Der Tod des Propheten ist Geburtsstunde des Aufruhrs ... Und dann ihn, ohne ihn vorher zu unterrichten, einfach so vor die vollendete Tatsache zu stellen ... und schließlich die versteckte Anspielung: »Sie brauchen ihn nicht zu verurteilen. Dies ist ein religiöser Fall. Unterschreiben Sie nur den Hinrichtungsbefehl, wie sich das für einen guten Präfekten gehört.«

Aber ich werde, beschloß er, ich werde den Fall noch einmal verhandeln, und zwar gründlich.

Er blickte von seinem Podest hinunter. Jesus stand unmittelbar vor dem Tribunal, von Mitgliedern des Sanhedrin zu beiden Seiten flankiert. Rechts von Pilatus waren die vertrauten Gesichter von Annas, Kaiphas, Ananias, Zadok, Helcias, Eleasar und Jonathan zu sehen. Er nahm an, sie würden die Hauptankläger sein, wenn es zu einem förmlichen Prozeß kam, was sie aber offensichtlich für unwahrscheinlich hielten. Ohne Ankläger konnte nach römischem Recht kein Prozeß stattfinden. Hinter Jesus standen die Führer der Pharisäer und Sadduzäer, Schreiber, Älteste und die Tempelwache, und dahinter drängte sich die Menge der Zuschauer.

Aber nur ein Gesicht in diesem wallenden Menschenmeer beunruhigte Pilatus. Er betrachtete es genau und war ein wenig enttäuscht. In den letzten Monaten hatte er so vieles über die geheimnisvollen Kräfte Jesu gehört, daß er ihn sich in seiner Phantasie größer vorgestellt hatte; und doch war es der gleiche, der da gefesselt, ungepflegt und über keine Zauberkräfte gebietend, vor ihm stand. Sein dunkles Haar fiel ihm bis auf die Schultern. Das und sein Bart kennzeichneten ihn als einen typischen Juden aus dem damaligen Palästina. Doch die straffe und hochgewachsene Gestalt schien allein durch die Augen zu sprechen. Sie waren müde, aber es waren nicht die Augen eines Gefangenen – nicht flehend, angstvoll oder beschämt, noch rachsüchtig oder drohend. Pilatus hatte die Augen all der Gefangenen, die er verurteilt hatte, gesehen. In denen Jesu spiegelte sich Klarheit mit einem Hauch Enttäuschung und Resignation.

Die Menge war inzwischen verstummt, um zu hören, was der Präfekt zu sagen hatte. Der wandte sich zu den Hohenpriestern zu seiner Rechten und fragte auf griechisch: »Was werfen Sie diesem Mann vor?«

Die jüdischen Führer waren wie vom Donner gerührt, denn dies war die *interrogatio,* die Formel, mit der in Rom ein Prozeß eröffnet wurde. Pilatus wollte also das Urteil des Sanhedrin nicht bestätigen; er begann den Prozeß noch einmal von vorn!

»Wenn er nicht ein Verbrecher wäre, hätten wir ihn Ihnen nicht vorgeführt«, antwortete Ananias herausfordernd, durch diese Wende der Ereignisse jede Vorsicht außer acht lassend.

Verletzt durch diese beleidigende Antwort, entgegnete Pilatus: »Nun gut, dann urteilen Sie ihn nach Ihrem eigenen Gesetz ab.«

»Das ist nach Ihrem Gesetz nicht möglich«, sagte Kaiphas, der bisher geschwiegen hatte, »wir dürfen niemanden zum Tode verurteilen.«

Ein Lächeln zog sich um Pilatus' Mund. Wären da nicht die vielen Beobachter und seine eigenen Probleme in Rom gewesen, hätte er die Verhandlung damit geschlossen.

Statt dessen fragte er noch einmal: »Was werfen Sie diesem Mann vor?«

Diesmal bereiteten sich mehrere der Hohenpriester darauf vor, als Hauptankläger aufzutreten. Sie präsentierten eine förmliche Anklageschrift, mit der der Prozeß gegen Jesus eröffnet wurde: »Dieser Mann hat unser Volk aufgewiegelt, hat verboten, den Tribut an Tiberius zu zahlen, und behauptet, er sei Messias, ein König.«

Es war eine dreifache Anklage und genauso aufgesetzt, daß sie einen römischen Präfekten beunruhigen mußte, da jeder einzelne Punkt politisch war. Die religiösen Gründe, aus denen Jesus vom Sanhedrin verurteilt worden war, wurden mit keinem Wort erwähnt, da die jüdischen Behörden wußten, daß Pilatus wahrscheinlich wegen des rein theologischen Vergehens der Gotteslästerung keinen Menschen zum Tode verurteilen würde.

Die Spitzen seiner Finger aneinanderlegend, dachte Pilatus über die Beschuldigungen nach. Die erste, daß Jesus ein Unruhestifter, Führer einer Widerstandsgruppe war, mußte er ernst nehmen. Nach einem Kompendium zum römischen Recht mußten jene, die Aufruhr verursachten oder die Bevölkerung aufwiegelten, gekreuzigt oder »den wilden Tieren zum Fraße hingeworfen« oder deportiert werden.

Aber die Anklage der Unruhestiftung mußte erst bewiesen werden, da nach allen Berichten Jesus sich vor jeder politischen Agitation strikt gehütet zu haben schien.

Die zweite Anklage, daß er sich der Zahlung des Tributs widersetzte, war, wie Pilatus wußte, eine Lüge. Aber vielleicht waren sie dabei guten Glaubens gewesen, weil man sie falsch unterrichtet hatte, wenn auch ihre Haltung heuchlerisch wirkte. Viele dieser Ankläger, zumal die Pharisäer, verbrachten ihre Tage damit, gegen den Tribut an Rom zu protestieren, während sie ihn hier patriotisch verteidigten.

Die dritte Beschuldigung, daß nämlich Jesus sich selbst als Messias, als einen König ausgebe, war die ernsteste. Es ließ sich daraus eine *maiestas,* ein Hochverrat konstruieren, das verruchteste Verbrechen, das das römische Gesetz kannte. In einem Land, über das Tiberius als Kaiser herrschte, wagte es ein Provinzler, sich als König auszugeben. Das konnte harmlos, vielleicht purer Größenwahn, aber es konnte auch Hochverrat sein.

Da niemand bereit zu sein schien, Jesus zu verteidigen, hielt es Pilatus für fair, ihn sich zu den Anschuldigungen kurz äußern zu lassen, ehe er den Prozeß fortsetzte. Er mußte etwas mehr über den Angeklagten zu erfahren suchen, ohne daß seine Ankläger dabei waren. Er ging in den Palast zurück und rief Jesus in die Empfangshalle und fragte:

»Bist du der König der Juden? Wie begründest du das?«

Jesus blickte zu ihm auf. »Fragen Sie das aus sich heraus, oder haben es Ihnen andere über mich berichtet?«

»Wieso – bin ich ein Jude? Dein eigenes Volk und die Hohenpriester haben dich mir vorgeführt. Was hast du getan?«

»Mein Reich ist nicht von dieser Welt. Wenn es das wäre, würden meine Anhänger kämpfen, um mich zu verteidigen. Aber meine Autorität als König kommt anderswo her.«

»Dann bist du also ein König?«

»Es ist, wie Sie sagen. Ich bin ein König. Dazu bin ich geboren, und dazu bin ich in die Welt gekommen: um für die Wahrheit zu zeugen. Wer aus der Wahrheit ist, der hört meine Stimme.«

»Ein Reich der Wahrheit, sagst du?« fragte Pilatus spöttisch. »Was ist Wahrheit?«

Ja, was war Wahrheit eigentlich? dachte Pilatus. Als Kind hatte er an die mythologischen Götter und Göttinnen geglaubt, sie dann aber als denkender Jüngling verworfen. Wahrheit war dann das Wort, das Sejanus immer im Munde geführt hatte. Doch Sejanus war ein Lügner. Einst konnte er auf das edle Rom schwören, aber diese Stadt mordete unschuldige Kinder und warf sie in den Tiber. Wahr war der römische Staat, aber jetzt konnte der Senat nicht dem Princeps trauen, noch dieser dem Senat.

Das private Verhör überzeugte Pilatus aber davon, daß Jesu visionäres Reich der Wahrheit nichts mit Politik zu tun hatte, und es würde darum kaum möglich sein, ihn wegen *maiestas* zu belangen. Aber er täte gut daran, künftig den gefährlichen Ausdruck »König« zu vermeiden. Pilatus führte Jesus wieder zum Tribunal hinaus und sagte: »Ich finde keine Schuld an ihm. Was für einen Beweis haben Sie zur Begründung Ihrer Anklage?«

Annas beugte sich vor und flüsterte Kaiphas etwas zu, der es wiederum Ananias zuflüsterte. Nachdem sich die Hauptankläger schnell über die einzuschlagende Taktik geeinigt hatten, riefen sie jetzt Zeugen namentlich auf, damit sie aussagten, darunter einige Männer des Sanhedrin. Zu zweit oder dritt wiederholten sie ihre Aussage vor Pilatus, denn auch das römische Gesetz forderte mehrere Zeugen. Ein Schreiber mit einem kegelförmigen Hut sagte, er habe gehört, daß Jesus die Behörden von Jerusalem bei drei verschiedenen Gelegenheiten angegriffen und dadurch die Massen aufgewiegelt habe. Ein graubärtiger Priester sprach beredt von der gewaltsamen Tempelaustreibung. Ein älteres Mitglied des Sanhedrin, dessen Aussage Kollegen bestätigten, berichtete, Jesus habe vor dem ganzen Sanhedrin behauptet, er sei der Messias-König.

Kaiphas hatte seine Zeugen gut ausgesucht. Aber Pilatus fand eine gewisse Gleichartigkeit bei den Aussagen alles andere als überzeugend, während er von anderem, etwa von Jesu angeblichem Widerstand gegen den Tribut, wußte, daß es falsch war.

Nachdem sie in den Hauptanklagepunkten Beweise geliefert hatten, bezichtigten die Ankläger den Angeklagten nun auch noch der Magie und Zauberei. In Gedanken an diese Begegnung mit Pilatus hatte sich Kaiphas am meisten Gedanken über eine eventuell notwendig werdende Abwehr von Aussagen jener Zeugen gemacht, die Jesus verteidigen würden, wenn sie den Mut dazu haben sollten, denn es war ja nicht von der Hand zu weisen, daß gute Taten, Heilungen und andere offenbare Wunder geschehen waren. Dem baute er klug vor, indem er spektakuläre Taten zu Produkten der Schwarzen Kunst erklärte. Zauberei fiel unter das römische Gesetz.

Als die Vertreter der Anklage schwiegen, wandte sich Pilatus an Jesus, der die ganze Zeit geschwiegen hatte, und fragte:

»Hast du nichts zu deiner Verteidigung zu sagen? Hast du all diese gegen dich vorgebrachten Beweise gehört?«

Aber Jesus blieb stumm. Er verteidigte sich nicht, in keinem einzigen Punkt. Dieses Verhalten erstaunte Pilatus. In seiner siebenjährigen Amtszeit in Judäa war das noch nie geschehen. Unschuldige Angeklagte vor seinem Gericht konnten es für gewöhnlich kaum erwarten, bis sie zum Gegenangriff gegen die Verfolger übergingen, und selbst die offensichtlich Schuldigen baten zumindest um mildernde Umstände. Aber Jesus verteidigte sich nicht. Und kein Anwalt stand ihm bei.

Pilatus wandte sich an die Menge: »Kann niemand etwas zugunsten des Angeklagten Jesus aussagen?«

Stimmengemurmel hallte über die Esplanade, die jetzt voller Menschen war.

»Lauter, Präfekt!« rief jemand.

»Ich habe gefragt, ob jemand etwas zugunsten dieses Jesus von Nazareth aussagen kann.«

In der Menge, schien es, winkten einige mit der Hand, während andere versuchten, sich auf Pilatus' Aufforderung hin zum

Tribunal hindurchzudrängen, aber so viele der dort versammelten Menschen unterstützten die Anklage, daß die wenigen, die nach vorn zu gelangen versuchten, abgedrängt wurden. Jedesmal, wenn eine laute Stimme protestierte: »Er ist unschuldig«, antwortete ein großer Chor: »Er ist schuldig!«

Das genügte, um in Pilatus Mitgefühl für den wehrlosen Angeklagten zu wecken, obwohl er nachgerade ungeduldig wurde, weil Jesus sich weigerte, auch nur ein Wort zu sagen. Wieder rief er: »Will jemand für Jesus zeugen?« Die einzige Antwort war ein lauteres Murren der Versammelten, und am Rande der Menge kam es zu heftigen Schlägereien. Die Stimmung wurde bedrohlich.

»Sie sehen, Präfekt, Jeschua Hannosri sät Unfrieden, wo immer er ist, selbst hier vor Ihrem Tribunal«, sagte Rabbi Jonathan, »der Mann ist der geborene Unruhestifter. Sie wissen von dem Aufruhr, den er am letzten Montag im Tempel verursacht hat: ungesetzlich, ohne jegliche Befugnis hat er die Leute in ihrer Andacht gestört, indem er ihre Opfertiere davontrieb! Und er hat die Tische der Wechsler umgeworfen, was dem Tempel einen großen Verlust gebracht hat. Jeschua ist damit eigentlich ein Tempelräuber ... Nun, vielleicht ist es Ihnen gleichgültig, was in unserem Heiligtum geschieht, aber dieser Brand kann eines Tages Ihre eigenen Steuereinnahmen auffressen. Wir haben schon seine Haltung dem römischen Tribut gegenüber erwähnt, aber wußten Sie schon, daß er einen Steuereinnehmer von seinem Beruf weggelockt hat? Er ist jetzt einer seiner Jünger, ein Mann namens Matthäus; aber das, was er uns finanziell angetan hat, ist nichts im Vergleich zu seiner Rolle als politischer Agitator. Seine Lehre bringt das Volk in ganz Judäa in Wallung; er ist von Galiläa ausgegangen, und nun hat sich seine Lehre schon in dieser Stadt verbreitet.«

»Moment mal, Rabbi, sagten Sie, Jeschua habe in Galiläa zu lehren begonnen?«

»Ja ...«

»Ist das seine Heimat? Aus welcher Stadt stammt er?«

»Aus Nazareth natürlich. Aber in der letzten Zeit hat er, soviel ich weiß, in Kephar Nahum gelebt.«

»Wo?«

»In einer Stadt am See Tiberias. Sie kennen es wahrscheinlich als Kapernaum.«

»Das liegt doch in Galiläa?«

»Ja ...«

Pilatus dachte ein paar Augenblicke nach und sagte dann: »Der Angeklagte ist also Galiläer und untersteht als solcher dem Tetrarchen Herodes Antipas.« Pilatus' Augen leuchteten auf. »Und da Herodes im Augenblick in Jerusalem ist, erscheint es mir nur richtig, ihm diesen Fall zu unterbreiten.«

»Aber, Statthalter, das ist bestimmt nicht notwendig«, warf Kaiphas ein, »Jeschua Hannosri hat seine Verbrechen auch in Judäa begangen. Sie hätten bestimmt das gesetzliche Recht ...«

»Ich danke Ihnen, edler Pontifex, aber über das römische Gesetz brauche ich nicht belehrt zu werden. Ja, ich hätte die gesetzliche Prärogative, diesen Mann in Judäa abzuurteilen als dem *forum delicti* seiner angeblichen Verbrechen, dem Ort seiner Missetaten. Aber ich habe ebenso das Recht, diesen Fall an den Souverän des Angeklagten weiterzuleiten, da Galiläa sein *forum domicilii*, sein Wohnsitz ist; und ich glaube, es ist auch das beste, den Angeklagten seinem eigenen Tetrarchen zu übergeben, zumal da Ihre Anschuldigungen sich auf das religiöse Gesetz der Juden beziehen, über die Herodes viel besser als ich entscheiden kann.«

Kaiphas und Annas besprachen sich kurz mit Helcias und anderen führenden Mitgliedern des Hohen Rats. Dann sagte Ananias: »Gut, Präfekt, wir werden Herodes, den Tetrarchen, darüber entscheiden lassen, wenn er dazu bereit ist.«

Worauf Pilatus offiziell verkündete:

»Dieses Gericht unternimmt nichts im Fall des Jesus von Nazareth. Es vertagt sich.«

Während Herolde die Menge instruierten, sich sofort zu dem Hasmonäanischen Palast zu begeben, in dem Antipas wohnte, erhob sich Pilatus von seinem Richterstuhl, stieg von dem Podium herunter und kehrte in seinen Palast zurück mit dem Gefühl, einen Sieg errungen zu haben. Er war sehr zufrieden mit sich. Die Übergabe des Angeklagten an eine andere Gerichtsbarkeit befreite ihn von einem schwierigen Fall, bei dem es wahrscheinlich um einen Unschuldigen ging, den zu verurteilen Unrecht gewesen, den aber angesichts der Haltung des Sanhedrin freizusprechen gefährlich gewesen wäre. Es war auch eine gewisse Diplomatie Herodes Antipas gegenüber, der bestimmt darin einen Ölzweig in ihrer ewigen Fehde sehen würde.

So, als wenn er sagte: »Sie sind mir in der Affäre mit den Schilden in den Rücken gefallen, Antipas. Aber das ist schon Geschichte. Indem ich Ihnen diesen Fall übergebe, zeige ich Ihnen, wie hoch ich die Juden schätze. Darum hören Sie auf, den Löwen auf Capri aufzuhetzen.« Pilatus trank einen Schluck Wein und ging dann zurück, um in den restlichen auf ihn wartenden Fällen Recht zu sprechen.

Der Palast der Hasmonäer lag östlich von dem des Herodes, und die Führer des Sanhedrin berieten, wie sie vorgehen sollten, während sie vor ihrem gefesselten Gefangenen her zu Antipas gingen. Mehrere meinten, es sei vielleicht schwerer, eine Verurteilung von dem Tetrarchen zu erreichen, da seine Hände schon vom Blut des Täufers befleckt seien und er nicht wolle, daß das Blut eines anderen sogenannten Propheten sie von neuem beflecke. Antipas hatte nicht gewollt, daß Johannes getötet wurde, und war jetzt vielleicht bereit, den Nazarener als Galiläer zu schonen. Schließlich hatte er Jeschua in den drei Jahren, die er in Judäa gelehrt hatte, nicht verhaftet, auch wenn er es ihm angedroht hatte.

Aber Kaiphas entgegnete zuversichtlich: »Antipas hat viel mehr Verständnis für unsere Gesetze gezeigt als Pilatus. Zweifellos wird er Jeschua im gleichen Geist der Zusammenarbeit verurteilen, den er uns gegenüber im Fall der goldenen Schilde gezeigt hat.«

Da der Tetrarch wenig offizielle Verpflichtungen in Jerusalem hatte und sozusagen auf Urlaub war, saßen er und Herodias mit ihren Verwandten Philippus und Salome behaglich beim Frühstück, als ein Kurier die Kunde von der bevorstehenden Gerichtsverhandlung überbrachte. Obwohl Antipas von Jesu Verhaftung gehört hatte, überraschte ihn diese Entwicklung, und er bereitete sich eilends auf die Verhandlung vor. Er war jedoch froh über die Wendung der Dinge, da er sich schon seit Monaten gewünscht hatte, Jesus zu begegnen. Noch ehe er fertig angezogen war, drängte sich eine große Menschenmenge vor den Toren seines Palastes. Mehrere Beamte, der Sanhedrin und sein Gefangener und ein paar Vertreter des Volkes durften das Atrium des Palastes betreten, während die meisten anderen des beschränkten Raums wegen draußen warteten.

Herodias, Philippus und Salome sahen gewissermaßen aus der Kulisse zu, wie Antipas seinen Tetrarchenthron bestieg und die Verhandlung eröffnete. Die Ankläger brachten die gleichen politischen Beschuldigungen vor, die sie schon vor Pilatus erhoben hatten, aber diesmal hatten sie keine Bedenken, auch die religiösen Vergehen zu erwähnen, die zur Verurteilung Jesu durch den Sanhedrin geführt hatten.

Antipas hörte aufmerksam zu und verblüffte dann alle durch seine alles andere als orthodoxe Prozeßführung. Zu den Hohenpriestern gewandt, sagte er: »Ich danke Ihnen, geehrte Rabbis, für Ihre Darstellung des Falles. Die gegen Jeschua Hannosri erhobenen Anschuldigungen waren mir zwar schon bekannt, aber ich hatte noch nie Gelegenheit, ihn zu sprechen.« Und dann in einem fast freundlichen Ton sagte er zu dem Gefangenen: »Jeschua, würdest du bitte vortreten?«

Ein paar Augenblicke musterte Antipas den vor ihm stehenden Gefesselten, dann sagte er: »Ich wollte dich schon längst sprechen. Du sollst einige Wunder vollbracht haben, zumal in unserem Galiläa. Ich wünschte, ich hätte eines von ihnen miterleben können.«

Es entging Antipas nicht, daß die Ankläger bestürzte Gesichter machten, ja sogar über seine freundliche Behandlung des Gefangenen beunruhigt waren. Jesus dagegen zeigte keine Reaktion, sondern blickte weiter Antipas in die Augen.

»Mehrmals habe ich dich in Galiläa gesucht«, fuhr der Tetrarch fort, »du glaubtest wahrscheinlich, ich wollte dir etwas antun, aber das war nicht meine Absicht. Ich wollte nur einmal mit eigenen Augen einen Propheten sehen. Das heißt, wenn du wirklich einer bist. Johannes der Täufer galt auch als Prophet, aber er vollbrachte keine Wunder. Du jedoch kannst es, soviel ich weiß. Nun, ich habe nie ein Wunder gesehen. Willst du uns jetzt nicht eins zeigen?«

Aller Augen wandten sich Jesus zu. Den Hohenpriestern war beklommen zumute, denn der Ton des Antipas war ernst und nicht spöttisch. Was würde er tun, wenn ihr Gefangener wirklich ein Zauberstück vorführte – erklären, er sei ein wahrer Prophet, und ihn freilassen? Aber sie hätten sich keine Sorgen zu machen brauchen. Jesus rührte sich nicht. Er schloß in innerer Konzentration die Augen, und nach einer kleinen Weile öffnete er sie wieder.

»Nun mach schon, Jeschua«, sagte Herodes. »Ich weiß, du hast mich einmal einen Fuchs genannt, und da das Schlauheit bedeutet, danke ich dir für das Kompliment.« Antipas' Wächter mußten darüber lachen. »Aber meine Bitte hat nichts mit Schlauheit zu tun. Entweder bist du ein wahrer Prophet oder ein falscher. Ein falscher vollbringt Wunder durch Tricks, ein echter durch die Kraft Gottes. Ich glaube, daß ich Tricks durchschauen kann. Und wenn du uns ein wahres Wunder vollbrächtest, würde das dann nicht beweisen, daß du ein wahrer Prophet bist?«

Jesus sagte nichts, tat nichts.

Herodes verlor allmählich die Geduld: »Mensch, steh nicht wie ein Ölgötze dort. Du bist nicht in der Lage zu feilschen, und niemand sagt etwas zu deiner Verteidigung. Ich zeige dir einen Ausweg. Tu ein Wunder! Und sei es auch nur ein ganz einfaches. Zerbrich zum Beispiel die Fesseln an deinen Handgelenken.«

Jesus schwieg.

»Nun, wenn du nichts tun kannst, kannst du dann etwas sagen?«

Herodes verging nun das Mitleid für den Gefangenen. Dem Tetrarchen von Galiläa hatte man zu gehorchen, zumal im Gericht, und hier war ein Angeklagter, der ihn durch Schweigen verhöhnte.

Aber Jesus ließ sich nicht aus der Ruhe bringen. Antipas hätte eigentlich wissen müssen, daß er sich nicht für einen Mann zur Schau stellen würde, der seinen engsten Freund, Vorläufer und Vetter Johannes hatte hinrichten lassen. Er würde dem Fuchs kein Spektakel bieten.

An diesem Punkt brachen die Hohenpriester und Schriftgelehrten, wie es ganz logisch war, das Schweigen, indem sie mit aller Kraft ihre Anschuldigungen gegen Jesus erneut vorbrachten. »Wissen Sie, warum er keine Wunder vollbringen will, edler Tetrarch?« fragte Jonathan. »Weil er es nicht kann. Die ihm zugeschriebenen Zeichen sind nur Tricks – Hokuspokus.«

»Und nach Ihrer eigenen Logik, an der nicht zu rütteln ist«, fügte Ananias hinzu, »muß Jesus darum ein falscher Prophet sein.«

Viele nickten bei dieser Bemerkung. Antipas aber wandte sich noch einmal an Jesus. »Hast du nichts zu deiner Verteidigung zu sagen, Nazarener?« Als Jesus, wie nicht anders zu erwarten war, weiter schwieg, brach Antipas in spöttisches Gelächter aus. »Natürlich kann sich ein Scharlatan, ein Betrüger nicht verteidigen. Ich muß mich über die Menschen in Judäa und Galiläa wundern, daß sie den da für einen Propheten halten. Lächerlich! Der Täufer hatte wenigstens den Mut, selbst im Gefängnis zu sagen, was er dachte. Aber der Nazarener kann nicht einmal den Mund aufmachen. Wächter, ich glaube, es ist an der Zeit, daß Ihr unserem Messias-König hier die gebührende Reverenz erweist.«

Antipas' Soldaten stellten sich um den Gefangenen herum und verspotteten ihn, fielen auf die Knie oder verbeugten sich tief. Einige warfen sich sogar auf den Bauch vor ihm und hämmerten auf den Boden. Trompeter bliesen ihm eine Fanfare in die Ohren. Dann zogen sie ihm ein leuchtend weißes Gewand an, ein abgelegtes von Antipas, denn von einem Messias erwartete man, daß er solch ein Gewand trug.

»Nun gut, das genügt«, sagte Herodes, »und jetzt führt diesen wunderbaren Propheten-Messias-Monarchen zu Pontius Pilatus zurück.«

Die Sanhedristen glaubten, nicht richtig gehört zu haben, und Helcias fragte: »Hat der Tetrarch gesagt, zu Pilatus zurück?«

»Ja, er hat es gesagt. Denn da die meisten Ihrer Anschuldigungen sich auf Ereignisse in Judäa beziehen, soll der Präfekt von Judäa ihn aburteilen.«

»Aber, Exzellenz«, protestierte Rabbi Zadok, »der Präfekt hat diesen Fall an Ihr Gericht überwiesen und ...«

»Und ich überweise ihn wieder an ihn. Wollen Sie behaupten, ich hätte nicht dieses Recht? Meine Galiläer können in Judäa verurteilt werden, wenn sie hier das Gesetz brechen. Außerdem: Ihre Anschuldigungen, darunter die, daß Jeschua sich selbst als König bezeichnet, sind etwas, über das Rom zu Gericht sitzen muß, nicht ich.«

Schließlich nahte sich Kaiphas, der die ganze Zeit geschwiegen hatte, Antipas' Thron und sagte: »Würdiger Tetrarch, Sie haben in der Vergangenheit unseren heiligsten Glauben geschützt. Sie haben unsere Sache wunderbar verteidigt, als Sie sich wegen der goldenen Schilde an Tiberius wandten, und auch bei anderen Gelegenheiten. Warum verurteilen Sie dann jetzt nicht diesen Erzhäretiker, der den Namen unseres heiligen Gottes damit lästert, daß er sich seinen Sohn nennt?«

»Ehrenwertester Pontifex Kaiphas, ich glaube, dieser stumme arme Teufel verdient unser Mitgefühl und nicht, daß wir ihn steinigen. Wir haben ihm heute bewiesen, daß er ein Schwindler ist. Wie könnte ihm da noch jemand nachfolgen? Aber wenn Sie glauben, daß er eine Bestrafung verdiene, dann vergessen Sie nicht: Ich habe ihn nicht freigelassen. Ich hätte ihn ganz freisprechen können, statt den Fall an Pilatus zurückzuverweisen. Aber nun kann die Verhandlung vor dem Präfekten an der Stelle weitergehen, wo sie hier abgebrochen worden ist.«

Kaiphas wollte etwas darauf antworten, aber da sagte Antipas schon: »Die Verhandlung ist geschlossen.«

Langsam strömten die Oberpriester und die Mitglieder des Sanhedrin, die Tempelwache mit Jesus und dann all die übrigen, die sich im Atrium des Palastes gedrängt hatten, hinaus. Der Zug der Ankläger kehrte zum römischen *praetorium* zurück. Aber mittlerweile war es fast neun Uhr geworden.

Antipas blickte ihnen nach. Er wußte, er war nicht ehrlich gegen Kaiphas gewesen, als er den vergebenden Menschenfreund gespielt hatte. Damit wollte er nur seinen wirklichen Grund verhüllen, warum er ihn nicht aburteilen mochte. Viele seiner galiläischen Untertanen glaubten an Jesus, und einige von ihnen waren gerade in Jerusalem und kampierten auf den Hügeln ringsum. Selbst wenn es zu keinem Aufstand käme, konnte er, wenn er den Nazarener zum Tode verurteilte, damit rechnen, bei seiner Rückkehr nach Galiläa auf neuen Haß zu stoßen, denn dann hätte er seinen zweiten Propheten umgebracht. Außerdem standen zwei von denen, die an den Mann glaubten, während der Verhandlung ganz in der Nähe seines eigenen Tribunals: Chuza, sein Haushofmeister, und Manaen, sein enger Freund und Ratgeber. Antipas war Manns genug, Jesus vor dem Volk, das an ihn glaubte, zu verhöhnen, aber nicht, ihn steinigen zu lassen.

Und warum sollte er Pilatus von diesem dornigen Fall befreien? Sollten Rom und der römische Präfekt mit dem Makel behaftet werden, einen Propheten getötet zu haben, wenn es zu einer Hinrichtung käme! Aber es war anständig von Pilatus, eine versöhnliche Geste, den Prozeß an sein Tribunal zu überweisen, sehr anständig sogar nach dem Streit um die Schilde. Vielleicht war Pilatus im Grunde doch ein guter Mensch, und er hatte ihn all die Jahre verkannt.

Antipas nahm einen Griffel, schrieb ein paar Zeilen an Pilatus und schickte den Brief zu dem Palast des Herodes. Dem Kurier schärfte er ein, sich zu sputen, damit er eher dort war als die Menge. Antipas bedankte sich darin bei Pilatus, daß er den Fall Jesus von Nazareth an ihn weitergeleitet habe, aber er finde angesichts des *forum delicti,* der Stimmung des Sanhedrin, der sich zunächst an das römische Tribunal gewandt habe, und wegen des politischen Gehalts einiger der Beschuldigungen, daß Pilatus der dafür geeignetere Richter sei. Dennoch wisse er Pilatus' freundschaftliche Geste zu schätzen und frage ihn, ob er und Procula am nächsten Dienstagabend zum Essen in den Hasmonäanischen Palast kommen könnten.

Der Brief erreichte Pilatus in seinem inneren Tribunal. Er las ihn ohne allzu große Überraschung. Ein politischer sechster Sinn hatte ihm gesagt, daß Antipas so reagieren werde, wie er nun reagierte. Von neuem die Brauen runzelnd, erhob er sich von seiner Elfenbeinsella, vertagte die übrigen Prozesse und ging hinaus zu der Menge, die sich wieder auf dem Platz vor dem Palast versammelt hatte. Dort waren auch wieder die Hohenpriester, der Sanhedrin, Jesus. Das ganze unangenehme Ensemble, das ihm schon in dem ersten Akt einer von judischen Schauspielern vor einem römischen Richter gespielten griechischen Tragödie begegnet war.

Diesmal ergriff Pilatus, ohne auf den formellen Antrag auf eine Wiedereröffnung und Fortsetzung der Verhandlung zu warten, die Initiative: »Der Angeklagte wird des Verbrechens der Subversion beschuldigt, aber nachdem ich ihn persönlich und öffentlich verhört habe, muß ich sagen, daß er keines der Verbrechen, deren Sie ihn vor allem bezichtigen, schuldig ist. Der Tetrarch Herodes Antipas ist der gleichen Meinung, denn er hat den Fall an mich zurückverwiesen. Selbst wenn Jesus von Nazareth sich gegen Ihr religiöses Gesetz vergangen hat, hat er nichts getan, was den Tod verdiente.«

Ein lautes Murren ertönte, und einige riefen: »Weg mit ihm! Er muß verurteilt werden! Er ist schuldig!«

Pilatus blickte auf die Ankläger hinunter und sprach so leise, daß nur sie ihn hören konnte. »Ich sehe, Sie haben die Masse recht gut gedrillt. Aber das bedeutet auch: wenn Sie die Gewalt über sie verlieren, werden Sie für die Folgen einstehen müssen. Und darum verlange ich, daß Sie, um den Frieden zu wahren, die Anschuldigungen gegen diesen Mann zurückziehen, da sie vor Gericht nicht standgehalten haben. Mit einer solchen Geste wird diese Verhandlung beendet, ohne daß ich gezwungen bin, den Angeklagten für unschuldig zu erklären. Vielleicht können Sie einen neuen Prozeß gegen ihn anstrengen, wenn Sie schlüssigere Beweise haben. Ich für mein

Teil werde ihn auspeitschen lassen, um ihm eine Lektion darüber zu erteilen, was es heißt, den Frieden zu stören, und dann freilassen.«

Er suchte in den Gesichtern der Männer des Sanhedrin nach einem Zeichen des Einlenkens, fand aber nur unbeugsame Entschlossenheit. Darum blieb ihm nichts anderes übrig, als diesen tristen Prozeß neu zu eröffnen. Aber wozu? Pilatus, der in der Vormittagssonne schwitzte, suchte verzweifelt nach einer Lösung.

Im Palast war inzwischen Procula aufgewacht und hatte entdeckt, daß Pilatus schon bei seiner Arbeit war. Sie fühlte sich nicht wohl – wenn sie von Cäsarea nach Jerusalem kam, litt sie oft an Diarrhöe –, und darum beschloß sie, für den Rest des Vormittags im Bett zu bleiben, und schlief bald wieder ein.

Aber das vor dem Palast abgehaltene Gericht störte sie. Und sie sah zu ihrem Entsetzen, daß der, der Jesus richtete, ihr Mann war. Aber während sie ihn dabei beobachtete, wurde sie stolz auf ihn. Er war der einzige, der den unschuldigen Propheten zu verteidigen schien; niemand anders legte auch nur ein gutes Wort für ihn ein, und jetzt, da der Prozeß seinen Höhepunkt erreichte, erklärte Pilatus Jesus in aller Form für unschuldig.

»Weg mit ihm«, rief das Volk, »er soll verurteilt werden, er soll gekreuzigt werden!«

Pilatus schien nicht zu wissen, was er tun solle, aber schließlich sagte er zu der Menge: »Hört mich an! Als Präfekt von Judäa und Vertreter Seiner Kaiserlichen Majestät, Tiberius Cäsar, und als Richter des Provinztribunals von Jerusalem erkläre ich hiermit Jesus von Nazareth dessen, was ihr gegen ihn vorgebracht habt, für nicht schuldig. Ich lasse ihn frei. Die Verhandlung ist geschlossen.«

Und schon erhob sich Pilatus aus seinem Amtssessel und befahl, daß ein Kontingent der Jerusalemer Kohorte Jesus die Fesseln abnehme und ihn unter kaiserlichem freien Geleit nach Galiläa bringe.

Dann, während die sprachlose Menge zusah, wie die letzten Soldaten die Esplanade mit Jesus unter ihrem Schutz verließen, deutete ein junger Schriftgelehrter auf Pilatus und rief: »Kreuziget ihn!« Ein grauenhaftes Geschrei erhob sich, als das Volk, jetzt ein lynchender Mob, von allen Seiten zu dem Tribunal hinaufstürmte und auf Pilatus einhieb, ehe die Palastwächter ihm zur Hilfe eilen konnten. Pontius Pilatus war tot, noch ehe man ihn an ein vom Mob roh zusammengezimmertes Kreuz schlagen konnte.

Mit einem erstickten Schrei erwachte Procula aus ihrem grausigen Alptraum, in dem sich Wahrheit und Phantasie, aus denen Morgenträume immer bestehen, mischten. Schreie aus der Menge waren tatsächlich in den Palast hineingehallt. Sie rief nach einer Dienerin und fragte sie, wo ihr Mann sei. Als sie erfuhr, daß die Verhandlung noch weiterging, war sie von neuem beunruhigt. Seit die Kunde von Jesu Verhaftung in den Palast gedrungen war, hatte Procula geahnt, daß Pilatus schließlich den Prozeß würde leiten müssen, da es sich um ein Vergehen handelte, auf das die Todesstrafe stand. Aber sie hatte sich nicht vorgestellt, daß er schon so bald stattfinden würde. Jetzt bekam ihr Traum etwas Prophetisches, wie so oft die Träume von Römern. Jedes Schulkind im Mittelmeergebiet wußte, daß Calpurnia in der Nacht vor Cäsars Ermordung im Senatsgebäude von dessen zerrissener und blutdurchtränkter Toga geträumt hatte. In ihrer Angst bat Procula um eine Wachstafel und kritzelte schnell diese Warnung darauf:

»Procula an Pilatus. Deine Leibwache muß ständig um dich sein, und laß die Hände von diesem unschuldigen Menschen, denn ich habe heute morgen in einem Traum seinetwegen sehr gelitten.«

Auf seinem Podium vor dem Palast sitzend, hatte Pilatus schließlich für sein schweres Richterproblem eine Lösung gefunden, eine, die ihm der jüdische Kalender lieferte. Da er jedes Passah einen vom Volk gewählten Gefangenen freiließ, erinnerte er jetzt die Menge an diese alljährliche Amnestie bei diesem Fest. Aber statt ihnen freie Wahl zu geben, beschränkte er die Wahl auf nur zwei. »Wen soll ich freilassen?« fragte er. »Jesus Barabbas – oder Jesus von Nazareth?«

Einen Augenblick schien die Menge den Atem anzuhalten, aber dann ertönte lauter Jubel, denn Pilatus' Alternative war eine schlaue Wahl. Jesus, über den man streiten konnte, hatte er jemandem gegenübergestellt, der ohne jede Frage schuldig war. Ein notorischer öffentlicher Feind. Pilatus hatte sich gesagt, daß der jetzige Haß auf Jesus durch die Angst der Leute, daß ein Aufwiegler und Mörder frei in Jerusalem herumlaufen könnte, übertroffen werden würde. Außerdem würde das Volk nie auf den Schauprozeß gegen Barabbas verzichten wollen.

Die Ankläger steckten die Köpfe zusammen, um zu beraten, wie sie sich jetzt verhalten sollten. Dann wurden Boten in die Menge geschickt, und da gerade erhielt Pilatus die Botschaft Proculas, deren Handschrift er sofort erkannte. Fast hätte er die Wachstafel beiseite gelegt, da er im Augenblick für so etwas wirklich keine Zeit hatte. Aber da sie kurz war, las er sie doch – eine seltsame Botschaft, dachte er, obwohl er nicht viel von Träumen hielt. Vielleicht war Procula krank. Jedenfalls war die Warnung recht überflüssig, denn er war gut bewacht, und, ob er wollte oder nicht, er konnte nicht mehr die Hände von dem unschuldigen Mann lassen, selbst wenn er mit dem Urteil seiner Frau über Jesus übereinstimmte.

»Welchen der beiden soll ich freilassen?« rief er, jetzt seines Sieges sicher. »Den Nazarener ... oder Barabbas?«

Ein lauter, fast einmütiger Schrei erhob sich: »Barabbas! Barabbas!« Wenige einzelne Stimmen riefen: »Den Nazarener«, aber sie wurden von den vielen anderen völlig übertönt.

Jetzt verschlug es Pilatus die Sprache. Die Verfolger hatten gute Arbeit getan. Als Pilatus geglaubt hatte, sie seien ganz verdutzt, hatten sie durch Kuriere dem Volk eintrichtern lassen, im Namen des Großen Sanhedrin, es solle die Freilassung Barabbas' statt Jesu verlangen. Theologisch, sagten sie, war das Verbrechen des sogenannten Messias viel ernster als irgend eins, das Barabbas begangen hatte.

Schließlich fand Pilatus die Sprache wieder. »Was soll ich dann mit Jesus von Nazareth tun?« Und wieder ertönte der Schrei:

»Er soll gekreuzigt werden.«

»Warum? Was hat er Böses getan?«

Und noch lauter schrien sie: »Weg mit ihm! Gib uns Barabbas! Kreuzige ihn!«

»Warum?« rief Pilatus zurück. »Wegen welchen Verbrechens? Ich habe ihn keines Kapitalverbrechens schuldig gefunden. Ich will ihn darum geißeln und dann freilassen.«

Während die Menge weiter rief, Jesus solle zum Tode verurteilt werden, hatte ihn Pilatus zur Geißelung auf den Hof des Palastes führen lassen. Der Hauptmann der Truppen, die vom Inneren des Prätoriums ein Auge auf die Menge hatten, brüllte jetzt seinen Soldaten einen Befehl zu; sie stellten sich rings um den Gefangenen, zogen ihn aus und verabfolgten ihm die *fustigatio*, die römische Geißelung, mit der jemand bestraft wurde als Warnung vor weiteren Missetaten. Sie war leichter als die strenge Geißelung, die der Todesstrafe vorausging.

Pilatus wohnte der Szene bei, halb hoffend, daß die Striemen Jesus so weit zur Vernunft bringen würden, daß er sich besser verteidigte. Er hoffte auch, durch die Geißelung das Mitgefühl des Volkes für den Angeklagten zu gewinnen.

Dann kam der Augenblick für einen römischen Beamten, der Bestrafung eines Gefangenen den Rücken zu kehren, während die Soldaten ihn verspotteten, ein barbarischer Brauch, den Rom aus seiner Vergangenheit noch immer mitschleppte. Die einzige Anklage gegen Jesus, die für die Soldaten Gewicht hatte, war die Behauptung, daß dieser so gar nicht königlich wirkende Mann in irgendeinem Sinne ein König sein sollte, und gar einer der Juden!

Als Antisemiten fanden sie das doppelt komisch. Und darum richtete sich ihr Spott gerade darauf. Ein Zenturio hatte zum Hohn den purpurnen Mantel eines Liktors Jesus um die Schultern gelegt, und seine Männer brachen in lautes Gelächter aus. Ein ungeschlachter älterer Soldat mit dicken Schwielen an den Händen riß mehrere Zweige von Dornbüschen ab, die auf dem Hof wuchsen, und flocht aus ihnen eine Dornenkrone, die er Jesus feierlich aufs Haupt setzte. Ein ihm in die rechte Hand geschobenes Rohr als Zepter vervollständigte den Königsstaat. Die rauhen Soldaten fielen von neuem auf die Knie und grüßten ihn höhnisch: »Heil, König der Juden!« Dann schritten sie einer nach dem anderen an ihm vorüber, um ihn zu ehren, wobei sie ihn auf die Wangen schlugen und ins Gesicht spuckten. Als Jesus sich weigerte, das Rohr zu halten, und es fallen ließ, hob der Zenturio es auf und schlug mit ihm auf die Dornenkrone, so daß sie in seine Kopfhaut stach. Jesus blutete. Er schwieg.

Pilatus erschien wieder auf dem Hof und gebot der spöttischen Huldigung Einhalt. Dann führte er Jesus zu dem Tribunal hinaus und zeigte ihn der Menge: »Hier ist er«, sagte er, »ich bringe ihn, damit ihr wißt, daß ich keine Schuld an ihm finde, aber diese Geißelung ist die Strafe dafür gewesen, daß er euch beleidigt hat. Seht ihn euch an! Ihr habt ihn beschuldigt zu behaupten, ein König zu sein. Nun, hier ist euer König ... In purpurnem Gewand, aber mit Dornen gekrönt.«

Die Soldaten begannen zu lachen, und Pilatus ermunterte sie noch dazu, in der Hoffnung, daß der Spott den Blutdurst der Menge stillen werde. Es war etwas anderes, die Hinrichtung eines gesunden Gefangenen, dem kein Haar gekrümmt wurde, zu fordern, als die eines wehrlosen, geschlagenen, lächerlich gemachten, unglücklichen Menschen.

»Seht euch den Mann an«, sagte Pilatus in einem herablassend mitleidigen Ton.

»Kreuzige ihn! Kreuzige ihn!« riefen die Hohenpriester und die Ältesten. Und immer mehr andere fielen in den Ruf ein.

Pilatus verlor die Geduld. »Ihr kreuzigt ihn«, sagte er, »nehmt ihn und kreuzigt ihn selber, denn ich finde keine Schuld an ihm.«

Diese Aufforderung war natürlich nicht ernst gemeint, sondern purer wütender Sarkasmus. Pilatus war in diesem Augenblick bereit, die endgültige Freisprechung zu verkünden und die Verhandlung zu schließen.

Die Hohenpriester berieten schnell miteinander, dann ging Kaiphas zu dem Tribunal hinauf und sprach mit Pilatus. »Wir haben ein Gesetz, Hoher Präfekt«, sagte er, »und nach unserem Gesetz muß dieser Mann sterben, weil er behauptet hat, der Sohn Gottes zu sein.«

»Der Sohn Gottes?« fragte Pilatus erschrocken, aber zugleich wütend.

»Ja, das größte Verbrechen nach hebräischem Gesetz. Die schlimmste Gotteslästerung.«

Obwohl ein in ihm schlummernder Aberglaube durch diese Worte geweckt wurde, beleidigten sie sein Rechtsgefühl. Es wurde hier eine ganz neue Beschuldigung vorgebracht, eine religiöse, die anscheinend gar nichts mit den vorherigen politischen zu tun hatte. Aus Fairneß dem Gericht und dem Angeklagten gegenüber hätte das viel früher erwähnt werden müssen. Dennoch verstand Pilatus, warum das nicht geschehen war: Der Sanhedrin fürchtete, daß der Präfekt in religiösen Fragen nicht Recht sprechen würde. Jetzt aber, da er sie durch seine Weigerung, Jesus zu verurteilen, in die Enge getrieben hatte, waren die Ankläger anständig genug, das auszusprechen, was zweifellos ihre Hauptbeschuldigung gegen Jesus in der Sitzung des Sanhedrin gewesen war.

Die Ankläger finster anblickend, murmelte Pilatus schließlich: »Dies ist eine ganz neue Beschuldigung. Sie hätten sie gleich zu Anfang der Verhandlung erheben müssen. Jetzt werde ich den Gefangenen noch einmal unter vier Augen verhören, damit klar ist, was es damit auf sich hat.« Und darauf ging Pilatus wieder mit Jesus in den Palast zurück.

Die Behauptung, göttlich zu sein, war für Römer immer etwas Unheimliches. Im Grunde waren sie alle ziemlich fromm oder zumindest abergläubisch, selbst wenn sie, wie Pilatus, sich für aufgeklärte Skeptiker hielten.

Er begann sein vorsichtiges Verhör hinsichtlich Jesu angeblicher Behauptung, göttlich zu sein, mit der Frage: »Woher bist zu gekommen?« Jesus antwortete nicht.

»Du willst mir nicht antworten? Weißt du nicht, daß ich die Macht habe, dich freizulassen oder dich zu kreuzigen?«

»Du hättest überhaupt keine Macht über mich, wenn sie dir nicht von oben gegeben wäre«, erwiderte Jesus, »darum hat der, der mich dir überantwortet hat, größere Sünde.«

Die unverständliche Sprache, die Beziehung auf höhere Mächte, möglicherweise Schicksalsmächte, für die er offenbar ein Werkzeug war, überzeugte Pilatus, daß ein weiteres Gespräch mit Jesus zu nichts führen würde. Der Mann schien entschlossen, sich nicht zu verteidigen.

Pilatus ließ Jesus im *praetorium*, während er zu seinem Tribunal zurückkehrte. Erst da wurde ihm bewußt, daß Jesus zum zweitenmal etwas zu seiner Verteidigung gesagt hatte. Es war nur eine Bemerkung wie bei dem ersten Mal (»Mein Reich ist nicht von dieser Welt«): »Der mich dir überantwortet hat, der hat größere Sünde.« Dies letzte Wort bedeutete auch Irrtum oder Fehler. Pilatus wußte es, und Jesus wußte es bestimmt auch – daß der Prozeß, der hier stattfand, Sünde, Irrtum, ein Fehler war ...

Pilatus' Gewissen erlaubte ihm nicht, einen Unschuldigen zu verurteilen, und damit erneuerte er seine Bemühungen, Jesus freizulassen, trotz der zu keinem Kompromiß bereiten Haltung der Menge. Er fragte sich, wie weit sie eine von den Anklägern gedingte Clique war.

Der Präfekt von Judäa redete gut zu, debattierte, argumentierte und drohte schließlich. Die Ankläger konterten, daß, da es sich hier um ein religiöses Verbrechen handele, Pilatus die Verhandlung nicht noch einmal zu eröffnen brauche. Er habe einfach den Hinrichtungsbefehl des Sanhedrin gegenzeichnen sollen, da er ja in allen religiösen Fragen, die die Juden berührten, die höchste richterliche Gewalt habe. Wenn Rom ihnen nicht das *ius gladii* genommen hätte, hätte der Präfekt nicht einmal die unangenehme Aufgabe gehabt, zu versuchen, das jüdische Gesetz zu begreifen, zu verstehen, warum eine so schwere Gotteslästerung nur mit dem Tode bestraft werden konnte.

Pilatus fiel es schwer, auf diese Argumente zu antworten. Er hatte persönliche Vorbehalte hinsichtlich der Motive, die Kaiphas und die Priester dazu geführt hatten, Jesu Tod zu verlangen. Wie weit gründeten sie sich tatsächlich auf die angebliche Gotteslästerung? Kamen sie nicht auch aus dem Neid auf Jesu Erfolg? Oder war dies nur eine Vergeltung für seine Angrifffe auf sie? Aber es war unmöglich, über solche Motive öffentlich zu diskutieren, denn das hätte die Wahrhaftigkeit der jüdischen Autoritäten vor ihrem eigenen Volk in Zweifel gezogen. Eine Beleidigung, die Pilatus' erfolgreiche Laufbahn in Judäa beendet hätte.

Weil er zögerte, holten die Ankläger zu ihrem letzten Angriff aus. Rabbi Ananias fungierte als ihr Sprecher. »Edler Präfekt«, sagte er, »unser Glaube, unsere Lebensart, unsere religiöse Zukunft stehen in diesem Prozeß auf dem Spiel. Wenn dieser Betrüger freigelassen wird, wird er unsere Nation vernichten und ebenso unseren heiligsten Glauben. Wenn solche kardinale Gotteslästerung, die wir alle mit eigenen Ohren gehört haben, nicht bestraft wird, dann ist Israel verloren. Aber Tiberius Cäsar hat Sie beauftragt, unsere religiösen Bräuche zu schützen.« Er hielt inne und hob dann die Stimme: »Darum sind Sie, wenn Sie diesen Mann freilassen, nicht des Cäsars Freund. Obendrein würde jeder, der sich selber zum König machte, den Cäsar verräterisch herausfordern.«

Nun war bei dieser Verbindung von religiösen mit politischen Anschuldigungen gegen Jesus sogar der Kaiser ins Spiel gekommen. Und damit war Pilatus geschlagen. Er hatte verloren. Die Priester waren Sieger.

Er blickte auf den goldenen Ring eines »Freundes Cäsars« hinunter, den Tiberius ihm geschickt hatte, als er sich in Puteoli einschiffte. Mit dem Daumen drehte er ihn um den Finger. Das Symbol eines *amicus Caesaris,* mit allen damit verbundenen Rechten und Privilegien. Die Bedeutung des Ringes war dem klugen Ananias nicht entgangen, der während seiner Aussage unverwandt auf ihn gestarrt hatte. Wenn Jesus freigelassen würde, würde der Ring Pilatus vom Finger gezogen werden, und die Folgen würden für ihn schmachvoll sein. Ja, so war es. Man mochte es politische Erpressung oder nur eine taktische Drohung nennen, aber das, was Ananias gesagt hatte, konnte nur heißen: »Wenn Sie diesen Mann freilassen, wird der Sanhedrin eine Delegation zu Tiberius mit den folgenden Anschuldigungen schicken: Ungehorsam gegen den Kaiser, weil er das jüdische Gesetz mißachtet hat – verbrecherische Pflichtvergessenheit, indem er jemanden nicht bestraft hat, der sich als Gegenkönig bezeichnet und damit *maiestas* begangen hat.« Da Pilatus seit dem Sturz des Sejanus und seinen verschiedenen Auseinandersetzungen mit den Juden gewissermaßen Statthalter auf Bewährung war, konnte solch eine Beschuldigung vor Tiberius zum Verlust seines Amtes und politischer Karriere oder sogar des Lebens führen, wenn sich die Bezichtigungen des Verrates auf Beweise stützte. Phantasie? Kaum. Wenn die jüdischen Führer sich bei Tiberius wegen einer solchen Kleinigkeit wie ein paar goldenen Schilden beschwert hatten, dann würden sie sich bestimmt in einer Angelegenheit, die ihnen offensichtlich viel wesentlicher war, an ihn wenden. Der Prozeß war beendet.

Es war schon bald Mittag. Die Sonne schien heiß. Pilatus wollte die trübe Affäre schnell hinter sich bringen. Er befahl, den Gefangenen aus dem Palast zu holen, damit die Strafe vollstreckt werde.

Sein praktischer römischer Verstand erinnerte ihn daran, daß es eine Alternative dazu gab, sich selbst zu retten, indem man einen offenbar Unschuldigen verurteilte: nämlich Jesus freizusprechen und sich selbst zu opfern. Pilatus überlegte, ob es in der Geschichte jemanden gab, der, wäre er in seiner Lage gewesen, sich so auf dem Altar des Prinzips zum Opfer dargebracht hätte. Vielleicht der blinde Appius Claudius oder der rauhe alte Cato aus Roms heroischer Vergangenheit, vielleicht Sokrates. Nein, selbst diese Idealisten hätten ihr Leben nur für etwas Größeres gegeben als für einen gefangenen, undurchschaubaren Schwärmer, einen Mann, der sich mit dem Tode schon so abgefunden zu haben schien, daß er sich überhaupt nicht verteidigte.

Wenn man gegen sein Gewissen handelt, werden ihm meistens ein paar Krumen zugeworfen, mit denen man sich einen Seelenfrieden sichert. Während Pilatus sich auf ein für ihn so gnädig wie mögliches Ende dieser Geschichte vorbereitete, sammelte er seine Krumen. Die erste wäre, daß er Jesus weiter bis zum Ende verteidigen würde. Darum, als der Gefangene, der immer noch in dem purpurnen Gewande war und die Dornenkrone trug, zum letztenmal herausgeführt wurde, sagte Pilatus: »Hier ist euer König.« Es war mehr eine scherzhafte Bemerkung, die vielleicht beim Volk Sympathie wecken würde.

Ein kleiner Schriftgelehrter mit vom Haß verzerrten Zügen drohte Jesus mit der Faust und rief: »Weg mit ihm!«

»Weg mit ihm! Weg mit ihm!« fiel die Masse ein. »Kreuzige ihn!«

»Ich soll euren König kreuzigen?«

»Wir haben nur einen König – Cäsar«, erwiderten die Hohenpriester und taten so, als wären sie dem Kaiser noch treuer ergeben als Pilatus, sein Vertreter.

Eine andere Geste, mit der er sich selbst rechtfertigen konnte, fand Pilatus im römischen Gesetz. Jenen, die sich vor römischen Gerichten nicht selber verteidigten, wurde für gewöhnlich dreimal Gelegenheit gegeben, sich eines anderen zu besinnen, ehe das Urteil verkündet wurde. Und so fragte Pilatus: »Jesus von Nazareth, hast du etwas zu deiner Verteidigung zu sagen?«

Jesus antwortete nicht. Er blutete, schwitzte, seine Körperkräfte ließen nach.

»Jesus von Nazareth, hast du etwas zu deiner Verteidigung zu sagen?« wiederholte Pilatus.

Wieder keine Antwort.

Und ein drittes Mal stellte Pilatus die vorgeschriebene Frage, doch auch jetzt ohne Erfolg. Als Statthalter und Ritter konnte er so hoffen, alles getan zu haben, um sein Gewissen zu entlasten. Da der Mann sich nicht verteidigte, blieb Pilatus gar nichts anderes übrig, als ihn zu verurteilen.

Dem Versuch des Pilatus, Zeit zu gewinnen, machte die Menge jäh ein Ende. Fast drei Stunden hatten die Leute dort in der glühenden Sonne gestanden, hatten zugesehen, wie ein Mann ihrem Willen und dem des Großen Sanhedrins trotzte. Junge Hitzköpfe hatten gepfiffen und geschrien, man solle den Mann kreuzigen, mehrere hatten dem römischen Präfekten gemeine Schimpfworte zugerufen. Am Rande der Esplanade war es zu einem Handgemenge zwischen Soldaten und Zivilisten gekommen. Der Ruf »Kreuzige ihn« wurde immer lauter, als ob die Menge versuchte, Pilatus allein durch ihr lautes Geschrei umzustimmen. Alle die Sturmflaggen, die das Nahen eines Aufruhrs anzeigten, wurden gehißt. Pilatus blickte zu seinen Soldaten hin. Und ihm wurde in diesem Augenblick bewußt, wie machtlos er war. Darum schwenkte er die Arme über dem Kopf, um Schweigen zu gebieten. Ein Zeichen, daß er endlich bereit war, das Urteil zu verkünden.

Er ließ sich eine goldene Schüssel voll Wasser bringen. Dann verkündete er: »Höre mich, Volk von Israel. Dieses Gericht kann Jesus von Nazareth nicht schuldig sprechen, aber da euer Großer Sanhedrin ihn zum Tode verurteilt hat und da der römische Präfekt das jüdische religiöse Gesetz schützen und verteidigen muß, wird der Gefangene gekreuzigt.«

Laute Beifallrufe ertönten. Als der Lärm sich wieder legte, wusch Pilatus vor den Augen der Menge seine Hände in der Schüssel und sagte: »Ich bin unschuldig an dem Blut dieses Mannes.«

»Sein Blut komme auf uns und unsere Kinder«, rief das Volk, in Anlehnung an eine Formel aus der Thora und den Propheten.

Pilatus trocknete seine Hände. Mit innerem Abscheu befahl er die Freilassung des Mörders und Aufwieglers Barabbas, dann blickte er Jesus an und sagte zu einem Zenturio der Wache: »*Staurotheto,* laß ihn kreuzigen.«

Die Soldaten führten den Verurteilten auf den Hof, zogen ihm das purpurne Gewand aus und, nachdem sie ihn von neuem verspottet hatten, seine eigenen Kleider wieder an. Dann mußte er das *patibulum,* den Querbalken des Kreuzes, auf die Schulter nehmen.

Mehrere Soldaten aus der Truppe des Pilatus führten Jesus auf den Platz hinaus und in nördlicher Richtung nach Golgatha. Die beiden Mörder, die an diesem Morgen verurteilt worden waren, marschierten ebenfalls in dieser Prozession des Todes, da es Pilatus lieber war, daß man widerliche Kreuzigungen auf einmal erledigte.

Die Straße zu dem Todeshügel unmittelbar hinter der Nordwestmauer von Jerusalem war von dichten Menschenmengen gesäumt. Viele waren darunter, die Jesu Verurteilung verlangt hatten, und sie überschütteten ihn mit Spott und Hohn, aber einige waren Bewunderer oder Anhänger des Verurteilten, die sein Schicksal beklagten. Die meisten von ihnen hatten von der Gerichtsverhandlung erst gehört, als sie schon vorüber war. Jesu Feinde waren, wie man sah, organisiert, seine Freunde nicht. Die Angst vor einem Galiläer-Aufstand unter seiner Führung war offensichtlich ein Gebilde reinster Phantasie. Der einzige Finger, der sich für ihn regte, tat dies unbeabsichtigt. Auf dem halben Wege nach Golgatha stolperte Jesus unter dem Gewicht seines Kreuzes. Die Soldaten, die ihn kreuzigen mußten, fluchten über seine Schwäche und zwangen dann einen breitschultrigen Mann, der des Weges kam, namens Simon – er war aus Kyrene in Nordafrika –, den Balken für ihn zu tragen.

Ein Kurier des Pilatus kam angelaufen, um den Zug einzuholen, ehe er Golgatha erreichte. Er trug die Inschrift, die einem Verurteilten vorangetragen werden mußte, damit man wußte, wer er war und warum er hingerichtet wurde. Sie wurde dann an dem Kreuz befestigt. Der *titulos* war in lateinischer, hebräischer und griechischer Sprache geschrieben, so daß fast jeder den Text lesen konnte: »Jesus von Nazareth, der König der Juden.«

Pilatus hatte kaum das Innere des Palastes erreicht, als ihn einige Priester zu sprechen wünschten. Der *titulus* stimme nicht, reklamierten sie, es müsse nicht heißen, »der König der Juden«, sondern daß er gesagt habe, er sei der König der Juden.

»Was ich geschrieben habe, habe ich geschrieben.« Pilatus ging davon und ließ die Priester an der Tür stehen. Er würde nicht noch einmal vor dem Sanhedrin kapitulieren.

Pilatus hatte den Wortlaut des *titulos* aus einem besonderen Grunde gewählt. Es war ein subtiler Sarkasmus darin, der sich weniger gegen den Gekreuzigten als gegen die Kreuziger richtete. »Einen solchen König wie diesen töten die Juden«, stand deutlich zwischen den Zeilen. Aber es war da noch eine juristische Überlegung: für die Akte wünschte Pilatus einen stichhaltigen Grund für das Todesurteil. Eine Kreuzigung wäre nicht die geeignete römische Strafe für das rein jüdische Verbrechen der Gotteslästerung. Aber bei Hochverrat, von jemandem begangen, der sich selber zum König gemacht hat, war sie die einzig richtige. In seinem Büro im Palast des Herodes diktierte Pilatus einem seiner Adjutanten ein Memorandum, in dem die Legalität des Prozesses gegen Jesus für die Akten erklärt wurde:

Form des Prozesses: Untersuchung durch den Präfekten.
Ratgeber oder Geschworene: keine.
Strafe: Kreuzigung
Strafgrund: angenommener Verrat, eingeschlossen *maiestas.*
Zweiter Strafgrund: die Bestätigung des Urteils des Sanhedrin gegen Jesus wegen eines schweren religiösen Verbrechens.
Berufung: keine. Der Verurteilte war kein römischer Bürger.

Neunzehntes Kapitel

Von den Ereignissen des Morgens mitgenommen, aß Pilatus allein zu Mittag. Procula ließ ihm ausrichten, daß sie ihn ihres Unwohlseins wegen erst zum Abendessen sehen werde. Er trank mehr Wein als sonst, da er an diesem Nachmittag nicht Gericht zu halten brauchte. Er trank aber auch, um die Erinnerung an das Urteil des Morgens zu verscheuchen.

Judäa zu regieren war eine mühselige Aufgabe, sagte er sich. Eines Tages, und vielleicht schon bald, würde er Gratus' Beispiel folgen und darum bitten, von seinem Posten als Statthalter entbunden und woandershin versetzt zu werden, hoffentlich zurück nach Rom. Fast sieben Jahre waren vergangen, seit er das letzte Mal dort gewesen, eine zu lange, eine entsetzlich lange Zeit. Sieben Jahre der Konfrontation mit den Juden – konnte jemand sie wirklich erfolgreich regieren? – außer sie selber? Vielleicht war das der eigentliche Grund für ihre Agitation, daß sie glaubten, nur sie selber könnten sich regieren? Aber auch das war sehr fragwürdig, wenn man an ihre starken inneren Rivalitäten dachte. »Zwei Juden, drei Meinungen« – hieß es in einem Sprichwort, und Pilatus fand, es war die nackte Wahrheit.

Nach dem Essen und einer kurzen Siesta nahm er sein Nachmittagsbad früher als sonst in dem Becken gleich hinter dem Innenhof.

Während er im kristallblauen Wasser von Herodes' prächtigem Schwimmbad planschte, grübelte er weiter ... Wie hätte Herodes der Große in dem Prozeß heute morgen geurteilt? Er hätte sich bestimmt nicht davor gedrückt wie sein Sohn Antipas. Pilatus grinste. Nein, Jesus wäre nicht einmal vor Gericht gekommen. In aller Ruhe und ohne lange zu fackeln hätte Herodes ihn beiseite geschafft wie jeden, hinter dem er Herrschaftsansprüche vermutete. Schon damals, als die Weisen nach Jerusalem kamen und sich nach einem neugeborenen König der Juden erkundigten, hatte er entsprechend gehandelt. Merkwürdig, dachte Pilatus. Ein Säugling und ein Mann, den ich gerade zum Tode verurteilt habe, und beide wurden König der Juden genannt. Herodes hat das Kind getötet. Ich habe den Mann getötet. War das eine so schlecht wie das andere? Nein, ich war dazu gezwungen ... Wie mag es ihm jetzt da draußen ergehen, Jesus von Nazareth, dem König der Juden? Wahrscheinlich ist er still und ergeben wie immer.

Warum hat er sich nicht verteidigt? Warum hat er es mir so schwer gemacht? Oder mir die Verurteilung so leicht gemacht? Ich mußte sein Richter und auch sein Verteidiger sein. Ob Procula es schon weiß? »Laß deine Hände von dem unschuldigen Mann«, hatte sie geschrieben. Sie wird natürlich glauben, ich hätte ihren Rat mißachtet ... »Dieser unschuldige Mann« – wo habe ich das schon einmal gehört? Ach ja, ich habe es bei Plato gelesen.

Pilatus stieg aus dem Wasser und ging zu einem Stuhl, auf den er den *»Staat«* gelegt hatte. Er schlug ein paar Seiten zurück und fand die Stelle:

»Der Unschuldige wird gegeißelt, gemartert, gefesselt, mit Feuer geblendet, und schließlich, nachdem er die schlimmsten Leiden ertragen hat, wird er ans Kreuz geschlagen ... «

Merkwürdig, ging es ihm wieder durch den Kopf. Und wie seltsam, daß Plato, der von Sokrates' Märtyrertum sprach, das Bild des Kreuzes benutzte, während Sokrates still seinen Schierlingsbecher geleert hatte ...

Er ging wieder ins Wasser zurück, schwamm einmal durch das Becken und legte sich dann auf den Rücken. Und da geschah etwas Unheimliches. Kurz nach dem Essen war es, als hätte sich ein Schleier über die Sonne gelegt, und der Himmel war jetzt purpurrot. Pilatus glaubte, es ziehe sich ein schweres Gewitter zusammen, aber es war da weder ein Windhauch noch ein Blitz noch ein sich nahender Donner.

Er stieg aus dem Becken, zog sich an und stieg dann in den kleinen Turm oben auf dem Palast. Der Himmel verfinsterte sich noch mehr, aber es regnete nicht. Zu seinem Entsetzen sah er, daß es überall dunkel war – nicht ein blaues Fleckchen zeigte sich irgendwo am Horizont. Er konnte kaum bis nach Golgatha blicken, wo sich die Menge um die Silhouette der drei Kreuze drängte. War es eine Sonnenfinsternis? In der Stadt unten brannten – um drei Uhr nachmittags! – Öllampen!

Plötzlich war es Pilatus, als höre und fühle er es zugleich: Jerusalem erzitterte, und die Erde erbebte, und die Felsen zerrissen, und man hörte Schreie aus der Stadt, und gleich darauf vernahm Pilatus ein Krachen im Süden, und als er hinblickte, sah er, daß einer der Bogen seines Aquädukts auseinanderbrach und in das Hinnomtal stürzte, und das Wasser sprudelte aus der geborstenen Leitung.

Er rief seine Palastwache und schickte die Männer in die Stadt, damit sie sich nach den Schäden erkundigten und ihm darüber berichteten. Dann befahl er der Antoniakohorte, durch Jerusalem zu patrouillieren und die Ordnung aufrecht zu erhalten. Seine Baumeister sollten eiligst den Schaden am Aquädukt beseitigen.

Es war alles sehr unheimlich, aber es ging so schnell vorüber, wie es gekommen war, denn schon schien die Sonne wieder, und der Himmel wurde wieder blau.

Er hatte sich gerade wieder etwas beruhigt, als ein Adjutant meldete, der Diener des Hohenpriesters möchte ihn einen Augenblick sprechen. »Werden sie mich denn nie in Ruhe lassen?« sagte Pilatus gereizt, »laß ihn ein ... Ja, Malchus?«

»Exzellenz«, sagte Malchus, sich verbeugend, »da der feierlichste Sabbat im jüdischen Jahr mit Sonnenuntergang beginnt, bitten mein Herr Kaiphas und die Priester um die Erlaubnis, daß gegen Ende des Tages den gekreuzigten Gefangenen die Beine gebrochen werden, so daß sie sterben und bestattet werden können, denn ihre Leichen dürfen nicht an den Kreuzen hängen bleiben, weil das Sabbatschändung wäre.«

Pilatus schrieb ein paar Zeilen, in denen er den Zenturio auf Golgatha ermächtigte, zu tun, um was die Priester baten, und gab sie Malchus. Das Brechen der Beine der Gekreuzigten beschleunigte den Tod durch Ersticken, da, wenn die Beine den Gekreuzigten nicht mehr stützten, Zwerchfell und Brustkasten eingedrückt wurden, weil er nur noch an den Armen hing.

Später am Nachmittag bat ein Mitglied des Sanhedrin um eine Audienz beim Präfekten. Pilatus war am Ende seiner Geduld und hätte den Mann am liebsten nicht empfangen, ließ ihn jedoch eintreten.

»Bin ich Ihnen nicht vor Jahren in Cäsarea begegnet?« fragte er.

»Ja, Exzellenz. Ich bin Joseph von Arimathia. Ich werde Ihre Zeit nur einen Augenblick in Anspruch nehmen. Mein Kollege Nikodemus und ich bitten Sie um die Erlaubnis, die Leiche des Jesus von Nazareth bestatten zu dürfen. Ich habe ein Grab ganz in der Nähe von Golgatha.«

»Ist Jesus schon tot?«

»Ja«, antwortete Joseph und senkte die Augen, denn er wollte nicht vor dem Statthalter zeigen, wie tief bewegt er war.

»Wann ist er gestorben?«

»Kurz nach neun Uhr. Zur Zeit des Erdbebens.«

»Aber so schnell sterben doch Gekreuzigte nicht.«

»Wenn Sie verzeihen, Exzellenz, sehr wenig an dieser Kreuzigung war normal.«

»Das stimmt. Aber nach dem großen Aufstand unter Spartakus hat es Tage, nicht Stunden gedauert, bis seine Männer an ihren Kreuzen längs der Via Appia starben ... Leben die beiden anderen noch?«

»Als ich von dort fortging, lebten sie noch.«

»Hat Jesus etwas gesagt, ehe er starb?«

»Ja, und ganz laut, was uns überraschte, da wir glaubten, er sei schon bewußtlos. ›Es ist vollbracht‹, sagte er. ›Vater, in deine Hände befehle ich meinen Geist‹, und darauf verschied er.« Joseph blickte zu Boden und fuhr dann fort: »Die Dabeistehenden waren schon durch die tiefe Dunkelheit verängstigt, aber als die Erde bebte, rannten sie entsetzt in die Stadt zurück. Selbst ihr Zenturio war tief betroffen. Er blickte zu der Leiche Jesu auf und sagte, dieser sei wahrlich Gottes Sohn gewesen.«

Pilatus, der sich langsam mit der Hand über die Brauen strich, fragte: »War er es, Ratsherr? War er Gottes Sohn?« Und noch ehe Joseph antworten konnte, fügte er hinzu: »Warum wollte er dann sterben? Und an einem Kreuz? Was für eine Göttlichkeit ist das!«

Er sah die Männer, die Jesus gekreuzigt hatten, zurückkommen und fragte sie: »Habt ihr ihnen die Beine gebrochen?«

»Ja«, antwortete der Zenturio, »sie sind jetzt tot, aber die Beine des Propheten brauchten wir nicht zu brechen. Er war schon verschieden. Nur der Sicherheit wegen hat einer der Männer ihm eine Lanze in die Seite gebohrt. Er war mausetot.«

»Erzählen Sie mir, wie alles vor sich gegangen ist, Zenturio.«

Der von dem Nachmittag auf Golgatha noch ganz erschütterte Hauptmann berichtete Pilatus. Er erzählte, daß die Soldaten den Gefangenen die Kleider weggenommen hätten, wie das ihr Recht war, und daß sie dann um des Propheten saumlose Tunika gewürfelt hätten, die der Zenturio gewann. Jesus habe seinen »Vater!« gebeten, ihnen zu vergeben, wer immer »sie« sein mochten. »Wir boten den Gekreuzigten den üblichen betäubenden Wein an, aber der Prophet weigerte sich, etwas zu sich zu nehmen ... Kaiphas und der Sanhedrin warteten vergeblich darauf, daß der Mann öffentlich widerrief, damit sie ihn lossprechen und ihn einen seligen Tod sterben lassen konnten ... Das seltsame Verhalten der Banditen. Der eine verspottete ihn, während der andere ihn um seinen Segen bat ... Die Herumstehenden forderten ihn auf, seine angeblichen übernatürlichen Kräfte zu benutzen und vom Kreuz herabzusteigen ... Die unheimliche Finsternis ... Jesu letzte Worte an seine Mutter und mehrere Jünger, die dort waren ... Die Soldaten, die Jesus auf einem Rohr einen mit Essig getränkten Schwamm reichten ... Und dann sein Tod und das grausige Erdbeben. – Es war fast, als wären die Götter wütend, Statthalter«, sagte Zenturio, »wen haben wir da gekreuzigt?«

Während der Zenturio das alles berichtete, versuchte Joseph von Arimathia Pilatus' Aufmerksamkeit auf sich zu ziehen. Schließlich gelang es ihm. »Ach ja, Ratsherr«, sagte Pilatus und wendete sich ihm zu. »Verzeihen Sie, daß ich Sie habe warten lassen. Sie dürfen die Leiche Jesu begraben!«

Im Tempel ging unterdessen der geschäftigste Nachmittag des Jahres zu Ende. Leute aus der Stadt und Pilger waren in das Heiligtum geströmt, um nach dem heiligen Ritual dort ihre Passahlämmer schlachten zu lassen, und darum waren viel weniger Menschen nach Golgatha gegangen, um die Kreuzigung Jesu mitzuerleben. Selbst Kaiphas und die Mitglieder des Sanhedrin hatten die Schädelstätte um ein Uhr verlassen, um die vorbereitende Passahliturgie im Tempel zu leiten und die Opferung der Lämmer zu überwachen.

Die Zeremonie hatte an diesem Nachmittag nicht recht geklappt. Die plötzliche Finsternis erschreckte die Beter, und das Erdbeben hatte das Volk in Panik versetzt, wenn auch niemand ums Leben gekommen war. Aber das Schlimmste erfuhren die Leute nicht: daß der Vorhang, der das Allerheiligste von dem übrigen Tempel trennte, bei dem Erdbeben mitten durchgerissen war. Es war ein so böses Omen, daß die Priester gar nicht erst versuchten, es zu deuten, außer Rabbi Zadok, der sein unterbrochenes vierzigjähriges Fasten für die Sicherheit Jerusalems wieder aufnahm.

Das Ritual endete jetzt mit der Opferung von drei Tempellämmern. Kaiphas, der sein heiliges Ephod mit dem funkelnden Brustschild angelegt hatte, leitete die Zeremonie, wobei ihm drei Leviten assistierten. Die Tiere waren makellos, und die Kehle wurde ihnen mit einem Hieb durchgeschnitten. Man hörte kein angstvolles Blöken, nur das Geräusch des in goldene Gefäße tropfenden Blutes. Als genug Blut gesammelt war, wurde es auf einen heiligen Stein gespritzt. Die Opfer wurden dann ausgenommen und die Eingeweide sorgfältig untersucht. In Rom hätten Auguren daraus die Zukunft geweissagt. Hier wollte man damit nur feststellen, daß die Lämmer vollkommen gesund seien, denn nur makellose Opfer wurden Gott dargeboten. Die Menschen kehrten in ihre Wohnungen zurück, wo die letzten Vorbereitungen für den Seder getroffen wurden.

Procula fühlte sich am Abend wieder so wohl, daß sie mit Pilatus zusammen essen konnte, aber ihre Schweigsamkeit verriet ihm, daß sie von den Ereignissen des Tages wußte. Pilatus schwieg ebenfalls, da ihm vor der Kritik seiner Frau bangte.

Schließlich sagte er: »Procula, warum hast du mir heute diese Botschaft geschickt? Was für ein Traum war das?«

Als sie ihm ihren Alptraum geschildert hatte, lachte Pilatus.

»Aber es ist etwas Wahres daran. Ich habe versucht, Jesus freizulassen, und ich war fast versucht, Kaiphas statt seiner kreuzigen zu lassen. Dann hätte das Volk mich sicher gelyncht!«

Procula hob die Augen und blickte ihn kalt an. »Was ist das für ein Gefühl, Pilatus, wenn man einen Unschuldigen in den Tod schickt?«

Ihm verging das Lachen: »So einfach ist das nicht, Procula.«

»War er schuldig oder unschuldig?«

»Schuldig, soweit es die Juden betrifft.«

»Und die Römer?«

»Schuldig des Verrats, weil er sich selbst als König bezeichnete. Bedenke, daß *rex* eine der verhaßtesten Bezeichnungen in unserer Sprache ist! Wir hatten nach Roms Gründung sieben Könige, und das hat genügt. Und worüber wollte der Senat an den Iden des März debattieren? Ob man dem Cäsar den Titel *rex* verleihen solle. Es ist nicht geschehen. Selbst die Kaiser, deren Macht größer ist als die jedes Königs, haben sich nie erlaubt, sich mit diesem verhaßten Titel anreden zu lassen.«

»Hör auf, Pilatus. Wollte Jesus in einem politischen Sinn König sein?«

»Nein.«

»Wie konntest du ihn dann verurteilen?«

»Hat man dir in allen Einzelheiten über den Prozeß berichtet? Und auch wie ich Jesus verteidigt habe? ...«

»Ja, der Zenturio hat mir alles erzählt. Du hattest es so gut gemacht, hattest sogar nobel gehandelt. Ich würde dir vielleicht sogar verzeihen, daß du befahlst, ihn zu geißeln, wenn ich sicher sein könnte, daß du es nur tatest, um das Mitgefühl des Volkes für ihn zu gewinnen.«

»So war es.«

»Warum hast du dann versagt?«

»Wieso versagt?«

»Du hast einen Menschen verurteilt, von dem du wußtest, daß er unschuldig war. Das Schlimmste, was ein Richter tun kann. Einen Schuldigen freizulassen, ist viel verzeihlicher als das, was du getan hast.«

»Aber ...«

»Du hast genau gewußt, was recht war, wußtest, was du hättest tun müssen«, Tränen traten ihr in die Augen, »aber du hattest nicht die moralische Kraft, es zu tun. Ich ... ich habe nicht gewußt, daß ich einen Mann ohne Rückgrat geheiratet habe.«

»Stopp, Procula«, brauste er auf, »ich mußte es tun. Verstehst du das nicht? Wenn ich Jesus freigelassen hätte, hätte die Menge mich zwar nicht so angegriffen, wie du es geträumt hast, aber Jesus wäre wahrscheinlich irgendwo gelyncht worden, sobald wir Jerusalem verlassen hätten. Und wenn ich nicht nachgegeben hätte, dann wäre es zu einem neuen Aufstand gekommen, und es wäre viel mehr jüdisches Blut vergossen worden als das eines überspannten Propheten. Was wäre schlimmer gewesen? Manchmal ist ein kleines Übel notwendig, um etwas Gutes zustande zu bringen.«

»Bei anderen Gelegenheiten hast du dich den jüdischen Massen widersetzt.«

»Und du kennst das Resultat. Wenn der lange Schatten Sejanus' nicht auf uns fiele, hätte ich mich der Menge vielleicht auch jetzt widersetzt. Aber nun, da Tiberius seine neue projüdische Politik verfolgt, wäre das Wahnsinn gewesen.«

Procula schwieg eine Weile, dann sagte sie: »Und was ist, wenn es wahr wäre, Pilatus – was ist, wenn er Gottes Sohn wäre?«

»Meinst du das ernst?«

»Ja.«

»Du bist immer abergläubisch gewesen, nicht wahr? Nur, du wirst es mir kaum glauben, aber ich habe sogar einen Augenblick daran gedacht, daß das möglich sein könnte, als ich nach einem Ausweg suchte, um ihn freilassen zu können. Ich sagte mir dann aber, daß, wenn ich wirklich über einen Gott zu Gericht säße, ich dabei nicht weit kommen würde. Jesus hätte auf mein Urteil gewartet, hätte dann mich und den schreienden Mob ausgelacht und uns entweder alle erschlagen oder wäre einfach davongegangen. Und keiner von uns hätte etwas daran ändern können. Doch die Tatsache, daß er seine Bestrafung nicht verhindern konnte, beweist, daß er nicht das war, was er zu sein vorgab. Ein wahrer ›Sohn Gottes‹, wenn es so etwas gibt, würde sich nicht schlagen, verhöhnen, beleidigen lassen. Darum wußte ich, als er gegeißelt wurde und der erste Tropfen Blut seinen Rücken rötete, daß wir es mit einem gewöhnlichen Sterblichen zu tun hatten und daß, wenn man ihn kreuzigte, er wirklich sterben würde. Ein Gott, Procula, könnte nicht sterben.«

»Du machst den logischen Fehler, anzunehmen, daß das, was geschehen ist, geschehen mußte. Daß Jesus sich nicht selbst verteidigte, beweist nicht, daß er sich nicht verteidigen konnte. Vielleicht wollte er leiden. Jedenfalls spricht dich nichts von einem Justizmord frei.«

»Hüte deine Zunge, Frau!« Er funkelte sie an. »Jetzt, da wir festgestellt haben, daß er tatsächlich kein Sohn Gottes war …«

»Wir haben nichts Derartiges festgestellt.«

»Nun gut. Niemand als der Sanhedrin ist qualifiziert, über solche geheimnisvollen Dinge zu urteilen, und er hat entschieden, daß Jesus nicht ein Sohn Gottes war. Und darum haben sie ihn als falschen Propheten und Gotteslästerer verurteilt. Auch wenn ich es für barbarisch halte, jemanden hinzurichten, der seine Zunge benutzt hat, um ihren Gott zu beleidigen, – das ist nun mal ihr Gesetz. Und Tiberius hat mir befohlen, ihr Gesetz nicht anzutasten. Was konnte ich anderes tun?«

Da Procula nicht antwortete, fuhr er fort: »Vor vier Jahren wäre Jesus nicht einmal vor mein Gericht gekommen. Der Sanhedrin hatte zu jener Zeit noch das *ius gladii* über jüdische Bürger. Aber auf Sejanus' Drängen habe ich ihnen das Recht, jemanden hinzurichten, entzogen. Sie wußten jedoch, daß ich ein von ihnen verhängtes Todesurteil gegenzeichnen würde. Es war schon etwas Außergewöhnliches, daß ich ihn noch ein zweites Mal vernahm.«

»Warum hast du es dann getan?«

»Weil ich feststellen wollte, ob der Mann wirklich schuldig war, auch nach ihrem Gesetz. Das war ein Ausnahmefall, da sie selten auf eine Todesstrafe aus sind. Ein Rabbi sagte mir: ›Der Sanhedrin, der in sieben Jahren mehr als einmal die Todesstrafe verhängt, ist ein Schlachthaus.‹ Daran kannst du sehen, wie wichtig dieser Fall ihnen war. Aber wenn Jesus vor vier Jahren vor Gericht gestanden hätte, hätten sie ihn einfach zu Tode gesteinigt, ohne uns um die Genehmigung zu bitten.«

»Kommt dir dieses Argument nicht merkwürdig vor, Pilatus? ›Ich kann einen Unschuldigen kreuzigen, denn vor vier Jahren hätten sie einen Unschuldigen gesteinigt.‹ «

»Du sprichst immer von ihm als dem Unschuldigen. Erinnere dich, daß er in den Augen der jüdischen Führer schuldig war. Hätte ich mich munter über Tiberius' Befehl hinwegsetzen sollen, ihre alten und heiligen Gesetze zu respektieren?«

»Gab es denn keine Möglichkeit, ihn vor ein höheres Gericht zu stellen oder den Cäsar anzurufen?«

»Nein, und zwar aus zwei Gründen nicht. Er hat sich nicht an den Kaiser gewandt, und er konnte es auch nicht, da er kein römischer Bürger war. Aber nehmen wir einmal an, er wäre es gewesen. Tiberius hätte ihn trotzdem abgewiesen, da er auf Capri nicht mit solchen Sachen behelligt werden will. Vielleicht hätte Macro als Prätorianerpräfekt darüber entschieden. Und du kennst ja Macro.«

Procula schwieg wieder ein paar Minuten lang, ehe sie fragte: »Wenn du noch einmal über Jesus zu Gericht sitzen müßtest, würdest du ihn dann zu der gleichen Strafe verurteilen?«

Pilatus zögerte nur einen Moment, dann antwortete er: »Ja, natürlich. Ich würde es müssen. Mir wären die Hände gebunden.«

»Ich glaubte, sie wären gewaschen, Pilatus.«

»Genug!« brüllte er. »Es gab keine Möglichkeit. Hättest du einen Aufstand lieber gehabt und daß sich dann eine Delegation zu Tiberius aufmachte? In seiner jetzigen gereizten Stimmung hätte er nur auf sie gehört, und ich wäre in Ungnaden abberufen, eingekerkert, verbannt oder aufgefordert worden, Selbstmord zu begehen, während du für den Rest deines Lebens gebrandmarkt gewesen wärst. Es gab nur eine Wahl – eine Wahl zwischen uns und diesem Mann Jesus. Kannst du das nicht verstehen? Sei ehrlich, Procula!«

»Ja ... es ist wahrscheinlich wahr.«

»Nun und?«

Jedes Wort betonend, erwiderte sie: »Wenn du ihn freigesprochen hättest, wäre das eine großartige Demonstration des Prinzips gewesen, eine Tat höchsten Menschentums!«

»Eine Tat höchsten Wahnsinns!«

Am Samstag morgen war es immer still in Jerusalem. Und an diesem ganz besonders. Außer daß die Gläubigen in den Tempel gingen, ruhte an dem hohen und heiligen Tag in der Stadt jede Tätigkeit. Denn dieser Sabbat war der Sabbat des Passahfestes. Pilatus war darum doppelt überrascht, als ihm mehrere Priester und führende Pharisäer am Vormittag einen Besuch abstatteten.

»Exzellenz«, sagte Rabbi Helcias, »wir erinnern uns, daß der Betrüger, als er noch lebte, einmal gesagt hat: ›In drei Tagen werde ich wieder auferstehen.‹ « Der Tempelkämmerer lächelte. »Könnten Sie veranlassen, daß sein Grab bis nach diesem dritten Tag bewacht wird? Sonst kommen seine Jünger vielleicht und stehlen die Leiche, und dann würden sie verkünden, er sei vom Tode auferstanden. Dieser letzte Betrug wäre schlimmer als der erste.«

Pilatus wollte damit nichts zu tun haben. Er hatte sich ein für allemal die Hände gewaschen. »Sie haben Ihre eigenen Wächter im Tempel. Nehmen Sie die, und sichern Sie das Grab, so gut Sie können«, entgegnete er, verblüfft über einen Fanatismus, der einen Menschen nicht nur in sein Grab jagte, sondern noch darüber hinaus.

Die Priester befolgten Pilatus' Rat, schickten mehrere Tempelwächter zum Grabe Josephs, die versiegelten den Stein, der vor das Grab gerollt worden war, und bewachten es dann weiter.

Es war ein ungewöhnlich warmer Sabbat für diese Jahreszeit, und der Abend war schön, wie alle Abende in jener Woche. Und der silberne Schein des Mondes ergoß sich auf Jerusalem. Das Passahfest fiel in die Zeit des ersten Vollmonds am oder nach dem Frühlingsaequinoctium.

Daß es Vollmond war, beunruhigte Pilatus. Er mußte immer noch an die plötzliche Dunkelheit am Freitagnachmittag denken. Anfangs hatte er sie einer Sonnenfinsternis zugeschrieben. Auch wenn er kaum ein Astronom war – jetzt war ihm klar, bei Vollmond war jede Sonnenfinsternis völlig unmöglich. Der Mond stand in einer diametral falschen Position.

Pilatus zuckte die Schultern. Vielleicht hatte Joseph von Arimathia recht: nichts war an jenem Freitag normal gewesen.

Zwanzigstes Kapitel

Der Sonntag begann hell und klar, wenn auch im nordwestlichen Teil von Jerusalem kurz vor Sonnenaufgang die Erde leicht gezittert hatte. Das Erdbeben schien sich auf einen kleinen Park oder Garten westlich von Golgatha konzentriert zu haben, denn Pilatus erreichten Berichte, daß einige Menschen dorthin wanderten, vielleicht um einen Riß in der Erde zu betrachten. Vor Ende des Tages waren aus den wenigen beträchtliche Gruppen geworden. Am Montag wurden aus den Gruppen ganze Scharen, und in ganz Jerusalem ging das Gerücht um, der tote Jesus von Nazareth sei, wie er es vorausgesagt hatte, vom Tode auferstanden. Pilatus erfuhr, daß es gar kein Riß in der Erde war, der die Leute in die Nähe von Golgatha gelockt hatte, sondern das Grab, in dem Jesus beigesetzt worden war. Angeblich war es leer.

Pilatus lachte darüber, aber gegen Abend begab er sich mit dem Tribun der Antonia dorthin. Von Soldaten begleitet, die ihnen einen Weg durch die Reihen der Neugierigen bahnten, spähten sie in das Grab. Den mächtigen runden Stein, mit dem es verschlossen gewesen war, hatte man beiseite gerollt, und man konnte das große in den Felsen gehauene Grab sehen. Auf der Steinplatte, auf den die Leiche gelegt wurde, lagen Leinentücher, und am Kopfende ein zusammengefaltetes Schweißtuch, das das Gesicht des Toten bedeckt hatte. Die Tücher strömten noch den würzigen Geruch von Myrrhen und Aloen aus, aber es war keine Leiche dort.

»Sind Sie sicher, daß dies das richtige Grab ist?« fragte Pilatus seinen Tribun.

»Dies ist das, was die Tempelwache versiegelt hat!«

»Und wo ist die Wache jetzt?«

»Sie ist am Sonntag früh gleich nach dem Erdbeben geflüchtet. Das Siegel soll zerbrochen und der Stein fortgerollt sein.«

»Und die Leiche – wie ist die verschwunden?«

»Die Wächter behaupten, die Jünger dieses Jesus hätten die Leiche, während sie schliefen, gestohlen.«

»Direkt vor ihren Augen?«

»Wir konnten nicht mehr aus ihnen herausbekommen. Sie wirken noch ganz verstört.«

»Kein Wunder, da sie sich als so unfähig erwiesen haben«, spottete Pilatus. Er untersuchte das Siegel, das in zwei Teile gebrochen war, von denen einer am Rand des Türsteins klebte und der andere vom Türsturz herunterhing. Er suchte die Wände und den Boden der Grabkammer nach verborgenen Ausgängen oder Durchgängen ab, fand aber keine.

»Tribun, gehen Sie zu Joseph von Arimathia, einem Mitglied des Sanhedrin, und bringen Sie ihn her. Prüfen Sie mit ihm, ob dies das Grab ist, in dem er Jesus beigesetzt hat. Wenn nicht, werden wir das richtige von römischen Soldaten bewachen lassen. Eine Wache, die es fertig bringt, einen Toten entkommen zu lassen, ist blöde genug, auch ein falsches Grab zu versiegeln und zu bewachen.«

Am späten Abend berichtete der Tribun, daß er mit Joseph von Arimathia an dem Grabe gewesen sei, das er und Pilatus untersucht hatten. Es war das richtige.

Pilatus dachte kurz nach und lachte dann. »Seine raffinierten Jünger haben bestimmt das Grab aufgebrochen – und das vor den Augen der Wächter!«

»Soll ich die Jünger verhaften lassen?«

»Nein, lieber nicht, Tribun. Rom interessiert es nicht sehr, wer sich nach der Kreuzigung einer Leiche bemächtigt. Außerdem wird es für Kaiphas sehr schwer werden, zu erklären, warum das Grab leer ist. Warum sollten wir ihm damit aus der Klemme helfen, daß wir feststellen, wo die Leiche ist?«

Trotzdem schlief Pilatus in dieser Nacht nur mühsam ein. Sein logischer römischer Geist suchte nach einer Lösung des Rätsels, das ihm die fehlende Leiche aufgab. Natürlich war es das Werk der Jünger. Wer sonst hätte einen Grund gehabt, die Leiche zu stehlen? Aber wie hätten diese Galiläer fünfzehn Tempelwächter überrumpeln können? Selbst angenommen, sie hätten alle in der Nacht zum Sonntag geschlafen, was unwahrscheinlich war – diesen riesigen Stein vom Grabe wegzuwälzen hätte einen solchen Lärm gemacht, daß sie davon wach geworden wären. Nein, es war unmöglich. Aber wie war es dann passiert?

Natürlich! Die Lösung war so einfach, daß keiner auf Anhieb darauf gekommen wäre. Die Oberpriester waren am Samstagmorgen bei Pilatus gewesen, um ihn um eine Wache zu bitten. Jesus war am Freitag gestorben. Das Grab war also die ganze Nacht vom Freitag zum Samstag nicht bewacht worden. Die Jünger mußten in eben jener Nacht gekommen sein. Während ganz Jerusalem sich vom Passahmahl ausschlief, hatten sie die Leiche ihres toten Lehrers entführt und den Stein wieder vor das Grab gerollt. So war es! Pilatus, der froh war, die Lösung gefunden zu haben, konnte nun schlafen.

Das Festmahl im Hasmonäanischen Palast war ein Zeichen dafür, daß die Beziehungen zwischen Herodes Antipas und Pilatus sich wieder gebessert hatten. Freilich machte sich keiner von beiden Illusionen darüber. Es war mehr ein inoffizieller Friedensvertrag oder zumindest ein Waffenstillstand.

Von dem Prozeß und der Kreuzigung Jesu war kaum die Rede. Obwohl Antipas insgeheim froh war, daß er in der Bruderschaft der Palästinensischen Prophetenmörder nicht mehr allein war, wollte er seinen Gast nicht in Verlegenheit bringen. Man sprach jedoch sehr eingehend über die Spekulationen hinsichtlich des leeren Grabes und die Auferstehungsgerüchte, die in Jerusalem umgingen. Besonders Chuza und Manaen schienen kein anderes Thema zu haben, dachte Pilatus, unbekümmert darum, daß der Mann, der Jesus verurteilt hatte, an der Spitze der Tafel saß und alles hörte, was sie sagten.

Antipas hätte den beiden Schweigen geboten, wenn er sich nicht selber brennend für das Übernatürliche und Spektakuläre des Ereignisses interessiert hätte. Der Mann, der einst gefürchtet hatte, daß Johannes der Täufer vom Tode auferstanden sein könnte, spitzte jetzt die Ohren, um den neuesten Klatsch über das leere Grab zu hören.

Wie es in Jerusalem üblich war, aßen die Damen getrennt, und auch ihre Unterhaltung drehte sich um die Nachricht von dem Verschwinden der Leiche. Eine von ihnen wußte mehr als die anderen, aber erst als man sie drängte, erzählte Joanna ihre Geschichte. Sie war die Frau von Chuza, dem Haushofmeister.

»Unsere Joanna war dort, als es passierte«, sagte Herodias zu Procula in sarkastischem Ton, »sie ist nämlich, seit Jesus sie angeblich in Galiläa geheilt hat, seine Jüngerin. Sie hat das immer geheimgehalten, aber jetzt sollen es ruhig alle wissen, nicht wahr, Joanna?«

»Bitte, Joanna, erzählen Sie uns Ihre Geschichte«, fiel Procula ein.

Ein wenig zögernd und dennoch entschlossen begann Joanna: »Nun, mehrere seiner Anhängerinnen und ich sorgten sich, daß er nicht richtig begraben worden sei, und so gingen wir am frühen Sonntagmorgen zu Josephs Grab, um seine Leiche zu salben. Wir wußten nicht, daß das bereits geschehen war.«

»Am Sonntag in aller Frühe waren Sie dort?« fragte Procula.

»Ja.«

»Warum nicht schon am Samstagmorgen, kurz nach seinem Tode?«

»Der Sabbat, Frau Procula.«

»Natürlich.«

»Als wir zu dem Grab kamen, bebte die Erde, und der große Stein rollte vom Eingang des Grabes fort. Wir hatten natürlich Angst, waren aber auch erleichtert, weil wir keine Ahnung hatten, wie wir schwachen Frauen den Stein fortwälzen könnten.« Sie lächelte schüchtern. »Aber dann erschraken wir: in der Grabkammer stand eine weiße strahlende Gestalt, die sagte: ›Fürchtet euch nicht. Ihr sucht Jesus, den Gekreuzigten. Er ist nicht hier. Er ist auferstanden, wie er es gesagt hat. Seht dort die Stätte, wo er gelegen hat, und dann geht schnell hin und sagt es den Jüngern, daß er vom Tode auferstanden ist!‹ «

»Wer hat das alles gesagt?« fragte Herodias. »Und wo waren die Wächter?«

»Ich glaube, er war ein Engel, ein Bote Gottes. Die Wächter waren dort, aber sie hatten entsetzliche Angst; soviel ich weiß, sind sie nach Jerusalem zurückgelaufen.«

»Das wird ja immer schöner«, bemerkte Herodias zynisch.

»Bitte, fahren Sie fort, Joanna«, sagte Procula.

»Natürlich waren wir zunächst wie vor den Kopf geschlagen, aber auch sehr glücklich über die unglaubliche Kunde, und dann eilten wir davon, um es den Jüngern zu berichten, aber ... «

»Nun, heraus damit!« rief Herodias.

»Ich fürchte, Sie werden es mir nicht glauben ... «

»Haben Sie Vertrauen zu uns, und erzählen Sie es uns«, bat Procula.

»Als wir nach Jerusalem zurückkehrten, sahen wir plötzlich Jesus auf unserem Weg.«

»Was?«

»Wir fielen anbetend vor ihm nieder. Es war der Herr! Er war es! Glauben Sie mir! Er lächelte und erinnerte uns an seinen Auftrag. Er sagte uns auch, wir sollten es seinen Jüngern sagen, und das taten wir.«

Als sie an diesem Abend wieder zu Hause waren, erzählte Procula ganz erregt Pilatus, was Joanna berichtet hatte. Nicht das Phantastische dieser Geschichte, sondern der Überschwang, mit dem Procula sie erzählte, bestürzte ihn. »Du willst doch wohl nicht etwa behaupten, daß du das glaubst?« sagte er.

»Ich habe das nicht behauptet; ich habe auch nicht das Gegenteil behauptet«, lachte sie, »ich berichte nur, was Joanna uns beim Essen erzählt hat. Natürlich versuchte Herodias das alles ins Lächerliche zu ziehen, aber sie wirkte, fand ich, recht nervös. Und die Frau Manaens hatte Tränen in den Augen.«

»Procula, es ist mir wirklich gleichgültig, wie die Frauen reagiert haben«, sagte Pilatus, »ich möchte nur wissen, ob du als eine vernünftige Römerin solchen Unsinn glauben kannst. Joanna war sicher krank vor Kummer.«

»Nein«, antwortete Procula ärgerlich, »sie ist eine der vernünftigsten Frauen, die ich kenne. Und sie hat nicht damit geprahlt. Wir mußten es aus ihr herausziehen, weil sie vor Herodias Angst hatte.«

»Ach, das Ganze war ein Wunschtraum oder eine Illusion. Ist dir aufgefallen, daß es gerade Frauen sind, die behaupten, einen auferstandenen Jesus gesehen zu haben? Natürlich Frauen! Ihr habt viel mehr Phantasie als wir Männer. Wir könnten uns nie solch eine Geschichte ausdenken!« Er lachte und runzelte dann die Brauen. »Jesus ist tot, Procula. Finde dich mit der Tatsache ab und belaß es dabei!«

»Ich bin mit meinem Bericht noch nicht fertig, Pilatus. Joanna und die Frauen eilten zu seinen Jüngern, um es ihnen zu sagen, aber wie du hielten die es für Unsinn. Sie scheinen die gleiche Meinung von den Frauen zu haben wie du. Aber an jenem Abend, Sonntagabend, war es anders. Während sie sich in dem Hause versammelten, in dem sie in Jerusalem wohnten, erschien ihnen Jesus. Die Jünger glaubten, es sei ein Geist. Aber er aß etwas von ihren Speisen und ließ sie seine Hände und Füße berühren, um ihnen zu beweisen, daß er wirklich aus Fleisch und Blut war.«

Pilatus begann zu schwitzen. Seine Überlegenheit, mit der er eben noch geprunkt hatte, war dahin. Aber es war weniger Angst als Wut, die seine Züge verfinsterte. »Du sagst, es gibt Männer, die schwören würden, daß sie Jesus lebend gesehen haben?«

»Ja ... Und auch Frauen!«

Pilatus schüttelte den Kopf und rief nach einem Diener, der gleich darauf angeeilt kam. »Geh zur Antonia und hole den Zenturio und die drei Soldaten, die Jesus von Nazareth gekreuzigt haben.«

»Zu dieser Stunde, Herr?«

»Ja, zu dieser Stunde. Jetzt, sofort!«

Procula wartete, bis ihr Mann sich wieder etwas beruhigt hatte, dann fragte sie ruhig: »Was hoffst du zu erfahren, Pilatus?«

»Etwas, an das ich bis jetzt noch nicht gedacht habe. Nehmen wir einmal an, Joannas Geschichte sei wahr und Jesus lebe. Weißt du, warum? Weil er nie gestorben ist. Darum! Das würde alles erklären. Er ist auch so schnell am Kreuz gestorben, wie es kaum möglich ist.« Pilatus ging in dem Zimmer auf und ab. »Ja, jetzt wird mir das alles klar. Jemand hat ihm aus einem Schwamm zu trinken gegeben, hat der Zenturio gesagt, und kurz danach soll Jesus gestorben sein. Wahrscheinlich hatte einer seiner Jünger in das Essigwasser, das der Schwamm aufgesaugt hatte, ein Betäubungsmittel getan ... Du wirst dich erinnern, daß sie ihm nicht die Beine gebrochen haben und er also nicht erstickt ist. Nachdem er von Joseph, einem weiteren seiner Anhänger, der von dem Plan wußte, sorgfältig ›begraben‹ worden war, ist er in der kalten Gruft, als die Wirkung des Narkotikums nachließ, wieder zu sich gekommen. Am Freitagabend waren keine Wächter dort, und so ist er ohne irgendeine Hilfe aus dem Grab gestiegen, oder aber seine Jünger waren dort und haben geholfen, den Stein wegzuwälzen. Er hat den ganzen Samstag geruht. Am Sonntag war er wieder wohlauf, und da ist er zu dem Grabe zurückgekehrt, um den Frauen zu erscheinen.«

»Großartig, Pilatus«, sagte Procula ruhig, »aber vergiß nicht, einer der Soldaten hat etwas getan, das für Jesus tödlicher war als das Brechen der Beine: er hat ihm einen Speer ins Herz gebohrt.«

»Darum lasse ich die Soldaten holen.«

Der Zenturio und die drei Soldaten erschienen und meldeten sich.

»Zenturio«, fragte Pilatus, »was war in dem Schwamm, aus dem der gekreuzigte Galiläer, kurz bevor er am Freitag verschied, getrunken hat?«

Die vier blickten Pilatus verschlafen an. Da hatte man sie aus dem Bett geholt und durch das schlafende Jerusalem laufen lassen, um ihnen eine so lächerliche Frage zu stellen! Der Zenturio bat, sie zu wiederholen. Dann antwortete er: »Was in dem Schwamm war? Gewöhnliches *posca*-Essigwasser. Was sonst? Es war in meiner Feldflasche.«

»Hat sich niemand an dieser Flasche zu schaffen gemacht?«

»Natürlich nicht. Zunächst versuchten einige der Frauen, dem Nazarener Wein, in dem ein Betäubungsmittel war, einzuflößen, aber er wollte ihn nicht trinken. Und später trank er nichts weiter als unser gutes altes, saures *posca.*«

Procula sah ihren Mann an, der ihrem Blick auswich.

»Nun, Zenturio, jetzt kommt eine noch viel wichtigere Frage«, sagte er, »warum haben Sie die Beine des Propheten nicht gebrochen. Hatte ich das nicht befohlen?«

»Mit allem Respekt, Herr, ganz so war es nicht. Sie hatten mir sagen lassen, ich solle die Beine brechen, damit der Tod noch vor Sonnenuntergang eintrete. Aber der an dem Kreuz in der Mitte war schon tot, und darum brauchten wir nicht ...«

»Woher wußtet ihr, daß es tot war?«

»Das war ganz klar, Statthalter. Er atmete nicht mehr; kein Muskel an ihm bewegte sich, und dann die Blässe, der glasige Blick des Todes in seinen Augen – es gab da überhaupt keinen Zweifel.« Die anderen Männer nickten.

»Warum haben Sie es dann für notwendig gehalten, ihm einen Speer ins Herz zu bohren?«

»Nur um ganz sicher zu sein.«

»Wer von euch hat den Speer geworfen?«

»Ich, Herr«, antwortete ein stämmiger junger Soldat, »aber ich habe ihn nicht geworfen. Er war dafür zu nahe. Ich habe ihn ihm, so tief ich konnte, in die Seite gebohrt.«

»Wie tief?«

»Nun, etwa dreißig Zentimeter, Herr.«

»Und was ist da geschehen? Hat er gestöhnt oder aufgeschrien?«

»Nein. Er war schon mindestens eine Stunde tot, möchte ich sagen. Als ich den Speer wieder herauszog, kamen Blut und Wasser nach.«

Procula sah aus, als ob sie gleich ohnmächtig werden würde. Pilatus rief eine Dienerin, damit sie sie aus dem Zimmer geleite.

»Zeig mir, wo der Speer eingedrungen ist.«

Der junge Soldat öffnete seine Tunika und legte die Finger zwischen die fünfte und sechste Rippe an seiner linken Seite.

»Hat er die Rippen nicht getroffen?«

»Er ist zwischen ihnen hineingedrungen.«

»Dann hat er wohl das Herz getroffen?«

»Ja, Statthalter, und auch die Lunge.«

»Er war also wirklich tot?«

»Ich würde um mein Leben wetten, daß es so ist, Herr.«

»Wissen Sie, warum ich all das mit Ihnen nachprüfen mußte?« frage Pilatus den Zenturio.

»Um ehrlich zu sein, Statthalter, wir haben über den Nazarener munkeln hören. Er soll wieder erwacht sein.«

»Das wäre alles, Zenturio. Gehen Sie mit Ihren Männern in die Antonia zurück.«

Am nächsten Morgen beschied Pilatus Joseph von Arimathia zu sich, um sich genau zu erkundigen, wie er ihn begraben hatte. Der Ratsherr antwortete, er und Nikodemus hätten sich beeilt, da der Sabbat nahte, aber alle üblichen Bräuche seien bedacht worden; so hätten sie auch eine Flaumfeder Jesus zehn Minuten lang unter die Nase gelegt. Die Feder habe sich nicht bewegt. Jesus war tot.

Als letztes fragte Pilatus Joseph, ob Jesus einen Zwillingsbruder gehabt habe, aber Joseph schüttelte den Kopf.

Mißmutig kam Pilatus auf seine ursprüngliche Annahme zurück, daß die Jünger Jesu Leiche in der Nacht vom Freitag zum Samstag gestohlen hätten. Folglich waren seine Erscheinungen eine Halluzination oder optische Täuschung – oder eine Lüge.

Jedenfalls schien man es sich im Tempel genauso zu erklären, denn Malchus, Kaiphas' Diener, brachte kurz vor Mittag folgende Botschaft:

»Joseph Kaiphas an Pontius Pilatus. Friede.

Die Jünger des Nazareners schrecken vor nichts zurück, wie

Sie sicher schon gehört haben. Sie sind bei Nacht gekommen und haben seine Leiche gestohlen, während die Wächter schliefen. Wenn darum jemand behauptet, er sei auferstanden, dann werden Sie wissen, wie Sie das zu deuten haben. Wir sind dankbar für Ihre Mitarbeit. Verübeln Sie es unseren Wächtern nicht, daß sie eingeschlafen sind. Sie waren in den letzten Tagen durch all das, was geschehen ist, sehr erschöpft. Friede.«

Eine solche Entschuldigung für das Schlafen von Wächtern konnte Pilatus nur verachten. Wechselten sie sich denn nicht ab? Wenn es römische Soldaten wären, würden sie nicht so leicht davonkommen.

Plötzlich wurde ihm die Bedeutung von Kaiphas' Botschaft bewußt. Warum hatte der Hohepriester das Verschwinden des Leichnams nicht damit erklärt, daß das Grab in der Nacht vom Freitag zum Samstag nicht bewacht gewesen war, statt es darauf zu schieben, daß die Wächter in der Nacht von Samstag zum Sonntag geschlafen hatten?

»Malchus, wenn du stets im Leben die Wahrheit gesagt hast, dann tue es auch jetzt!«

»Ja, Exzellenz?«

»Kennst du einen der Wächter, die das Grab bewachen sollten, in dem Jesus von Nazareth beigesetzt war?«

»Ja, ich kenne einige von ihnen.«

»Hast du mit ihnen über das, was geschehen ist, gesprochen?«

»Ja.«

»Gut. Nun, wenn sie am Samstagmorgen ihr Nachtlager um das Grab herum aufschlugen, dann haben sie sich bestimmt nicht die Mühe gemacht, den Stein fortzuwälzen ... um zu sehen, ob die Leiche Jesu noch darin war, nicht wahr?«

»Doch, Exzellenz. Die Oberpriester haben sie sogar instruiert, das zu tun, ehe sie die Wache aufnahmen. Die Leiche war dort, in Leinentücher eingewickelt. Sie hätten bestimmt nicht den Stein versiegelt, wenn sie sich nicht vorher überzeugt hätten, daß etwas in dem Grab war.«

Pilatus hätte sich eine negative Antwort gewünscht, dann wäre das Rätsel gelöst gewesen. Der letzte Strohhalm der Logik war Pilatus aus den Händen geglitten. Das Dilemma war groß.

»Nun«, sagte er schließlich, die Achseln zuckend, »Kaiphas

war immerhin ehrlich genug, den Diebstahl in der Nacht von Freitag zum Samstag nicht als passende Entschuldigung zu benutzen.«

»Er war nicht ehrlich«, sagte Malchus.

Pilatus glaubte, nicht richtig gehört zu haben.

»Was sagst du?« fragte er.

»Ich sagte, mein Herr war nicht ehrlich.«

»Wie meinst du das?« fragte Pilatus erstaunt.

Der Diener bekam Angst und zögerte mit der Antwort.

»Nun, sprich schon, Malchus. Ich gebe dir mein Wort, daß ich niemandem verrate, was du sagst. Also los!«

»Die Leiche des Propheten ist nicht von seinen Jüngern gestohlen worden. Ich war noch dort, als die Wächter alles den Oberpriestern berichteten. Sie sagten, es sei in der Morgendämmerung geschehen. Die eine Hälfte wachte, die andere schlief. Plötzlich war da ein Erdbeben, und ein strahlendes Licht war in dem Grab und um es herum. Eine Männerstimme sagte zu ein paar Frauen, die gerade gekommen waren, Jeschua sei auferstanden. Die meisten der Wächter wurden von solcher Panik ergriffen, daß sie flüchteten. Ein paar, die mehr Mut hatten, spähten, nachdem die Frauen gegangen waren, vorsichtig in das Grab hinein. Sie sahen nur die Leinentücher.«

Pilatus war jetzt ernstlich beunruhigt. Die Geschichte stimmte genau mit der der Frauen überein. »Warum hat dann Kaiphas«, fragte er Malchus, »mir von einer gestohlenen Leiche und schlafenden Wächtern geschrieben?«

»Weil das jetzt die offizielle Geschichte ist. Die Oberpriester berieten sich mit den Schriftgelehrten und Ältesten, was zu tun sei. Sie kamen zu dem Schluß, daß Jeschua durch einen Zaubertrick des Satans selber aus dem Grabe herausgestiegen sei. Aber wenn sie zuließen, daß die Geschichte der Wächter öffentlich bekannt wurde – und selbst wenn sie diese Erklärung dafür gaben –, würde das Volk sagen, Jeschua sei tatsächlich der Messias. Alle würden sich seiner Bewegung anschließen, bis schließlich römische Legionen ihr den Garaus machen müßten. Und das wollen sie nicht. Und darum verlangten sie von den Wächtern zu behaupten, daß Jeschuas Anhänger, während sie schliefen, die Leiche gestohlen hätten.«

Ein paar Augenblicke sah Pilatus Malchus an, ohne ihn wirklich zu sehen. Dann klopfte er ihm auf die Schulter. »Deine Ehrlichkeit gefällt mir.«

»Wenn mein Herr Kaiphas davon erfährt, ist es natürlich um mich geschehen.«

»Was du mir erzählt hast, bleibt unter uns.«

Und dann sagte Pilatus: »Noch eins, Malchus. Du brauchst die Frage nicht zu beantworten, aber sag, warum warst du so ehrlich zu mir? Du hast schließlich deinen eigenen Herrn Lügen gestraft.«

Der Diener lächelte. »Weil ich jetzt einen höheren Herrn habe, Exzellenz. Jeschua Hannosri hat mich geheilt, und darum glaube ich, daß die anderen Berichte über ihn ebenfalls wahr sein müssen. Ich wollte nur, daß Sie die Wahrheit wissen.«

»Er hat dich geheilt? Wie?«

Malchus berichtete von seinem abgeschnittenen Ohr, wobei Pilatus ihn skeptisch musterte: »Bist du sicher, daß es abgeschnitten war, Malchus?«

»Es lag auf dem Boden ...«

»Und nun glaubst du wohl, er sei wirklich ... vom Tode auferstanden?«

»Ja, Exzellenz.«

»Auf Wiedersehen, Malchus.«

Es wurde immer schlimmer, dachte Pilatus. Aber dieser Ohrgeschichte und des Malchus neuen Glaubens wegen bezweifelte er, daß er das, was Malchus gesagt hatte, für bare Münze nehmen konnte. Nein, der Mann sah nicht so aus, als würde er Tatsachen ausschmücken, aber stand er nicht auch im Banne eines Zaubers? Würde in diesem Fall Pilatus je die Wahrheit über die seltsamen Ereignisse des vergangenen Wochenendes erfahren?

Pilatus entschloß sich, Jerusalem unverzüglich zu verlassen. Er übertrug die Aufgabe, während der letzten Tage des Passah für Ruhe und Ordnung zu sorgen, dem Kommandanten der Antonia. Er wollte dem in der Stadt umgehenden Fanatismus entrinnen, diesem heiligen Ort, in dem respektable Männer und Frauen phantastische Geschichten ersannen. Procula dagegen hätte sich gern noch einmal mit Joanna unterhalten oder noch besser mit einigen der Jünger des Mannes, den ihr Mann hatte kreuzigen lassen. Aber es war unmöglich. Sie mußte Jerusalem verlassen, nahm jedoch einen Schatz unvergeßlicher Eindrücke mit, die sie nie würde von sich abschütteln können. Sie würde es nicht einmal versuchen.

Einundzwanzigstes Kapitel

In Cäsarea entdeckte Pilatus zu seiner Überraschung, daß ein großer Teil der Bevölkerung wußte, was sich während des Passah in Jerusalem ereignet hatte. Zurückkehrende jüdische Pilger berichteten über jeden Zwischenfall, jedes Gerücht brühwarm. Er machte sich Sorgen, daß Berichte über die Rolle, die er in der Festwoche gespielt hatte, seinem Prestige als Präfekt schaden könnten. Seltsamerweise war das nicht der Fall. Die meisten Juden schätzten es, daß er dem Sanhedrin nachgegeben hatte, während jene, die mit Jesu Sache sympathisierten, die Kreuzigung nur noch im Lichte der Wiederauferstehung sahen. Und die vielen nichtjüdischen Bürger Cäsareas waren nicht daran interessiert, was in Jerusalem geschehen war, und betrachteten Jesus nur als eine Kuriosität.

Pilatus wollte die ganze Episode vergessen. Und in gewisser Weise war das leicht, denn Nachrichten und Gerüchte lenkten seine Aufmerksamkeit wieder auf Rom. Nach dem Sturz des Sejanus hatten die meisten Römer zuversichtlich erwartet, daß die Partei der rehabilitierten Agrippina ihre alte Macht zurückgewänne, aber der unberechenbare Tiberius hatte seine Schwiegertochter nicht aus dem Exil zurückgerufen. Nachdem ihr ältester Sohn ums Leben gekommen war, bestand nun die Hoffnung, daß Drusus, ihr zweiter Sohn, vielleicht aus seinem unterirdischen Gefängnis im Palatinpalast freigelassen würde, um die Rolle des Thronfolgers zu übernehmen.

Aber die neuen Nachrichten, die in Cäsarea eintrafen, machten diese Erwartung Proculas, die immer mit Agrippina sympathisiert hatte, zunichte. Da Drusus nicht mehr hoffen konnte, freigelassen zu werden, hatte er begonnen, Tiberius zu verfluchen. Seine Flüche wurden von seinen Wächtern genau notiert und später im Senat vorgelesen. Drusus bekam in seiner Zelle nichts mehr zu essen. Der unglückliche junge Mann verbrachte die letzten acht Tage seines Lebens damit, daß er die Füllung seiner Matratze verzehrte.

Mutter Agrippina erging es kaum besser. Der Verlust ihres zweiten Sohnes betrübte sie so sehr, daß sie sich auf der Insel Padateria zu Tode hungerte. Durch eine Ironie des Schicksals starb sie am gleichen Tage, an dem ihr Erzfeind zwei Jahre zuvor hingerichtet worden war. Tiberius, den das alles ziemlich kalt ließ, erklärte dem Senat mit großer Gebärde, Agrippina sei immerhin nicht erdrosselt oder die Treppe der Trauer hinuntergeworfen worden, wie es die angemessene Strafe für ihren Verrat und männlichen Ehrgeiz gewesen wäre. Die Senatoren dankten dem Princeps für seine Gnade.

Für Pilatus und Procula war das der klare Beweis, daß Tiberius von jeher Agrippina und ihrer Brut nicht getraut hatte. Während Sejanus sich diesen Argwohn für seine eigene Karriere zunutze gemacht hatte, blieb der Kaiser, selbst nachdem der Präfekt gestürzt worden war, weiterhin mißtrauisch. Aber da war noch ein dritter Sohn Agrippinas, dem der alternde Princeps eher zugeneigt war, Gajus, der jüngste. Er wurde Caligula genannt, was Stiefelchen bedeutet, ein Spitzname, den ihm die Soldaten seines Vaters Germanicus gegeben hatten, als er als kleiner Junge in einer eigenen Kinderuniform mit Stiefelchen herumstolziert war. Tiberius hatte Caligula vor Sejanus geschützt, indem er ihn zu sich nach Capri geholte hatte. Der junge Mann war gerissen genug, keinen Kummer über den Tod seiner Mutter und seiner Brüder zu zeigen, damit es ihm nicht so erginge wie ihnen. Statt dessen schmeichelte er sich bei dem Princeps ein. Im Römischen Reich spürte man, daß etwas im Gang war und der junge Mann von Tiberius wahrscheinlich dazu auserkoren war, sein Nachfolger zu werden. Caligula feierte seine Hochzeit mit der Tochter eines Senators, und wie alle höheren Beamten im Reich war der Statthalter von Judäa darauf bedacht, den vermutlichen Thronerben mit einem Geschenk zu ehren, einer großen phönizischen Urne aus getriebenem Silber.

Hin und wieder dachte Pilatus an die Geschehnisse in Jerusalem zurück. Trotz aller Argumente, mit denen er sein Verhalten vor Procula verteidigt hatte, sagte ihm sein Gewissen, daß er nicht gerade die Rolle eines Helden in der jüdischen Hauptstadt gespielt hatte und daß entweder ein Unschuldiger von seinem Tribunal zum Kreuz geschritten oder ein religiöser Schwärmer zu streng bestraft worden war. Er bereute es, daß er dem Sanhedrin das *ius gladii* genommen hatte. Hätte er es nicht getan, wäre der Fall Jesus von Nazareth nie vor sein Gericht gekommen. Verdammter Sejanus! Verflucht sein erpresserischer Druck!

Pilatus wollte vergessen. Aber die Ereignisse schienen sich verschworen zu haben, gerade das zu verhindern. Jerusalem war eine Brutstätte von Gerüchten. Es wurde erzählt, der auferstandene Jesus sei auf einem Berg in Galiläa, am Ufer des Sees Tiberias, am Stadtrand von Jerusalem gesehen worden. Später hörte man sogar, er sei zum Himmel aufgefahren, habe die Erde auf dem Ölberg verlassen.

Aber die Geschichten, die Pilatus amüsierten und zugleich beunruhigten, ermutigten Jesu Jünger. Unerklärlicherweise trotzten sie, statt nach Galiläa zu flüchten und sich zu verstecken, dem Zorn des Sanhedrin und blieben in Jerusalem. Und sie hielten sich nicht etwa zurück. Der Tribun in der Antonia schrieb, er sei an einem jüdischen Feiertag, Pfingsten, mit einer Gruppe Soldaten vor dem Hause aufmarschiert, in dem sich die Freunde des Galiläers aufhielten, um die davor versammelte Menge in Schach zu halten. Da hätten doch die Männer mit den Leuten, die sich vor dem Hause eingefunden hatten, in einem Dutzend verschiedener Sprachen gesprochen, so daß alle sie verstehen konnten. Manche hätten es für ein Kauderwelsch gehalten und gehöhnt, die seien alle betrunken, aber ein Riese von einem Mann, der Petrus hieß, habe gutmütig geantwortet, es sei doch erst neun Uhr morgens, worauf die immer größer werdende Menge laut gelacht habe. Das habe sich Petrus zunutze gemacht, um, wie der Tribun schrieb, eine Rede an die Versammelten zu halten, die so bewegend war, daß sich dreitausend der Anwesenden der Sache des Galiläers angeschlossen hätten. Vielleicht interessierte Pilatus ein Satz aus der Rede: »Nach Gottes Plan habt ihr Heiden benutzt, um Jesus von Nazareth zu kreuzigen. Aber Gott hat ihn wieder zum Leben erweckt und ihn zum Herrn und Messias gemacht.«

Pilatus ließ dem Tribun durch den Kurier ausrichten, er solle die Bewegung streng überwachen. Die Tatsache, daß dreitausend plötzlich den Wunsch hatten, die Nachfolge jemandes anzutreten, der vor sieben Wochen gekreuzigt worden war, war unglaublich und bedenklich. Jede aufwieglerische Predigt oder jede Gewaltanwendung sollte deshalb sofort gemeldet werden. Auf die Feststellung des Petrus, daß es von Gott so beschlossen gewesen sei, daß die Juden Pilatus und seine römischen Soldaten für die Hinrichtung benutzt hatten, konnte er sich keinen Reim machen. Warum sollte der Hebräergott wollen, daß Römer die schmutzige Arbeit verrichteten?

Im nächsten Bericht des Tribuns hieß es, es handele sich nicht um eine Geheimbewegung. Die Führer lehrten das Volk offen im Tempel. Eines Nachmittags hätten zwei von ihnen einen Mann, der von Geburt an lahm war und täglich vor der Tür des Tempels saß, geheilt, und als die Gläubigen ihn vor Freude hätten tanzen sehen, seien sie begeistert zu den Jüngern gelaufen. Wieder sei es Petrus gewesen, der eine mitreißende Rede gehalten habe, und mehrere tausend Menschen hätten sich der Sache der Jünger angeschlossen. Petrus sagte nichts, das als Verrat gedeutet werden könne. Er erwähnte nicht einmal Rom, sagte den Leuten nur, sie hätten den unschuldigen Jesus verleugnet, als Pilatus ihn habe freilassen wollen. Sie wüßten zumindest Bescheid, fügte der Tribun hinzu, und grollten anscheinend dem Statthalter nicht mehr. Aber der Hauptmann der Tempelwache habe die beiden Jünger verhaftet und sie ins Gefängnis geworfen. Am nächsten Tage habe der Sanhedrin sie verhört, sie aber schließlich mit einer Warnung laufen lassen, da man Menschen kaum bestrafen könne, die gerade einen Lahmen geheilt hätten.

Als der dritte Bericht des Kommandanten kam, begann Pilatus zu wünschen, seine Berichterstattung sei weniger getreu, da sein Brief jedesmal mehr Unerklärliches enthielt. Er wurde nicht enttäuscht. In Jerusalem, schrieb der Tribun, wachse das Interesse für den auferstandenen Jesus und die Wunder, die die Jünger in seinem Namen vollbrächten, von Tag zu Tag. Die Menschen trügen sogar die Kranken in ihren Betten auf die Straßen, damit die Jünger sie heilten. Wieder versuche der Sanhedrin, die Bewegung dadurch einzudämmen, daß er ihre Führer verhaftete, aber sie entwichen aus dem Gefängnis und lehrten wieder im Tempel. In einer weiteren Verhandlung vor dem Sanhedrin sei ihnen befohlen worden, ihre Predigttätigkeit einzustellen. Sie hätten es aber mit den Worten abgelehnt, man müsse Gott mehr gehorchen als den Menschen. Es sei auch ein Antrag eingebracht worden, sie zum Tode zu verurteilen, der sei aber abgelehnt worden, da Rabbi Gamaliel geraten habe, sie in Ruhe zu lassen. Die Bewegung sei entweder menschlichen oder göttlichen Ursprungs, so habe er argumentiert. Wenn sie von Menschen sei, werde sie von selbst zusammenbrechen wie die Bewegung aller Pseudo-Messiasse vor Jeschua Hannosri; aber wenn sie Gottes Werk sei, sei sie unwiderstehlich, denn wer könne gegen Gott kämpfen?

Der Sanhedrin habe die Jünger auspeitschen lassen und dann

mit einer Warnung freigelassen. Trotzdem wirkten sie weiter, und immer mehr Menschen bekehrten sich zu ihnen. Aber nein, schrieb der Tribun, nichts von dem, was sie predigten, scheine politisch gefährlich zu sein. Andererseits, wenn der Statthalter es wünsche, daß sie für ein Verhör festgenommen würden, werde er sie verhaften.

Pilatus fragte sich, was er mit dieser entstehenden jüdischen »Subsekte«, wie er die von Jesus inspirierte Bewegung jetzt nannte, machen solle. Die Hauptführer verhaften? Nein, weil ein religiöspolitischer Prozeß für die jüdische und römische Hierarchie jetzt genug war. Aus dem gleichen Grunde ging wahrscheinlich auch der Sanhedrin nicht gegen sie vor. Nein, weil die Jünger sich nicht gegen Rom zu vergehen schienen, wenn auch die Zahl der Anhänger, die sie anzogen, beängstigend groß war. Nein, da es sogar ganz erfreulich war, zu sehen, wie ein Toter diese Art von Treue wecken konnte. Nein, weil es ihm völlig gleichgültig war, wenn die Juden, die schon in verschiedene miteinander wetteifernde Gruppen und Parteien aufgespalten waren, noch eine weitere kleine und unbedeutende gründeten, die sie Jesuaner, Nazarener, Messianer oder wie immer nannten. Sie würde sich eine kurze Weile halten, sagte er zuversichtlich voraus, und dann verschwinden.

Procula war überglücklich, als sie hörte, daß ihr Mann nicht vorhatte, Jesu Jünger zu verhaften; sie verfolgte gespannt, was sie taten. Pilatus dagegen gewann Abstand. Die Entfernung von Jerusalem und die seit dem Passah verflossene Zeit ließen die unerklärlichen Geschehnisse, die ihn so beunruhigt hatten, mehr und mehr im Dunkeln verdämmern. Vielleicht hatte ihn die ansteckende Religiosität der Stadt eine Zeitlang geblendet. Im kühlen und leidenschaftslosen Cäsarea fragte er sich, warum er sich so sehr für das Schicksal eines einzigen, unergründlichen Juden interessiert hatte.

Aber dann kam ein Brief von jemandem, von dem er ihn am wenigsten erwartet hätte – als hätte sich die Hölle selbst verschworen, ihn zu erinnern: von Thrasyllus, dem Hofastrologen des Tiberius auf Capri.

»Tiberius Claudius Thrasyllus an Pontius Pilatus. Seien Sie gegrüßt. Wenn Sie wohlauf sind, ist es gut. Ich und der Princeps sind es ebenfalls.

Sieben Jahre sind seit unserem verhängnisvollen Essen in der ›Grotte‹ verstrichen. Damals versprachen Sie mir, mir einen kleinen

Gefallen zu tun, Präfekt, aber das ist nie geschehen. Ich meine damit den Stern oder Kometen, der vor vierzig Jahren über Judäa erschien. Sie wollten mit den Priestern in Jerusalem sprechen und mir dann berichten.

Das seltsame Himmelsereignis am Nachmittag des Freitag nach den Kalenden des April hat mich wieder daran erinnert. Eine große Finsternis kam vom südöstlichen Mittelmeer näher und verdunkelte unseren Himmel für mehrere Stunden. Da sie aus Ihrer Richtung und aus Ägypten zu kommen schien, fragen Sie bitte einen dortigen Astrologen nach einer Erklärung. Das Phänomen hat meine astrologischen Berechnungen seitdem über den Haufen geworfen. Der Princeps interessiert sich auch sehr dafür. Werden Sie mir antworten, ehe wieder sieben Jahre vergangen sind? Leben Sie wohl!«

Pilatus wußte, daß die unheimliche Finsternis zur Zeit der Kreuzigung ganz Palästina verdunkelt hatte; aber es erstaunte ihn sehr, daß sie sogar bis Rom vorgedrungen war.

Er hatte Thrasyllus nie gemocht, und der Astrologe wußte das, weshalb er absichtlich die Bemerkung einfließen ließ, der Kaiser teile sein Interesse. Ob es stimmte oder nicht, konnte Pilatus nicht sagen, aber es hieß allgemein, daß Tiberius jetzt viel Zeit mit seinem astrologischen Hobby in der höchstgelegenen seiner prächtigen Villen auf Capri verbrachte, in der er sich ein okkultes Observatorium eingerichtet hatte. Außerdem hatte Thrasyllus' Enkelin den neuen Prätorianerpräfekten Macro geheiratet. Der Brief würde also beantwortet werden müssen.

Nachdem Pilatus einen Astrologen in Cäsarea konsultiert hatte, schrieb er an Thrasyllus und entschuldigte sich, daß er ihm nicht früher geschrieben habe. Ja, er habe von dem Stern gehört. Gratus, sein Vorgänger, habe ihm erzählt, er habe ein paar Weise aus dem Osten nach Jerusalem gelockt, die einen König der Juden suchten, aber man habe sie von dort in eine Stadt in der Nähe verwiesen. Wenn er mehr Einzelheiten wissen wolle, könne er sich an Gratus in Rom wenden, da die Jerusalemer Priester sich kaum noch daran erinnerten. Was die Finsternis betreffe, so habe sie tatsächlich Judäa zu der genannten Zeit verdunkelt, aber der in Cäsarea ansässige Astrologe könne sie nicht erklären. Ein Erdbeben habe die Finsternis begleitet. Das Ereignis bleibe jedoch völlig rätselhaft.

Pilatus hatte zunächst daran gedacht, das Zusammentreffen der Finsternis mit der Kreuzigung eines anderen »Königs der Juden« zu erwähnen, hatte dann aber lieber doch darauf verzichtet. Als Astrologe würde Thrasyllus sicherlich peinliche Schlüsse ziehen.

Pilatus hatte auch daran gedacht, ob er Tiberius einen besonderen detaillierten Bericht über die Kreuzigung Jesus unterbreiten solle. Er hätte damit seinen Gehorsam gegenüber der kaiserlichen Anweisung, daß er die jüdischen Gesetze achten solle, und ebenso seine Loyalität bewiesen, weil er jemanden gekreuzigt hatte, der es wagte, sich zu Lebzeiten Tiberius' König zu nennen. Andererseits hätte der Princeps sich vielleicht mit seinen jetzigen metaphysischen Neigungen ganz besonders für einen religiösen Schwärmer interessiert, der sich selber Gottes Sohn nannte, und womöglich Pilatus kritisiert, weil er ihn verurteilt hatte. Umgekehrt konnte Tiberius eine große östliche Verschwörung gegen ihn wittern und Pilatus bestrafen, weil er nicht die ganzen Anhänger des »Möchte-gern-Königs« verhaftet und gekreuzigt hätte und nicht nur den Führer. Nein, es war schon besser, schlafende Hunde nicht zu wecken. Natürlich mußte er in seiner offiziellen *acta,* dem Jahresbericht, den er Tiberius schickte, Jesu Hinrichtung erwähnen. Als er Ende des Jahres 33 den Jahresbericht verfaßte, erschienen in seiner *acta* in dem Abschnitt Gerichtsverfahren die folgenden Auszüge:

»... 38, resp. 41 Jahre alt.

Beide Straßenräuber wurden wegen Diebstahl und Mord, begangen zwischen Jericho und Jerusalem am 26. März A.U.C. 786, verurteilt. *Accusatores:* Fünf Augenzeugen unter den galiläischen Pilgern, die dem Passahfest in Jerusalem beiwohnten. Der Prozeß fand am 2. April statt. Die Verurteilten wurden gekreuzigt und starben am 3. April A.U.C. 786 in Jerusalem.

JESUS BARABBAS, 45 Jahre alt.

Sohn eines Rabbis; Widerstandsführer. Angeklagt des Mordes und Aufstands, aber vor Beginn des Prozesses freigelassen auf Verlangen des Sanhedrin und der Bürger von Jerusalem und auf Grund der jährlichen Passahamnestie am 3. April A.U.C 786 in Jerusalem.

JESUS NAZARENUS, 36 Jahre alt.

Galiläischer Lehrer, ›Prophet‹ und Pseudomessias. Der Fall wurde dem Tetrarchen Herodes Antipas zur Aburteilung überwiesen, der aber darauf verzichtete und den Angeklagten an das römische Gericht zurückverwies.

Wegen Gotteslästerung vom Großen Sanhedrin zum Tode verurteilt. Das Urteil wurde vom Statthalter gegengezeichnet. Ebenso verurteilt wegen Verrats, da er behauptete, *Rex Iudaeorum* zu sein. *Accusatores:* Joseph Kaiphas, Hoherpriester, und der Große Sanhedrin. Vor Gericht gestellt, verurteilt, gekreuzigt und am 3. April A.U.C. 786 in Jerusalem gestorben.«

In den ersten Monaten des Jahres 34 schien in Palästina alles glatt zu gehen. Pilatus' Waffenstillstand mit den herodianischen Tetrarchen wurde eingehalten, und es kam kein drohender Brief aus Rom. Aber der Tod brach dramatisch in diesen Frieden ein, indem er den populären Tetrarchen Philippus nahm, der seine Nichte, die Tänzerin Salome, geheiratet hatte. Da Philippus keine Kinder hatte, hoffte Herodes Antipas, der Kaiser werde dessen Tetrarchie ihm übergeben. Aber statt dessen wurde Philippus' Territorium der Provinz Syrien zugeschlagen.

Für Pilatus war die Zeit gekommen, sich davon zu überzeugen, ob seine ägyptischen oder syrischen Zäune geflickt werden mußten. Im Norden standen die vier römischen Legionen in Syrien besonders hoch in Tiberius' Gunst, da sie allein ihre Fahnen nicht mit Bildern von Sejanus geschmückt hatten. Eine kluge Geste, für die der Kaiser sie entsprechend belohnt hatte. Der kürzlich eingetroffene Kommandeur dieser jetzigen Elitetruppe, Pomponius Flaccus, repräsentierte ein neues Quantum Macht an Pilatus' Horizont, da zum erstenmal, seit er in Judäa war, Syrien nicht von einem abwesenden Statthalter regiert wurde. Er hatte vor, Flaccus im Frühling 35 einen Besuch abzustatten. Aber Flaccus starb plötzlich, ehe Pilatus die Reise antreten konnte.

An der Südgrenze blieb er in enger Verbindung mit Avillius Flaccus, dem Präfekten von Ägypten, wo das Volk über einen Aufstand anderer Art in Aufregung war. Nach einer heroischen jahrhundertelangen Abwesenheit war der wunderbare Phönix wieder gesichtet worden, jener bemerkenswerte Vogel, der angeblich viele hundert Jahre alt wurde, dann starb und in einem Sprößling wieder lebendig wurde, der ebenfalls Jahrhunderte lebte. Aber etwas anderes war ernster: Flaccus warnte Pilatus vor möglichen antirömischen

Entwicklungen in den Völkern des Nahen Ostens. Auf einer Inspektionsfahrt den Nil hinauf hatte er Waffenverstecke entdeckt. Es handelte sich dabei um Waffen, die bei einem geplanten Aufstand benutzt werden sollten. Er wußte zwar nicht, wie die Lage in Judäa war, riet jedoch Pilatus, auf der Hut zu sein.

In angenehmem Kontrast zu Aufruhr und Unruhe wirkte Judäa heiter und gelassen. Pilatus hatte nur eine einzige Auseinandersetzung mit dem Sanhedrin. Es ging dabei um einen Jünger Jesu namens Stephanus; er hatte den neuen Glauben so überzeugend gepredigt, daß er wegen Gotteslästerung vor das Gericht des Sanhedrin gekommen war. Er verteidigte sich so kühn, daß er vor die Stadtmauern Jerusalems geschleppt und zu Tode gesteinigt wurde. Als Pilatus in Cäsarea davon erfuhr, schickte er einen scharfen Brief an Kaiphas, in dem er gegen die Steinigung protestierte, weil sie dem römischen Gesetz widerspreche, und vor solchen Zwischenfällen in der Zukunft warnte. Der Hofpriester versuchte sich zwar zu rechtfertigen, versprach aber alles zu tun, daß ähnliches nicht wieder geschähe, wenn er auch das Recht des Sanhedrin, gegen die wachsende Bewegung des Nazareners vorzugehen, sich vorbehielt.

Ein Schock in Pilatus' persönlichem Leben war das, was er Cornelius' Abfall vom Glauben nannte. Da seine Frau Jüdin war, hatte der Zenturio beider erstes Kind, einen Jungen, beschneiden lassen. Und jetzt bekehrte er sich selbst fast zum jüdischen Glauben. Pilatus, der sich von einem alten, traditionellen römischen Vorurteil nicht lösen konnte, fiel es schwer, sich mit Cornelius' neuer religiöser Bindung abzufinden. Der Zenturio versuchte ihm zu erklären, er sei kein eigentlicher Proselyt; er bewundere nur und teile den jüdischen Glauben an den einen Gott. Er sagte, das sei ein wunderbarer Ersatz für die Götter und Göttinnen des römischen Heidentums, die Pilatus selber verachte. Aber sein Interesse am Judentum solle ihre enge Freundschaft nicht gefährden.

Doch das tat es. Mit Bedauern bemerkte Pilatus den Beginn einer Veränderung in ihrer Beziehung. Cornelius ging in die Synagoge und unterstützte diese finanziell. Es wurde sogar bekannt, daß er gelegentlich privat betete. Das war alles sehr unrömisch und eine bittere Enttäuschung für Pilatus. Andererseits freute sich die jüdische Gemeinde in Cäsarea, daß ein hochgestellter Römer in der Provinzhauptstadt sich zu ihrem Glauben bekannte, auch wenn er nicht zu diesem übergetreten war. Dadurch würde sich vielleicht in Zukunft das Verhältnis zwischen Pilatus und den Juden bessern.

Im Augenblick jedoch spielte das keine Rolle. Der Sanhedrin, der über das Anwachsen der Nazarenerbewegung äußerst besorgt war, hatte für weiteren Streit mit Pilatus keine Zeit. Eine allgemeine Verfolgung der Sekte begann. Haus für Haus wurde nach Anhängern Jesu durchsucht, die jetzt aus Jerusalem flohen und sich in den ländlichen Bezirken Palästinas zerstreuten. Ein leidenschaftlicher junger Schüler von Gamaliel namens Saulus war einer der eifrigsten Verfolger, stöberte jeden auf, der sich noch versteckt hielt, und brachte ihn ins Gefängnis. Schließlich blieben nur noch die eigentlichen Jünger in Jerusalem. Und selbst sie verließen die Stadt hin und wieder, um den neuen Glauben im Lande zu verbreiten.

Aber Pilatus' ganze Aufmerksamkeit wurde jetzt von der Ankunft des neuen Präfekten von Syrien, Lucius Vitellius, beansprucht, der bis dahin Konsul in Rom gewesen war. Er war in seinem Amt sehr erfolgreich gewesen, und Tiberius setzte so großes Vertrauen in Vitellius, daß er ihn damit beauftragte, überall im römischen Osten, und nicht nur in seiner Provinz Syrien, nach dem Rechten zu sehen.

Der Nahe Osten war wegen des Partherreiches, jenes ewigen Dorns in Roms östlicher Flanke, in Aufruhr. Davon überzeugt, daß Tiberius ein unpopulärer alter Mann war, der sich ihm nicht widersetzen würde, zog König Artabanus III. von Parthien nach Armenien, das Roms Protektorat war, und besetzte es. Aber Tiberius sah dem nicht gleichgültig zu, sondern leistete Widerstand, indem er sich mit den Feinden Parthiens verband und im Inneren des Landes Zwietracht säte. Der fähige Vitellius wurde mit dieser Aufgabe betraut. Er intrigierte mit führenden Parther-Magnaten, um Artabanus zu stürzen, der sich daraufhin verhandlungsbereit zeigte. Vitellius marschierte mit seinen syrischen Legionen an die Ufer des Euphrat und verhandelte mit Artabanus auf einer extra für diesen Zweck über den Fluß errichteten Brücke. Sie kamen überein, daß Rom Artabanus in Parthien anerkannte, während er Roms Herrschaft in Armenien anerkannte. Es war ein raffinierter diplomatischer Coup Vitellius', der ihn keinen Tropfen römisches Blut kostete und kein unnötiges Geld.

Pontius Pilatus hatte das alles mit viel Kummer beobachtet, denn Vitellius' Helfer bei den Verhandlungen war kein anderer als Herodes Antipas. Sie mochten seit der Aussöhnung in Jerusalem Freunde sein, aber sie würden trotzdem immer Rivalen bleiben, und jeder hatte bei Vitellius' Ankunft in Syrien nach einer Möglichkeit gesucht, ihm um den Bart zu gehen. Antipas hatte gewonnen.

Vitellius hatte den Tetrarchen zu den Verhandlungen am Euphrat mitgenommen, weil er Aramäisch sprach, die Diplomatensprache des ganzen Nahen Ostens. Und Antipas lud die Verhandelnden zu einem üppigen Festmahl in einen Pavillon, den man auf der Brücke erbaut hatte, und schrieb gleich danach Tiberius einen in allen Farben schillernden Bericht über die ganze Sache. Während dies Vitellius ärgerte, dessen offizieller Bericht an den Princeps erst ankam, als er schon überholt war, stand Antipas beim Kaiser in hohem Ansehen.

Während Herodes Antipas herrlich dastand, wurde durch Ereignisse in Samaria Pilatus' Bild verdunkelt. Samaria umfaßte das nördliche Drittel seiner Provinz, ein Bergland, das von nicht reinrassigen Israeliten bevölkert war. Die Juden haßten diese Vettern und wurden von ihnen gehaßt, nicht nur der rassischen, sondern auch der religiösen Unterschiede wegen. Die Samaritaner erkannten nur den Pentateuch als heilige Schrift an und verbannten alle anderen hebräischen Propheten aus ihrem Kanon. Sie hatten sogar einen eigenen Tempel auf dem Berg Garizim errichtet, südlich von ihrer Hauptstadt Sebaste, aber den hatte ein jüdischer Fürst vor hundertfünfzig Jahren zerstört, und er wurde nie wieder aufgebaut. Der Berg Garizim jedoch blieb den Samaritanern heilig, so heilig, daß ein skrupelloser Demagoge, dessen Spezialität das Lügen war, ihn als sein Propagandazentrum benutzte. Wochenlang hatte er sich selbst als den lang erwarteten messianischen *Taheb* angepriesen, und viele fromme Samaritaner glaubten, er sei wirklich der Prophet, den Mose ihnen verheißen hatte.

Nach Cäsarea gelangten Nachrichten von einer Massenbewegung, die sich unter seiner Herrschaft entwickelte. Als Beweis für seine Behauptungen versprach der »neue Mose« das zu tun, was man von dem Samaritanischen Messias erwartete: er würde die Samaritaner zum Berge Garizim hinaufführen und die heilige Bundeslade, die Mose dort heimlich in einer Höhle irgendwo im Berg versteckt hatte, ausgraben. Pilatus' Ratgeber nahmen an, daß sich die Samaritaner hinter diesen Mann stellen würden, daß sie ihren Tempel wieder aufbauen und den Garizim befestigen würden. Nach samaritanischem Glauben wäre das der Beginn des Tausendjährigen Reiches, da der heilige Berg, auf dem einst der Garten Eden gelegen habe, wieder das Paradies bilden werde.

Die tragische Enttäuschung bei all diesem war nicht nur, daß der Betrüger etwas wie eine »Bundeslade« an einer Stelle im Berg versteckt hielt, wo er sie »entdecken« würde, sondern daß das Volk gar nicht den ins Auge stechenden Irrtum im samaritanischen Glauben bemerkte. Mose hatte nicht nur nichts auf dem Berg Garizim versteckt, er hatte sogar nie das westlich vom Jordan liegende Palästina betreten. Pilatus erinnerte sich daran aus Antipas' Reisebericht über das Tote Meer.

Aber nüchterne historische Tatsachen vermochten nichts gegen das verheißene spektakuläre Ereignis. Ein Datum wurde dafür angekündigt, und die Menschen sollten sich im Dorf Tirathana am Fuß des Garizim versammeln. Die Männer sollten Waffen mitbringen, denn die Herrschaft des Taheb setze sich auch militärisch durch. Viele Samaritaner glaubten, er werde elf Nationen erobern und schließlich über die ganze Welt triumphieren.

Da der Berg Garizim nur dreißig Meilen von Cäsarea entfernt war, erfuhr Pilatus das Datum fast zur gleichen Zeit wie die Samaritaner. Er hatte ursprünglich nur ein kleines Truppenkontingent hinschicken wollen, das für Ruhe und Ordnung sorgen sollte. Aber als er von dem Ruf zu den Waffen erfuhr, änderte er seine Pläne drastisch, denn der Garizim lag genau an der Straße, die von Jerusalem nach Galiläa führte. Da der Betrüger sich als Messias ausgab, mußte man bei einer bewaffneten Menge auf das Schlimmste gefaßt sein.

Pilatus setzte zwei Abteilungen schwer bewaffneter Infanterie und seine halbe Kavallerie nach Samarias heiligem Berge in Marsch. Zu seinen Soldaten gehörten auch Männer der italienischen Kohorte, da es möglich war, daß seine samaritanischen Soldaten nicht gegen ihre Brüder kämpfen wollten – vorausgesetzt, daß es zu Kämpfen kommen würde, was unwahrscheinlich war. Seine Kavallerie-Schwadron *Ala I Gemina Sebastenorum,* erster Flügel der Sebastianer, bestand nur aus Samaritanern.

Der Ernst der Lage wurde durch des Pseudopropheten Ruf zu den Waffen noch unterstrichen. Es wäre der erste bewaffnete Widerstand, den Pilatus in seiner nun fast zehnjährigen Statthalterzeit in Judäa erlebte. Eine Erhebung mußte im Keim erstickt werden, sonst würden seine fünf Kohorten ihrer nie Herr werden.

Pilatus und seine Truppen kamen spät am Abend vor dem Tage, an dem die Besteigung des Garizim geplant war, am Fuße des Berges an. Ihm war sofort klar, daß es strategisch töricht wäre, eine Blockade von Tirathana zu versuchen, dem Dorf, in dem die Samaritaner kampierten. Und darum ließ er seine Männer heimlich den Pfad entlang ihr Nachtlager aufschlagen, das man für den Aufstieg benutzen würde.

Am nächsten Tage erschien eine begeisterte Gruppe, um den Berg zu erklimmen, aber schon bald versperrten ihr Reihen von Fußvolk und an ihren Flanken vorrückende Kavallerie den Weg.

Pilatus ließ ein Trompetensignal geben, dann rief er den Samaritanern zu:

»Wenn ihr nur als Pilger euren heiligen Berg besteigen wollt, warum braucht ihr dann Waffen? Legt eure Waffen nieder!«

Laute Proteste und Gemurmel waren die Antwort und dann Zischen und höhnische Rufe. Ein Sprecher rief: »Wenn wir unsere Waffen wegwerfen, werden Ihre Männer uns angreifen, Präfekt!«

»Es wird euch kein Haar gekrümmt, wenn ihr eure Waffen niederlegt, aber es ist Verrat, wenn eine so große Menge, die so stark bewaffnet ist, sich versammelt. Das ist eine illegale Armee!«

Eine kurze Pause folgte, dann rief jemand aus den Reihen der Samaritaner: »Und diese illegale Armee wird siegen! Unter der Führung unseres heiligen Propheten kann uns nichts geschehen! Samaritaner, vertreibt diese Heiden von unserem heiligen Berg!«

Lautes Kriegsgeschrei ertönte, und der Kampf begann. Die römischen Truppen waren völlig überrascht, da sie keinen ernstlichen Widerstand erwartet hatten. Die Samaritaner kämpften mit glühendem religiösem Fanatismus auf ihrem eigenen heiligen Boden. Obwohl immer mehr von ihnen fielen, rückte Reihe um Reihe vor, aber dann gab Pilatus seiner Infanterie das Signal zum Gegenangriff, während sein Herold die Kavallerie durch Trompetensignale aufforderte, von den Berghängen herabzustoßen. Die römischen Truppen gewannen bald wieder die Oberhand. Die Kavallerie stürmte vor.

Zum Glück waren Frauen und Kinder geflüchtet, und jetzt flohen auch einige der Männer. Aber viele der Samaritaner kämpften überraschend zäh weiter, und es gab auf beiden Seiten Gefallene. Schließlich schlugen die Römer die Samaritaner in die Flucht und jagten dann den Fliehenden nach. Einige entkamen, aber viel mehr wurden gefangengenommen.

Der über den Widerstand ergrimmte und selber an der Wange verwundete Pilatus setzte kurz nach dem Kampf ein Militärtribunal ein. Die Führer des bewaffneten Aufstands, darunter auch der Pseudoprophet, wurden zum Tode verurteilt. Da eine Kreuzigung zuviel Zeit in Anspruch genommen hätte, erschlug man sie mit dem Schwert.

Der Aufstand war völlig niedergeworfen.

Pilatus hoffte, die Samaritaner würden es schließlich zu schätzen wissen, daß er sie vom Glauben an einen offensichtlich falschen Messias, der sie zu betrügen versuchte, befreit hatte. Anders als Judäas »König der Juden« war dieser wirklich schuldig. Pilatus ließ einen Tribunen mit einer Kohorte zur Befriedung des Gebietes zurück und kehrte im Triumph nach Cäsarea zurück.

Es war Ende November 36. In Judäa war es jetzt wieder so friedlich, daß Pilatus seine geplante Reise mit Procula nach Griechenland und den Ägäischen Inseln im neuen Jahr wagen konnte. Sie brauchten einmal eine Abwechslung. Mit den Juden gab es im Augenblick keinen Streit. Kaiphas hatte sein Vorgehen gegen die samaritanische Herausforderung gelobt. Wieder einmal schien Pilatus Herodes Antipas trotz des Coups des Tetrarchen am Euphrat in den Schatten zu stellen, denn Anfang des Monats hatte Antipas eine schmähliche Niederlage durch den König Aretas erlitten. Während Pilatus sich an dieser Entwicklung weidete, kam die Nachricht, daß ein Sondergesandter namens Marcellus mit einer wichtigen Botschaft vom Statthalter von Syrien ihn zu sprechen wünschte. Als er in Pilatus' Amtszimmer geführt wurde, grüßte Marcellus Pilatus mit dem Römergruß, die Hand an die Brust gepreßt. Pilatus erwiderte diesen Gruß. Dann wurde ihm Vitellius' Brief gereicht. Als er ihn öffnete, glaubte er, er enthalte eine Einladung zu einem Staatsbesuch in Antiochia. Aber dann las er:

»Lucius Vitellius, *proconsul Suriae,* an Pontius Pilatus, *praefectus Iudaeae.*

Der Rat von Samaria hat Sie förmlich eines sinnlosen Massakers seiner Landsleute auf dem Berge Garizim in Ihrer Provinz angeklagt. Man hat mir geschworen, daß die dort Versammelten keinen Aufstand gegen Rom planten, sondern nur als Flüchtlinge vor Ihrer Gewalt in Tirathana zusammengeströmt waren. Mitglieder des Rates haben ihre Treue gegenüber dem Princeps neu bekräftigt.

Bevollmächtigt von Seiner kaiserlichen Majestät, Tiberius Caesar Augustus, und als sein Sonderbeauftragter für östliche Angelegenheiten, enthebe ich Sie hiermit Ihres Amtes als *praefectus Iudaeae* mit sofortiger Wirkung und fordere Sie auf, sobald wie möglich nach Rom zurückzukehren, um dem Kaiser Ihren Bericht von den Ereignissen am Berge Garizim zu geben und sich so gegen die vom Rat von Samaria gegen Sie erhobenen Beschuldigungen zu verteidigen. Eine samaritanische Abordnung wird als *accusatores* fungieren, wenn man Sie in Rom vor Gericht stellt. Marcellus, mein Kollege, der diese Botschaft überbringt, wird Sie während Ihrer Abwesenheit in Judäa als Präfekt vertreten. Sie werden so freundlich sein und die nächsten Wochen damit verbringen, Marcellus mit den Funktionen Ihres Amtes vertraut zu machen. Ende Dezember werde ich in Judäa eintreffen, um ihm beizustehen und Ihre Provinz zu inspizieren. Ich vertraue darauf, daß Sie Ihre Rückkehr nach Rom nicht zu lange hinausschieben und daß es nicht notwendig sein wird, Sie unter militärischer Begleitung dorthin zurückzuschicken. Leben Sie wohl.«

Pilatus spürte einen heftigen Druck im Magen, und sein Herz schlug wild. Der Brief bedeutete das Ende seiner Präfektur, vielleicht das Ende seiner Laufbahn, aber im Augenblick hatte er nur den einen Gedanken: vor dem Mann, der sein Nachfolger werden sollte, stoische Ruhe zu bewahren.

Pilatus starrte seinen Nachfolger an, der nervös seinem Blick auswich. »Ich brauche Ihnen nicht zu sagen, Marcellus, daß der Prokonsul sich in seiner Meinung über die Samaritaner gründlich irrt«, sagte er mit gespielter Heiterkeit, »und daß sein Verhalten bei dieser Entlassung ungewöhnlich ist.«

Marcellus, ein Patrizier und jünger als Pilatus, reckte sich und antwortete: »Ungewöhnlich? Der Princeps wird darüber entscheiden ...«

Pilatus las den Brief schnell noch einmal durch, dann sagte er: »Zum Beispiel die Stelle, wo es heißt, daß die Samaritaner sich in

Tirathana nur als Flüchtlinge vor meiner Gewalt versammelt hätten. Das ist eine glatte Lüge, mit der sie die peinliche Tatsache bemänteln wollen, daß sie alle bewaffnet waren.« Marcellus schwieg.

»Und was würden Sie tun, Marcellus«, fuhr Pilatus fort, »wenn Sie sich einem bewaffneten Aufstand von Tausenden Ihrer Untertanen auf der Hauptstraße in Ihrer Provinz gegenübersähen? Sie noch dazu ermuntern?«

»Sind Sie sicher, daß es ein Aufstand war, Präfekt? Vielleicht wäre diplomatisches Vorgehen angebrachter gewesen. Aber das alles ist jetzt nicht so wichtig. Ich bin nicht hier, Ihren Fall zu untersuchen, sondern um Ihr Amt zu übernehmen. Würden Sie mir zeigen, wo meine Adjutanten untergebracht werden können?«

Später am Abend berichtete Cornelius Pilatus ausführlich über die Hintergründe von Vitellius' Vorgehen; er hatte die Informationen von einem von Marcellus' Adjutanten, nachdem er den Mann einen langen Abend in Cäsareas feinster Taverne mit Wein betrunken gemacht hatte. Der Rat von Samaria, das samaritanische Gegenstück zu dem jüdischen Sanhedrin, war so wütend über Pilatus' Exekutionen, daß Mitglieder des Rates nach Antiochia gefahren waren, um ihren Fall Vitellius vorzutragen, wobei sie Pilatus beschuldigten, der »Schlächter unschuldiger samaritanischer Opfer« zu sein. Unter normalen Umständen, fuhr Cornelius fort, hätte Vitellius Pilatus nach Antiochia gerufen, um seine Darstellung der Sache zu hören, ehe er ihn für schuldig befand. Aber er hatte das aus mehreren Gründen nicht getan. Tiberius hatte Vitellius gesagt, er solle ein Auge auf Pontius Pilatus haben, den vielleicht in Judäa abzulösen gut wäre. Darum hatte auf der Reise an den Euphrat Herodes Antipas angedeutet, daß sein Rivale die Juden nicht so gut verstehe wie – nun, er zum Beispiel. Obwohl Vitellius Antipas gut genug kannte, um zu erraten, was er damit bezweckte, sagte er sich, wo kein Feuer sei, sei auch kein Rauch. Und da schließlich Pilatus dem Kaiser seine Entscheidung erklären könne, beschloß Vitellius gar nicht erst anzuhören, was er zu seiner Verteidigung zu sagen hatte. Statt dessen hatte er die Delegation der Samaritaner mit dem Versprechen entlassen, das ihnen angetane Unrecht wiedergutzumachen, und seinen Freund Marcellus nach Cäsarea geschickt.

Pilatus umarmte Cornelius dankbar. Der Zenturio hatte seine ganze Zukunft in der neuen judäischen Verwaltung aufs Spiel gesetzt, um diese für seinen Freund wichtige Information zu erhalten.

Die Woche, die folgte, war eine, die Pilatus am liebsten aus seinem Leben gestrichen hätte, so wie er später versuchte, sie für immer zu vergessen. Da war die bittere Aufgabe, in wenigen Tagen ein Jahrzehnt Verwaltung abzuschließen, und das dazu noch in einem Klima der Schande. Nur oberflächlich weihte Pilatus Marcellus in seine Amtspflichten ein, und Marcellus zeigte dabei seinen Dünkel.

Procula war entsetzt über seine abrupte Abberufung, aber sie gewöhnte sich schnell an die neuen Umstände. Wenn ihr auch vor dem bevorstehenden Verhör durch Tiberius graute, so erinnerte sie ihren Mann daran, daß sie beide sich danach gesehnt hatten, nach Rom zurückzukehren. Und er war zehn Jahre nicht dort gewesen.

Aber das war ein schwacher Trost für Pilatus. Ebenso wie Vitellius' willkürliches Vorgehen in der Angelegenheit verbitterte ihn, daß er sich in der Beurteilung seiner Lage so gründlich geirrt hatte. Pilatus' einzige Angst in den letzten Jahren war gewesen, die Juden könnten sich über ihn bei Tiberius beschweren und seine Abberufung fordern. Jetzt war das geschehen, aber nicht seitens der Juden. Kurioserweise hatten die verhaßten Samaritaner getan, was zu tun die Juden nur gedroht hatten. Wer hätte gedacht, daß ihre nicht reinblütigen, von ihnen ignorierten Verwandten ihn um seine Stellung bringen könnten? Pilatus wußte sehr wenig über die Samaritaner, außer daß sie ganz anständige Soldaten waren. Er würde in seiner Verteidigung, die er sich bereits zurechtlegte, die Tatsache anführen, daß seine Truppen loyal gegen ihre Brüder gekämpft hätten.

Seiner Verteidigung wegen wollte Pilatus Cäsarea so schnell wie möglich verlassen; denn es würde sein Vorteil sein, wenn er sich beim Kaiser Gehör verschaffte, ehe ihm die Samaritaner in den Ohren gelegen hatten.

Kurz vor ihrer Abreise kam eine weitere beunruhigende Nachricht wie ein Partherschuß: Während eines Besuches in Jerusalem hatte Vitellius der jüdischen Bitte nachgegeben, die Gewänder der Hohenpriester wieder in ihre Obhut zu geben, vorausgesetzt, daß Tiberius dem zustimmte. Die Bewohner Jerusalems begrüßten diese diplomatische Geste begeistert. Der Prokonsul kündigte auch an, daß der Kaiser seinen syrischen Legionen befohlen habe, König Aretas an der Seite des Herodes Antipas anzugreifen. Jetzt verließ Pilatus das Land nicht nur in Schande, sondern noch mit dem Wissen belastet, daß sein Rivale endgültig triumphiert hatte. Wenn Antipas so hoch in der Gunst des Princeps stand, sah die Zukunft für Pontius Pilatus düster aus. Cornelius hatte sich erboten, seinen Statthalter nach Rom zurückzubegleiten, aber Pilatus bat ihn, zu bleiben und ihm alles mitzuteilen, was ihm in seinem Prozeß von Nutzen sein könne, falls es zu einem solchen komme.

Nachdem Pilatus zum letztenmal die Parade seiner Truppen abgenommen hatte, übergab er den Oberbefehl förmlich an Marcellus. Seine Soldaten baten ihn, schnell nach Judäa zurückzukehren, aber Pilatus lächelte nur dankbar.

An jenem Abend hatten Cornelius und seine Frau Pilatus und Procula zusammen mit ein paar ihrer engsten Freunde bei sich zu Gast.

Am nächsten Morgen in aller Frühe brachen die beiden mit vier schweren Wagen via Antiochia nach Rom auf, begleitet von ihrem persönlichen Gefolge. Für Pilatus wie für Palästina war es das Ende einer Ära.

Zweiundzwanzigstes Kapitel

Die Rückreise hätte nicht in einer schlechteren Zeit unternommen werden können. Ende Dezember lag fast in der Mitte des *mare clausum,* der Zeit vom 10. November bis 10. März, in der das Meer geschlossen war und in der nur Narren eine Reise über das tückische winterliche Mittelmeer gewagt hätten. Wer nach Rom fahren mußte, der mußte in dieser Jahreszeit den Landweg über Kleinasien und Griechenland benutzen.

Die Landroute war nicht angenehmer. Auch die Landreisen unterblieben im Winter fast ganz, vor allem wegen der Regenzeit, in der das Anatolische Plateau zu einem Meer aus Matsch und Schmutz wurde und die berühmten Cilicischen Pässe tagelang so eingeschneit waren, daß man sie nicht passieren konnte.

Aber Vitellius' Anklagebrief würde noch vor Ende des Jahres in den Händen des Kaisers sein, denn die kaiserliche Post brauchte von Syrien nach Rom höchstens vierzig Tage. Pilatus hatte darum keine Wahl, als den Landweg zu benutzen, auch wenn er noch so unbequem und unberechenbar war.

Auf der nach Norden führenden römischen Landstraße befanden sich etwa alle fünfundzwanzig Meilen Haltestationen, in denen man übernachten konnte, und zwischen jeder von ihnen waren zwei Stationen, wo man die Pferde wechseln konnte. Auf diese Weise konnte die kaiserliche Post alle 8 ⅓ Meilen die Pferde wechseln und so ihr Tempo beschleunigen. Wenn Pilatus' Gefolge Unterkunft oder frische Pferde brauchte, zeigte er nur seinen amtlichen Einführungsbrief, das *diploma,* mit dem die römische Regierung reisende Beamte versah, um ihnen ihre Reisen zu erleichtern. Er entband Pilatus und sein Gefolge von den zahlreichen Straßensteuern, Gebühren, Zöllen usw.

Die Reise nach Antiochia verlief ohne besondere Ereignisse, aber als sie nach Kleinasien kamen, gerieten sie in einen vom Taurus kommenden heftigen Sturm, der die Leinenplane an einem ihrer Wagen zerriß. Sie mußten in Tarsus mehrere Tage Station machen, da die Cilicischen Pässe erst vom Schnee befreit werden mußten, und nutzten die Zeit, um sich mit Lebensmitteln zu versorgen und die Plane flicken zu lassen.

Kurz bevor sie weiterfahren wollten, berichteten Adjutanten, daß der Mann, der die Rechnung für die Reparatur der Wagenplane gebracht habe, Pilatus durchaus sprechen wolle. Sie führten ihn herein, einen bärtigen jungen Mann, der wie ein Jude aussah, aber wie ein Römer gekleidet war. Er bestaunte Pilatus eine ganze Weile, als wäre er ein seltsames Tier im Zoo. Dann sagte er: »Das ist der Mann, der ihn gekreuzigt hat.«

»Gekreuzigt – was meinen sie, Elender?« fragte Pilatus erregt.

»Sie haben das Schlimmste getan, dessen ein Mensch fähig ist, Exzellenz: den Sohn Gottes gekreuzigt.« Er hielt inne und fuhr dann fort: »Aber Sie haben es nicht aus eigenem Antrieb getan, und es kann vergeben werden ... selbst dies.«

Pilatus war verblüfft und beunruhigt, daß ein Mann fünfhundert Meilen von Jerusalem entfernt etwas von dem Passah wußte, das er über all seinen jetzigen Schwierigkeiten vergessen hatte. »Wer sind Sie?« fragte er.

»Ihr Genosse an der Schuld, denn ich habe seine Anhänger verfolgt. Ich heiße Saulus, bin ein Pharisäer und habe früher bei Rabbi Gamaliel in Jerusalem studiert.

Jetzt arbeite ich hier in Tarsus als Zeltmacher, bis meine Zeit gekommen ist, den Heiden die Botschaft von Christus zu verkünden.«

Pilatus drängte es, seine Reise fortzusetzen. Aufgebracht wies er den Mann in seine Schranken: »Wollen Sie mich provozieren? Ich sollte Sie ins Gefängnis werfen, weil Sie in dieser Art mit einem römischen Beamten sprechen.«

»Das wird nicht notwendig sein, Exzellenz. Ich bin auch römischer Bürger und unterstehe der Jurisdiktion des Prokonsuls Vitellius. Im übrigen möchte ich Sie deshalb sprechen, weil gerade Sie wissen sollten, was vor drei Jahren in Jerusalem wirklich geschehen ist.«

»Nun, dann sagen Sie's mir«, höhnte Pilatus, »wer hat die Leiche gestohlen, und wie ist es ihnen gelungen, obwohl Wächter vor dem Grabe standen?« Das Rätsel war nie gelöst worden.

»Man hat die Leiche nicht gestohlen. Jesus ist ins Leben zurückgekehrt. Er ist vom Tod auferstanden.«

»Ach so, Sie sind ein Anhänger des Jesuskults«, sagte Pilatus verächtlich.

»Nein«, antwortete Saulus, »nicht nur ein Anhänger. Ich habe einst den Nazarener gehaßt und alles, was zu ihm gehörte. Es war nur einer, den Sie unschuldig verurteilten, aber ich habe viele unschuldige Anhänger Jesu im Namen des Sanhedrin verhaftet.«

»Waren Sie dafür verantwortlich, daß Kaiphas so scharf gegen sie vorging?«

»Ja, zum Teil. Haben Sie von der Steinigung eines Mannes namens Stephanus gehört?«

»Ja.«

»Nun, ich habe dabei geholfen.«

»Und warum verteidigen Sie jetzt Jesus? Warum nennen Sie ihn Sohn Gottes?«

»Weil ich ihn gesehen habe ...«

»Das habe ich auch. Was hat das damit zu tun?«

»Ich habe ihn ein Jahr, nachdem Sie ihn gekreuzigt hatten, gesehen.«

»Sie sind verrückt!«

»Hören Sie erst meine Geschichte an, Präfekt, dann urteilen Sie! Einige Zeit nach dem Martyrium des Stephanus begab ich mich nach Damaskus, um dort die Anhänger Jeschuas auszurotten. Aber auf dem Wege dorthin geschah es.«

Die Geschichte der Bekehrung des Mannes, der eines Tages als Apostel Paulus bekannt sein würde, machte auf Pilatus wenig Eindruck; aber Procula, die still zuhörte, interessierte sie brennend. Es war eine weitere der wichtigen Informationen über Jesus, die sie sammelte. Besonders bewegten sie Saulus' abschließende Worte. Beide, Pilatus und er, seien Teil eines höheren Planes Gottes für die Menschheit gewesen, versuchte er zu erklären. Was an jenem Passah geschehen war, habe kosmische Bedeutung. Die ganze Weltgeschichte werde sich um dieses Ereignis drehen, prophezeite Saulus. Eines Tages werde Pilatus es verstehen.

Aber für seinen Geschmack war das Gespräch zu metaphysisch. »Wenn auch ich Jesus auf der Straße nach Rom sehe, werde ich anfangen, Ihre Geschichte zu glauben«, sagte er und hielt das für einen großartigen Scherz.

»Wenn Ihnen erst bewußt wird«, erwiderte Saulus, »wen Sie

gekreuzigt haben – begehen Sie dann nicht Selbstmord wie Ischariot, der Mann, der ihn verraten hat! Ihnen kann vergeben werden, wie mir vergeben worden ist.«

Pilatus hatte sich vor seiner Begegnung mit Tiberius gefürchtet, aber jetzt hatte er einen kleinen Trost. Er würde in Rom wenigstens dem religiösen Fanatismus des Orients enthoben sein.

Sie setzten ihre Reise auf der Route fort, die die römische kaiserliche Post benutzte, da sie allein zu jeder Jahreszeit geöffnet blieb. Sie führte nordwestlich durch Kleinasien auf der alten Straße der Perserkönige, dann über Philippi und durch Griechenland auf der Via Egnatia zur Adria, von wo eine Fähre nach Brundisium fuhr. Die Entfernung von Cäsarea nach Rom auf dieser Straße betrug ca. 2 000 Meilen. Und da sie täglich durchschnittlich fünfundzwanzig Meilen zurücklegten, würde die ganze Reise etwa achtzig Tage dauern. Ende Februar 37 erreichten sie schließlich den Hafen Dyrrachium an der Adria, wo sie an Bord jener Fähre gingen, die sie nach Brundisium brachte. Hier suchte Pilatus im Hafen den Prätorianerkommandanten auf, um die neuesten Nachrichten aus Rom und Capri zu hören. Der Tribun, der erst vor kurzem aus der Hauptstadt gekommen war, um einen Kollegen abzulösen, wußte tatsächlich viele Neuigkeiten zu berichten.

Was man aus Capri hörte, war nicht gut. Seit dem Tode seines Freundes und Ratgebers Coccejus Nerva hatte sich Tiberius' Stimmung in den letzten Monaten immer mehr verdüstert. Als dann Thrasyllus, der Astrologe, ebenfalls starb, verbrachte der Princeps die meiste Zeit wieder auf dem Festland in Villen von Freunden zu … Nein, nach Rom war er nicht zurückgekehrt. Ja, die Prozesse gegen Senatoren, Exekutionen, Selbstmorde und Verbannungen gingen weiter, versicherte der Kommandant, wenn es auch nicht mehr so viele waren wie in den Jahren zuvor. Und einige gingen noch auf die Verschwörung des Sejanus zurück. So war zum Beispiel Trio, der Exkonsul, schließlich doch noch hineingezogen worden. Er schrieb ein Testament, in dem er Tiberius seiner Senilität wegen verhöhnte und weil er durch seine Selbstverbannung nach Capri sich vor seinen kaiserlichen Pflichten drückte – danach schnitt sich Trio natürlich die Pulsadern auf und starb.

Diese Art von Nachrichten waren kaum tröstlich für einen Statthalter, der nach Rom zurückkehrte, um vor dem Kaiser Rede und Antwort zu stehen. Und Pilatus war deprimiert, als er Brundisium verließ. Er hatte gehofft, daß die mehr als fünf Jahre, die seit Sejanus' Sturz vergangen waren, Tiberius' Groll beschwichtigt hätten, aber anscheinend hatte die Zeit hier nicht heilend gewirkt.

Procula versuchte ihn aufzumuntern, als sie die Via Appia hinauffuhren, aber innerlich war sie genauso besorgt wie er. Ihrer beider Angst richtete sich nicht darauf, ob die samaritanischen Beschuldigungen stimmten, sondern darauf, daß er gerade jetzt, da Tiberius in so düsterer Stimmung war, vor ihm erscheinen mußte. Sie überlegten, welche Chancen er hatte – jetzt aber in bitterem Ernst, da die lange Reise ihrem Ende entgegenging und die Konfrontation dicht bevorstand.

Wenn der Princeps das Verhör auf die samaritanischen Anschuldigungen beschränkte, dann glaubte Pilatus, sich reinwaschen zu können. Ehe er Cäsarea verlassen hatte, hatte er sich von allen Offizieren, die ihn auf die Expedition zum Berg Garizim begleitet hatten, schriftliche Aussagen geben lassen, und diese bezeugten, wie gefährlich der Aufruhr gewesen war, daß die Samaritaner bewaffnet waren, und vor allem, daß sie sich weigerten, die Waffen niederzulegen.

In der römischen Provinz bedeutete das Verrat. Pilatus' Rolle bei den Hinrichtungen, die folgten, ließ sich vielleicht weniger rechtfertigen, aber andere römische Statthalter hätten in der gleichen Lage dasselbe getan.

Würde jedoch Tiberius sein Verhör auf die Samaritaner-Affäre beschränken? Wenn er zum Beispiel die jüdischen Beschwerden wieder ausgrub und die Sprache auf seine früheren Beziehungen zu Sejanus brachte, dann vergrößerte das die Gefahr. Und selbst wenn Pilatus seine Regierung gut zu verteidigen vermochte, würde er vielleicht weniger damit erreichen, wenn der siebenundsiebzigjährige Princeps so senil geworden war, daß er keine logischen Schlüsse mehr ziehen konnte. Pilatus' Stimmung sank auf den Nullpunkt. Ein Präzedenzfall, der erst vor kurzem geschehen war, machte ihm besondere Angst. Pomponius Labeo, der wie Pilatus Präfekt einer Provinz gewesen war, war wegen Mißwirtschaft auf dem Balkan verhaftet worden. Man entzog ihm sofort den Titel »Cäsars Freund«, worauf er sich die Pulsadern aufschnitt, um nicht vor Gericht stehen zu müssen. Selbstmord war sehr beliebt, denn wenn jemand vor

Gericht kam und verurteilt wurde, verlor er seinen Besitz und durfte nicht privat begraben werden. Legte er aber Hand an sich, wurde sein Wille respektiert und die Leiche beerdigt.

Seit Pilatus das gehört hatte, versuchte er es von sich abzuschütteln, denn in seinem Fall waren beunruhigende Parallelen. Zum erstenmal jetzt mußte die Möglichkeit zumindest in Betracht gezogen werden. Wenn er Selbstmord beging, statt sich auf die zweifelhafte Möglichkeit zu verlassen, daß Tiberius ihm gnädig sein könnte, dann würde Procula sein ganzes Vermögen erben und könnte ihren Platz in der römischen Gesellschaft wieder einnehmen, ohne daß ihr Ansehen leiden würde. Ihr eigener Großvater hatte sich das Leben genommen, indem er Gips schluckte, um damit seine Magenschmerzen für immer zu lindern, und der Selbstmord hatte weder seinen noch den Ruf der Familie befleckt.

Als sie den italienischen Stiefel in nördlicher Richtung hinauffuhren, überkam Pilatus tiefste Verzweiflung. An die Stelle der Angst vor dem Princeps trat das Gefühl, daß er die zehn besten Jahre seines Lebens damit vergeudet hatte, eine Provinz zu regieren, aus der er jetzt unter einer dunklen Wolke zurückkehrte. Das Leben war eine ständige Übung in Enttäuschungen, ein Trainingsplatz für Sinnlosigkeit, ein Start ohne Ziel. Vielleicht war Selbstmord nicht nur eine, sondern *die* Lösung – sein Opfer für Proculas Sicherheit.

Sie erreichten Caudium, wo Pilatus' betagte Verwandte sich freuten, sie wiederzusehen. Aber die Wiedersehensfreude wurde durch das, was vor Pilatus lag, getrübt. Er selber spielte den Sorglosen, innerlich aber kämpfte er um eine Entscheidung. Vor der Landung in Italien hatte er nicht an Selbstmord gedacht, aber nach den letzten düsteren Berichten und der pessimistischen Vorausschau auf seine eigene Zukunft überraschte es ihn kaum zu sehen, wieviel dafür sprach.

Er verbrachte nur eine Woche in Caudium, um nicht dadurch alles noch zu verschlimmern, daß er sich nicht rechtzeitig beim Princeps meldete. Im allgemeinen galt für zurückkehrende Statthalter die »Dreimonatsregel«. Sobald ihre Nachfolger eintrafen, mußten Exstatthalter ihre Provinzen verlassen und innerhalb von drei Monaten nach Rom zurückkehren. Diese Zeit war für ihn fast abgelaufen.

Er beschloß, Procula im sicheren Caudium zu lassen. Falls ihm etwas passierte, würden die Pontii sie zu den Proculeii in Rom bringen. Trotz Proculas Protest bestand er darauf, sich seinem Schicksal allein zu stellen. Sie küßten sich beim Abschied sehr zärtlich und in der bitter-süßen Erkenntnis, daß ihre Liebe in den zehneinhalb Jahren nicht nachgelassen hatte. Ohne ihr Wissen hatte Pilatus sein Testament geschrieben und beim Gericht in Caudium hinterlegt. Alles war jetzt so geregelt, daß es nur die Alternative gab: Konfrontation mit dem Princeps oder einsamer Selbstmord.

Bald nachdem er Caudium verlassen hatte, faßte Pilatus endlich seinen Entschluß. Das Gefühl für persönliche Würde und die Hoffnung, die durch seine Liebe zu Procula bedingt war, veranlaßten ihn dazu. Er würde für seine Ehre kämpfen. Er würde dem Princeps gegenübertreten.

Tiberius war nicht mehr in der Nähe von Rom, wie er erfahren hatte, sondern weilte in einer Villa in Misenum an der Bucht von Neapel; und die Bucht war ganz in der Nähe, nur dreißig Meilen westlich von Caudium, jenseits des Apennin. Mit einem Adjutanten und mehreren großen Bündeln Dokumenten machte er die kurze Reise an den Iden des März 37. Nach einer beschwerlichen Fahrt bot sich die vertraute Aussicht trotz des trüben Wetters in ihrer ganzen Pracht dar: die Majestät des Vesuvs zur Linken, Neapel vor ihnen und weiter westlich der Hafen Puteoli. Da Pilatus von diesem Hafen aus vor zehn Jahren seine Reise nach Judäa angetreten hatte, schloß sich jetzt für ihn der Kreis.

Gleich hinter Puteoli deutete der schmale Finger des Vorgebirges von Misenum auf Capri. Der kostbare Ring an diesem Finger war die palastähnliche Villa, in der Tiberius augenblicklich wohnte. Als sie vor dem Tor hielten, meldete sein Adjutant dem Hauptmann einer Prätorianerabteilung am Eingang: *»Pontius Pilatus, praefectus Iudaeae voluit colloqui cum Naevio Sertorio Macrone, praefecto praetorio.«* Sein Verbindungsmann für das Arrangieren einer Audienz bei Tiberius würde der Präfekt der Prätorianergarde Naevius Sertorius Macro sein, derjenige, der die Falle, in die sein Vorgänger Sejanus gegangen war, so geschickt gestellt hatte.

Einer der Gardisten überbrachte die Botschaft. Sie warteten. Plötzlich kamen wie der Blitz ein Dutzend Kuriere aus der Villa, bestiegen ihre Pferde und ritten in wildem Galopp gen Puteoli. Pilatus und sein Adjutant machten erstaunte Gesichter. Man hörte Stimmen im Hause, die lauter und lauter wurden, und dann wilde Jubelrufe. Verblüfft fragte Pilatus die Gardisten, was los sei.

»Ich weiß es nicht«, antwortete einer von ihnen, »es sei denn, der Arzt habe gerade verkündet, daß es dem Princeps wieder besser gehe ...«

»Ist er denn krank?«

»Ja. Haben Sie's noch nicht gehört? Er konnte die ganze Woche kaum atmen ... Fieber ... Aber er wollte keinen Arzt haben.«

Und da kam schon eine laut jubilierende Gruppe aus der Villa, schwenkte die Arme und bejubelte einen großen, schlanken jungen Mann mit hoher Stirn und hohlen Augen, mit Glatze und starkem Bartwuchs. Er lächelte breit über die Hochrufe.

»Lang lebe Gajus Cäsar!« rief das Volk, das sich um Caligula drängte und ihm die Hand zu küssen versuchte. »Der Tyrann ist tot! Der Schatten des Tiberius' sei verbannt! Lang lebe Gajus Cäsar!«

Caligula strahlte übers ganze Gesicht, nahm die Huldigungen mit erhobenen Armen entgegen. Er deutete auf Tiberius' Siegelring an seiner linken Hand, und das Volk stieß einen Triumphruf aus.

Ein Trupp Prätorianer marschierte in den Hof und stand dann stramm. Trompetengeschmetter erklang. Und die Soldaten streckten die Arme aus und riefen: »Heil Cäsar! Heil Cäsar! Heil Cäsar!«

Pilatus, der weder seinen Augen noch Ohren traute, konnte es kaum fassen. Tiberius war tot. Der Mann, um dessentwillen er so viele Ängste ausgestanden hatte, war tot. Der Mann, der sein Leben und Vermögen bedroht hatte, war tot. Welch eine Wendung der Dinge, dachte er erleichtert. Keine Konfrontation mit einem wütenden Kaiser! Wahrscheinlich würde die Klage des Vitellius' gegen ihn abgewiesen, da Caligulas neue Regierung mit reinem Tisch beginnen würde. Die Spannung, die seit seiner Zurückberufung nach Rom immer stärker geworden war, löste sich in einen Strom der Freude. »Heil Cäsar! Heil Cäsar!« fiel er ein.

Der Prätorianerpräfekt fand Pilatus in dieser gebührenden patriotischen Haltung. »Sie sind Pontius Pilatus, nicht wahr?« fragte Macro.

»Ja, würdiger Macro. Gratuliere zu dem neuen Princeps.«

»Ein seltsames Zusammentreffen, daß Sie gerade gekommen

sind, als Tiberius starb. Er war recht wütend auf Sie, als er Vitellius' Bericht gelesen hatte.«

»Ich bin jederzeit bereit, mein Verhalten voll und ganz zu verantworten.«

»Es ist unmöglich«, erwiderte Macro, »jetzt über eine Vernehmung zu entscheiden, wenn es überhaupt zu einer kommt.«

»Gewiß.« Pilatus merkte, daß der Präfekt äußerst nervös war.

»Werden Sie in Rom sein?« fragte Macro.

»Ja.«

»Ich werde mit dem neuen Princeps nach seiner Amtsübernahme darüber sprechen. Wir geben Ihnen dann Bescheid.«

»*Vale,* mein Präfekt.« Sie grüßten einander.

Pilatus ging hinein, um dem toten Tiberius die letzte Ehre zu erweisen. Mit dem Bild der wächsernen Leiche vor Augen, die für das Staatsbegräbnis vorbereitet wurde, eilte er in Hochstimmung nach Caudium.

Procula weinte vor Freude über die Nachricht. Zusammen legten sie das letzte Stück ihrer Reise nach Rom zurück, wo sie im Hause ihrer alternden, aber überglücklichen Eltern, den Gajus Proculei, sehr herzlich empfangen wurden.

Dreiundzwanzigstes Kapitel

Tiberius war tot, und als die Nachricht in Rom eintraf, begann dort ein wahres Karnevalstreiben. Das Volk strömte ins Forum und rief: »Werft seine Leiche die Treppe der Trauer hinunter!« Einige dankten offen der Göttin Roma, daß sie die Stadt von dem Tyrannen befreit habe. Andere flehten Mutter Erde an, seinem Schatten keine Ruhe zu gönnen, bis er in das für ihn passende Haus der Verdammten hinuntergestiegen sei. Obwohl Tiberius einer der geschicktesten Staatsmänner Roms gewesen war, hatte er seine Popularität durch Knausrigkeit, durch seine lange Selbstverbannung nach Capri und vor allem durch das gefährliche gesetzliche Klima eingebüßt.

Darum setzten der Senat und das römische Volk ihre Hoffnung auf den beliebten Prinzen Gajus Caligula. Sein Vater Germanicus war Heiliger und Märtyrer in der römischen Staatsreligion gewesen; seine Mutter Agrippina und seine beiden Brüder waren verfolgt und umgebracht worden. »Stiefelchen« war der letzte einer nahezu ausgelöschten Familie, die dieses Schicksal nach der Meinung des Volkes nicht verdient hatte. Darum waren, als Caligula die Leiche des Tiberius von Misenum nach Rom geleitete, die Straßen von geschmückten Altären gesäumt, auf denen heilige Fackeln loderten. Große Scharen von Bürgern hießen den neuen Princeps willkommen. Rom war eine Mutter geworden, die ihre große Mütterlichkeit in verschwenderischer Fülle über einen neuen Heldensohn ausschüttete.

Nach Tiberius' Testament sollte Caligula zusammen mit Gemellus, einem anderen jüdischen Enkel, regieren. Aber da Caligula so ungemein populär war, beachtete der Senat das Testament nicht und übertrug einmütig die absolute Macht an ihn.

Für das römische Vieh war es eine Tragödie, wie es ihresgleichen nicht gab. Mehr als hundertsechzigtausend Tiere wurden in den nächsten Wochen geopfert, um eine günstige Regierungszeit für Caligula zu erflehen.

Ob nun diese Gebete erhört wurden oder nicht, der neue Princeps hatte einen glücklichen Start. Mit der gebührenden Reverenz pries er Tiberius bei dem Staatsbegräbnis in Rom. Und als der flammende Scheiterhaufen die Leiche verzehrt hatte, trug er die Asche in das runde Mausoleum des Augustus. Das gleiche tat er mit den sterblichen Überresten seiner Mutter und Brüder. Er fuhr zu den Inseln hinüber, auf die sie verbannt worden waren, und setzte selber ihre Urnen in dem gleichen Grabe bei, in dem der lag, der sie verbannt hatte. Er gab dem September wieder den Namen Germanicus, eine zusätzliche Ehrung des Vaters.

Caligula führte auch wieder Wahlen im republikanischen Stil ein, gewährte dem Senat mehr Macht und ließ sogar republikanische Schriften wieder zu, die unter Tiberius verboten gewesen waren. Von größtem Interesse war für Pilatus Caligulas Politik des Zurückholens Verbannter aus dem Exil, die Abweisung aller Klagen und die Einstellung aller Verfahren gegen diejenigen, die sich politischer Vergehen schuldig gemacht hatten. Er verbrannte auch öffentlich Dokumente, die sich auf frühere Prozesse bezogen, und warnte Spitzel, daß ihre gute Zeit vorüber sei. Es war nur natürlich, daß die Römer diese Politik mit uneingeschränkter Begeisterung begrüßten.

Um seine Popularität noch zu steigern, strich Caligula gewisse Steuern, während er andererseits öffentliche Schaustellungen, Rennen und Gladiatorenkämpfe auf Staatskosten veranstalten ließ, so daß niemand Eintritt bezahlen mußte. Besonders interessierte er sich auch für die Ritter, einen Stand, den Tiberius kaum beachtet hatte. Und so kam der Tag, da die Gajus Proculei, die Pontius Pilatii und andere prominente Ritterfamilien in Rom von dem jungen Kaiser zu einem prächtigen Festmahl in seinen Palast auf dem Palatin eingeladen wurden. Dort stellte Macro Pilatus Caligula förmlich vor.

»Ach ja«, sagte der Princeps, »ich würde gern bald einmal mit Ihnen über Judäa sprechen.«

»Ich stehe zu Ihrer Verfügung«, erwiderte Pilatus.

Das war das ganze Gespräch, aber es genügte, um Pilatus' Ängste neu zu beleben. Er hatte gehofft, daß der neue Princeps seinen Fall ad acta legen würde, und doch, wenn Pilatus wünschte, befördert zu werden – und er wünschte das noch –, dann würde der Fleck in seiner Akte ausradiert werden müssen, ehe er einen höheren Posten bekam. Und da im Gegensatz zu Tiberius der junge Caligula gerecht und vernünftig wirkte, wurde diese Aussicht attraktiver.

Pilatus beschloß, reinen Tisch zu machen. Nachdem er seine Papiere in Ordnung gebracht hatte, beriet er sich mit seinem Vetter zweiten Grades, Gajus Pontius Nigrinus, der einer der Konsuln für das Jahr war, und wollte dann Macro bitten, sobald wie möglich eine Audienz beim Kaiser für ihn zu erwirken.

Aber Caligula kam ihm mehrere Tage zuvor, da die samaritanische Abordnung soeben eingetroffen war. Pilatus ärgerte sich, daß er nicht etwas früher die Initiative ergriffen hatte; es hätte viel besser ausgesehen, wenn er, als der Angeklagte, ein Verfahren gegen sich beantragt hätte. Er wurde Anfang Juni 37 auf den Palatin gerufen, um sich zu den gegen ihn erhobenen Beschuldigungen zu äußern.

Das Verhör von Pilatus fand in einer von Gold glitzernden Säulenhalle des Palastes statt, von der aus man direkt auf das Forum blickte. Pilatus war ohne Rechtsbeistand gekommen, da seine zehnjährige Richtertätigkeit ihn genügend Kenntnisse im römischen Gesetz hatten erwerben lassen. Anfangs hatte Pontius Nigrinus sich erboten, ihn zu dem Verhör zu begleiten, aber dann hatten sich beide dagegen entschieden. Als Konsul wäre Nigrinus zehn Liktoren vorangeschritten, und das hätte der junge Caligula als Einschüchterungsversuch verstehen können. Der einzige, den er mitbrachte, war ein Entlastungszeuge, der Tribun von Judäas italienischer Kohorte, der auf Urlaub in Rom war. Pilatus war überrascht, wie klein die samaritanische Abordnung war – sie bestand aus nur vier Männern, und daß neben Caligula auf dem Podium noch jemand anders saß, offenbar ein wichtiger Freund nach dem Purpurstreifen auf seiner Tunika zu urteilen. Dann erschien noch ein vornehm aussehender Mann, der sich den Samaritanern anschloß.

Der Präfekt Macro stellte die Hauptpersonen vor. Der Mann, der mit dem Kaiser auf dem Tribunal saß, hieß Agrippa; der fünfte in der samaritanischen Abordnung war Thallus, der berühmte Historiker. Er war, wie sich Pilatus plötzlich erinnerte, gebürtiger Samaritaner. So hatten die Ankläger sogar einen Freund bei Gericht.

Caligula eröffnete die Verhandlung damit, daß er darauf hinwies, daß, da die Provinz Judäa kaiserlich sei, man nicht beim römischen Senat gegen sein Urteil Berufung einlegen könne. Beide Parteien stimmten dem zu.

Die Samaritaner beschuldigten dann Pilatus förmlich größter Grausamkeit, eines gewalttätigen Angriffs, eines Massakers, ungesetzlicher Hinrichtungen und religiöser Verfolgung.

»Pontius Pilatus, erheben Sie sich und äußern Sie sich zu dieser Anklage!« sagte Gajus.

»Ich bin in allen Punkten unschuldig, Exzellenz!«

Drei der Samaritaner waren bei dem dabei gewesen, was sie das Massaker auf dem Berg Garizim nannten, und zeigten Caligula Narben von Wunden, die sie in der Schlacht erlitten hatten. Im übrigen erklärten sie, daß sie sich friedlich versammelt hätten, einzig und allein zu religiösen Zwecken. Waffen habe man nur mitgeführt, um sich gegen Räuber verteidigen zu können. Pilatus habe brutal vierzehn ihrer Führer hingerichtet, nachdem er andere im Kampf verwundet und getötet habe. Vor allem habe er sich nicht in ihre religiösen Angelegenheiten einmischen dürfen. Er habe sich auch über jüdische religiöse Bräuche hinweggesetzt, und sie zählten die verschiedenen Fälle auf. Thallus legte dann ein weiteres Dokument vor: Vitellius' formelle Erklärung an Tiberius, warum er Pilatus abgesetzt habe. Caligula befahl, daß sie vorgelesen wurde. Pilatus, der genau zuhörte und sich hin und wieder Notizen machte, war erstaunt, was Vitellius an Material über die verschiedenen Streitigkeiten und Erhebungen, zu denen es unter seiner Regierung in Judäa gekommen war, hinzugefügt hatte. Zum erstenmal wurde ihm angst und bange. Er, der in der Vergangenheit den Vorsitz in unzähligen Prozessen geführt hatte, stand jetzt auf der anderen Seite der Barriere.

Thallus bewährte sich glänzend als der die Samaritaner vertretende Ankläger, und Caligula und sein Freund Agrippa begannen Pilatus so fasziniert anzustarren wie zwei Falken eine gemeinsame Beute. Pilatus machte sich weiter Notizen mit seinem Griffel. Einmal beugte er sich vor, um mit dem Tribun von der italienischen Kohorte zu sprechen.

Als Thallus fertig war, rief Caligula Pilatus auf, sich zu verteidigen. Pilatus begann damit, daß er die Anschuldigungen zurückwies. »Die Anschuldigungen größter Grausamkeit, eines gewalttätigen Angriffs und Massakers halten nicht stand«, argumentierte er, denn Rom könne die gleichen Beschuldigungen gegen die Samaritaner erheben. Dies sei ein militärischer Kampf gewesen, eine regelrechte Schlacht zwischen zwei römischen Kohorten und einer de facto samaritanischen Armee, da die Aufständischen viel mehr Waffen hatten, als sie gegen Räuber je gebraucht hätten. Jeder Mann war bewaffnet. Zugegeben, ein paar Waffen zur Verteidigung gegen Räuber wären angebracht gewesen, da sie getrennt in das Dorf Tirathana gekommen seien. Aber warum seien sie bewaffnet geblieben, nachdem sie Tausende waren? Warum, wenn das wirklich eine religiöse Prozession war? Es sei lächerlich anzunehmen, daß Banditen versucht hätten, eine solche Menschenmenge anzugreifen.

»In diesem Zusammenhang bitte ich Sie, den Brief des Prokonsuls Vitellius, in dem er mich meines Amtes enthebt, zu lesen, den ich Ihnen hier überreiche. Sie werden dort einen anderen Grund für die Bewaffnung der Samaritaner genannt finden.« Pilatus machte Caligula auf den Satz aufmerksam: » ›Sie haben mir geschworen, daß sich nur vor Ihrer Gewalt Flüchtende in Tirathana versammelt hatten.‹ Aber das war eine Lüge. Sie haben sich in Tirathana bestimmt nicht als Flüchtlinge vor meiner Gewalt versammelt, sondern weil sie von dort aus den Berg Garizim besteigen wollten. Und darum haben sie jetzt die Anklage abgeändert.

Nun zu den verbleibenden Anschuldigungen: so wie ich niemanden seines Glaubens wegen verfolgt habe, so ist auch niemand unrechtmäßig hingerichtet worden. Da viele unserer römischen Soldaten verwundet und einige gefallen waren, mußte ich natürlich die Führer dessen, was einwandfrei eine verräterische Erhebung gegen die kaiserliche Autorität war, entsprechend bestrafen. Sie wurden nach dem Kriegsrecht abgeurteilt und hingerichtet. Kein römischer Beamter hätte unter diesen Umständen anders gehandelt.«

Als Entlastungszeuge für Pilatus trat jetzt sein Tribun auf, der einen genauen Bericht über das gab, was sich auf dem Berg Garizim zugetragen hatte. Seine Aussage zeigte die Samaritaner in einem ganz anderen Licht, nicht als friedliebende fromme Pilger, als die sie sich geschildert hatten. Schließlich legte Pilatus Caligula die Niederschrift seiner Aussage vor, welche die Version des Tribuns unterstützte und Eroberungen zeigte, die von dem samaritanischen »Wiederhersteller« erwartet wurden. Der Princeps und sein Freund brauchten einige Minuten, um sie durchzulesen. Darauf versuchte Thallus, Pilatus' Argumente zu widerlegen, betonte vor allem, daß die Führer einer samaritanischen religiösen Versammlung nicht so unrömisch barbarisch hätten massakriert werden dürfen. Er erging sich auch lang und breit über die Schwierigkeiten, die Pilatus immer wieder in Judäa gehabt habe. Schließlich sagte er: »Verbannung, nein. Der Tod ist keine zu große Strafe für jemanden, der so schamlos seine Pflicht in einer Provinz des kaiserlichen Roms verletzt hat.«

Innerlich zitternd, aber zugleich wütend über Thallus' Antrag, betonte Pilatus in seiner Erwiderung, daß er nicht wegen seiner Probleme mit den Juden vor Gericht stehe, daß er aber froh wäre, wenn er seine Verteidigung darauf ausdehnen könne, falls der Princeps damit einverstanden sei.

»Aber eine kriegsgesetzliche Exekution der Hauptaufwiegler bei einem vereitelten Aufstand gehört bestimmt zu den Prärogativen eines römischen Provinzpräfekten.« Pilatus zitierte dann Beispiele ähnlicher Exekutionen in anderen römischen Provinzen im Laufe der Geschichte.

»Schließlich, was meine Schwierigkeiten mit den Juden betrifft: noch kein nach Judäa geschickter Präfekt ist zurückgekehrt, ohne darauf hinzuweisen, daß die Juden ein äußerst schwer zu regierendes Volk sind. Die Provinz hat zu wenig Militär und wird in Rom unterschätzt und mißverstanden. In dieser Situation muß ein Präfekt eine Erhebung im Keim ersticken, zumal wenn es auf der Hauptstraße seines Landes dazu kommt. Trotz dieser Schwierigkeiten hat Kaiser Tiberius mich zehn Jahre lang im Amt gelassen, was er gewiß nicht getan hätte, wenn meine Amtsführung unzulänglich gewesen wäre. Sie erinnern sich, wie sehr er darauf bedacht war, daß die Provinzen gut regiert wurden. Und was meine gelegentlichen Streitigkeiten mit den Juden betrifft, so sind sie klein im Vergleich zu den immer wiederkehrenden Zusammenstößen zwischen Samaritanern und Juden.«

Das war ein schlagendes Argument, und darum schloß Pilatus: »Exzellenz, ich habe zu meiner Verteidigung weiter nichts zu sagen.« Er setzte sich in der Hoffnung, daß Caligula sich von seinen Argumenten überzeugen lassen und ihn freisprechen würde. Er verstand immer noch nicht, was der Mann namens Agrippa in des Kaisers Tribunal tat.

Caligula zog sich mit Agrippa ein paar Minuten zurück. Pilatus war nervös, aber optimistisch. Der Tribun lächelte und klopfte ihm auf die Schulter.

Dann kam der Kaiser wieder herein. Als er Pilatus aufforderte, sich zur Urteilsverkündung zu erheben, lächelte er seltsam, aber das Lächeln verging schnell. Seine tiefliegenden grauen Augen auf den Angeklagten richtend, verkündete er: »Pontius Pilatus, ich spreche Sie von der Anklage des Massakers, der unrechtmäßigen Hinrichtung und der religiösen Verfolgung frei. Aber ich spreche Sie schuldig wegen des gewalttätigen Angriffs und übergroßer Grausamkeit.«

Pilatus sperrte vor Erstaunen Mund und Nase auf.

»Ein Provinzpräfekt, der die Kunst der Diplomatie beherrscht«, fuhr Caligula fort, »hätte andere Mittel und Wege gefunden, um der Sache Herr zu werden, als Blutvergießen und Exekutionen. Sie hätten zumindest den Prokonsul Vitellius von dem Fall in Kenntnis setzten müssen.«

Pilatus konnte einfach nicht glauben, wie politisch naiv Caligula war. »Aber, Exzellenz«, rief er, »unsere Geschichte ist voller Beispiele, wo gegen eine Erhebung genauso vorgegangen worden ist, wie ich es getan habe. Unschuldige Römer waren ...«

»Sie wagen mich während der Urteilsverkündung zu unterbrechen?« fauchte Caligula.

Pilatus senkte den Kopf und blickte auf den polierten Mosaikfußboden. Sein Herz schlug wild. Ihm war übel. Kalter Schweiß brach ihm aus und lief an seinem Rücken hinunter.

»Sagen Sie, Pilatus«, grinste Caligula, »können Sie sich ausmalen, wie es wäre, vom Tarpejischen Felsen hinuntergestoßen oder im Tullianum geköpft und dann wie Sejanus die Treppe der Trauer hinuntergeschleudert zu werden?«

Pilatus blickte entsetzt um sich. Er sah, daß die Samaritaner lächelten.

»Nun, Sie verdienten wahrscheinlich solch ein Schicksal, aber in unserer großen Gnade und Barmherzigkeit zu Beginn dieser Regierung verurteilen wir Sie nur zur Einziehung Ihres gesamten Vermögens und zu lebenslänglicher Verbannung ... Sie müssen binnen drei Wochen Italien verlassen – dürfen nicht einen Tag länger bleiben. Vielleicht ... ja, vielleicht wäre Vienne in Gallien geeignet.«

Pilatus drehte sich alles vor den Augen. Caligulas Barmherzigkeit war nur ein kleiner Trost. Pilatus begriff das nicht. Er hatte Schuldigere laufen lassen ... Was würde Procula jetzt tun? Langsam hob er die Augen zu dem jungen Princeps und sah nur unbeugsame Entschlossenheit.

Caligula verabschiedete die Abordnung der Samaritaner mit dem vagen Versprechen, daß Marullus, der neue Präfekt der Provinz

Judäa, den er binnen kurzem nach Palästina entsende, alles ins reine bringen werde. Zugleich warnte er sie mit der Bemerkung, daß Rom künftig keine bewaffneten Ansammlungen irgendwelcher Art dulden werde.

Agrippa ging zu Pilatus hinüber, der noch wie angewurzelt an der Stelle stand, wo er verurteilt worden war. »Was ist, Präfekt?« fragte er. »Sie fühlen sich unschuldig, nicht wahr? Was hat das schon zu sagen! Haben Sie noch nie einen Unschuldigen verurteilt?«

Pilatus wurde angewiesen zu warten, bis Caligula und Agrippa die Samaritaner hinausgeleitet hatten. Der Tribun sprach ihm sein Mitleid aus und verschwand. Pilatus ließ sich auf eine Liege fallen und stützte das Kinn in die linke Hand. Der goldene Ring, der ihm den »Freund-des-Cäsar«-Status eingetragen hatte, schnitt ihm ins Fleisch. Er streifte ihn vom Finger und warf ihn aus dem Fenster.

Vielleicht hätte er lieber darüber nachdenken sollen, wie er Procula das Schreckliche beibrachte. Vielleicht hätte er daran denken sollen, ein letztes Gnadengesuch an Caligula zu richten. Es wäre auch verständlich gewesen, wenn er über die Kläglichkeit des menschlichen Lebens philosophiert hätte, oder er hätte einfach verzweifelt sein können. Aber er dachte nur an Agrippas letzte Bemerkung. Hatte er nicht einen Unschuldigen verurteilt? War jenem so zumute gewesen wie jetzt ihm? Nein. Pilatus hatte sich gut verteidigt. Jesus nicht. Aber was hatte das jetzt zu sagen? Sie waren beide verurteilt. Wo gibt es Gerechtigkeit? Was ist Wahrheit?

Caligula, Agrippa und Macro kehrten zurück, und dieser schloß vorsichtig die Tür hinter ihnen, so daß jetzt in der Säulenhalle nur die vier waren.

»Nun, Pilatus«, lächelte der Kaiser, »machen Sie nicht so ein niedergeschlagenes Gesicht. Unsere kleine Pantomime ist vorüber. Sie gehen nicht in die Verbannung, und wir werden Ihnen nicht eine Sesterze von Ihren Schätzen nehmen. Haha. Da wundern Sie sich, was? Natürlich. Ich täte das unter den Umständen auch.« Er stieß Agrippa und Macro an, die beiden lachten wiehernd über das, was sie alle für einen prächtigen Scherz hielten.

»Wahrscheinlich schulde ich Ihnen eine Erklärung, Pilatus«, fuhr Caligula fort, »morgen werden die vier Samaritaner Puteoli verlassen, hochzufrieden darüber, daß sie sich weidlich an Ihnen gerächt haben. Es war eine lange Reise für sie, und darum war das mindeste, was wir tun konnten, um den Schein zu wahren, daß wir Sie schwer bestrafen. Das wird mich bei meinen neuen Untertanen in Samaria sehr populär machen ... wenn auch leider auf Ihre Kosten. Ich muß gestehen, Präfekt, wenn ich auf jenem Berg gewesen wäre und jener Rebellenarmee gegenüber gestanden hätte, dann hätte ich dasselbe getan wie Sie.«

»Das bezweifle ich«, sagte Agrippa lächelnd, »du hättest sehr viel mehr als vierzehn hinrichten lassen.«

Caligula brach in ein brüllendes Gelächter aus, nickte und gab Agrippa eine Backpfeife. Dann blickte er Pilatus an und sagte: »Aber, aber, mein Lieber, ich glaube, Sie vergießen gar eine Träne. Bringen Sie Ihre Gefühle in Ordnung, Präfekt, wenn es einen bestimmt auch hart ankommt; erst den Schrecken erlebt, daß einem die Todesstrafe angedroht wird, dann die Schmach der Verbannung und schließlich die volle Freisprechung – und das alles binnen einer Viertelstunde.«

»Aber, Exzellenz«, sagte Pilatus, »was ist mit Thallus? Er kehrt nicht nach Samaria zurück ...«

»Ach, der ist der Mitverschwörer. Während er Ihr Blutvergießen beklagt, ist er froh, daß Sie den falschen Propheten getötet haben. Natürlich können Sie nicht nach Palästina zurück ... und auch nicht in Rom berühmt werden. Das würde alles verderben. Haha. Sie haben doch bestimmt nicht gehofft, als Präfekt wieder nach Judäa zu gehen?«

»O nein, nein, Princeps. Ganz im Gegenteil. Zehn Jahre dort gewesen zu sein, reicht!«

»Und wenn die Samaritaner erfahren sollten, daß Sie hier noch frei in Rom herumlaufen, dann werden wir sagen, Sie seien wegen guten Verhaltens aus der Verbannung zurückgerufen worden, oder einen ähnlichen Vorwand erfinden. Bis dahin werden sich ihre Gemüter sowieso beruhigt haben. Essen Sie mit uns zu Mittag, Pilatus.«

Es war ein einfaches Mittagessen auf dem Palatin. Sein Luxus war auf acht Gänge und vier Sorten Wein beschränkt, und während des ganzen Mahls schienen sich die dünnen Lippen Caligulas zum gleichen unergründlichen Lächeln zu verziehen.

Zwischen den beiden mittleren Gängen rülpste er ziemlich lange. Dann fragte er unvermutet: »Haben Sie und Procula Ihre

Reise den Nil hinauf genossen? Haha!! Und ich kann Ihnen auch genau sagen, wie lang Ihr Aquädukt von den Bergen Judäas bis nach Jerusalem ist. Und ebenso kann ich Ihnen die Zahl der Säulen in Ihrem Tiberieum in Cäsarea nennen.« Pilatus war natürlich sehr erstaunt darüber.

»Und woher weiß ich das alles wohl?« sagte der Princeps, seinem Lieblingsspiel frönend, mit den Menschen zu spielen. »Wissen Sie eigentlich, wer mein Freund Agrippa ist, Pilatus?«

»Doch nicht ein Nachkomme des großen Marcus Agrippa?«

»Nein, aber nach ihm genannt«, lächelte Agrippa, »mein voller Name ist Julius Herodes Agrippa.«

»Ach, der Enkel von Herodes dem Großen? Der Bruder der Herodias, Antipas' Frau?« – »Ja, der.«

»Ich habe bestimmt schon von Ihnen gehört, aber ich glaube nicht, daß wir uns jemals in Palästina begegnet sind.«

»Nein, ich bin meistens in Rom gewesen.«

Trotz seiner siebenundvierzig Jahre war Agrippa noch recht hübsch, viel hübscher, dachte Pilatus, als seine angemalte Schwester Herodias.

»Im Vergleich zu Agrippas Lebensgeschichte sind die Irrfahrten des Odysseus geradezu langweilig«, sagte Caligula, »er wurde am Hof des Tiberius als Gefährte von dessen Sohn Drusus, den Sejanus vergiftet hat, aufgezogen. Dann fuhr er nach Palästina – ich glaube immer noch, weil du deinen Gläubigern entrinnen wolltest, Agrippa. Dort war er so unglücklich, weil er Mutter Rom verlassen hatte, daß er an Selbstmord dachte. Aber seine liebe Schwester Herodias lud ihn nach Galiläa ein, wo sie ihm einen kleinen Posten verschaffte, damit er über die Runden kam. Was war es doch, Agrippa?«

»*Agoranomos,* Leiter des Marktes in Tiberias.«

»Aber man kennt ja diese Herodianer, sie machen es nie lange. Einmal betranken sich er und Herodes Antipas bei einem Festmahl und begannen sich so zu beschimpfen, daß Agrippa natürlich Galiläa verlassen mußte. Da war gerade Pomponius Flaccus als unser neuer Statthalter in Syrien eingetroffen. Und ob Sie's glauben oder nicht, Flaccus war ein ehemaliger Kamerad Agrippas aus Rom! Und so machte sich unser wandernder Freund hier nach Antiochia auf. Aber ach, die Bevölkerung in Damaskus dingte ihn, um für sie gegen Flaccus zu intrigieren, der das unfreundlich aufnahm. So stand Agrippa wieder einmal mittellos da. Aber da er wußte, daß nun Rom sein Los bessern konnte, lieh er sich Geld und fuhr nach Italien zurück. Als er dort landete, mußte mein Großvater Tiberius ihm zunächst einmal seine alten Schulden in Rom bezahlen. Dann lud er ihn an seinen Hof in Capri ein, wo er das letzte Jahr mich unterricht hat. Agrippa ist jetzt mein bester Freund. Und wissen Sie, wer ihm das Geld für die Rückzahlung seiner Schulden geliehen hat? Unser reicher Freund und Gelehrter, den Sie gerade kennengelernt haben, der Samaritaner Thallus.«

»Eine erstaunliche Geschichte«, sagte Pilatus.

»Ja, aber sie ist noch nicht zu Ende«, antwortete Caligula.

»Ich hätte meinen Agrippa fast verloren. Mit einem falschen Zug verdarb er das Spiel um ein Haar. Eines Tages, als er und ich in Capri ausfuhren und glaubten, niemand könne uns hören, sagte er: ›Weißt du, Gajus, ich bete zu Gott, daß Tiberius bald die Bühne verläßt und dir die Regierung überläßt. Du bist ihrer viel würdiger.‹ Ich lächelte, aber, Jupiter sei Dank, ich sagte nichts! Denn der Wagenlenker hatte alles gehört.«

»Der verdammte Eutychus«, murmelte Agrippa.

»Nun, eines Nachmittags, als Tiberius in einer Sänfte um sein Hippodrom herumgetragen wurde, erzählte er ihm, was Agrippa gesagt hatte. Großvater deutete wütend auf Agrippa und sagte zu Macro: ›Verhaften Sie den Mann!‹ Macro, der von der Anschuldigung nichts gehört hatte, war verwirrt, wußte nicht, wen er verhaften sollte. Als die Sänfte ein zweites Mal den Weg entlang kam, sah Großvater zu seinem Ärger, daß Agrippa immer noch dort stand. ›Den, Macro, greifen Sie den‹, sagte er. ›Wen?‹ fragte Macro. ›Agrippa, Sie Dummkopf!‹«

»Ich habe sechs lange Monate im Gefängnis gesessen, Gajus«, sagte Agrippa, »aber das Schlimmste war, daß ich nicht wußte, daß schon in sechs Monaten Tiberius sterben würde. Eine Weile, glaube ich, hat er daran gedacht, mich von den Klippen in Capri ins Meer zu stürzen.«

»Warum nicht? Du hattest Majestätsverbrechen begangen. Aber dann kam der große Tag in Misenum. Macro sagte mir, Sie seien dort gewesen, Pilatus.«

»Ja, Princeps. Ich wollte, daß er eine Audienz für mich bei Tiberius erwirkte. Ich hatte keine Ahnung ...«

»Ja, und wissen Sie, was ich nach meines Großvaters Tod getan habe?«

»Sie haben Agrippa freigelassen«, sagte Pilatus mit einem Schmunzeln.

»Nicht nur freigelassen, ich habe ihn mit offenen Armen im Palast aufgenommen. Ich ließ ihm seine zottigen Haare schneiden und kleidete ihn neu ein.«

»Viel mehr als das, lieber Freund. In einer symbolischen Geste, die den Göttern Tränen entlockt haben muß, schenktest du mir eine goldene Kette von genau der Größe wie die eisernen Fesseln, die ich im Gefängnis trug. Und dann setztest du mir ein Diadem auf den Kopf.«

Pilatus wurde übel bei dieser rührenden Geschichte, aber er lächelte nur liebenswürdig. Die Macht, die der reife Agrippa über den empfänglichen jungen Mann hatte, war unheimlich.

»Wissen Sie, was das Diadem bedeutet, Pilatus?« fragte Caligula.

»Ist es das Symbol der Königswürde?«

»Genau das. Ich habe die Ehre, Ihnen Herodes Agrippa I. vorzustellen, den neuen König von Gaulanitis, Trachonitis und Batanea.«

»Philippus' frühere Tetrarchie! Ich glaube, sie gehört jetzt zu Syrien.«

»Gehörte, Pilatus.«

»Meine herzlichsten Glückwünsche, König Agrippa.«

Agrippa nickte flüchtig.

»Ja«, fügte Caligula hinzu, »und wir werden vielleicht sein Territorium vergrößern. Rom hat es in Judäa mit den verschiedensten Präfekten versucht, aber ohne viel Erfolg. Man müßte vielleicht einen Juden oder einen Halbjuden hinschicken, wie Agrippa, um ein jüdisches Volk zu regieren. Jedenfalls wird, wenn unser neuer Statthalter, Marullus, sich als Niete erweist, Agrippa in Judäa sein Nachfolger werden. Das letzte Mal, daß diese Provinz gut regiert wurde, war unter seinem Großvater, Herodes dem Großen.«

Pilatus schluckte die Beleidigung hinunter – es blieb ihm nichts anderes übrig – und brachte dann das Gespräch auf ein anderes Thema. »Tritt Marullus an die Stelle von Vitellius' Mann, Marcellus?« fragte er.

»Ja, natürlich. Vitellius hat sich bemüht, sich bei den Juden durch eine ganze Reihe von Veränderungen beliebt zu machen, aber ich weiß nicht, ob das gut war. Wissen Sie, daß er Ihren Freund, Joseph Kaiphas, vom Amt des Hohenpriesters entbunden hat?«

Pilatus war das neu. »Und wie ist das mit Vitellius' Krieg für Antipas gegen König Aretas?« fragte er.

»Der hat in dem Augenblick aufgehört, da ich den Thron bestieg. Antipas ist jetzt Agrippas Rivale in Palästina. Ich möchte nicht, daß römische Legionen dazu benutzt werden, den Rivalen meines engsten Freundes zu stützen.«

Das war immerhin eine erfreuliche Nachricht, dachte Pilatus.

Inzwischen hatten sie das Essen beendet. Pilatus wollte sich gerade verabschieden, als Caligula plötzlich fragte: »Glauben Sie, Pilatus, daß Sie eine Zukunft in der römischen Regierung haben? Wie und wo würden Sie jetzt dem Reich gerne dienen?«

»Ich stehe natürlich zu Ihrer Verfügung, Princeps. Aber ich würde gern einen längeren Urlaub nehmen, ehe ich einen neuen Posten antrete.«

»Ja, das sollten Sie. Wie alt sind Sie?«

»Fast fünfzig.«

»Dann könnten Sie an eine Pensionierung denken. Nein, ich glaube wirklich nicht, daß Rom Ihre Dienste in der Zukunft braucht. Sie haben zwar nichts Todeswürdiges oder eine Verbannung Verlangendes getan, aber Agrippa hat mir ausführlich über Ihre zehn Jahre in Judäa berichtet. Sie sind oft taktlos gewesen. Sie haben's oft an der nötigen Diplomatie, Einfühlungsfähigkeit und Geschicklichkeit fehlen lassen. Natürlich haben Sie manches sehr gut gemacht. Die Steuern wurden regelmäßig eingezogen; Sie haben den Frieden erhalten; Cäsarea war gut verwaltet. Das Tiberieum, der Aquädukt und andere Bauten waren gut geplant. Aber in anderen Dingen haben Sie versagt. Die Fahnen- und die Schildaffäre waren töricht. Vielleicht hat Thallus recht, daß die Samaritaner ohne Blutvergießen hätten befriedet werden können. Vielleicht aber waren solche Zusammenstöße unvermeidlich, und Sie konnten nichts daran ändern. Sie sind kein Jude – wir Römer haben dieses Handicap –, und Sie haben vermutlich so gut regiert, wie alle unsere Statthalter bisher. Das muß ich sagen.«

Pilatus warf Agrippa einen nicht gerade freundlichen Blick zu, und Caligula fing ihn auf.

»Nein, Pilatus. Denken Sie nicht, Agrippa sei so etwas wie ein Spitzel, der Sie die ganze Zeit beobachtet habe. Er hat mir gegenüber zugegeben, daß er vom jüdischen Standpunkt aus über Ihre Regierung geurteilt habe. Er hat auch nach der Vernehmung heute morgen für Sie gesprochen.«

Sie erreichten die Tür des Palastes. Caligula streckte die Hand aus und sagte: »Damit, Pontius Pilatus, ist Ihre Karriere im Staat zu Ende. Rom dankt Ihnen, und Sie bekommen natürlich die übliche Präfektenpension.«

Pilatus bemühte sich um einen einigermaßen anständigen Abgang, als er sah, daß Agrippa Caligula etwas zuflüsterte. Der Kaiser nickte. »Es ist Zeit für die Bäder«, sagte Agrippa, »darf ich Sie begleiten, Pilatus?«

Das, was Pilatus sich an diesem Nachmittag am wenigsten wünschte, war, mit Herodes Agrippa die Bäder zu besuchen. Aber ein König hatte das Verlangen ausgesprochen, und er war nicht in der Lage, es ihm abzuschlagen.

Ihre Sänfte wurde in nördliche Richtung die Via Lata und dann in westlicher zu den Agrippabädern getragen. Als sie dort ausstiegen, scherzte Agrippa: »Ich habe den Namen für diese Bäder immer besonders passend gefunden.«

Pilatus ging nicht darauf ein.

»Aber, Pilatus, sehen Sie nicht eine gewisse Ironie darin, daß Sie, der Sie so viele Jahre die Juden gerichtet haben, schließlich von einem verurteilt werden sollten? Gajus hat mir volle Freiheit gegeben, über Ihr Schicksal zu bestimmen. Und selbst, wenn Sie es nicht glauben: ich hätte dem Princeps einen schlimmeren Bericht über Ihre Regierung in Judäa geben können. Ich kann Ihnen Briefe von Pharisäern zeigen, in denen sie für Ihre Verbannung eintreten, und zwar nur weil die Pharisäer jede nichtjüdische Regierung ablehnen. Wenn darum bewiesen werden könnte, daß ein Römer nicht fähig ist, Juden zu regieren, dann würde der Kaiser vielleicht ein anderes Arrangement treffen. Und Sie eben waren im Interesse der Sache der Juden entbehrlich.«

»Teilen Sie diesen Standpunkt?«

»Zum Teil. Darum mußte ich einige Ihrer schwachen Seiten enthüllen. Ich bin auch der Meinung, daß jeder Römer *ipso facto* ein schlechter Präfekt der Juden ist. Römer wissen nicht genug über uns, um uns korrekt zu behandeln.«

Inzwischen hatten sie sich ausgezogen und schwammen in einem Teil des Bades, der römischen Beamten vorbehalten war. Dann begaben sie sich in den Raum mit mäßig trockener Wärme, dem Tepidarium, ehe sie in die Räume mit den heißen Dämpfen gingen.

Pilatus wurde plötzlich alles klar. Agrippa wollte König von Judäa werden. Bald würde er zweifellos genügend Material gesammelt haben, um zu beweisen, daß Marullus – wie Pilatus – als Präfekt nicht genüge, und dann würde sein guter Freund Caligula sein Diadem vergrößern und ihm noch Judäa und Samaria hinzufügen.

»Ich glaube, ich verstehe die Lage«, sagte Pilatus, »aber sagen Sie mir dies: warum haben Sie nicht wie die Pharisäer ebenfalls meine Verbannung verlangt?«

»Aus mehreren Gründen«, antwortete Agrippa, »erstens bin ich für Gerechtigkeit, und eine Verbannung wäre eine zu harte Strafe gewesen. Sie haben sich Mühe gegeben in Judäa, Pilatus. Sie haben, wenn Sie es mußten, bei verschiedenen Streitigkeiten mit den Juden nachgegeben, und ich glaube, Antipas und meine anderen Onkel haben die Sache mit den Schilden übertrieben. Aber es war symptomatisch, daß Sie nicht genügend Fingerspitzengefühl hatten.«

Sie gingen jetzt in das Schwitzbad, wo sie sich auf Marmorplatten legten, während sie mit Schabern massiert wurden. Agrippa blickte Pilatus prüfend an und fuhr fort: »Ein anderer Grund, warum ich nicht auf Bestrafung in Ihrem Fall drängte, war dieser: die Araber haben ein altes Sprichwort – ›Meines Feindes Feind ist mein Freund‹. Der liebe Herodes Antipas ist zwar mein Onkel und Schwager, aber er bleibt trotzdem mein politischer Todfeind. Ich werde ihm nie vergeben, wie er mich gedemütigt hat. Antipas und Sie sind auch nicht sehr gut miteinander ausgekommen, trotz Ihrer halbherzigen Versuche, seine Freundschaft zu gewinnen ...«

Pilatus dachte einen Augenblick nach und fragte: »Wann haben Sie vor, Antipas bei Caligula anzuschwärzen?«

»Gajus, Pilatus«, lachte er, »er besteht auf Gajus. Sagen Sie nie zu ihm ›Stiefelchen‹.«

»Bei Gajus dann?«

»Sie sind mir ein wenig voraus, aber auf dem richtigen Wege. Wenn es je dazu kommt, werde ich vielleicht eine Aussage hier in Rom brauchen, die bezeugen kann, daß Antipas schlecht regiert hat.«

»Und die könnte ich in der Verbannung schwerlich liefern.«

»So ist es!«

»Dann würden seine Territorien den Ihren angegliedert, und vielleicht auch Judäa – und damit wäre Ihres Großvaters Königreich wiederhergestellt.«

»Es ist Zeit für die Massage und das Salben.«

Und als das vorbei war und sie sich angezogen hatten, sagte Agrippa: »Ich brauche wohl nicht darauf hinzuweisen, daß dieses Gespräch vertraulich bleiben muß. Wenn Sie zum Beispiel so indiskret wären und einiges daraus dem Princeps berichteten, dann würde ich das abstreiten, würde Sie einen boshaften Lügner nennen und alles nur mögliche tun, damit Sie verbannt würden. Wissen Sie, ich habe vor, noch ein paar Monate in Rom zu bleiben, ehe ich mein neues Königreich übernehme.«

Pilatus nickte.

Als sie sich vor den Bädern trennten, sagte Agrippa: »Übrigens, Pilatus, da war noch ein anderer Grund. Ich fand, Sie hatten vergleichsweise gut regiert. Ich hätte das fast vergessen. Sie haben einen Fall in Judäa meisterhaft gehandhabt: den des Galiläers, Jeschua Hannosri, der wegen Gotteslästerung vor Gericht stand. Ach, ich kann verstehen, warum Sie als Römer anfangs milde waren, aber glauben Sie mir, diese Art von Häresie muß mit Stumpf und Stiel ausgerottet werden. Ja, vollkommen. Es war eine gute Entscheidung, Pilatus – ihn kreuzigen zu lassen. Eine gute Entscheidung!«

Vierundzwanzigstes Kapitel

Pilatus kehrte erschöpft nach Hause zurück. Der Tag auf dem Palatin, dieses Schwanken zwischen Hoffnung und Verzweiflung, hatte ihm den Rest gegeben. Daß er sich erfolgreich verteidigt hatte, war zwar eine gewisse Beruhigung, aber seine Entlassung aus dem kaiserlichen Dienst, selbst wenn die offizielle Erklärung lauten würde, daß er um seine Pensionierung eingekommen sei, verscheuchte seine Ruhe. Procula bat ihn, ihr alles zu berichten, aber Pilatus vertröstete sie auf den nächsten Morgen. An diesem Abend besuchte er einen alten Freund, Cassius Chaerea, im Castra Praetoria, und sie betranken sich zusammen.

Wie ein verletztes Organ, das sich selbst zu heilen versucht, bemühte sich Pilatus, das Positive seiner neuen Situation zu sehen. Selbst wenn Caligula ihm eine andere Präfektur fern von Rom angeboten hätte, hätte er sie nicht angenommen, da er schon viel zu lange von der Stadt fern gewesen war. Auch brauchte er solch ein Amt nicht. Sein Schwiegervater Proculejus hatte in den zehn Jahren seiner Abwesenheit sein Vermögen so geschickt angelegt, daß Pilatus sogar ohne Pension auskommen und trotzdem ein sehr behagliches Leben führen konnte. Was die negative Beurteilung seiner Leistung in Judäa betraf, so war er überzeugt, daß eines Tages Rom das, was er dort getan hatte, zu schätzen wußte. Und was hatte schon die kritische Meinung eines Vierundzwanzigjährigen zu sagen, der Kaiser zu spielen versuchte und dessen einzige Informationsquelle ein Opportunist war, der doppelt so alt war wie er und gegen Pilatus voreingenommen? Und wie geschmacklos war es gewesen, das kaiserliche Tribunal in eine Bühne zu verwandeln, nur um sich bei den Samaritanern lieb Kind zu machen!

Als Procula schließlich den ganzen Bericht über die kritischen Stunden bei Caligula gehört hatte, war sie so glücklich, daß sie gar nicht auf den Gedanken kam, ihren Mann zu trösten, denn vor der Vernehmung durch den Kaiser hatten sie innerlich in Todesangst gelebt. Nun, da dieser Schatten weg war, war alles andere unwichtig. Zumal da Rom ihre künftige Heimat sein würde. Zu unabhängig, um auf gesellschaftlichen Aufstieg aus zu sein, war sie erleichtert, daß Pilatus nun endgültig nichts mehr mit der römischen Politik zu tun hatte, in der so viele Gefahren für ihn lauerten.

Aber Pilatus konnte sich nur schwer daran gewöhnen, nicht mehr Akteur, sondern Zuschauer zu sein. Seine eigene Ehrlichkeit zwang ihn, der Wirklichkeit ins Auge zu sehen und sich nüchtern zu betrachten – Expräfekt, Pensionär, vorzeitig in den Ruhestand Versetzter. Sein Ziel war es gewesen, im Römischen Reich hoch aufzusteigen, aber jetzt war er ein aus dem Staatsdienst entlassener Privatmann.

»Außer den wenigen, die Größe erlangen«, sagte er zu Procula, »kommt jeder Mensch an den Punkt im Leben, wo er sich damit abfinden muß, daß die Geschichte über ihn hinweggeht. Für jene, die wenig Ehrgeiz haben, kommt dieser Augenblick früh, und darum können sie sich mit der Unbekümmertheit der Jugend dem anpassen. Aber ich wollte mehr, der Punkt lag für mich in weiter Ferne, doch nun habe ich ihn erreicht, und ich bin nicht mehr jung. Es ist schwer, furchtbar schwer, sich in diese Erkenntnis zu fügen.«

»Ist das so wichtig, Pilatus, daß die Geschichte dich anerkennt?«

»Ich glaube, ja. Es ist das einzige, was letztlich dem Leben eine größere Dimension gibt, der einzige Faktor, der ihm schließlich einen Sinn gibt. Man hat dann für mehrere Generationen gelebt und nicht nur für seine. Man hat in die Zukunft gewirkt, hat sie vielleicht zum Besseren verändert.«

»Warum ist dir nicht diese Generation genug, Pilatus? Mir ist sie es bestimmt.«

»Du bist eine Frau, Procula.«

»Ja, ich weiß, und wir Frauen sind nicht zu Großem berufen«, spottete sie. »Aber dein Leben ist noch längst nicht vorüber. Du bist erst fünfzig, und einige der größten Leistungen in der römischen Politik und Kultur sind von Männern vollbracht worden, die älter waren als du.«

Aber Pilatus konnte darin keinen Trost sehen, so dankbar er Procula auch war, daß sie sich bemühte, ihm zu helfen. Er grollte dem allem jetzt.

Ein paar Wochen vergingen, und er begann sich allmählich an seine neuen Lebensumstände anzupassen. Aber gerade, als er sich mit der Tatsache ausgesöhnt hatte, nicht mehr auf der Hauptbühne der Politik zu stehen, da erinnerte ihn etwas an seine jetzt ganz periphere Stellung, und damit öffnete sich die Wunde wieder. Ende August zum Beispiel wurde der Tempel des göttlichen Augustus in Rom mit viel Gepränge eingeweiht. Ein Knaben- und Mädchenchor – die Kinder kamen alle aus den vornehmsten Familien – sang die Weihehymne. Es war ein öffentliches Fest. Und an zwei Tagen fanden die verschiedensten Veranstaltungen statt, wie Pferderennen und Gladiatorenkämpfe, bei denen achthundert Bären und Löwen geschlachtet wurden, und schließlich eine Rundfahrt Caligulas durch sein Hippodrom, bei der sechs Pferde seinen Triumphwagen unter dem lauten Jubel der römischen Bevölkerung zogen. Aber obwohl Pilatus dank seinem Ritterrang als Zuschauer bei diesen Veranstaltungen in den vordersten vierzehn Reihen sitzen durfte, war sein Name aus der Liste der offiziell Eingeladenen gestrichen. Das symbolisierte sein Ausscheiden aus dem öffentlichen Leben Roms.

Einen Monat später erfuhr Rom zu seinem Entsetzen, daß der Kaiser dem Tode nahe war. Caligula, der nie eine robuste Gesundheit gehabt hatte, hatte einen völligen Nervenzusammenbruch erlitten, der neben anderen Komplikationen die Hofärzte daran verzweifeln ließ, sein Leben zu retten. Ganz Rom lebte in der Angst, den jungen beliebten Princeps zu verlieren, der erst sechs Monate regierte. Die Römer umlagerten die Tempel, um für ihn zu beten. Manche drohten den Göttern. Ein einfacher Bürger wollte sein Leben geben, wenn das des Kaisers dadurch gerettet wurde, während ein Ritter schwor, er werde in der Arena als niedrigster Gladiator kämpfen. Solche Treue und Ergebenheit würden natürlich auf den Kaiser, wenn er mit dem Leben davonkam, nicht ohne Eindruck bleiben.

Caligula wurde wieder gesund und war tatsächlich gerührt. Er ließ den Ritter mit dem Gladiatorenehrgeiz kommen und ihn in die Arena bringen, wo er um sein Leben kämpfen und betteln mußte. Dann machte er den armen Plebejer ausfindig, der gelobt hatte, sein Leben für das des Kaisers zu opfern, und fragte, warum der Mann noch lebte. Caligula ließ dieses menschliche Opfer mit Girlanden bekränzen, durch die Stadt ziehen und dann schließlich vom Tarpejanischen Felsen in die Tiefe stürzen.

Rom fand das ein wenig merkwürdig, aber von nun an würde es von Caligula noch Seltsameres erleben. Offenbar hatte die Krankheit seinen Geist verwirrt. Eines Tages kehrte Pilatus vom Forum zurück und sagte zu Procula: »Rom hatte einen Kaiser, jetzt hat er ein Ungeheuer.«

Vielleicht infolge eines schlechten Gens in der Julio-Claudianischen Dynastie hatte das Ungeheuer in Caligula schon vor seinem Zusammenbruch gelauert, nur hatten seine besseren Kräfte das Scheusal bisher immer an der Kette gehabt. Aber es hatte schon früher Symptome gegeben; so hatte er schon auf Capri Anwandlungen von Größenwahnsinn und Grausamkeit gezeigt. Seine Großmutter Antonia hatte ihn auch dabei ertappt, wie er mit einer seiner Schwestern Blutschande trieb. Und obwohl Antonia ihm später das Leben gerettet hatte, weil sie Sejanus' Verschwörung aufdeckte, hatte er nicht einmal an ihrem Begräbnis Anfang Mai teilgenommen; er hatte den Scheiterhaufen, in dem sie verbrannt wurde, von seinem behaglichen Speisezimmer aus beobachtet. Die Vernehmung auf dem Palatin hatte Pilatus gezeigt, daß er auch wenn er milder war, verrückte Einfälle hatte. Aber nach seiner Krankheit unterlag die gute Seite seines Wesens der neuen Rolle, die er für sich als orientalischer Despot schuf.

Er war nicht für das Regieren ausgebildet. Anders als Tiberius hatte er nie Armeen befehligt und hatte wenig Erfahrung in staatlichen Angelegenheiten. Jetzt, da die Welt anbetend zu seinen Füßen lag, hatte das dem jungen Princeps den Kopf für immer verdreht und er berauschte sich an der Macht. Er verging sich gerade an denen, die ihm am nächsten standen. Sein potentieller Rivale, der junge Gemellus, wurde umgebracht, weil, wie Caligula behauptete, sein Atem nach einem Gegengift roch – welche Frechheit dieses jungen Mannes, anzunehmen, der Kaiser wolle ihn vergiften! Dabei hatte der unglückliche Gemellus nur Hustenmedizin gegen seine chronische Erkältung genommen. Macro, der Prätorianerpräfekt, machte den Fehler, Caligula beständig daran zu erinnern, wieviel er ihm verdankte, und so wurde Macro mit Frau und Kindern gezwungen, Selbstmord zu begehen. Die Nachricht erschütterte Pilatus, da er ihn erst vor wenigen Monaten sich in der Gunst des Princeps hatte sonnen sehen.

Im Privatleben des »Größten und Besten aller Cäsaren«, wie er jetzt genannt werden wollte, war alles erlaubt. Er lebte in steter Blutschande mit seinen Schwestern, verging sich aber auch außerhalb seiner Familie. Auf dem Hochzeitsmahl eines Freundes trug er die Braut vom Tisch in seinen eigenen Palast und »schied« sie ein paar Tage später. Er erkannte Caesonia erst als seine dritte Frau an, nachdem sie ihm ein Mädchen geboren hatte. Caligula sagte, er sei sicher, daß er der Erzeuger sei, denn das Kind sei wild und versuche regelmäßig, Kindern, die mit ihm spielten, die Augen auszukratzen.

Pilatus erfuhr viele der grotesken Geschichten aus erster Hand, da sein alter Freund Cassius Chaerea im Palatin diensttuender Prätorianertribun war. Mit Chaerea hatte sich Pilatus an dem Abend nach seiner Entlassung aus dem Staatsdienst betrunken. In letzter Zeit verbrachte der Tribun viele Abende mit Pilatus, berichtete mit offensichtlichem Haß über Caligula und gratulierte Pilatus, daß er der unmittelbaren Verbindung mit dem »Verrückten Stiefel«, wie er den Namen des Kaisers ein wenig dessen Charakter angepaßt hatte, glücklich entronnen sei.

Wie es nicht anders zu erwarten war, zeigte Caligula bald dem Senat seine ganze Verachtung. Besprechungen mit Senatoren wurden für gewöhnlich so geführt, daß sie mit im Winde flatternden Togen neben seinem Wagen herlaufen mußten, bis das Gespräch beendet war. Andere krochen vor ihm und umschmeichelten ihn.

»Vergiß nicht, daß ich das Recht habe, mit jedem zu tun, was ich will«, hatte er einmal zu Antonia gesagt, und in seiner Regierung bemühte er sich nun, diesen Anspruch zu demonstrieren. Er ließ jetzt Senatoren und Ritter hinrichten, und zwar so, daß sie langsam zu Tode gequält wurden, »damit das Opfer spürte, daß es starb«. Oft wurde ihnen vor Caligulas Augen, während er zu Mittag aß, der Kopf abgeschlagen. Procula war über solche Berichte so entsetzt, daß Pilatus sie jetzt aus dem Zimmer schickte, wenn Cassius Chaerea mit den neuesten Geschichten vom Hofe kam.

Nur weil ihrer so viele waren, entgingen die Bürger der kaiserlichen Rache. Einmal umjubelte der Pöbel bei einem Rennen absichtlich die rote Partei statt Caligulas geliebter grüner.

»Ich wünschte, das Volk hätte nur einen Nacken«, brummte er, dann befahl er das Zeltdach über den äußeren Rand hochzuziehen, damit die Plebs in der Sonne schmorten zur Strafe für ihre Perversität.

Caligula hatte jetzt die äußerste Stufe des Größenwahns erreicht und erhob ernstlich Anspruch auf seine eigene Göttlichkeit.

Julius Cäsar und Augustus waren nach ihrem Tod zu Göttern erhoben worden, aber das wurde nur im Osten ernstgenommen, von wo die Idee des Herrscherkults kam. Die sehr nüchternen Römer betrachteten ihre zu Göttern gemachten Kaiser nur als Quasi-Heilige. Aber Caligula bestand auf einer buchstäblicheren Interpretation, und er wünschte sich Göttlichkeit in diesem Leben, wo er sie genießen konnte. Er wünschte jetzt, im Tempel von Castor und Pollux zu bestimmten Stunden persönlich angebetet zu werden und nahm dazu seinen Platz zwischen den göttlichen Brüdern ein. Später ließ er sich einen besonderen Tempel errichten, in dem eine lebensgroße Statue aus Gold von ihm stand. Täglich kleideten seine Priester die Statue so, wie er sich am jeweiligen Tage anzog. Sein Lieblingspferd ernannte er zum Hohenpriester seines Kults und machte es zum Mitglied des Senats. Und da er so viele Von-Gott-zu-Gott-Gespräche mit Jupiter hatte, hatte er eine besondere Brücke von seinem Palast zum Tempel der Gottheit auf dem kapitolinischen Hügel erbaut, um ihr diese Unterhaltung zu erleichtern.

Pilatus beobachtete den moralischen Verfall des Kaisers mit einer seltsamen Mischung aus Entsetzen und Erleichterung.

Wie viele normale Bürger war er empört über die Ungeheuerlichkeiten des Mannes, aber er bedauerte nicht mehr, aus dem Staatsdienst entlassen worden zu sein. Diese Entlassung war seine Rettung gewesen. Der mächtige Macro war den Weg des Sejanus gegangen – so wie auch andere in Stellungen, die Pilatus einmal erstrebt hatte. Unter dem neuen Caligula konnte man Sicherheit nur in der Anonymität finden. Pilatus dankte dem Schicksal, daß die Verhandlung vor dem Princeps vor dessen Zusammenbruch stattgefunden hatte. Sein ständiges Gebet war jetzt nur, Caligula möge ihn vergessen. Er und Procula machten es sich zur Regel, nie an einer öffentlichen oder gesellschaftlichen Veranstaltung teilzunehmen, bei der der Kaiser sie aus der Nähe sehen konnte.

Pilatus' Vetter, der Exkonsul Pontius Nigrinus, konnte solche Zuflucht nicht im Privatleben suchen. Er sagte Pilatus, jedes Mahl mit Caligula sei eine Gefahr für alle Anwesenden. Vor kurzem war der Princeps plötzlich bei einem Festmahl in schallendes Gelächter ausgebrochen, und die neuen Konsuln, die zu seinen beiden Seiten saßen, fragten ihn, was so komisch sei. »Ich dachte gerade nur«, erklärte Caligula, »daß ich bloß zu nicken brauchte, und Ihnen beiden würde auf der Stelle die Kehle durchgeschnitten. Haha! Haha!«

Im Sommer 38 ließ der Princeps seinen engen Freund und Ratgeber endlich nach Palästina zurückkehren, wo er sein Königreich übernehmen sollte. Agrippa war in Rom als Caligulas »Ausbilder in der Tyrannei« sehr verhaßt geworden, obwohl er für dessen Wahnsinn eigentlich nichts konnte. Aber Pilatus war sehr erleichtert, daß Agrippa aus Italien fort war, denn er bedeutete für Caligula Palästina. Und Palästina konnte ihn an einen Präfekten erinnern, der bis vor gar nicht langer Zeit dort gewesen war.

Briefe von Cornelius aus Cäsarea hielten Pilatus und Procula über die Ereignisse in Judäa auf dem laufenden. Er sei vor kurzem zum Tribun befördert worden, berichtete der Exzenturio glücklich, aber er habe noch etwas viel Bedeutungsvolleres erlebt, über das in einem Brief zu berichten zu schwierig sei. Unterdessen seien Pilatus' gute Freunde, Herodes Antipas und Herodias, auf dem Weg nach Rom, fügte Cornelius hinzu. Herodias scheine so wütend über die Rückkehr ihres Bruders Agrippa, der Palästina als Heimatloser mit dem Buckel voller Schulden habe verlassen müssen und nun als König zurückkehre. So habe sie ihren Mann gehetzt, sich in Rom um etwas Ähnliches zu bemühen. Anfangs habe Antipas nichts davon wissen wollen, da er sich zu alt fühle, schrieb Cornelius. Aber schließlich habe er dem ehrgeizigen Drängen seiner Frau nachgegeben, und sie machten jetzt die Reise nach Rom, um Caligula zu bitten, auch Antipas zum König zu erheben und seine Territorien zu vergrößern.

»Die dummen Schafe«, lachte Pilatus, »sie wissen nicht, daß in Rom der Löwe auf sie wartet oder der Wolf sich in Palästina schon die Lippen leckt. Wie konnte sich Antipas so in Agrippas Hände geben?«

»Und dabei hieß er immer der Fuchs«, sagte Procula, um bei der Menagerie zu bleiben.

»Befreie uns, Jupiter, von ehrgeizige Pläne schmiedenden Frauen«, betete Pilatus mit gespielter Feierlichkeit.

Mehrere Monate verstrichen, ohne daß man wieder etwas von Antipas' Mission hörte. Von Neugier geplagt, suchte Pilatus seinen Freund Cassius Chaerea auf, der gerade aus Baiae, einem Luxusbad in der Bucht von Neapel, zurückgekehrt war, wo er Caligula hatte bewachen müssen, der dort heiße Bäder genommen hatte.

Chaerea lächelte.

»Meinst du einen Herodes und eine Herodias?«

»Ja. Herodes Antipas.«

»Das war eine tolle Geschichte! Sie kamen in Puteoli an und erreichten den Princeps, als er noch in Baiae war. Herodes versuchte, Caligula klarzumachen, daß er als König viel geeigneter sei als Agrippa; und während der ganzen Zeit las Caligula Agrippas langen Brief, in dem er seinen Schwager anschwärzte; den Brief hatte der Kaiser gerade erst bekommen. Herodes wurde darin der Untreue, der Unfähigkeit, der Konspiration mit Sejanus und eines verräterischen Bündnisses mit den Parthern gegen Rom beschuldigt. Und der Beweis dafür sei, schrieb Agrippa, daß Herodes' Arsenal von Waffen überquoll, die für siebzigtausend Soldaten ausreichten.«

»Das ist ja kaum zu glauben!«

»Ja, aber es ist so, und Caligula tat nun folgendes: er erkundigte sich bei Herodes nach dem Inhalt seines Arsenals, und der konnte die Größe nicht abstreiten. Da nahm Caligula ihm sofort seine Tetrarchie und seinen ganzen Besitz ...«

»Und belohnte mit dem allem Agrippa«, ergänzte Pilatus.

»Richtig. Dann verbannte er Herodes für immer nach Gallien.«

»Und Herodias?«

»Als Caligula erfuhr, daß sie die Schwester seines geliebten Agrippa ist, bot er ihr an, ihr ihren Besitz zu lassen und von Herodes getrennt in Freiheit zu leben.«

»Und das tat sie natürlich.«

»Nein. Ich glaubte auch, daß sie es tun würde. Aber sie sagte zu dem Princeps: ›Die Treue gegen meinen Mann macht es mir unmöglich, Ihr freundliches Angebot anzunehmen. Da ich sein Glück mit ihm geteilt habe, wäre es ungerecht, wenn ich ihn im Unglück verlassen würde.‹ Und so sind sie jetzt beide im Exil.«

»Da hat sich Herodias zum Schluß doch noch als edel erwiesen!«

Caligula nahm noch eine andere größere Veränderung im Osten vor, als er Vitellius von seinem Posten als Präfekt von Syrien abberief. Pilatus hielt das für eine der wenigen klugen Maßnahmen des Kaisers, denn er trug Vitellius immer noch die anmaßende Art nach, in der er ihn abgesetzt hatte. Durch seine Erfolge im Osten hatte Vitellius den Neid Caligulas geweckt, und er mußte viele Tränen vergießen und vor dem Princeps auf dem Boden kriechen, um sein Leben zu retten. Als Caligula den gedemütigten Präfekten fragte, ob er den Mond bei ihm im Bett sehen könne, antwortete Vitellius mit sklavischem Takt: »Nein, Herr, nur Ihr Götter könnt einander sehen.«

Dieser Liebhaber des immateriellen Mondes war unerschöpflich im Erfinden neuer Möglichkeiten, etwas so Materielles wie Geld auszugeben. Caligula wurde jetzt mit den Sesterzen so verschwenderisch, wie Tiberius mit ihnen geknausert hatte. Chaerea berichtete Pilatus angewidert das schlimmste Beispiel. Der Astrologe Thrasyllus hatte einst prophezeit, daß Caligula keine größere Chance habe, Kaiser zu werden, als mit einem Pferdegespann die Bucht von Baiae zu überqueren. Darum ließ Caligula mit großen Kosten die dreieinhalb Meilen zwischen Puteoli und Baiae dadurch überbrücken, daß er eine Doppelreihe von Handelsschiffen aneinander binden und die Decks mit Erde bedecken ließ. Dann ritt er auf seinem Lieblingspferd und mit der Rüstung Alexanders des Großen angetan auf der neuen Brücke hin und her. Und die an beiden Enden stehende große Menschenmenge wurde gezwungen, ihm laut zuzujubeln. Am nächsten Tage wiederholte er das gleiche in einem Wagen, dem die Prätorianergarde folgte. Nachdem er so die Prophezeiung des toten Thrasyllus wahrgemacht hatte, befahl er, die Brücke, die ein Hemmnis für die Schiffahrt war, wieder abzubrechen.

»Der verdammte Narr!« fluchte Chaerea, als er seine Geschichte zu Ende erzählt hatte. »Womit hat Rom diesen Wahnsinnigen verdient?« Pilatus begann ernstlich über die Möglichkeit einer Auswanderung nachzudenken.

Die Brücke und ebenso notwenige Dinge wie eine private, aus juwelengeschmückten Lustschiffen bestehende Flotte fraßen in einem Jahr 2,7 Milliarden Sesterzen des kaiserlichen Vermögens, das Tiberius während seiner ganzen Regierungszeit geduldig angehäuft hatte. Um seine Kasse wieder aufzufüllen, begann Caligula mit verschiedenen und sämtlich ungesetzlichen Methoden, die Bevölkerung auszuplündern. Einmal ging er sogar so weit, die Möbel von Augustus und Tiberius zu versteigern, wobei die Leute gezwungen wurden, geradezu astronomische Summen zu bieten. Aber die beste Geschichte hörte Procula. Bei einer anderen Versteigerung sagte Caligula seinem Auktionator, er solle nicht das »Bieten einer erschöpften Seele in der dritten Reihe übersehen«, die im Schlaf immer wieder nickte. Beim Erwachen erfuhr der Schläfer, daß ihm dreizehn Gladiatoren für nur neun Millionen zugeschlagen worden waren.

Aber das alles war nicht genug. Eine ganze Reihe neuer Steuern, die es noch nie gegeben hatte, wurde erhoben. Und so wurde die Regierung wieder halbwegs zahlungsfähig. Sein persönliches Einkommen jedoch blieb gering, und darum verurteilte Caligula einige der reichsten Römer zum Tode und bemächtigte sich ihres Vermögens. Schließlich eröffnete er im Palast ein Bordell, wo die Männer von Rom Kredit zu sehr hohen Zinsen bekommen konnten.

In klaren Momenten wurde sich Caligula bewußt, daß seine Popularität nachließ. Die beliebte Methode für einen Kaiser, die Gunst seiner Untertanen wiederzugewinnen, war damals die Eroberung fremder Länder. Nicht umsonst hieß der Vater Germanicus; auch er würde nach Norden marschieren und die Germanen schlagen. Im September 39 überquerte Caligula mit seinen Legionen den Rhein und unternahm mehrere Beutezüge gegen germanische Stämme. Was er wirklich dabei erreichte, war die Aufdeckung einer Verschwörung des römischen Gesandten in Germanien und seines eigenen Schwagers. Beide wurden hingerichtet.

Caligula, der in Gallien überwinterte, träumte davon, in glorreichem Triumph nach Rom zurückzukehren, um seinen Sieg über einen Feind am Ende der Welt zu feiern; er wollte in Britannien einfallen. Im Frühling 40 rückte er bis zum Kanal vor, war aber zu feige, ihn zu überqueren. Aber er mußte bei seinem bevorstehenden triumphalen Einzug in Rom Beute vorweisen können, und darum befahl er seinen Legionären, Muscheln an der Kanalküste zu sammeln und ihre Helme mit diesen zu füllen. Da war auch das Gefangenenproblem. Siege, selbst mythische Siege verlangten Gefangene. Caligula ließ die größten Gallier sich ihr Haar rot färben, damit sie wie Germanen aussahen und dann in Rom vorgeführt werden konnten.

Kurz nach des Kaisers Rückkehr erschien Cassius Chaerea mit beklommener Miene bei Pilatus. »Es tut mir leid, alter Freund«, sagte er und reichte ihm den schon lange befürchteten Befehl, auf den Palatin zu kommen, »ich hoffe, es ist nicht Ernstes.«

Wieder einmal bekam Pilatus große Angst. »Hast du eine Ahnung, um was es sich handeln könnte?«

»Nein!«

Pilatus hatte gehofft, Caligula hätte ihn inzwischen ganz vergessen, aber leider war das Gedächtnis des Princeps noch intakt.

Als Pilatus im Palast ankam und in Caligulas Gemächer geführt wurde, ging dieser wütend in einem Raum auf und ab und redete im Schnellfeuertempo auf seinen Kammerherrn ein, einen Ägypter namens Helicon, und seinen Lieblingsschauspieler Apelles, einen Griechen.

Als Caligula Pilatus erblickte, schnarrte er: »Ach, Sie sind's, Präfekt. Ja. Einst habe ich Ihnen gesagt, Sie seien mit den Juden nicht diplomatisch genug umgegangen. Jetzt sage ich Ihnen, Sie sind zu diplomatisch mit ihnen umgegangen. Dieses hassenswerte, rebellische, störrische Volk hat gerade Verrat und Häresie begangen. Erzählen Sie's ihm, Apelles!«

»Kennen Sie die verschlafene Kleinstadt Jamnia in Palästina«, fragte der Schauspieler Pilatus, »die am Mittelmeer?«

»Ja«, antwortete Pilatus vorsichtig.

»Die nichtjüdischen Bürger von Jamnia haben einen Altar aus Steinen errichtet, um unseren göttlichen Kaiser für seine Siege in Germanien zu ehren, aber die Juden in der Stadt haben ihn sofort zerstört.«

»Ja«, sagte Caligula, »sie haben ihn umgeworfen und völlig zerstört. Einen für mich, meine Göttlichkeit errichteten Altar!«

»Majestät«, sagte Pilatus, »ist nicht Herennius Capito unser dortiger Prokurator?«

»Er hat mir gerade die furchtbaren Einzelheiten berichtet. Hier, lesen Sie seinen Brief!«

Pilatus tat, wie ihm geheißen. Da ging ihm auf, warum Apelles hier war. Der Schauspieler stammte aus Ascalon, das ganz in der Nähe von Jamnia lag. Er und Helicon hatten wahrscheinlich geholfen, des Kaisers flammenden Zorn über Capitos Brief noch zu nähren.

»Nun«, fuhr Caligula fort, »als früherer Präfekt von Judäa sagen Sie mir, was ich tun soll, um die Juden für diese Scheußlichkeiten, diese unglaubliche Lästerung zu bestrafen! Helicon und Apelles haben ihre Vorschläge gemacht. Lassen Sie jetzt die Ihren hören!«

Trotz der äußersten Gefahr konnte Pilatus nicht umhin zu fragen: »Exzellenz, wäre es nicht ratsam, König Agrippa zu konsultieren? Soweit ich weiß, ist er augenblicklich in Rom.«

Caligula blickte Pilatus mit seinen ausdruckslosen grauen Augen an. Dann sagte er: »In Zeiten wie diesen freue ich mich darüber, daß mein lieber Agrippa nur zu einem Viertel Jude und zu drei Vierteln Idumaeer ist. Ich werde vielleicht mit ihm später darüber sprechen, wenn ich glaube, daß er mir eine objektive Antwort geben kann. Ich bin dessen nicht sicher. Aber weichen Sie meiner Frage nicht aus. Ich spreche mit Ihnen, Pilatus, nicht mit Agrippa. Was würden Sie tun, um die Juden für diese scheußliche Tat zu bestrafen?«

»Zunächst würde ich versuchen, herauszubekommen, wer die Täter sind.«

»Dummkopf! Die Täter waren Juden!«

»Ja, aber welche Juden? Capito sollte die Schuldigen finden und sie bestrafen. Danach müßte er die Führer der Synagoge in Jamnia vor weiteren Angriffen auf den Altar warnen und sie mit den Kosten der Wiedererrichtung belasten. Es wäre vielleicht gut, dort römische Soldaten zu stationieren, damit sie die heilige Stätte bewachten.«

»Das ist alles, was Sie tun würden?«

»Es scheint mir eine wirksame ...«

»Das ist alles, was Sie tun würden?« schrie Caligula, »kein Wunder, daß die Juden in Judäa so unverschämt zu Ihnen gewesen sind.«

Pilatus entsetzte die Veränderung, die sich in dem Kaiser seit ihrer letzten Begegnung vollzogen hatte. Caligula konnte nicht einen Augenblick still sitzen. Seine Augen waren seltsam unstet. Er lief in seinen Gemächern umher wie ein Tiger in seinem Käfig.

»Nun, Sie feiger Pilatus, ich werde Ihnen jetzt sagen, was Ihr Kaiser und Gott tun wird. Helicon und Apelles halten es für eine ausgezeichnete Idee. Ich werde eine Kolossalstatue von mir in Palästina errichten lassen. Und wo wohl?«

»In Jamnia, Majestät?«

»Nein, Sie Narr! In Jerusalem! Haha! Was halten Sie davon? Und nicht nur in Jerusalem. Die Statue wird im Tempel errichtet werden, und zwar in dem, was sie das Allerheiligste nennen. Das wird ihnen eine Lehre sein.«

Pilatus war jetzt sicher, daß Caligula irre war. Er erinnerte sich an einen kleinen Wettstreit, den seine Soldaten veranstalteten, nachdem die Juden gegen ihre Fahnen protestiert hatten. Es wurde die beste Antwort auf die Frage gesucht: »Was ist das Schädlichste, das getan werden kann, um einen Juden zu beleidigen?« Die Antwort des Gewinners lautete: »Ein unbeschnittener Nichtjude verkauft am Sabbat in den verbotenen Höfen des Tempels Blutwurst von einem erdrosselten Schwein.« Aber jetzt gab es einen neuen Gewinner: Caligula.

So diplomatisch wie er konnte, erklärte Pilatus Caligula, daß die Errichtung der Statue der schlimmste Greuel für das Judentum sein werde, das schlimmste Sakrileg, und daß das Volk nie und unter keinen Umständen das dulden würde. Er mußte die Wahrheit sagen; tat er es nicht, dann würde es, wenn Caligulas Plan scheiterte, noch schlimmer sein. Aber jetzt, da er sah, daß der Kaiser die Augen vor Wut weit aufriß, sagte er schnell: »Sie müssen wissen, Majestät, daß die Juden vielleicht ein unbotmäßiges Volk sind, aber nicht ein Tag vergeht, ohne daß in ihrem Tempel für Sie öffentliche Opfer dargebracht werden.« Pilatus berührte damit den Punkt, von dem er glaubte, er sei das einzige, was den Kaiser von seiner irren Absicht abbringen könne.

Caligula blickte Pilatus an, und seine Lippen zitterten. Sein Gesicht war wachsbleich geworden. Ein paar Augenblicke brachte er nur tierische Laute heraus. Pilatus zitterte vor Angst.

Schließlich räusperte sich Caligula heftig und fand die Sprache wieder. »Ich ... habe Sie ... nicht ... nach ... Ihren Einwänden gefragt, Pilatus. Nur nach Ihren Ratschlägen. Aber Ihre Ratschläge taugen nichts.« Er ging zu Pilatus hinüber und richtete durchbohrende Blicke auf ihn. »Und jetzt möchte ich noch eins von Ihnen wissen: Konzentrieren Sie sich, Pilatus. Vielleicht gelingt Ihnen jetzt eine normale Antwort ... Was wird wirklich geschehen, wenn meine Statue errichtet wird? Petronius wird mit zwei Legionen aus Syrien kommen, damit niemand die Errichtung stört. Aber wie lange wird es dauern, bis die Juden ihre Lektion lernen und sich mit meiner Göttlichkeit abfinden?«

Pilatus wurde plötzlich bewußt, daß sein Leben auf dem Spiel stand. Er überlegte sich jedes Wort, ehe er sagte: »Wenn Sie befehlen, Majestät, daß die Statue errichtet wird, dann wird sie bestimmt errichtet werden!«

»Das ist schon besser, Pilatus«, spottete Caligula, »die Juden werden es also zulassen?«

»Natürlich. Sie werden es müssen. Wie könnten Frauen und Kinder sich gegen Ihre Legionen auflehnen?«

»Und wie ist es mit den Männern?«

»Sie würden bei der Verteidigung der Reinheit ihres Tempels alle getötet oder gefangengenommen worden sein.«

»Meinen Sie, ihr törichter Glaube an einen Gott sei so stark? Keine andere Rasse ist so fanatisch religiös. Wenn zehntausend römische Legionäre erscheinen, dann werden Sie sehen, wie schnell sie anderen Sinnes werden! Sie sind ein Narr, Pilatus, und Sie haben mir nur alberne Antworten gegeben. Wache! Wache!« rief er und klatschte in die Hände, als mehrere Prätorianer erschienen.

»Verhaftet diesen Mann! Packt ihn!«

Pilatus' Brauen wurden feucht von kaltem Schweiß. Er setzte plötzlich alles auf die höchst fragwürdige Annahme, daß Caligulas Wut gleich wieder vergehen würde, daß, wenn er ihn noch ein wenig hinhielt, er die Krise durchstehen könne. »Majestät«, sagte er mit heiterem Lächeln, »ich glaubte, Sie und Jupiter ständen in enger Verbindung.«

»Wir stehen in enger Verbindung.«

»Nun, in der letzten Nacht ist der große olympische Vater der Götter im Schlaf zu mir gekommen und hat mir gesagt, daß Sie, sein Bruder, mich heute in den Palast beordern würden, und daß, wenn ich offen spräche, das besser für Sie wäre, als wenn ich Ihnen nur sagte, was Sie hören wollen.«

Nur ein Wahnsinniger hätte diese Geschichte geglaubt, aber sie genügte, um Caligula zögern zu lassen. Und Pilatus setzte sein gefährliches Spiel fort: »Da ich nur ein Sterblicher bin, Gottheit, kann ich nicht mit Ihrem prophetischen Auge in die Zukunft sehen. Wenn Ihre Statue im Jerusalemer Tempel steht, wird die irrige Meinung eines einzelnen, Pontius Pilatus, der notwendige Hintergrund sein, von dem sich Ihre souveräne Weisheit um so strahlender abheben wird.«

»Ja, das klingt vernünftig«, sagte Caligula, »Sie sind endlich wieder bei Verstand. Wache, abtreten! Aber verlassen Sie Rom nicht, Pilatus! An dem Tage, da meine Statue in Jerusalem eingeweiht wird, möchte ich, daß Sie bei einer entsprechenden Zeremonie in meinem Tempel hier in Rom anwesend sind. Sie werden dort öffentlich Ihren Fehler bekennen und meine göttliche Allwissenheit bezeugen.«

»Ich freue mich schon auf den Tag, Exzellenz«, log Pilatus, als er sich tief verbeugte und den Palast verließ.

Es war das erste Mal in seinem Leben, daß er sich der Speichelleckerei schuldig gemacht hatte. Es war schändlich und demütigend, aber notwendig, um einen Verrückten bei Laune zu halten. Kein Wunder, daß Vitellius es ebenso gemacht hatte. Wahrscheinlich würde es Agrippa noch gelingen, den Wahnsinnsplan des Princeps zu Fall zu bringen, aber selbst er würde dabei Schiffbruch erleiden. Die Götter wußten: Pilatus hatte alles versucht.

Aber Caligula besprach sich nicht mit Agrippa darüber. Der Tribun Chaerea hielt Pilatus genau auf dem laufenden über die nächsten Schritte des Kaisers, da er jederzeit wieder in die Sache hineingezogen werden konnte. Caligula befahl jetzt Publius Petronius, dem neuen Statthalter von Syrien, die Statue anfertigen und errichten zu lassen. Sie sollte größer als lebensgroß und mit Gold plattiert sein. Die syrischen Legionen sollten jeden jüdischen Widerstand brechen.

Obwohl es ihn anwiderte, daß die römischen Truppen für solche Zwecke benutzt werden sollten, erfüllte Petronius den Wunsch des Kaisers. Er ordnete an, daß die Statue in Sidon hergestellt wurde, und rückte dann mit zwei Legionen an die Grenze Palästinas.

Cornelius schrieb Pilatus, was als nächstes geschah. Die jüdische Bevölkerung trat in einen Proteststreik in der Belieferung mit Lebensmitteln. Eine Abordnung jüdischer Führer erschien bei Petronius und bat ihn respektvoll, Caligulas Plan nicht auszuführen. Sie würden lieber alle sterben, als solche Abgötterei dulden. Petronius erklärte sich bereit, die Verwirklichung des Plans hinauszuzögern. Seine Truppe werde den Winter im Lager verbringen, bevor sie in Palästina einmarschiere. Und er hatte vor, an die Handwerker in Sidon zu schreiben, sie sollten sich mit der Statue Zeit lassen.

Nach weiteren Besprechungen mit den Juden wurde Petronius die Unmöglichkeit von Caligulas Plan klar, und er tat etwas sehr Heroisches. Sein Leben wagend, schrieb er dem Kaiser von den riesigen Schwierigkeiten, die durch die Ausführungen seiner Befehle verursacht würden, und fragte, ob der Plan nicht rückgängig gemacht werden könnte.

Caligula hatte unterdessen die freudige Nachricht nicht bei sich behalten können. Wie ein Junge, der darauf brennt, ein Geschenk schon vor seinem Geburtstag auszupacken, konnte er nicht der Versuchung widerstehen, seinem lieben Agrippa von der Lektion zu berichten, die er den Juden erteilen wollte. Als er die niederschmetternde Nachricht bekam, wurde Agrippa ohnmächtig und mußte in einer Sänfte nach Hause getragen werden.

Später besprach sich Agrippa mit Philo, dem berühmten jüdischen Philosophen, der gerade in Rom war, um die jüdische Sache in Rassenkonflikten, zu denen es in Alexandria gekommen war, zu verfechten. Zusammen schickten sie ein langes Memorandum an Caligula, in dem sie ihm erklärten, wie die hebräische Theologie zu seinem Plan stand. Beigefügt war ein Hinweis auf Pontius Pilatus: daß nämlich, wenn die Juden sich Pilatus' Schilden widersetzt hatten, auf denen nur sein und Tiberius' Name standen, ihr Protest gegen ein Idol noch viel größer sein würde.

Aber das Memorandum war lang und philosophisch und beeindruckte Caligula nicht. König Agrippa ging viel weiter, indem er den Princeps zu einem der prächtigsten Festmahle einlud, an denen er je teilgenommen hatte. Cassius Chaerea hatte an jenem Abend Dienst, so daß er Pilatus einen Augenzeugenbericht geben konnte.

Als Caligula reichlich betrunken und Agrippa ihm immer wieder zugeprostet hatte, erwiderte der Kaiser mit dem Vorschlag, der König möge ihn um eine Gunst bitten.

»Nein, großer Freund«, antwortete Agrippa bescheiden. »Ich suche keinen persönlichen Vorteil. Sie haben mir bereits viel mehr Ehren erwiesen, als ich verdiene.«

»Doch, geschätzter König und Kollege, Sie müssen um etwas bitten ... etwas, das zu Ihrem Glück beitragen wird!«

Nachdem Agrippa seine kaiserliche Beute weit genug in die Enge getrieben hatte, öffnete er seine gefährliche Falle. Er bat den Kaiser, seine Befehle hinsichtlich der Statue zu widerrufen.

Für Pilatus war das wie eine Wiederholung der Szene, da Salome von Herodes Antipas den Kopf des Johannes' des Täufers gefordert hatte. Wie der Tetrarch war Caligula verlegen und betrübt, daß er so weit gegangen war. Wie der Tetrarch konnte der Kaiser nicht vor den Freunden, die mit ihm beim Festmahl saßen, sein Wort zurücknehmen. Wie der Tetrarch erfüllte er den Wunsch. Der Statuenplan wurde begraben.

Kurz darauf traf Petronius' Brief mit der gleichen Bitte ein. Er hätte nicht zu einem schlechteren Zeitpunkt kommen können.

Caligula schmollte über Agrippas' Trick, und Petronius schien der passende Sündenbock zu sein. Er befahl ihm brieflich, Selbstmord zu begehen, und arrangierte es heimlich, daß eine andere Statue für Jerusalem in Rom hergestellt wurde.

Gajus Caligula plante, Ägypten zu besuchen – das einzige Land, das wirklich verstand, daß ein Kaiser ein Fleisch gewordener Gott sein konnte. Aber ehe er sich auf die Reise begab, wollte er sicher sein, daß sich nicht hinter seinem Rücken in Rom eine Verschwörung zusammenbraute. In zwei geheime Notizbücher mit dem Titel »Das Schwert« und »Der Dolch«, was bedeutete: öffentliche Exekution oder private Ermordung, schrieb er Namen der bedeutendsten Patrizier und Ritter, die vor seiner Abreise getötet werden sollten. Chaerea hatte sie entdeckt; wie, wollte er jedoch seinem Freund Pilatus nicht sagen.

Aber der Princeps brauchte dringend einen Szenenwechsel. Er, der sein Leben lang an Schlaflosigkeit gelitten hatte, schlief seit vierundzwanzig Jahren selten mehr als drei Stunden in einer Nacht. Meistens wanderte er in den Nächten unter den Kolonnaden seines Palastes umher und rief nach der Dämmerung, daß sie sich endlich zeige. Einmal ließ er drei Exkonsuln um Mitternacht auf den Palatin kommen. Als sie um ihr Leben fürchtend erschienen, mußten sie vor einer Bühne Platz nehmen, auf der Caligula, von Flöten begleitet, einen Solotanz aufführte. Aber das Theaterspielen war nicht auf die Abende beschränkt. Tags schlüpfte er manchmal in ein Löwenfell und trug eine Keule, um zu zeigen, daß seine vielseitige Gottheit an diesem Tage Herkules war. In der Abenddämmerung ergriff er gelegentlich einen Dreizack, um sich als Neptun zu zeigen. Mit einer Perücke und als Mädchen, das auf die Jagd geht, verkleidet, war der göttliche Transvestit Diana, aber seine Lieblingspose war es, einen goldenen Bart zu tragen und in der rechten Hand einen Blitz aus Holz zu halten. Wer anders als Jupiter konnte das sein? Er hatte sogar eine »Donner-und-Blitzmaschine« erfunden, die donnerte und blitzte im Wettstreit mit Jupiters eigenen Gewittern, vor denen er große Angst hatte.

Rom konnte diese Farce nicht länger dulden, denn in der allgemeinen Atmosphäre der Angst war das nicht mehr komisch. Römer aus jeder Klasse wurden wie von der Pest ausgemerzt. Jeder Beamte konnte sich jetzt fragen, wann der Tyrann ihn umbringen werde. Eine bis in die kleinsten Einzelheiten ausgefüllte Verschwörung wurde geplant. Die Prätorianerpräfekten – Caligula hatte noch einen zweiten ernannt, in der Hoffnung, damit ihre Macht zu beschneiden –, ihr Tribunenstab und ein paar Männer am kaiserlichen Hof gehörten ihr an. Aber die Hauptrolle spielte Pilatus' alter Schulfreund Cassius Chaerea, der im Herzen ein Republikaner war. Der Prätorianertribun wirkte so männlich, daß der schwache und feminine Caligula, der ihn um sein Äußeres beneidete, ihn gern damit verhöhnte, er sei weibisch. Jedesmal wenn Chaerea nach der Tagesparole fragte, antwortete Caligula: »Venus« oder »Liebe« oder »Fruchtbarkeit« und dergleichen. Wenn es die Höflichkeit gebot, daß er dem Princeps die Hand küßte, streckte Caligula sie aus, zog sie dann aber bis auf den Mittelfinger zurück, eine obszöne Geste, die sich erhalten hat.

In der Nacht zum 23. Januar im Jahr 41 kam Chaerea in aller Hast zu Pilatus. »Es ist absolut geheim«, flüsterte er, »aber möchtest du sehen, wie vor deinen Augen Geschichte gemacht wird?«

»Natürlich. Aber was meinst du?« Er bemerkte, daß Chaerea sehr nervös war und immer wieder um sich blickte, um zu sehen, ob jemand das Gespräch belausche.

»Komm morgen vormittag mit mir auf den Palatin.«

»Auf den Palatin? Das ist zu gefährlich für mich.«

»Du brauchst nichts zu befürchten. Die Prätorianer werden dich verstecken, und wir kontrollieren die Sicherheitsvorkehrungen im ganzen Palast.«

Pilatus wußte, er müßte die Einladung ablehnen, und er war nahe daran, es zu tun. Aber als ihm Chaereas Absichten aufgingen, brachte er es nicht mehr über sich. In dieser Nacht konnte er kaum schlafen, und Procula fragte, was ihm fehle. Er habe zu viel gegessen, flunkerte er.

Am nächsten Morgen in aller Frühe begaben sich er und Chaerea auf den Palatin. Aus Vorsicht trug Pilatus eine alte Prätorianeruniform, deren Helm sein Gesicht fast ganz verdeckte. Gegen zehn Uhr gingen sie zum Palasttheater hinüber, wo Caligula an einer Aufführung teilnahm. Pilatus, der in einer dunklen Nische in der Nähe des Theaters stand, zuckte zusammen, als er sah, was auf der Bühne gespielt wurde: ein Räuberhauptmann wurde gekreuzigt. Bald war die Bühne mit großen Mengen künstlichen Bluts bedeckt, ein schauriges Omen für Römer, die auf Omen etwas gaben. Als die Aufführung zu Ende war, stand Caligula auf und entzückte seine Gäste mit der Ankündigung, er werde selber an diesem Abend sein Bühnendebüt haben. Dann ging er durch einen gedeckten Gang, der das Theater mit dem übrigen Palast verband, zum Mittagessen.

Pilatus sah ihn durch eine lange Säulenhalle gehen. Plötzlich tauchten Cassius Chaerea und ein anderer Prätorianertribun namens Sabinus auf und stellten sich ihm in den Weg.

»Dürfen wir um die Parole des Tages bitten, Princeps?« fragte Sabinus.

»Hm, Moment mal ... Wie ist es mit Cupido, zu Ihren Ehren, sanfter Chaerea?« sagte Caligula mit einem widerlich süßen Lächeln. »Nein, doch nicht, wir nehmen Jupiter.«

»So sei es!« rief Chaerea und zog sein Schwert aus der Scheide. »Als Gott des plötzlichen Todes möge er Ihnen beistehen!« Er stieß das Schwert Caligula in den Nacken.

»Wache!« schrie der Kaiser, aus dessen Wunde Blut floß. Sabinus stach ihn in die Brust. Caligula schrie vor Schmerz, und seine Knie begannen sich zu beugen. Prätorianer und Beamte, die an dem Komplott beteiligt waren, kamen jetzt von beiden Enden des Portikus auf Caligula zugerannt und schwangen blanke Dolche. Sie drängten sich um den fallenden Kaiser, weil jeder der Ehre, ihn umzubringen, teilhaftig sein wollte.

Zu spät kamen die Sänftenträger und Mitglieder seiner germanischen Leibwache, um ihn zu retten. Caligula war tot. Sein Körper war von etwa dreißig Wunden bedeckt.

Pilatus tauchte schnell in der Menge unter und verließ den Tatort, wie Chaerea es ihm eingeschärft hatte, denn es drohte Gefahr von Caligulas Leibwache. Er hatte gesehen, was er hatte sehen wollen, und er fühlte sich befreit und beschwingt. Caligulas Leiche wurde hinausgeschleppt und dort von der begeisterten Bevölkerung bespien und verhöhnt. Seine Statuen wurden umgeworfen. Rufe wie »Freiheit!« – »Stellt die Republik wieder her!« hallten durch die Luft. Es war das Ende eines Tyrannen.

Mit Windeseile verbreitete sich die Nachricht. Jenseits des Mittelmeers in Syrien erfuhr Petronius die beglückende Kunde fast einen Monat, ehe Caligulas Brief eintraf, in dem er ihm den Selbstmord befahl, denn das Schiff, das die Post an Bord hatte, war durch Stürme aufgehalten worden. Jetzt konnte er den Todesbefehl mehr lachend als weinend lesen. Er war gerettet. In Jerusalem hallte der Tempel von Dankgebeten wider, daß Gott sein Volk von dem Tyrannen und seiner Statue befreit habe. Die Juden waren gerettet. Die Senatoren und Ritter, die jetzt ihre auf der schwarzen Liste stehenden Namen in den konfiszierten Notizbüchern »Der Dolch« und »Das Schwert« lasen, waren gerettet. Aber niemand jubelte mehr als Pilatus und Procula. Der Wahnsinnige, der fast vier Jahre lang eine ständige Bedrohung seiner Freiheit, wenn nicht seines Lebens gewesen war, war nicht mehr. Mit Tränen der Dankbarkeit umarmte er seinen Freund Chaerea.

Chaerea zog das Notizbuch »Der Dolch« heraus und zeigte eine der neuesten Eintragungen in der Liste prominenter Ritter. Es stand dort:

Pontius Pilatus?

Fünfundzwanzigstes Kapitel

Verständlicherweise hatte Pilatus schon seit langem republikanische Neigungen. Die zehn Jahre, in denen er sich bemüht hatte, dem reizbaren Tiberius zu gefallen, und denen die vier furchtbaren Jahre unter Caligula gefolgt waren, hatten seine frühere Liebe zur Monarchie zunichte gemacht. So mancher Abend, den er mit Cassius Chaerea über Politik diskutiert hatte, hatte dazu beigetragen, Pontius Pilatus zum Republikaner zu machen. Und er war jetzt stolz auf seine Verwandtschaft mit Pontius Aquila, dem Verschwörer gegen Cäsar.

Gleich nach der Ermordung Caligulas begann Pilatus seine Freunde unter den Rittern und Senatoren zu drängen, die Republik wiederherzustellen. Und jetzt schienen seine und vieler anderer Anstrengungen belohnt zu werden. Der Senat trat zu einer außerordentlichen Sitzung zusammen, um das Ende des Römischen Kaiserreiches zu erklären, das fast ein Jahrhundert gewährt und die Regierungen Cäsars, Augustus', Tiberius' und zuletzt die bei weitem schlimmste Caligulas erlebt hatte. Die Senatoren stimmten dafür, die Demokratie wieder einzuführen und die Römische Republik wiederherzustellen.

Pilatus war dank seinem Freund Cassius Chaerea, Roms Mann der Stunde, als Gast des Senats anwesend. Als der heldenhafte Tribun die Konsuln nach der neuen Parole fragte, antworteten sie unter dem lauten Jubel der Senatoren: »Freiheit!« Der glorreiche Tag der politischen Freiheit war angebrochen.

Unterdessen rief, ohne daß Chaerea, Pilatus oder einer der anderen Republikaner davon etwas wußten, das Schicksal den vergessenen Mann der römischen Politik, Onkel Claudius, wieder auf die Bühne. Er hatte die fünfzig Jahre seines Lebens nicht eigentlich in der Kulisse verbracht, sondern auf seiner eigenen kleinen Bühne ein lächerliches Stück gespielt. Von einer Kinderlähmung hatte er spindeldürre, wackelige Beine und auch eine Sprachstörung. Er stotterte und wirkte recht einfältig. Tiberius hatte seinen Neffen Clau-Clau-Claudius genannt und nie ernstlich an ihn als seinen Nachfolger gedacht, da die kaiserliche Familie nichts von ihm wissen wollte. Caligula hatte ihn als Hofnarren behandelt, eine Rolle, die zu spielen Claudius nur allzu glücklich war, denn sonst wäre er als Rivale des Throns umgebracht worden. Aber in Wirklichkeit war Claudius kein Narr. Seine körperlichen Behinderungen hatten ihn dazu getrieben, in der Abgeschlossenheit seiner Klause wissenschaftlich zu arbeiten. Und von dem großen Livius gefördert, schrieb er wichtige Werke über die Geschichte der Etrusker und Karthager, ebenso über römisches Recht.

Claudius glaubte, er werde Caligulas Ermordung nicht überleben. Er war an dem Tage in den Palast geflüchtet und hatte sich dort versteckt. Als später die Prätorianer den Palast durchsuchten, bemerkten sie zufällig hinter einem Vorhang in einer Nische im oberen Stock zwei Füße. Die Füße gehörten Claudius, der erwartete, sofort getötet zu werden. Statt dessen aber brachten die Soldaten ihn ins Castra Praetoria und riefen ihn zum neuen Kaiser aus. Und viele Bürger, die fürchteten, daß eine demokratische Republik nur Roms Rückkehr zum blutigen Bürgerkrieg bedeutete, unterstützten sie.

Aber der Senat wollte in einer so unvergleichlich günstigen Zeit nicht mitmachen. Die Senatoren schickten zwei Tribunen in die Castra, die Claudius rieten, das Prinzipat nicht anzunehmen. Der Senat würde ihn durch militärische Gewalt daran hindern, wenn ihm Caligulas Schicksal keine Lehre war. Er solle dem Senat die Regierung überlassen. Claudius schwankte, aber da er bei den Prätorianern in Sicherheit war, suchte er Zeit zu gewinnen.

König Herodes Antipas, Abenteurer, Opportunist, Fischer in trüben Gewässern und jetzt Veränderer der römischen Geschichte, betrat die Bühne. Als er erfuhr, daß Claudius im Castra Praetoria war, eilte er dorthin. Beide waren gleichaltrig und hatten zusammen die Palastschule besucht.

Claudius war nahe daran, dem Senat das Feld zu räumen, als Agrippa kam und ihn drängte, die Macht zu behalten. »Die Geschichte ruft dich, geliebter Claudius«, sagte er, »das Blut der Cäsaren schlägt in deinen Adern und darf nicht enttäuscht werden. Du bist zum Herrschen geboren. Was werden künftige Jahrhunderte von einem Claudius sagen, der zu egoistisch war, um Rom mit seiner Mäßigung und Weisheit zu regieren?« Claudius versprach, darüber nachzudenken.

Nachdem Agrippa die Castra verlassen hatte, wurde er aufgefordert, vor dem Senat zu erscheinen. Er parfümierte sich schnell das Haar, als sei er von einem Festmahl weggerufen worden, und erschien vor den Senatoren. Sie baten ihn um seinen Rat in der augenblicklichen Verfassungskrise. Agrippa tat geschickt so, als sei er für den Senat, sagte aber, daß die städtischen Kohorten, auf die die Senatoren sich in der kommenden Kraftprobe mit Claudius verließen, den Prätorianern nicht gewachsen wären. »Warum schicken Sie nicht eine Delegation zu Claudius und legen Ihre Differenzen durch Verhandlungen bei, statt den Bürgerkrieg zu erklären?« Der Senat stimmte zu. Natürlich war Agrippa einer der Abgesandten, die in das Prätorianerlager geschickt wurden.

Ehe Claudius die Delegation empfing, konnte Agrippa ihn privat sprechen. Er berichtete von dem Durcheinander im Senat und bat ihn diplomatisch, auf seinem Standpunkt zu bestehen. Dann ging Agrippa zu den übrigen Delegierten, um nachzubeten, was der Senat ihnen aufgetragen hatte. Claudius gab eine gute Antwort, versprach, er werde nur dem Namen nach Princeps sein und werde den Senat an der Regierung Roms voll beteiligen. Da er unter seinem Neffen erlebt hatte, was Angst um das Leben bedeutet, konnte er nie ein Tyrann sein.

Im Morgengrauen des nächsten Tages trat der Senat zusammen, um die Antwort zu hören. Wieder war Pilatus anwesend, und diesmal als Mitglied von Chaereas Komitee zur Wiederherstellung der Republik. Im Gegensatz zu vielen ihrer Prätorianerkollegen weigerten sich Chaerea, Sabinus und andere, Claudius in Betracht zu ziehen. Und sie bemühten sich jetzt, den Senat in seinem Entschluß, die Republik wiederherzustellen, zu bestärken.

Aber ihre Sache sah sich einer verhängnisvollen Entwicklung gegenüber. Die städtischen Kohorten, auf die der Senat sich verließ, wurden unruhig und ungeduldig. Schließlich verlangten sie, daß der Senat einen Führer wählte, ja, einen Princeps. Man diskutierte über mehrere Kandidaten, aber mit wenig Begeisterung. Die realistischeren Senatoren, die das Unvermeidliche sahen, erhoben sich von ihren Bänken und eilten aus der Kammer, um die ersten zu sein, die Claudius zu seiner höchstwahrscheinlichen Thronbesteigung gratulierten.

Niedergeschlagen sah Pilatus Chaerea zur Rosta eilen, um die Senatoren daran zu erinnern, daß sie gerade einen Tyrannen ins

Jenseits befördert hätten und nicht einen neuen herbeirufen dürften. Kaum hundert Senatoren waren in der Kammer geblieben – insgesamt waren es sechshundert –, und die städtischen Kohorten hoben jetzt ihre Fahnen und marschierten ab, um Claudius Treue zu schwören. Ohne militärische Unterstützung brach die republikanische Sache zusammen. Langsam und mit düsteren Mienen erhoben sich die noch anwesenden Senatoren und verließen die Kammer.

Pilatus ging zu Cassius Chaerea. Sie waren beide so bedrückt, daß sie kein Wort sagen konnten. Die wiederhergestellte Römische Republik hatte kaum achtundvierzig Stunden bestanden. Pilatus klopfte seinem Freund auf die Schulter, und sie verließen schließlich die Senatshalle als letzte, gewissermaßen als die letzten beiden Bürger der »Zweiten Römischen Republik«.

Claudius wurde mit Agrippa im Triumph zum Palatin getragen, und die wankelmütigen Römer jubelten ihm laut zu. Als eine seiner ersten Amtshandlungen belohnte der Kaiser Claudius den Mann, der so viel dazu beigetragen hatte, daß er jetzt Kaiser war. In einer Rede vor dem Senat erhob er Agrippa in den Rang eines Konsuls und verkündete dann: »Und schließlich, geliebter Freund, ernennen wir dich nicht nur zum König der Territorien, die du jetzt regierst, sondern auch Judäas. Wir haben den Statthalter Marullus abberufen. Du herrschst jetzt als König über alle Länder, die einst von deinem Großvater Herodes dem Großen regiert wurden.«

Agrippa bedankte sich tief bewegt bei Claudius und dem Senat und versprach, daß Judäa der loyalste Verbündete Roms sein werde. Dann kehrte er im Triumph nach Palästina zurück, wo die Juden ihn mit einer Begeisterung willkommen hießen, wie man sie seit den Tagen der Makkabäerfürsten nicht erlebt hatte. Das erste, was er in Jerusalem tat, war die Darbietung eines Dankopfers, und außerdem schenkte er dem Tempel eine goldene Kette, die er einst von Caligula bekommen hatte.

Von seinem Hause in der Nähe von Proculas Vaterhaus beobachtete Pilatus diese Entwicklung, und zwar nicht etwa als unbeteiligter Zuschauer, sondern als sehr beteiligter. Er war nicht neidisch auf Agrippas phänomenalen Erfolg, aber er litt darunter ebenso wie unter der Niederlage der republikanischen Sache. Claudius hätte vielleicht einer wiederhergestellten Senatsrepublik zugestimmt, hätte

Agrippa ihn anders beeinflußt. Ein fremder König hatte den Lauf der römischen Geschichte geändert. Er nahm an, die Republik würde nie wieder eine Chance haben.

Und Pilatus verlor dabei einen engen Freund. Claudius hatte im Fall des Cassius Chaerea eine Testabstimmung gefordert. Alle in Rom, der neue Kaiser eingeschlossen, waren sich darin einig, daß Chaerea ein Held, daß sein Tyrannenmord eine große Tat für den Staat gewesen war. Aber nach den grotesken politischen Maßstäben der Zeit mußte der Held sterben. Claudius erklärte es so: »Ich bin froh, daß Caligula nicht mehr ist. Ich bin nicht froh, daß ein Princeps ermordet worden ist.« Als Präzedenzfall könne der Mord nicht ungestraft durchgehen. Eine Abschreckung sei um Claudius' eigener Sicherheit willen notwendig. Chaerea werde geopfert werden müssen. Der Senat stimmte zu.

Der Tribun trug sein Schicksal mit stoischer Würde, aber Pilatus weinte um seinen Freund, als er ihn zur Richtstätte begleitete.

»Weine nicht, Pilatus. Rom braucht sowieso jetzt einen Märtyrer«, sagte er lächelnd, »ich war darauf vorbereitet, als ich den Tyrannen tötete.«

»Aber der Staat braucht dich, Chaerea!«

»Da möchte ich mit Cato sagen: ›Ich will nicht die Freiheit überleben.‹«

Der Tribun Lupus, einer der Verschwörer, wurde ebenfalls zur Exekution hinausgeführt, aber er brach weinend zusammen.

»Hör auf, Lupus«, sagte Chaerea streng, »zieh dein dickes Fell an und spiel' den Wolf.« Das war ein Wortspiel mit Lupus, dem lateinischen Wort für Wolf.

Eine große Menge hatte sich an der Richtstätte versammelt.

Chaerea blickte auf den Henker hinunter, einen Mann, der kleiner war als er, und sagte: »Hör mal, Bursche, bist du darin erfahren, oder ist es das erste Mal, daß du ein Schwert in der Hand hältst?«

»Ich habe etwas Übung darin«, antwortete der Henker, »ich habe unter Caligula gearbeitet.«

»Das ist gut. Aber tu mir einen Gefallen – Pilatus, kann ich mir dein Schwert zum letztenmal leihen?« Chaerea hatte ihm das Schwert geschenkt, mit dem er Caligula ins Jenseits befördert hatte.

»Hier, Bursche, nimm das!«

»Warum?«

»Ich hänge daran. Leb wohl, Pilatus, auf Wiedersehen in den elysischen Gefilden. Und du, Lupus, wenn ich einen Schrei von dir höre, werde ich dich in den Hades jagen und zurück. Sieh, wie leicht es geht! Los, Bursche, es ist ein Privileg, für die Republik zu sterben!«

Chaerea entblößte seinen Nacken. Ein Schlag, und es war geschehen. Lupus, der nicht so viel Mut aufbringen konnte, zuckte so mit dem Hals, daß der Henker mehrmals zuschlagen mußte.

Unmittelbar danach ging eine Woge der Empörung durch Rom über diese unnötigen Hinrichtungen. Claudius, der Gewissensbisse bekam, versuchte ungeschehen zu machen, was geschehen war, indem er den Mitverschworenen Chaereas, Sabinus, der ebenfalls hatte sterben sollen, frei ließ und wieder in sein Amt einsetzte. Aber Sabinus fand, daß sein Überleben ein Bruch der Treue seinen Kameraden gegenüber gewesen wäre, und so nahm er sich selbst das Leben.

Der Weg vom Märtyrertum zur Heiligsprechung war kurz. Das römische Volk überschüttete die Angehörigen der toten Verschwörer mit Geschenken und opferte ihren Schatten, bat sie, ihnen gegenüber nicht rachsüchtig, sondern gnädig zu sein.

Zur allgemeinen Erleichterung Roms und des ganzen Reiches erwies sich Claudius als ein anständiger und überraschend fähiger Kaiser, wie schließlich selbst Pilatus zugeben mußte. Er nannte sich hochtrabend Tiberius Claudius Cäsar Augustus Germanicus. Und der einstige Hofnarr arbeitete gut mit dem Senat zusammen, wie er es gelobt hatte, und machte ihn noch repräsentativer. Er strich das allgemein gehaßte Verbrechen der *maiestas* aus dem Gesetzbuch, um künftige Schreckensherrschaften zu verhindern. Er führte die sehr notwendige Zentralisierung durch und schuf einen verbesserten Verwaltungsapparat. Mit seinem öffentlichen Arbeitsprogramm sorgte er für eine bessere Wasserversorgung Roms und verband die Provinzen durch Straßen und Kanäle. Ostia, an der Mündung des Tiber, wurde als Roms Hafen zurückgefordert, was Reisenden die hundertvierzig Meilen lange Fahrt nach dem südlich gelegenen Puteoli ersparte. Claudius' Außenpolitik war gleichermaßen erfolgreich. Und zwei Jahre nach seiner Thronbesteigung eroberte er in einem kurzen Krieg Britannien. Von diesem Siege brachten seine Legionen mehr als Seemuscheln im Triumph nach Rom.

Vor allem schien Claudius die Politik Roms nicht mehr zum

Spannungszentrum der Welt zu machen. Das Leben im Mittelmeerraum konnte in normale Kanäle zurückfließen und so auch das Leben des Pilatus.

Vielleicht zum erstenmal in ihrer Ehe waren Pilatus und Procula wirklich heiter. Zwei Drittel ihrer bisherigen Ehe hatten sie in dem schwierigen Judäa verbracht, das letzte Drittel in der Hölle der Ungewißheit unter Caligula. Pilatus' Pension und das Einkommen aus seinem Vermögen gestatteten ihnen ein sehr komfortables Leben, zumal seit sich Rom eines wachsenden Wohlstandes erfreute. Und sie hatten keine Ausgaben für Kindererziehung, ein Schatten in ihrer Ehe, mit dem sie sich aber inzwischen abgefunden hatten.

Doch Pilatus gewöhnte sich nur schwer an die Muße. Da er so viel Zeit hatte, dachte er immer wieder daran, sich um eine Stellung in der Regierung zu bemühen. Für römische Beamte gab es keine Altersgrenze, und für den Ruhestand fühlte er sich noch nicht alt genug. Er war sogar versucht, sich bei Claudius um eine Stellung in der sich vergrößernden Verwaltung zu bewerben, vielleicht in der Abteilung, der die Provinzregierungen unterstanden. Der Princeps brauchte erfahrene Beamte für die vielen wichtigen Posten in seiner wachsenden Bürokratie – und Pilatus konnte jeden dunklen Fleck in seiner Akte damit fortfegen, daß er auf die Tatsache hinwies, daß Caligula ihn pensioniert hatte. Der Weg zu solch einer Berufung in Claudius' Kabinett würde kurz sein.

Aber Procula tat alles nur mögliche, um Pilatus' Pläne zu durchkreuzen. »Was wird, wenn Claudius plötzlich krank werden und sich in ein Ungeheuer verwandeln sollte? Das scheint in der Familie zu liegen. Er würde zum Schlag gegen die, die ihm am nächsten stehen, ausholen. Laß die Finger von der Regierung, Pilatus!«

»Aber Vitellius ist in die Politik zurückgekehrt und scheint es gut getroffen zu haben!«

»Nur weil er sich aufs Schmeicheln und Katzbuckeln versteht. Du kannst das nicht. Und denke daran, daß Agrippa Claudius' Liebling ist und immer noch deine Karriere blockieren könnte.«

»Warum? Er ist weit weg in Palästina und hat alles erreicht, was er wollte.«

Aber Pilatus argumentierte nicht wirklich überzeugt. Er mochte nur nicht die Hände in den Schoß legen. Zum Leben gehörten Ziele, etwas Hoffnung, ein Sinn.

Procula machte es sich zur Aufgabe, ihrer beider Tage auszufüllen. Abgesehen von Gladiatorenkämpfen, die sie haßten und mieden, besuchten sie Rennen, das Theater und hatten viel gesellschaftlichen Verkehr. Aber mehr als das interessierten Pilatus die griechischen Philosophen, die Rom besuchten, und die öffentlichen Vorlesungen von römischen Schriftstellern des Silbernen Zeitalters. Er las jetzt mehr denn je, und er konnte sogar seine politischen Interessen durch regelmäßige Besuche im Senat pflegen, wo ehemalige Präfekten immer als Beobachter Zutritt hatten. Immer wieder konsultierten ihn Beamte in östlichen Angelegenheiten, da Pilatus als Experte für Syrien und Palästina galt.

Einmal bestellte ihn Claudius selber zu einer Besprechung auf den Palatin. Das Thema war ausgerechnet König Herodes Agrippa. Claudius breitete vor Pilatus eine Karte von Jerusalem aus und studierte sie eine Weile.

So aus der Nähe gesehen, fand Pilatus, wirkte der Princeps sehr würdig. Er war hochgewachsen, hatte ein sympathisches Gesicht und dichtes weißes Haar, das ihm gut stand. Er hinkte ein wenig und litt an Gesichtszucken, aber er war alles andere als der Krüppel, als den ihn die Legende schilderte.

»Eine beunruhigende Nachricht über Jerusalem hat uns gerade erreicht«, sagte er mit einem kaum merklichen Stottern, »unser Freund Herodes Agrippa errichtet Befestigungen längs der nördlichen Stadtgrenze.« Er strich mit dem Finger über die Stelle auf der Karte, wo er die neue Mauer eingezeichnet hatte. »Sie kennen die Stadt doch, Pilatus. Hat diese Mauer irgendeine, sagen wir, militärische Bedeutung?«

»Es könnte sein, Princeps, aber man müßte dann wissen, warum. Vor welchem Feind möchte Agrippa die Stadt schützen? Bestimmt nicht vor Rom, dem er seinen Thron verdankt. Vor dem Partherreich? Das ist höchst unwahrscheinlich. Und Aretas von Arabien ist jetzt tot.«

Pilatus betrachtete die Karte weiter. »Ich nehme darum an, Agrippa baut diese neue Mauer nur, um die nördlichen Vororte in die Stadt einzubeziehen, ein Gebiet, das von der Schädelstätte Golgatha hier im Westen«, er deutete darauf, »bis hinter den Antoniaturm im Osten reicht. Wahrscheinlich ist das sein Grund. Aber nach der

Höhe der Mauer zu rechnen, wird Jerusalem im Falle einer Belagerung künftig viel stärker sein. Sollte es sich je erheben, wäre es jetzt für Rom schwerer, die Stadt zurückzuerobern.«

»Das scheint eine richtige Einschätzung der Lage zu sein«, sagte Claudius, »und ich sehe die Dinge auch so. Haben Sie irgendwelche Vorschläge?«

»Sie kennen Agrippa viel besser als ich, Princeps. Er ist bestimmt Rom treu. Aber vielleicht wäre es gut, wenn der Statthalter von Syrien der Sache auf den Grund ginge.«

»Das hat er schon getan. Marsus hat mir als erster von der Mauer berichtet. Er hat sogar mehr Bedenken als Sie. Jedenfalls werde ich Agrippa schreiben, er solle die Mauer nicht höher bauen. Sie kann so bleiben, wie sie jetzt ist, darf aber nicht einen Fuß höher werden. Es ist gut, daß Sie hier waren, Pilatus. Wir werden vielleicht in der Zukunft Ihren Rat brauchen.«

»Ich stehe immer zu Ihren Diensten, Princeps.«

Damit war die Audienz beendet, und Pilatus verließ den Palast. Was er da über Agrippa gehört hatte, war recht interessant, dachte er. Hob kriegerischer Ehrgeiz sein Schreckenshaupt in Palästina? Oder war die Mauer nur ein unschuldiges Beispiel für die herodianische Baumanie? Dachte Claudius insgeheim daran, die römische Herrschaft in Judäa aufzugeben, oder traute er seinem geliebten Agrippa nicht ganz? Die nie endende Faszination der Politik!

Noch verblüffender war es, daß es Pontius Pilatus zum erstenmal möglich war, den Palatin zu verlassen, ohne daß er tief deprimiert war oder daß Ungewißheit an ihm nagte. In Rom ging es wieder ehrenhaft zu.

Sechsundzwanzigstes Kapitel

Pontius Pilatus und Procula verbrachten jetzt die warme Jahreszeit stets in einer an der Mittelmeerküste gelegenen Villa in der Nähe von Antium, etwa fünfunddreißig Meilen südlich von Rom. Das Landgut war eins von mehreren, die Proculas Vater gehörten, der seinen Besitz schon verteilte, ehe er in hohem Alter starb.

Das gesunde Klima und die natürliche Schönheit der Landschaft um Antium herum weckten Pilatus' Lebensgeister und halfen ihm, die schrecklichen Erinnerungen an Sejanus, Tiberius und Caligula, die ihn manchmal noch im Traum heimsuchten, abzuschütteln. Er war äußerlich gealtert. An beiden Seiten seiner Nase zogen sich tiefe Falten zum Mund hinunter, neben seinen Augen runzelten sich Krähenfüße, die Brauen waren lange nicht mehr geschnitten worden. Er hatte eine Glatze, in der Mitte des Schädels bildete das Haar noch eine graue Insel. Pilatus schrieb das den politischen Ängsten, die er in Rom ausgestanden hatte, zu, während Procula es normal nannte, daß ältere Männer kahlköpfig wurden.

Sie war erst Ende dreißig und hatte noch viel von ihrer jugendlichen Schönheit bewahrt. Sie mußte über Pilatus' Wut lachen, als zum erstenmal ein Wirt in Antium sie für Vater und Tochter gehalten hatte. Obwohl ihr Mutterschaft versagt war, fühlte sich Procula erfüllt und zum erstenmal in ihrer Ehe wirklich glücklich. Sie brauchte keine Tricks mehr anzuwenden, um ihren Mann aus Schwierigkeiten herauszuhalten.

Erfüllung aber blieb Pilatus ein Problem. Nach einem sehr tätigen Leben konnte er das Nichtstun kaum ertragen. Jedesmal, wenn sie nach Antium fuhren, nahm er eine ganze Reihe von Schriftrollen zum Lesen mit, insbesondere Philosophen. Und er schlug Procula vor, daß sie endlich ihre lange geplante und immer wieder aufgegebene Reise nach Griechenland und auf die Ägäischen Inseln unternähmen. Er würde dann die großen Philosophen der Zeit hören und mit ihnen über jene eine Frage sprechen können, die von immer größerer Bedeutung für ihn zu werden schien: Wahrheit – was ist Wahrheit?

Jede philosophische Schule im Reich behauptete selbstsicher, im Besitz der Wahrheit zu sein, und bei jedem religiösen Kult war es das gleiche. Und genau so selbstsicher widersprachen dem alle übrigen. Pilatus fürchtete, es werde eine enttäuschende Suche sein, diese Suche nach Wahrheit. Vielleicht hatte, dachte er, der Philosoph Nausiphanes doch recht, wenn er lehrte: »Das einzige, was gewiß ist, ist, daß nichts gewiß ist.«

Eines Tages, als Pilatus am Ufer des Meeres entlangging, »im Zwiegespräch mit meiner Seele«, wie er seine Wanderungen durch den Sand beschrieb, kam jemand in einer militärischen Tunika auf ihn zu.

»Bleiben Sie stehen, Pontius Pilatus«, rief er schon von weitem. »Ich bin gekommen, um Sie zu verhaften! Claudius möchte Sie in Ketten sehen.« Aber der Mann lächelte.

»Cornelius!« Pilatus strahlte vor Glück. »Ich glaubte schon, Sie würden nie wiederkommen. Haben Sie Ihre Frau und Ihre Familie mitgebracht?«

»Ja. Sie sind in der Villa bei Procula. Wir sind jetzt fünf! Wir haben zwei Jungen und ein Mädchen, und ich bin ins Castra Praetoria versetzt worden.«

»Ich gratuliere, Tribun, zu der Beförderung.«

»Vielen Dank, Präfekt.«

»Aber warum sind Sie nicht schon eher nach Rom zurückgekehrt? Die italienische Kohorte ist doch sicherlich, nachdem Herodes Agrippa König geworden war, nicht weiter in Cäsarea geblieben?«

»O nein. Alles Römische hat Palästina verlassen, vom Präfekten von Judäa bis hinunter zu den vergoldeten römischen Adlern. Agrippa hat die Sebastianischen Kohorten behalten, aber unsere Kohorte ist nach Syrien verlegt worden. Ich komme gerade von dort ... Aber ich wette, die italienische Kohorte wird bald nach Cäsarea zurückkehren.«

»Warum?«

»Wissen Sie's noch nicht? Agrippa ist tot.«

»Was?«

»Ja, er ist kurz nach dem diesjährigen Passah gestorben.«

»Nachdem er nur drei Jahre König von Judäa war? Wie ist das passiert? Ein Mord?«

»Nein, es war alles sehr seltsam. Er war in Cäsarea, wo er die Festspiele zu Ehren des Claudius leitete. Am zweiten Tage der Festspiele betrat er bei Tagesanbruch das Theater, hielt eine Rede und trug dabei ein Gewand, das ganz aus gesponnenem Silber war. Es fing die Strahlen der aufgehenden Sonne auf und leuchtete so wunderbar, daß einige der Gläubigen und die Schmeichler ihn als Gottheit zu umjubeln begannen. ›Da spricht ein Gott, nicht ein Mensch‹, riefen sie.«

»Und was sagte Agrippa dazu?« fragte Pilatus. »Ließ er es zu?«

»Er schwieg, und das bedeutete seinen Untergang«, sagte er, »er, der König der Judäer, hätte die gotteslästerliche Schmeichelei verdammen müssen. Er spürte einen starken Schmerz in Herz und Magen, taumelte und sagte: ›Ich ein unsterblicher Gott? Nein, nur ein sterblicher Mensch auf seinem Wege ins Grab. Es ist Gottes Wille. Ich muß mich darein schicken.‹ Sie trugen ihn in den Palast zurück, in dem Sie zehn Jahre gelebt haben. Nach fünf Tagen entsetzlichen Leidens verschied Agrippa.«

»Unglaublich! Und wer wird jetzt Palästina regieren?«

»Sein Sohn, Agrippa der Jüngere, besucht in Rom die Palastschule. Wie ich gehört habe, hat Claudius zunächst daran gedacht, ihn zum König zu ernennen. Aber seine Ratgeber haben erklärt, für den jungen Mann wäre das eine zu schwere Aufgabe, da er erst siebzehn ist. Und darum heißt es, der Princeps werde Cuspius Fadus zum Prokurator von Judäa ernennen. Wieder einmal, scheint es, wird Rom Judäa unmittelbar regieren.«

»Fadus als Prokurator?«

»Ja. Die Präfekten von Judäa heißen von nun an Prokurator. Die gleiche Stellung, nur ein anderer Titel.« Er zögerte, dann fügte er hinzu: »Mir fällt da gerade etwas ein. Vielleicht sollte ich es Ihnen gar nicht berichten, nach all dem Ärger, den Sie mit den Juden der Bilder wegen gehabt haben, aber Agrippa hat in dieser Hinsicht mehr gesündigt als Sie. Die Münze, die er außerhalb von Jerusalem prägen ließ, zeigt sein Bild, und er hat sogar Statuen seiner Töchter im Forum von Cäsarea aufgestellt. Aber die Pharisäer haben ihn geliebt.«

»Bei mir dagegen haben sie Aufstände angezettelt, Demonstrationen veranstaltet und mich mit Protesten und Briefen überschüttet.« Pilatus zuckte die Schultern. »Nun, das ist ein abgeschlossenes

Kapitel ... Aber jetzt erzählen Sie mir von sich, Cornelius. Wie geht's meinem Lieblingsjuden?«

»Sehr gut. Ich bin jedoch jetzt Christ.«

Das Wort Christ sagte Pilatus nichts. »Ach«, erwiderte er, »Procula winkt uns zum Abendessen hinein. Kommen Sie, Cornelius. Sie können sich nicht vorstellen, wieviel Appetit einem die Seeluft macht.«

In der Villa begrüßte Pilatus mit Freuden die Mitglieder von Cornelius' Familie. Besonders der jüngere Sohn, der ihm zu Ehren Pilatus genannt worden war, gefiel ihm.

»Um das gleich zu sagen, ich bestehe darauf«, sagte Pilatus gespielt bombastisch, »daß Ihr einige Zeit bei uns bleibt, mindestens eine Woche. Wir haben uns so lange nicht gesehen.«

Die Cornelii protestierten nur aus Höflichkeit, gaben dann aber nur allzu gern nach.

Einige Stunden später begann Pilatus nach einem schmackhaften Mahl, das vor allem aus Meeresfrüchten bestand, von neuem über den plötzlichen Tod des Herodes Agrippa nachzudenken.

»Ich habe meine eigenen Gründe, den Mann zu verachten«, sagte Cornelius.

»Ach. Warum?«

»Weil Agrippa Jakobus ben-Zebedäus hat hinrichten lassen, und Simon Petrus wäre es ebenso ergangen, wenn er nicht aus dem Gefängnis geflüchtet wäre.«

»Was sind das für Leute?« fragte Pilatus.

»Jakobus und Petrus? Zwei der Jünger Jesu des Christus.«

Pilatus dachte einen Augenblick nach und wiederholte dann: »Jesus der Christus?«

»Ja. Erinnern Sie sich nicht? Der, den Sie am Passah verurteilt haben ... Es muß jetzt elf Jahre her sein.«

Pilatus suchte in seinem Gedächtnis nach dem hebräischen Namen »Jeschua Hannosri – der Galiläer. Kam aus Nazareth. Das alte Rätsel! Aber was interessierte Sie an seinen Jüngern?«

Wieder machte Cornelius ein Gesicht eines Menschen, der eine lange Geschichte zu erzählen hat und weiß, er muß bald damit beginnen, obwohl er sich vor der Reaktion seines Zuhörers fürchtet.

Schließlich erklärte er: »Pilatus, ich ... unsere ganze Familie sind Christen.«

»Sind was? – Haben Sie das Wort nicht schon einmal benutzt?«

»Ja – Christen. Die Anhänger Jesu des Messias, des Christus, werden jetzt Christen genannt.«

Pilatus starrte Cornelius verblüfft an.

»Es ist eine lange Geschichte«, fuhr Cornelius fort, »wenn Sie sie hören wollen, werde ich ...«

»Sie?« murmelte Pilatus, »Sie sind Mitglied jenes jüdischen Kults?«

»Ja.«

»Aber ist jene Sekte nicht schon längst in alle Winde zerstoben?«

»Nein. Im Gegenteil.«

»Aber Kaiphas und der Sanhedrin hatten ihr doch sozusagen den Garaus gemacht.«

»Nein, das ist ihnen nicht gelungen. Die Christen haben sich selber in jeder größeren Stadt Palästinas zu Gemeinden zusammengeschlossen. Jetzt verbreiten sie sich bis nach Alexandria, Damaskus, Antiochia und noch weiter. Ja, selbst in Rom gibt es einzelne christliche Familien.«

»Aber was hat Agrippa damit zu tun?«

»Agrippa hielt die ganze Bewegung für subversiv – er hatte gehofft, Sie hätten durch die Kreuzigung Jesu dem jüdischen Messianismus ein Ende gemacht. Darum war er entschlossen, die Führer auszurotten. Jakobus war der erste. Er wurde enthauptet. Als Agrippa sah, wie das die Priester freute, verhaftete er Petrus, den Führer der Jünger. Aber obwohl er in Antonia beständig bewacht wurde, ist Petrus mitten in der Nacht aus dem Gefängnis entkommen, und Agrippa hat ihn nie wieder eingefangen.«

Pilatus nickte und sagte: »Dann ist er's also.«

»Wer?«

»Petrus. Er ist der, der den Leichenraub inszeniert hat.«

»Was für einen Leichenraub?«

»Den Raub der Leiche Jesu vor den Augen der Wächter. Ein gerissener Bursche, dieser Petrus, und einer, der sich offenbar aufs Entkommen versteht.«

»Pilatus, Petrus war an zwei Soldaten gekettet. Um ihnen zu entkommen, hätte er sich durch das Gitter seiner Zelle zwängen müssen. Wenn er aus der Zelle heraus war, hätte er an vier Wachen und noch an zwei einzelnen Wachposten vorbei gemußt. Sie wissen, wie die Antonia eingerichtet ist. Dann wären da die Mauern und das Eisentor gewesen, das bei Nacht immer verriegelt wird. Wie hätte er durch das alles hindurchkommen können?«

»Nun, wie ist er denn hindurchgekommen?«

»Genauso, wie Jesus sein Grab verlassen hat.«

»Wie?«

»Durch ein göttliches Eingreifen. So wie Jesus bestimmt vom Tode auferstanden ist.«

Pilatus musterte seinen Freund eine Weile fragend. Schließlich schüttelte er den Kopf und sagte: »Glauben Sie das wirklich, Cornelius? Ein ordentlicher, vernünftiger Bürger wie Sie?«

»Ja.«

»Aber ich glaubte, Sie seien ein guter Jude.«

»Ich habe mich nie ganz zum Judentum bekehrt, aber selbst wenn ich es getan hätte, hätte das nichts daran geändert. Meine Frau ist Jüdin und Christin zugleich, und auch meine Kinder sind es. Und so ist es bei den meisten Mitgliedern der christlichen Gemeinden.«

Die Frauen waren inzwischen hinausgegangen.

»Ich kann nicht glauben, daß Sie das glauben, Cornelius! Ich, Ihr Freund, habe einen Mann kreuzigen lassen, und jetzt glauben Sie, dieser Mensch sei ins Leben zurückgekehrt, und Sie glauben an ihn. Dennoch betrachten Sie mich weiter als Ihren Freund?«

»Ja, natürlich.«

Pilatus schüttelte traurig den Kopf. Dann fragte er: »Wann sind Sie vom Judentum zu diesem ... diesem Kult übergetreten? Und warum bedeuten Petrus und Jakobus – wenn ich ihre Namen richtig verstanden habe – Ihnen etwas?«

»Ich bin durch Petrus zum Glauben an Christus gekommen.«

»Wann? Wie?«

»Es war an einem Nachmittag, kurz nachdem Sie Cäsarea verlassen hatten. Damals hatte ich eine unheimlich realistische Vision – spotten Sie jetzt nicht, Pilatus. Es ist so gewesen.« Cornelius sah ernst vor sich hin. »In dieser Vision wurde mir gesagt, ich solle jemanden nach Joppe zu einem Mann namens Simon Petrus schicken, der in einem am Meer gelegenen Hause eines anderen Simon wohne und von Beruf Gerber sei. Und so schickte ich zwei Diener und meine

Ordonnanz nach Joppe. Sie kamen mit Petrus zurück, der sich genau dort aufhielt, wie es mir in der Vision gesagt worden war.«

Allmählich wünschte Pilatus, Cornelius würde ihn in Frieden lassen. Nur Visionäre hatten Visionen. Nur Enthusiasten waren so enthusiastisch. Er überlegte, wie er das Gespräch einigermaßen anständig beenden könne.

»Ich traue Visionen nicht mehr als Sie, Pilatus, zumal unser inzwischen verstorbener verrückter Kaiser sich auf sie spezialisiert hatte«, Cornelius lachte, »aber hören Sie mich zu Ende an. Ich schwöre Ihnen feierlich als Freund und als Römer, daß ich vorher nicht gewußt habe, wo dieser Simon Petrus wohnte. Ich habe auch nicht an die Vision geglaubt. Ich wollte mich nur davon überzeugen, daß ich noch bei Verstand war, und darum ließ ich den Mann holen. Als er kam, konnte ich nicht umhin anzuerkennen, daß da eine höhere Macht eingegriffen hatte. Hätten Sie das nicht auch getan?«

Pilatus rückte unruhig auf seiner Liege hin und her und antwortete: »Wenn es so ist, wie Sie sagen, dann gibt es vielleicht eine Erklärung dafür. Vielleicht hatten Sie schon gehört, daß Petrus in jenem Ort war, das aber vergessen. Oder es könnte sein ... «

»Erklärungen!« rief Cornelius. »Ausreden! Eine alte Gewohnheit von Ihnen. Ich habe Ihnen die Augenzeugenberichte über Jesu Heilungen und seine Erweckungen von Toten gebracht, und Sie haben nur Ihre logischen Tricks hervorgeholt und sind mir mit einer fadenscheinigen Erklärung gekommen, die viel fantastischer war als das Ereignis, das sie angeblich erklärten. Obwohl ich nicht zu der Zeit von Jesu Kreuzigung und Auferstehung in Jerusalem war – ich wünschte, Sie hätten mich mitgenommen –, selbst Ihr Bericht von dem, was geschehen war, hat mich mehr beeindruckt, als die Erklärungen, die Sie dafür hatten.«

»Aber jede Wirkung muß ihre natürliche Ursache haben!« sagte Pilatus scharf.

»Jede Wirkung muß ihre Ursache haben«, verbesserte Cornelius, »und hier ist die Ursache Jesus der Christus, die menschgewordene Macht Gottes.« Und nun begann Cornelius, Pilatus zu erklären, was der christliche Glaube bedeute. Die Welt, sagte er, sei von Gott geschaffen, aber der Mensch habe sich von Gott entfernt. Statt die Menschheit zu verdammen, sei Gott in die Welt gekommen in Gestalt eines Menschen, des Sohnes Gottes – Jesus von Nazareth, der für den Ungehorsam durch Leiden, Sterben und seine Auferstehung für die ganze Menschheit gebüßt habe. Durch den Glauben an ihn werde sündigen Menschen trotz ihrer Unwürdigkeit vergeben, und sie gewännen das ewige Leben.

Pilatus sagte nichts. Er dachte eine Weile nach, dann ging er in den Keller der Villa hinunter, um neuen Wein zu holen. Nachdem er zwei große Becher gefüllt und den einen Cornelius gereicht hatte, fragte er: »Woher wissen Sie das alles?«

»Von Petrus. Ehe meine Männer zu ihm kamen, hatte Petrus die gleiche Vision wie ich, daß ich nach ihm schicken würde. Und so kam er ohne weiteres mit, zusammen mit sechs Mitgliedern der Christengemeinde in Joppe. Ich lud ein paar meiner engeren römischen Freunde und die jüdischen Verwandten meiner Frau ein, damit sie Petrus kennenlernten. Wir waren eine ganze Schar.«

»Das kann ich mir vorstellen«, bemerkte Pilatus, seine Skepsis kaum verbergend.

Cornelius nahm aber keine Notiz davon und fuhr fort: »Petrus hat uns mehrere Stunden in Bann gehalten. Er war ganz erfüllt von dem ›weltumfassenden Glauben‹, wie er es nannte. Sein Besuch bewies, daß das Christentum nicht nur eine Abart des Judentums werden sollte. Jetzt wurden Nichtjuden ebenso wie Juden in die Glaubensgemeinschaft aufgenommen. ›Gott ist nicht parteiisch‹, sagte er, ›und in jedem Volk ist jemand, der gottesfürchtig ist und das tut, was recht und für ihn annehmbar ist.‹«

Pilatus schlürfte weiter bedächtig seinen Wein.

»Als Petrus seine Rede beendet hatte, fanden wir seine Botschaft so überzeugend und den Glauben so wunderbar, daß wir baten, uns der Bewegung anschließen zu dürfen. Petrus begrüßte das und taufte uns.«

»Sie meinen, alle in Ihrer Versammlung? Die Römer auch?«

»Alle. Meine Frau, unsere Kinder, die jüdischen Verwandten und römischen Freunde. Petrus blieb fast eine Woche bei uns, lehrte uns mehr von dem Glauben und erzählte Einzelheiten aus Jesu Leben, die ich noch nicht kannte. Beim Abschied sagte er zu mir: ›Sie, Zenturio, sind der erste einer großen Armee zum Glauben bekehrter Heiden. Da Sie für diese Ehre erwählt sind, kämpfen Sie einen guten Kampf für Christus!‹«

Pilatus hatte das Gefühl, daß Cornelius' Augen ihn durchbohrten. Er trank einen großen Schluck aus seinem Becher und sagte: »Ich glaube, daß Sie aufrichtig sind, Cornelius. Ich glaube auch, daß wir für heute abend genug über dieses Thema gesprochen haben.«

Sie wandten sich der Politik zu, einem viel passenderen Thema, dachte Pilatus, und sie leerten weitere Krüge Wein. Schließlich zogen sich die Familie und die Gäste zum Schlafen zurück. Im Bett verrieten eine oder zwei Bemerkungen Proculas Pilatus, daß die Frauen über das gleiche gesprochen hatten wie die Männer. Ehe er einschlief, fragte er sich, wann das Jesus-Phänomen ihn endlich in Frieden lassen werde ... er hatte es in den letzten Jahren fast vergessen, und nun war es plötzlich wieder zum Leben erwacht.

Am nächsten Morgen vermied es Cornelius, den christlichen Glauben vor Pilatus zu erwähnen. Er wußte, er hatte eine konzentrierte Dosis Religion einem nichtsahnenden und nichts davon wissen wollenden Patienten verabreicht, und man mußte unerwünschte Reaktionen befürchten. Der Glaube war keine Medizin, aber er war das, was Cornelius' Leben verändert hatte und darum auch seine Beziehung zu Pilatus. Man mußte über ihn sprechen, und erstaunlicherweise war es Pilatus, der am Abend darauf zurückkam.

Wenn er es sich richtig überlegte, hatte er so viele zusätzliche Informationen über den christlichen Glauben erhalten, daß die Bewegung ihn auf eine seltsame Weise interessierte. Nicht daß er auch nur die geringste Sympathie für den neuen Glauben hatte. Er merkte, daß Cornelius indirekt, aber ohne jede Hemmung, ihn zu überzeugen versuchte, was Pilatus so bizarr fand, daß er nicht weiter darüber nachdenken wollte. Aber er hatte, ohne es zu wollen, bei der Geburt dessen, was offenbar eine neue Religion wurde – etwas, was nur sehr selten geschieht –, als Hebamme gedient. Und deshalb hatte er das Gefühl, er trage ein wenig die Verantwortung eines Geburtshelfers für sie.

Da war aber auch das Hintergründige des Mysteriums, das Unerklärliche, das diesen Mann begleitete, den er gekreuzigt hatte und der ihm dennoch so lebendig in Erinnerung geblieben war. Pilatus hatte zumindest das Interesse eines Philosophen an diesem Phänomen. Als Cornelius neue Einzelheiten aus dem Leben des Jesus von Nazareth berichtete, wurde so viel Übernatürliches sichtbar, daß der Christus für ihn eine metaphysische Dimension annahm.

Am nächsten Morgen sprachen sie über die philosophischen Voraussetzungen der Religion an sich, und hier gab es weniger Streitpunkte. Schon seit langem hatte Pilatus dem griechisch-römischen Polytheismus abgeschworen, und er gab jetzt zu:

»Wenn ich ein religiöser Mensch wäre, Cornelius, würde ich mich, glaube ich, Plato oder Aristoteles oder sogar Cicero und Vergil anschließen und Monotheist werden. Aristoteles' ›bewegende Kraft‹, sein Argument, daß Schöpfung einen Schöpfer bedingte, leuchtet nur allzusehr ein. Eine einzige Gottheit scheint die einzige vernünftige Erklärung zu sein. Darin hatten die Juden recht, und ich kann verstehen, warum Sie und meine Procula sich für dieses System interessiert haben. Sogar unser gebildeter Varro bekannte seinen Glauben an einen Gott, die Seele des Universums, der ebenso der Gott der Juden sein könnte, wie er schrieb. Aber zu glauben, daß dieser eine Gott sich in dem Mann offenbart, den ich gekreuzigt habe ... das geht zu weit.«

Irgendwo hoffte Pilatus den Schlüssel zu finden, mit dem sich das Geheimnis des neuen Glaubens aufschließen und sichtbar machen ließe, die schwache Stelle, die ihn widerlegen, etwas in einer von Cornelius' Geschichten über den Galiläer, das seine Behauptungen ad absurdum führen würde. Statt dessen schien das, was sein Freund jetzt berichtete, Tatsachen zu untermauern, die Pilatus schon kannte. Da war zum Beispiel die ungelöste Frage des Sterns über Judäa, und das kleine Kind, von dem gemunkelt wurde, es sei der König der Juden. Als er erfuhr, daß dieses Kind Jesus von Nazareth und nicht getötet war, konnte er es kaum fassen. Jesus hatte also den Titel »König der Juden« sechsunddreißig Jahre später von Bethlehem nach Golgatha getragen!

»Sagen Sie, Cornelius«, sagte Pilatus erregt, »glauben Sie nicht, daß Jesus in dem bildlichen Sinn, in dem alle Menschen Kinder eines Schöpfergottes sein sollen, Gottes Sohn war?«

»Nein, Freund. Jesus kam aus dem Wesen Gottes.«

»Dann ist es für Sie ein inspirierender religiöser Mythos?«

»Nein. Eine Geschichte. Ein Ereignis. Ein Faktum. So wie Jesus in der Wirklichkeit und nicht im Mythos vom Tode auferstanden ist.«

Cornelius hatte die empfindlichste Stelle in Pilatus' Erinnerungen an den Nazarener-Prozeß berührt. Pilatus hatte nie eine klare

Antwort auf die Frage nach dem verschwundenen Leichnam gefunden. Die Hände an die Seiten seines Kopfes pressend, sagte er:

»Aber wenn das, was Sie sagen, wahr ist, dann hätte ich eine Gottheit hingerichtet.«

»Den menschlichen Ausdruck der Gottheit«, antwortete Cornelius.

»Warum hat dann Ihr Gott mich nicht mit dem Blitz erschlagen, als ich seinen Sohn zum Tode am Kreuz verurteilte? Ja!« Pilatus' Gesicht hellte sich auf. »Warum traf mich kein Fluch? Als ich an jenem Tag auf meinem Tribunal saß, hatte ich das dunkle Gefühl, diese Situation schon einmal irgendwo erlebt zu haben, aber bis jetzt konnte ich mich nicht erinnern, wo das gewesen war. Die Verfluchung des Pentheus ... aus der griechischen Mythologie.«

»Die Pentheusgeschichte?«

»Sie ist am besten in einer Tragödie von Euripides erzählt. Pentheus war König von Theben. Eines Tages kam der Gott Bacchus oder Dionysos, wie die Griechen ihn nennen, zu einer Feier nach Theben. – Achten Sie jetzt auf die erstaunlichen Parallelen in dieser Geschichte, Cornelius – Dionysos wurde in der Stadt von Frauen willkommen geheißen, die Girlanden und Efeuranken schwangen und sangen. Aber Pentheus, der keine Ahnung hatte, daß der Fremde ein Nachkomme des Zeus, ein Sohn Gottes war, befahl, ihn zu verhaften. Soldaten führten ihn dann vor Pentheus und sagten, ihr Gefangener habe nicht versucht, sich der Verhaftung zu widersetzen – klingt Ihnen das nicht vertraut, Cornelius? – Aber es ging das Gerücht um, daß die Anhängerinnen des Fremden, die ebenfalls eingekerkert worden waren, ihre Fesseln abgeschüttelt hatten und ins Gebirge entkommen seien ... ein großes Wunder!

Da bedrohte Pentheus Dionysos. Doch dieser antwortete nur freundlich, der König werde ihn nicht im Gefängnis festhalten können. ›Gott wird mich befreien‹, rief der Sohn Gottes. Aber Pentheus erkannte seine Göttlichkeit nicht und befahl, ihn zu fesseln und zu geißeln. Da erfand Dionysos einen besonderen Fluch für den König. Während Pentheus ins Gebirge eilte, um den Frauen aus Theben den Garaus zu machen, schlug der Gott Pentheus' Mutter und Schwestern, die ebenfalls in den Bergen waren, mit Wahnsinn. Sie sahen Pentheus nur noch als Berglöwen und rissen ihm in ihrem Wahnsinn Glied um Glied vom Körper. Im letzten Augenblick jedoch öffnete

Dionysos allen die Augen: Pentheus wußte, er zahlte mit seinem Leben, weil er einen Gott bestraft hatte, und die Frauen erkannten, welche Greuel sie begangen hatten.«

»Ach, Pilatus, ein wildes Bacchanal mit den Mengen am Palmsonntag vergleichen? Den Gott des Weins mit Jesus? Sie als Pentheus? Die Frauen als die Jünger?«

»Das Tertium comparationis, das gemeinsame Dritte, ist nur, daß, wenn Ihr Jesus ein Gott ist, ein menschlicher Richter, ohne es zu wissen, einen Gott in beiden Instanzen verurteilt hat. In der griechischen Sage wurde der Richter in Stücke gerissen. Warum hat mich nicht eine ähnlich furchtbare Strafe getroffen? Ich hätte schließlich das abscheulichste Verbrechen begangen, das denkbar ist: einen Gott hingerichtet. Ich wäre ein Gottesmörder!«

»Aber Pilatus ...«

»Ein komisches Verbrechen. Mit nüchternem Verstand muß ich glauben, daß Jesus vielleicht unschuldig war, ein guter Mensch – aber genauso sterblich wie jeder andere.«

»Es sei denn natürlich, Sie irren sich. Aber um Ihre Frage zu beantworten, Pilatus: es gab da einen Plan zur Erlösung der Welt. Und danach sollten beide, Juden und Nichtjuden, für dieses letzte Opfer verantwortlich sein. So wie alle Klassen sich einig waren in der Verurteilung Christi, so hat er durch eine göttliche Fügung mit seinem Tode und seiner Auferstehung für alle Klassen und alle Rassen gebüßt und Neues geschaffen. Sie also haben eine Weltreligion mitgeschaffen, hat Petrus mir gesagt. Ihr Irrtum ist verzeihlich wie jede andere Sünde, selbst wenn dieser Irrtum außergewöhnlich war. Petrus hat darauf besonderen Nachdruck gelegt und mir aufgetragen, es Ihnen zu sagen, wenn ich Sie je in Rom sähe. Sie wußten es nicht, aber Sie waren eins von Gottes Werkzeugen in dem Drama der Erlösung.«

Pilatus hätte fast gesagt, er liebe es nicht, ohne sein Wissen als Werkzeug benutzt zu werden, aber er schwieg dann doch, schob diesen Gedanken als lächerlich beiseite. Schließlich sagte er: »Das alles ist nicht so leicht zu verdauen, Cornelius. Die Folgen wären für mich persönlich niederschmetternd.«

Ein paar Augenblicke dachte der Tribun nach, dann antwortete er: »Ich weiß, Pilatus, ich weiß ... Nun, Freund, wir haben Ihre Gastfreundschaft lange genug in Anspruch genommen. Ich muß mich in Rom melden. Von jetzt an werde ich in den Castra sein. Wir müssen uns unbedingt wiedersehen. Aber seien Sie unbesorgt, ich werden Ihnen keine Predigten mehr halten.« Er lachte und fügte dann mit einem Augenzwinkern hinzu: »Aber ich werde zur Stelle sein, um Ihnen zu helfen, jede Frage zu beantworten, die Sie haben.«

»Vielleicht werde ich aber keine stellen«, lächelte Pilatus und klopfte ihm auf die Schulter, »Sie sind ein guter Mensch, Cornelius.«

Er und Procula winkten den Cornelii zum Abschied.

In den Tagen, die dem Besuch von Cornelius' Familie folgten, merkte Pilatus an dieser oder jener Bemerkung Proculas, daß sie der Glaube dieser Christen nicht nur oberflächlich interessierte. Und als sie im Herbst nach Rom zurückkehrten, wurde ihm das zur Gewißheit. Er erfuhr, daß sie an christlichen Gottesdiensten im Hause eines Ehepaars namens Aquila und Priscilla teilnahm. Cornelius und seine Familie versammelten sich dort regelmäßig mit einer kleinen Gruppe römischer Christen.

Aber Procula forderte ihren Mann nicht auf, sie einmal dorthin zu begleiten. Sie hatte gelernt, nie zu versuchen, Pilatus zu etwas zu drängen. Doch sie betete für ihn. Für sie war der Besuch der Cornelii in Antium der letzte Meilenstein auf einem Wege zum Glauben, der vor Jahren in Judäa begonnen hatte. Aber die Bekehrung zu einem Glauben, dessen Mittelpunkt der Mann war, den er gekreuzigt hatte, war eine groteske Hürde für Pontius Pilatus. Wenn ihm Jesus an jenem Freitag doch mehr gesagt hätte! Vielleicht hätte er ihn dann freigelassen. Doch was wäre in dem Fall aus der christlichen Religion geworden?

Pilatus hatte ein starkes persönliches Argument zugunsten des Glaubens: Wenn Jesus nicht göttlich war, würden sich Pilatus' Leben und Laufbahn schließlich als bedeutungs- und sinnlos erweisen. Die Geschichte würde über ihn hinweggehen. Aber wenn die Christen recht hatten, würde sein Lebenswerk eine tiefe Bedeutung bekommen. War das jedoch ein ausreichender Grund, den Glauben anzunehmen? War es ehrlich?

EPILOG

Pilatus konnte es nicht wissen –, aber obwohl er ein unbedeutender Präfekt war, wurde sein Name der bekannteste in der ganzen römischen Geschichte, denn ungezählte Massen in künftigen Zeitaltern, die wenig von einem Cäsar oder Augustus oder auch nur von Nero wußten, würden im Glaubensbekenntnis bekennen: »Ich glaube an Jesus Christus ... der ... gelitten unter Pontius Pilatus.«

Viele würden sich an Pilatus nur entsetzt als den erinnern, der Christus getötet hatte. Sie würden die schrecklichsten und phantastischsten Strafen für ihn erfinden: Folter, Verbannung, Wahnsinn, den Zwang, sich immerzu die Hände zu waschen, Selbstmord, Ertrinken, Enthauptung, Von-der-Erde-verschluckt-Werden und selbst jene alte Strafe für Vatermord: in ein Ochsenfell mit einem Hahn, einer Viper und einem Affen eingenäht und in den Fluß geworfen werden. Mittelalterliche Legenden würden die vertrauten Geschichten seiner Leiche hinzufügen, die von Scharen von Teufeln begleitet, auf ihrem Wege von Vienne in Frankreich bis zum Pilatus in der Schweiz Stürme, Erdbeben und Verwüstungen verursachend, keine Ruhe fand.

Aber auf Grund der früheren Quellen steht fest, daß nichts derartiges Pilatus, geschweige denn seiner Leiche, geschehen ist. Die frühe christliche Kirche verstand »gelitten unter Pontius Pilatus« nicht so sehr im Sinne eines Vorwurfs wie ein Teil der historischen Dokumente und Chronologie. Viele spätere Fastenprediger predigten das Gegenteil. Einer der frühesten Kirchenväter sagte, Pilatus sei bereits in seinem Bewußtsein ein Christ geworden. Die griechisch-orthodoxe Kirche sprach seine Frau heilig. Bis heute ist der 27. Oktober in ihrem Kalender der St.-Procula-Tag, während die Äthiopische Kirche den 25. Juni als St.-Pilatus- und St.-Procula-Tag feiert.

Sünder oder Heiliger, Stümper oder tüchtiger Beamter, römischer Statthalter oder Werkzeug des Göttlichen –, zweifellos ist Pilatus eine der umstrittensten Figuren der Geschichte geworden.

HISTORISCHE ANMERKUNGEN

Alle größeren Episoden in diesem Buch sind historisch und in den folgenden Anmerkungen dokumentiert. Abgesehen von der bekannten Rolle Pilatus' bei dem Prozeß und der Kreuzigung Jesu werden solche wichtigen Ereignisse wie die Fahnenaffäre, der Bau des Aquädukts und der Aufruhr, die Episode der goldenen Schilde, der Zusammenstoß mit den Samaritanern und seine Abberufung durch alte Quellen belegt, vor allem von Josephus und Philo. Die Archäologie hat zusätzliche Forschungsergebnisse hinsichtlich des von ihm erbauten Tiberieums und der Münzen, die er in Judäa prägen ließ, geliefert.

Es gibt keinen Beweis dafür, daß Pilatus in seinen ersten Jahren in Judäa Münzen hat prägen lassen, aber im Jahre 29 n. Chr. ließ er bronzene Quadrans mit dem *simpulum* prägen, einer heiligen Kelle, die bei römischen Opferungen benutzt wurde. Da das *simpulum* bei Münzen im Römischen Reich viel verwendet wurde, war dies vielleicht ein kleiner Versuch von Pilatus, Judäa zu romanisieren. Später, in den Jahren 30-31, gab Pilatus vielleicht unter Druck von Sejanus die unten abgebildeten Münzen aus, auf der man einen *lituus* sieht, den in einer Spirale endenden Stab, der das Priester- und Prophetenamt des römischen Auguren symbolisierte. Dieses Lituusmotiv war auf allen kaiserlichen Münzen jener Zeit zu sehen. Daß Pilatus ein so sehr mit römischer Mystik gespeistes Symbol für in Judäa geprägte Münzen benutzte, scheint ein weiterer Beweis dafür zu sein, daß er durch die Romanisierung seiner Provinz Tiberius und dem Reich seine treue Ergebenheit zeigen wollte.

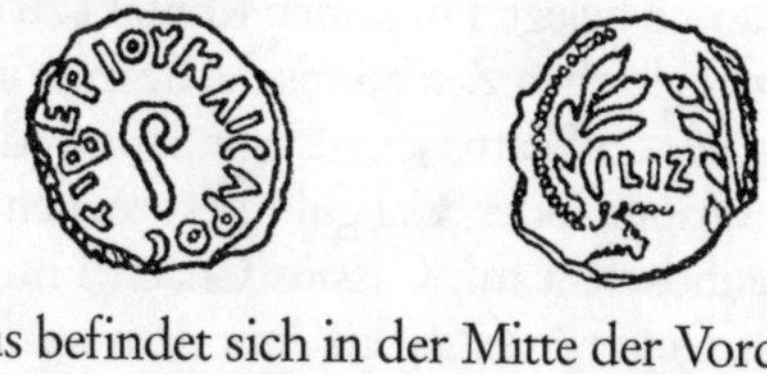

Links: der Lituus befindet sich in der Mitte der Vorderseite, und die Schrift ist griechisch: »TIBERIOU KAISAROS« (der Tiberius Cäsar). Rechts: am linken Rand der Rückseite sieht man Beeren, während »Liz« in dem Kranz das »17. Jahr von Tiberius' Herrschaft«, das heißt 30-31 bedeutet.

Paradoxerweise verzierte der Heide Pontius Pilatus seine Münzen mit etwas, das bald zu einem christlichen Symbol werden sollte, da der lituus als Bischofs- und Krummstab wieder benutzt werden würde. Und er ist das Symbol des Bischofsamtes bis auf den heutigen Tag.

Das Bild der römisch-judäischen Politik in diesem Roman, einer Politik, in die Pilatus verstrickt war, ist absolut authentisch. Anderes dagegen ist erfunden, aber doch auf der Basis der Wahrscheinlichkeit und ohne bekannte historische Tatsachen zu verletzen. Über Proculas Familie ist so gut wie nichts bekannt, und selbst ihr Name stammt aus einer sehr frühen Überlieferung, den Acta Pilati, in dem sogenannten Nikodemusevangelium. Procula ist der einzige Eigenname in diesem Buch, der nicht durch eine authentische Quelle bezeugt ist, aber es ist kein anderer Name von ihr bekannt, und höchstwahrscheinlich ist Procula der richtige Name. Da der Name Claudia Procula seinen Ursprung in einer späten Überlieferung hat, hat man »Claudia« fallen lassen.

Die genaue Verwandtschaft des Pontius Pilatus mit den verschiedenen in diesem Buch erwähnten Pontii ist wahrscheinlich, aber Mitglieder des Stammes Pontius sind mit ihm verwandt, und die Pontii stammen aus Samnium. Von Pilatus' Eltern ist nichts bekannt. Seine Anwesenheit bei dem Einsturz der Grotte ist nur eine Vermutung, obwohl sich beweisen läßt, daß er seine Beförderung Sejanus' Bemühungen verdankt. Selbst wenn die hier zitierten Briefe nicht authentisch sind, die Korrespondenz selber und die darin ausgedrückten Gefühle kommen der Wahrheit sehr nahe. Einige Sätze in den Briefen sind Zitate aus den Quellen.

Pilatus' Reise mit Antipas nach Machaerus ist möglich, aber nicht dokumentarisch belegt. Für seinen Kontakt zu Cornelius spricht vieles, da beide zur gleichen Zeit römische Beamte in Cäsarea waren. Es ist nicht bekannt, ob Pilatus jemals mit Saulus (dem heiligen Paulus), Herodes Agrippa oder Caligula gesprochen hat. Schließlich beruht seine Freundschaft mit Cassius Chaerea nur auf der Hypothese, daß Pilatus seinen Aufstieg im Amt dem verdankte, daß er der Prätorianergarde angehörte, wo er Chaerea als Kameraden gekannt hätte.

Wie schon angedeutet, sind die Ansichten über das Schicksal Pontius Pilatus' sehr geteilt. Abgesehen davon, daß Tiberius starb, ehe er ihn vernehmen konnte, sagen die Originalquellen uns nichts. Die traditionelle negative Ansicht, daß Pilatus Selbstmord begangen habe, ist seit dem Kirchenhistoriker Eusebius allgemein verbreitet gewesen. In seiner Kirchengeschichte schrieb Eusebius:

»... Die Überlieferung berichtet, daß ... Pilatus zur Zeit des Heilands, in den Tagen des Gajus ... er geriet in eine so furchtbare Lage, daß er sein eigener Schlächter werden und sich mit eigener Hand bestrafen mußte, denn der Fluch Gottes verfolgte ihn ...«

Aber keinerlei erhalten gebliebene griechische oder sonstige Berichte bestätigen dies, und Eusebius selber nennt es Überlieferung. In seinem *Chronicon* zitiert Eusebius vor allem die römischen Historiker und nicht die griechischen als seine Quelle, womit er zeigt, daß er Schwierigkeiten hatte, Pilatus' vermuteten Selbstmord dokumentarisch zu belegen (ed. Migne, XIX 538).

Aber Eusebius ist beim Schildern der göttlichen Rache an Pilatus weniger der kritische Historiker als ein Apologet und Moralist. Schließlich hat er im 4. Jahrhundert nach Christus geschrieben, und es gibt einen beträchtlich früheren Beweis als diesen.

Als der bekannte heidnische Philosoph Celsus seinen *Logus Alethes* (»Wahres Wort«) im Jahre 178 schrieb, war eins der Argumente, die er gegen das Christentum benutzte, die Tatsache, daß, anders als König Pentheus, Pilatus nicht gelitten hat, weil er einen angeblichen Gott zum Tode verurteilt hatte. Im Jahre 248 veröffentlicht der Kirchenvater Origenes seine Gegenschrift *Kata Kelsou* (»Gegen Celsus«), aber auf Celsus' Behauptung hinsichtlich Pilatus' Schicksal antwortete Origenes nur, daß die Juden und nicht Pilatus für die Kreuzigung verantwortlich seien (ii, 34). Es steht fest, daß im 2. oder 3. Jahrhundert die Kirche nicht behauptet hat, daß Pilatus Selbstmord verübt habe, hingerichtet oder auf andere Weise bestraft worden sei.

Auch Tacitus, der Pilatus in der berühmten Stelle über die Christen (Annalen, XV und 44) erwähnt (veröffentlicht im Jahre 117), spricht ebensowenig wie Josephus von einem Selbstmord oder einer Bestrafung, ja überhaupt nicht von Pilatus' Tod. Am aufschlußreichsten ist wahrscheinlich das Zeugnis eines Zeitgenossen von Pilatus, der ihn haßte, des jüdischen Philosophen Philo. In einem Buch, in dem er über seine berühmte Mission bei Gajus im Jahre 39-40 berichtet, wird Pilatus kritisiert (XXXVIII), aber es ist nicht die Rede von einem Selbstmord oder einer ihm von Caligula auferlegten Strafe. Obwohl dies ein Argument aus dem Schweigen ist, ist das Schweigen beredsam, da Philo bei anderen Gelegenheiten mit sichtlichem Entzücken über die Bestrafung von Menschen berichtet, die er verachtete, wie zum Beispiel in *In Flaccum* (gegen Flaccus, XVIII 146 ff.).

Das wirft die Frage auf, ob überhaupt ein nicht feindliches Porträt von Pontius Pilatus möglich ist. In den letzten 17 Jahrhunderten wurde Pilatus ungewöhnlich schlecht beurteilt, und die meisten neigen dazu, ihn auf eine Stufe mit Judas Ischariot zu stellen. Diese Ansicht scheint ungerechtfertigt, sowohl aufgrund der Praxis der frühen Kirche in ihren kritischen ersten drei Jahrhunderen, als auch, was noch wichtiger ist, aufgrund der Tatsache, daß es keinen Beleg in den Quellen dafür gibt. Die Hauptquellen für Pilatus sind: Flavius Josephus in seinen »Jüdischen Altertümern« und »Der Jüdische Krieg«; Philo in seinem »Als Gesandter bei Gajus« und das Matthäus-, Markus-, Lukas- und Johannesevangelium. Von diesen sieben Schriften ist eine Pilatus feindlich, während die sechs anderen ihn leicht kritisch bis günstig beurteilen.

Philo, die feindliche Quelle, läßt Herodes Agrippa an Caligula über die Bestechungen, Beleidigungen, Beraubungen, Greuel, über die wieder vorgekommene Hinrichtung ohne Gericht und die entsetzliche Grausamkeit des Pilatus schreiben. Nichts in den anderen Quellen bestätigt dieses Urteil. Und es ist zweifelhaft, daß Tiberius, auch wenn er gern seine Statthalter lange Zeit auf ihren Posten ließ, Pilatus ein ganzes Jahrzehnt in Judäa hätte regieren lassen, wenn er solch ein Scheusal gewesen wäre.

Der jüdische Philosoph haßte die Fremdherrschaft in Judäa, und er schien seinen heiligen Zorn über den Verlust der jüdischen Unabhängigkeit an dem Mann auszulassen, der Rom in Palästina vertrat, ehe sein geliebter Agrippa zum König ernannt wurde. Da sein Bericht erst nach Caligulas Tod veröffentlicht wurde, schrieb er zum Nutzen des Kaisers Claudius, und es war darum im Interesse seiner eigenen Sache, die frühere römische Regierung Judäas im schlechtesten Licht erscheinen zu lassen, damit seine jüdische Heimat nicht in den Status einer Provinz zurückfiel. Aber Philo ist hier nicht der kühle Historiker, sondern der sich von seinem Gefühl mitreißen lassende Rhetoriker, der alles übertreibt. »Es wäre ein Fehler, Philos Rhapsodie eine Lüge zu nennen. Er benutzte nur eine Sprache, die nicht die der modernen Zivilisten ist« (Stewart Perowne in »The Later Herods«, Abingdon Press, Nashville, 1958). Diese Meinung wird weitgehend von anderen Kommentatoren in den in den Anmerkungen zitierten Werken geteilt.

Darum, wenn Josephus ebenso von Pilatus' Menschlichkeit wie seinen Fehlern spricht und das Neue Testament ihn in der Rolle des Verteidigers Jesu zeigt, ehe er vor dem Druck des Volkes kapituliert, ist ein ausgeglicheneres Bild Pontius Pilatus' möglich, selbst wenn er kaum der Heilige ist, zu dem die Äthiopier ihn machen möchten.

ANMERKUNGEN

Während in früheren Jahrhunderten die Gestalt des Pilatus die Phantasie immer wieder entzückte, hat sich die moderne Forschung wenig mit seinem Leben oder seiner Laufbahn beschäftigt. Die Studie von Gustav Adolf Müller: *Pontius Pilatus, der fünfte Prokurator von Judäa und Richter Jesu von Nazareth* (Stuttgart 1888) ist von Hermann Peter in seiner Arbeit »Pontius Pilatus, der Römische Landpfleger in Judäa«, *Neue Jahrbücher,* I (1907) Seite 1 - 40 verbessert und ergänzt worden. Eine faire Darstellung des Pilatus und eine ausgezeichnete Untersuchung über seinen Aquädukt in Jerusalem findet man in Frank Morison, *And Pilate Said...* (Charles Scribner's Sons, New York 1940). Weitere Literatur über Pilatus ist in den folgenden Anmerkungen zitiert. Die wenigen historischen Romane über ihn sind von geringem historischen oder literarischen Wert.

ERSTES KAPITEL

TIBERIUS UND SEJANUS:
Diese und folgende Skizzen der römischen Politik aus dem Jahre A.D. 26 sind entnommen den *»Annalen«* des Tacitus, iv, 1 - 54; Suetonius, *Tiberius,* i-xxxviii, und Dio Cassius, *Römische Geschichte,* lvii.

DIE PONTII:
Was die prominenten Mitglieder des Hauses Pilatus betrifft, siehe den Artikel: »Pontius« von Georg Wissowa in *Paulys Real-Encyclopädie der klassischen Altertumswissenschaft* (Metzlerscher und Druckenmüller Verlag, Stuttgart 1953 ff.).

DER FULVIA-SKANDAL:
Josephus, *Jüdische Altertümer,* xviii, 3, 5.

PILATUS' EINKOMMEN:
Ein Einkommen von hunderttausend Sesterzen für den Präfekten von Judäa wird von Otto Hirschfeld, *Die Kaiserlichen Verwaltungsbeamten bis auf Diocletian,* angenommen (2. Aufl. Berlin 1905) S. 436 f.; und von H. G. Pflaum, *Les Procurateurs Equestres sous Le Haut-Empire Romain* (A. Maisonneuve, Paris 1950), S. 150 f. Auch Dio Cassius, liii, 15, 3-6.

L. AELIUS LAMIA:
Tacitus, *Annalen,* iv, 13; vi 27 und Dio Cassius, lviii, 19.

ZWEITES KAPITEL

GAJUS PROCULEJUS:
Dio Cassius, li, 2; liii, 24; liv, 3; Horaz, *Carmina,* ii, 2; Plinitus, *Naturgeschichte,* xxxvi, 183; Plutarch, *Antonius,* lxxvii, 7; Quintillian, *Institutio Oratoria,* ix, 3, 68; und Tacitus, *Annalen,* iv, 40. Während Proculejus im Text genau porträtiert ist, ist seine Beziehung zur Frau des Pilatus nur eine Vermutung, da alle Beweise dafür fehlen.

DIE DEBATTE ÜBER DIE FRAUEN DER GOUVERNEURE:
Tacitus, *Annalen,* iii, 33-34.

HERODES ALS MESSIAS:
Hermann Vogelstein, *History of Jews* in Rome (Jewish Publication Society of America, Philadelphia 1940), S. 28 f.

ANNIUS RUFUS:
Josephus, *Altertümer,* xviii, 2, 2.

DAS ESELSBILD:
In Rom wußte man erstaunlich wenig über das Judentum, wenn man bedenkt, daß eine jüdische Gemeinde seit dem 2. Jahrhundert v. Chr. ständig in Rom existiert hatte, die noch wuchs, als Pompejus mit jüdischen Gefangenen im Jahre 61 zurückkehrte. In kurzer Zeit soll sich die Zahl der römischen Juden so vermehrt haben, daß Cicero

einmal vor Gericht sagte, er müsse leise sprechen, damit die vielen anwesenden Juden nicht hörten, was er sagte. Während dies nur der Trick eines Anwalts war, nahmen Juden am öffentlichen Leben teil, und die Römer hätten sie besser verstehen müssen. Die entsetzliche Unwissenheit über den Exodus und das Eselsbild zum Beispiel hätte durch Pompejus' Erfahrungen beseitigt werden müssen. Und dennoch hat der große Historiker Tacitus noch im Jahre 110 n. Chr. diese abgedroschene Verleumdung in seinen *Historien* (v, 3 ff.) als bare Münze genommen.

DRITTES KAPITEL

GAJUS PONTIUS:
Livius, *Ab Urbe Condita Libri,* ix, 1 ff.

PONTIUS TELESINUS:
Vellejus Paterculus, *Historia Romana,* ii, 27, 2.

AEMILIUS RECTUS:
Dio Cassius, lvii, 10, 5.

THRASYLLUS:
Tacitus, *Annalen,* vi, 20-21; Suetonius, *Tiberius,* xiv. Thrasyllus bezog sich auf die große Konjunktion der Planeten im Jahre 7 v. Chr., die in acht Jahrhunderten nur einmal stattfindet.

PONTIUS AQUILA:
Suetonius. *Divus Julius,* lxxviii; Appian, *Römische Geschichte – Die Bürgerkriege,* xi, 16 (113); und Dio Cassius, xlvi, 38, 40.

TIBERIUS' UMGEBUNG UND DER EINSTURZ DER GROTTE:
Tacitus, *Annalen,* iv, 57-59; Suetonius, *Tiberius,* xxxix-xl. Eine Schilderung der modernen Ausgrabungen in der Grotte in Sperlonga gibt Paul Mackendrick in *The Mute Stones Speak* (St. Martin's Press, New York 1960), S. 173-178. Spätere Kaiser versuchten die Grotte wiederherzurichten. Aber sie wurde erst wieder im Zweiten Weltkrieg, als sie als Munitionsversteck diente, benutzt.

VIERTES KAPITEL

»CÄSARS FREUNDE«:
Suetonius, *Tiberius,* xlvi. Pilatus' Status als *amicus Caesaris* war während des Prozesses gegen Jesus bedroht, s. *Johannes* 19, 12 und Ernst Bammel, »Philos tou Kaisaros«, in *Theologische Literaturzeitung,* 77 (April 1952), S. 206-10.

PROCULEJUS UND KLEOPATRA:
Siehe die erste Anmerkung zu Kapitel 2.

ANTIPATER UND CAESAR:
Josephus, *Altertümer,* xiv, 8.

FÜNFTES KAPITEL

CAESAREA:
Die Beschreibung des Hafens und der Stadt beruht auf Josephus *Altertümer,* xv, 9, 6; und *Jüdischer Krieg,* i, 21, 5-8.

VALERIUS GRATUS:
Josephus, *Altertümer,* xviii, 2, 2.

HERODES' SCHWEIN:
Macrobius, *Saturnalia,* ii, 4.

HERODES UND ROM:
Josephus, *Altertümer,* xiv, 14 und xv, 6; *Kriege,* i, 14 und 20.

HERODES' TOD:
Josephus, *Altertümer,* xvii, 6-8.

HERODES UND DIE WEISEN:
Matthäus 2,1-12.

MITGLIEDER DES SANHEDRIN:
Außer im Neuen Testament werden **KAIPHAS, ELEAZAR, JONATHAN** und **BEN-PHABI** in Josephus, *Altertümer* xviii, 2,2, und 4,3 erwähnt. Weitere Informationen über **ISMAEL BEN-PHABI** finden sich im *Pesahim,* 57 a (Babylonischer *Talmud*) und *Yoma,* 35 b. **ALEXANDER:** *Apostelgeschichte* 4,6; Josephus, *Altertümer,* xviii, 6,3. **ANANIAS BEN-NEBEDEUS:** Acta 24,1; Josephus, *Altertümer,* xx, 5,2. Der Babylonische *Talmud* nennt ihn auch Johanan ben Darbei oder Nidbai und wirft ihm im Pesahim 57 a Prasserei vor. **GAMALIEL:** *Apostelgeschichte* 5,34-39; 22,3 und *Passim* in *Mischnah* und im *Talmud.* **JOCHANAN BEN-ZAKKAI:** *Sotah* 27 b ff.; 40 a; *Gittin* 56 a; und *Passim* in der *Mischnah* und dem *Talmud.*

SECHSTES KAPITEL

COHORS AUGUSTA SEBASTENORUM:
erwähnt im *Corpus inscriptionum* Latinarum, vi, No. 3508, angenommen in *Apostelgeschichte* 27,1. »... Du sollst dir kein Bildnis noch irgendein Gleichnis machen«: *Exodus,* 20,4-5. Das klassische Gebot gegen Götzenanbetung.

RELIGIÖSE BEDEUTUNG VON ZEICHEN:
siehe Josephus, *Jüdischer Krieg,* vi, 6,1; so opferten zum Beispiel römische Soldaten nach dem Fall der Stadt ihre Fahnen.

»GOTT IST UNSERE ZUVERSICHT UND STÄRKE«:
Psalm 46,1-2; 9-11.

JÜDISCHE MALEREI UND SKULPTUR:
Vogelstein, a.a.O., S. 35 ff., zitiert Beispiele in Mesopotamien und Rom.

HERODES UND DER GOLDENE ADLER:
Josephus, *Altertümer,* xvii, 6, 3.

DIE FAHNENAFFÄRE:
Josephus, *Altertümer* xviii, 3,1; *Krieg*, ii, 9,2-3. Eine moderne wissenschaftliche Interpretation dieses Zwischenfalls findet man bei Carl H. Kraeling, »The Episode of the Roman Standards at Jerusalem«, Harvard, *Theological Review*, XXXV (Oktober 1942), 263-89.

SIEBTES KAPITEL

CAESAREA:
Josephus, *Altertümer*, xv, 9,6; *Kriege*, i, 21,7.

DER STEIN IM TIBERIEUM MIT DER INSCHRIFT DES PILATUS:
Wahrscheinlich als Tribut für Tiberius benutzte Pilatus Latein zu einer Zeit und an einem Ort, wo sonst nur Griechisch benutzt wurde. Der italienische Archäologe fand den Stein in einer Theaterruine. Nur der erste Teil der Inschrift ist erhalten geblieben, rechts die vermutete Ergänzung:

___ STIBERIÉVM	[CAESARIEN] S. (IBVS) TIBERIÉVM
___ TIVSPILATVS	[PON] TIVSPILATVS
___ ECTVSIVDAE	[PRAEF]ECTVS DA [EA]E
___ È	[D]È[DIT]

Siehe Antonio Frova, »L'Iscrizione di Ponzio Pilato a Cesarea«, *Rendiconti Istituto Lombardo* (Accademia di Scienze e Lettere), 95 (1961), 419-34.
Von großer Bedeutung ist es, daß die Inschrift Pilatus als Präfekten bezeichnet und damit den Anachronismus Prokurator (*Krieg* ii, 9, 2) und Tacitus (*Annalen* xv, 44) korrigiert. Prokuratoren gab es erst seit Claudius. Das Neue Testament benutzt statt Prokurator das griechische Wort für Gouverneur.
Frova vermutet, daß das Tiberieum eine »piazza porticata« gewesen sei in der Nähe des Theaters des Herodes, möglicherweise eine Art »porticus post scaenam«. Bei B. Lifshitz (*Latomus* XXII, 1963, S. 783) und A. Degrassi (Rendiconti dell'Accademia Nazionale dei Lincei XIX, 1964, S. 59-65) wurden diese Fragen diskutiert.

ARCHELAUS:
Josephus, *Altertümer,* xvII. 13. 1-5; *Matthäus,* 2,22.

PHILIPPUS:
Josephus, *Altertümer,* xviii, 4,6. Philippus war der erste jüdische Herrscher, der auf seinen Münzen ein Menschenbild zeigte. Hinsichtlich seiner Prägung von Münzen siehe Emil Schürer, *Geschichte des jüdischen Volkes im Zeitalter Jesu Christi,* Hildesheim, New York 1970, I, S. 425 ff.

TIBERIAS:
Josephus, *Altertümer,* xviii, 2,3.

DIE FRAU EINES BRUDERS HEIRATEN:
Verboten in *Leviticus,* 20; 21.

ANTIPAS' SCHEIDUNG UND ARETAS:
Josephus, *Altertümer,* xviii, 5, 1.

ACHTES KAPITEL

HERODES UND JERUSALEM:
Josephus, *Altertümer,* xv, 8,1 ff.; xvii, 10,2.

TEMPELTAFEL, DIE NICHTJUDEN DEN ZUTRITT VERBOT:
Josephus, *Altertümer,* xv 15,11,5; *Krieg,* vi, 2, 4. Archäologen haben zwei Tafeln mit diesen Inschriften in Jerusalem entdeckt.

HISKIAS TUNNEL:
2. Chronik 32,2-4. Ebenso *2. Könige* 20,20 und hinsichtlich Davids und der Jebusiten: *2. Samuel* 5,6 und ff. Die zitierte Siloah-Inschrift ist authentisch. Sie ist aus der Felsenwand in der Nähe des Tunneleinganges entfernt worden und befindet sich jetzt im Türkischen Museum des Alten Orients in Istanbul. Der Gion fließt immer noch, und die Menschen können noch durch Hiskias Tunnel waten. Wahr-

scheinlich der einzige in der Bibel erwähnte Ort, der noch unverändert besteht.

JÜDISCHE STEUERKLAGEN UNTER GRATUS:

Tacitus, *Annalen*, ii, 42.

DIE BENUTZUNG DES SCHEKALIM:

Der Überschuß aus den Tempelsteuern wird in *Schekalim* iv, 2 diskutiert. Und das Zitat im Text ist übersetzt aus Herbert Danby, *The Mishnah* (Oxford-Press, London 1938), S. 155. Siehe auch E. Mary Smallwood, *Philo Judaeus, Legatio ad Gaium* (E. J. Brill, Leiden 1961), S. 301. Die unter der Rubrik Schekalim zusammengefaßten traditionellen jüdischen Gesetze bildeten später einen Traktat und wurden der Mischna eingefügt, der Sammlung jüdischer Religionsgesetze.

DER JERUSALEMER AQUÄDUKT:

Josephus, *Altertümer*, xviii, 3, 2; *Krieg*, ii, 9, 4. Nichts deutet in den Quellen darauf hin, daß Pilatus mit den jüdischen Behörden vor der Erbauung des Aquädukts verhandelt hat, aber ein so wichtiges Bauvorhaben bedurfte zumindest der stummen Billigung der Tempelverwaltung, da das Gebiet des Tempels davon betroffen wurde. Pilatus hätte sich auch nicht des Tempelschatzes bemächtigen können, um den Bau des Aquädukts zu finanzieren. Für Nichtjuden wäre es unmöglich gewesen, den Raum im Tempel zu betreten, in dem der heilige Schatz aufbewahrt wurde. Und wenn man sich des heiligen Schatzes bemächtigt hätte, so hätten die Juden sofort eine Abordnung zu Tiberius geschickt, die Pilatus' Abberufung gefordert hätte. Er muß darum eine gewisse Unterstützung von der Tempelverwaltung erhalten haben. Das darauf folgende Entrüstungsgeschrei war offenbar nur der Protest des Volkes, nicht der Behörden, die vielleicht sogar Pilatus vor der Demonstration gewarnt haben, siehe Josephus, *Jüdischer Krieg*, ii, 9, 4.

NEUNTES KAPITEL

PACUVIUS:
Tacitus, *Annalen,* ii, 79; Seneca, *Epistulae Morales,* xli, 8.

DER AQUÄDUKTENAUFSTAND:
Josephus, *Jüdischer Krieg,* ii, 9, 4, ebenso *Altertümer,* xviii, 3, 2. Weiteres über Pilatus und die Wasserleitung von Jerusalem erfährt man aus dem Buch von Frank Morison, *And Pilate Said…* (Scribner's, New York 1940), S. 105 ff., dem die Schilderung der Aquäduktepisode zu verdanken ist.

VOLESUS MESSALA:
Seneca, *De Ira,* ii, 5, 5.

VARUS:
Josephus, *Altertümer,* xvii, 10, 10.

ALEXANDER JANNAEUS:
Altertümer, xiii, 14, 2.

ZEHNTES KAPITEL

JOHANNES DER TÄUFER:
Matthäus 3, 1 ff.; *Markus* 1, 2 ff.; *Lukas* 3, 1 ff.; *Johannes* 1, 19 ff.

EREIGNISSE IN ROM IN DEN JAHREN 29-30:
Suetonius, *Tiberius,* liv; *Gaius Caligula,* vii; Tacitus, *Annalen,* iv, 68-70; v 3 ff.; vi, 23; Dio Cassius, lviii, 1, 1 ff.; 2, 7; 3, 8 ff. Plinius, *Naturgeschichte,* viii, 145. Außer Caligula hatte Tiberius einen natürlichen Enkel, Gemellus, aber der war damals erst zehn – zu jung, um als Nachfolger in Frage zu kommen.

SEJANUS UND DIE JUDEN:
Philo, *De Legatione ad Gaium,* xxiii, 159 ff.; *In Flaccum,* i, 1 ff.; Eusebius, *Kirchengeschichte* ii, 5.

DIE TODESSTRAFE UND DER SANHEDRIN:
In *Schabbath* 15 a des Babylonischen *Talmud* befindet sich folgende Feststellung: »Vierzig Jahre vor der Zerstörung des Tempels ging der Sanhedrin in die Verbannung und nahm seinen Sitz im Vereinshaus ... Er konnte Kapitalverbrechen aburteilen.« Da der Tempel im Jahre 70 nach Christi zerstört wurde, würde »vierzig Jahre vor der Zerstörung des Tempels« heißen: 30 n. Chr., also unter Pilatus' Regierung. Darüber hinaus stellte der Sanhedrin 18 a und 24 b des palästinensischen Talmud fest: »Die Todesstrafe wurde vierzig Jahre vor der Zerstörung des Tempels abgeschafft.« Siehe ebenfalls Ethelbert Stauffer, *Jerusalem und Rom im Zeitalter Jesu Christi* (Francke-Verlag, Bern 1957, S. 121).

ELFTES KAPITEL

DIE ESSENER:
Josephus, *Jüdischer Krieg,* ii, 8, 2 ff. Das Essenerkloster wurde in Khirbet Qumran ausgegraben. In seiner Bibliothek befanden sich die berühmten Toten-Meer-Rollen, die im Frühling 1947 in Höhlen in der Nähe gefunden wurden.

HERODES IN CALLIRRHÖE:
Josephus, *Altertümer,* xvii, 6, 5; *Jüdischer Krieg,* i, 33, 5.

»TIBERIUS NUR EIN INSELPOTENTAT«:
Dio Cassius, lviii, 5, 1.

DIE ENTHAUPTUNG DES JOHANNES:
Markus, 6, 17 ff.; ebenso *Matthäus* 14, 3 ff. und Josephus, *Altertümer,* xviii, 5, 2. Pilatus' Anwesenheit bei der Hinrichtung wird nur vermutet.

MACHAERUS:
Jetzt von den Arabern Teil Mukawir genannt. Die Zitadelle ist ein kegelförmiger Berg, der über dem Toten Meer aufragt. In ihm sind die Ruinen der Zitadelle des Antipas begraben, aber sie sind nie ausgegraben worden.

ZWÖLFTES KAPITEL

SALOME UND PHILIPPUS:
Josephus, *Altertümer,* xviii, 5, 4.

GAIUS GALERIUS:
Seneca, *ad Helviam,* xix, 4-6; Plinius, *Naturgeschichte,* xix, 3.

SEJANUS UND LIVILLA:
Obwohl Zonaras behauptet, Sejanus sei mit Livillas Tochter Julia verlobt gewesen, scheinen Frank B. Marsh, *The Reign of Tiberius* (Barnes and Noble, New York 1959), S. 192, und andere Gelehrte mit Recht anzunehmen, daß die betreffende Dame in Wirklichkeit Livilla, nicht Julia war.

CORNELIUS UND DIE ITALIENISCHE KOHORTE:
Apostelgeschichte 10,1. Was die Identität und volle Bezeichnung der *Cohors II Italica* betrifft, siehe den Artikel »Cohors« in Paulys *Realencyclopädie,* VII, S. 304 ff. Man ist sich nicht einig darüber, ob die italienische Kohorte schon vor Vespasian in Judäa gewesen sein könnte. Aber ebenso glauben viele Gelehrte, daß diese Kohorte und Cornelius etwa 35-36, wenn nicht schon früher, in Cäsarea gewesen sein müssen.

DIE GALILÄISCHEN OPFER:
Lukas 13,1-3. Dieser Zwischenfall wird im Neuen Testament nicht näher erklärt. Es kann eine grausame Aktion seitens Pilatus gewesen sein, und manche benutzen diese Vermutung, um Vorwürfe gegen Pilatus zu erheben; aber sie braucht es nicht gewesen zu sein. Als Jesus von dieser Episode spricht, beschuldigt er Pilatus nicht. Es ist durchaus möglich, daß es sich dabei um einen Unfall gehandelt hat, der den Unschuldigen getroffen hat. Siehe auch Kraeling, a.a.O. S. 288, der darauf hinweist, daß Pilatus vielleicht gar nichts mit dem Ereignis zu tun hatte, da man alles, was von römischen Truppen in Palästina angerichtet wurde, ihm in die Schuhe schob.

DREIZEHNTES KAPITEL

MEMMIUS REGULUS:
Obwohl Tiberius und Sejanus Konsuln für das Jahr 31 waren, hatten sie Regulus und Fulcinius Trio zu *consules suffecti* (Ersatzkonsuln) ernannt, die später im Jahr ihre Nachfolger werden sollten, eine übliche Praxis. Siehe Tacitus, *Annalen,* V, 2.

ANTONIA:
Josephus, *Altertümer,* xviii, 6, 6 sind die einzige Quelle hinsichtlich der entscheidenden Rolle, die Antonia bei der Entlarvung Sejanus' gespielt hat. Quellen für die sejanische Verschwörung: Tacitus, *Annalen,* iv. I bis vi, 2; Suetonius, *Tiberius,* lxi, lxv; Dio Cassius, lvii; 19 – lvii, 16.

VIERZEHNTES KAPITEL

POMPONIUS FLACCUS:
Tacitus, *Annalen,* vi, 27.

A. AVILLIUS FLACCUS:
Dio Cassius, lviii, 19, 6; Philo, *In Flaccum,* i, 1 ff.

BEENDIGUNG DES PRÄGENS VON LITUUSMÜNZEN:
Von den Münzen mit dem Bischofsstab, die Pilatus nach 31 hat prägen lassen, ist nicht eine aufgefunden worden. Siehe Ethelbert Stauffer: »Zur Münzprägung und Judenpolitik des Pontius Pilatus«, *La Nouvelle Clio,* I und II (1949-50), 495-514. Wenn auch Stauffer übertrieben streng über Pilatus urteilte, solche Schlüsse wie: »Dieser Mann (Pilatus) war unter den vielen schlimmen Prokuratoren Judäas mit Abstand der schlimmste« (p. 511) widersprechen einfach den Tatsachen, zumal hier Pilatus mit späteren Prokuratoren wie Cumanus oder Florus verglichen wird.

TIBERIUS' BRIEF AN PILATUS:
Dies ist nach Philo eine Paraphrase von Tiberius' Gefühlen gegenüber den Juden in jener Zeit. Philo, *De Lagatione ad Gaium,* xxix, 160 ff.

ZADOK:
Gitten 56 a: Babylonischer Talmud.

NUMA UND DIE SCHILDE:
Plutarch, *Numa,* xiii; Horaz, *Carmina,* i, 37, 2; Quintillian, *Institutio Oratoria,* i, 6, 40; Ovid, *Fasti,* iii, 259 ff.

JÜDISCHE SCHILDE IN ALEXANDRIA:
Philo, a.a.O. xxxviii, 299-305. Einige Forscher haben gesagt, dies sei nur Philos Version der von Josephus berichteten Fahnenepisode, so F. H. Colson in *Loeb Classical Library,* Philo, X, 151. Aber die Zwischenfälle sind in vielen Einzelheiten zu verschieden, als daß man dem zustimmen könnte. Fragwürdig ist Philos große Voreingenommenheit gegen Pilatus im Bericht über dieses Ereignis. Die Fairneß gegenüber Pilatus gebietet, festzustellen, daß Josephus, unsere verläßlichste und vollständigste Quelle hinsichtlich Pilatus außer dem Neuen Testament, diese Episode ganz ausläßt.

FÜNFZEHNTES KAPITEL

DIE SPEISUNG DER FÜNFTAUSEND:
Matthäus 14,13 ff.; *Markus* 6,31 ff.; *Lukas* 9,11 ff.; *Johannes* 6,1 ff.

EREIGNISSE IN ROM IM JAHRE 32:
Tacitus, *Annalen,* vi, 1 ff.

GALLIO:
Die Geschichte würde sich seiner nicht erinnern, wenn nicht Paulus später in Griechenland vor dem Gericht des Statthalters Gallio (dem Sohn) gestanden hätte und freigesprochen worden wäre (Apostelgeschichte 18,12 ff.). Hinsichtlich des Vaters siehe *Annalen,* vi, 3.

TIBERIUS' BRIEF:
Philo erwähnt, aber zitiert nicht den drohenden Brief, den Tiberius Pilatus geschickt hat.

TIERBILDER IN ANTIPAS' PALAST:
Josephus, *Vita,* xii.

SIMON MAGUS:
Apostelgeschichte 8, 9 ff.

BARABBAS:
In einigen antiken Handschriften steht der volle Name: Jesus Barabbas, während andere nur Barabbas erwähnen.

JESUS IM TEMPEL:
Johannes 10, 22-39.

LAZARUS:
Johannes 11, 17 ff.

KAIPHAS UND DER SANHEDRIN:
Johannes 11, 47-53.

SECHZEHNTES KAPITEL

EREIGNISSE IN ROM IN DEN JAHREN 32-33:
Dio Cassius, lviii, 18-21 ff.; Tacitus, *Annalen,* vi, 15-19.

PALMSONNTAG:
Matthäus 21, 1 ff.; *Markus* 11, 1 ff.; *Lukas* 19, 28 ff.; *Johannes* 12, 12 ff.

DIE BEKEHRUNG DES ZACHÄUS:
Lukas 19, 2 ff.

JESUS REINIGT DEN TEMPEL:
Matthäus 21, 12 ff; *Markus* 11, 15-19; *Lukas* 19, 45-48; *Johannes* 2, 13. Während das vierte Evangelium diesen Zwischenfall auf einen früheren Zeitpunkt verlegt, ist er nach den Synoptikern in der Karwoche geschehen.

JESU GESPRÄCHE MIT GEGNERN:
Matthäus 21, 23 und 23, 39; *Markus* 11, 27 und 12, 40; *Lukas* 20, 1 - 47.

WER WÜRDE JESUS VERHAFTEN?
Die synoptischen Evangelien lassen die Tempelwache Jesus verhaften und erwähnen nicht, ob das römische Militär irgendwie daran beteiligt gewesen ist. In *Johannes* 18, 3 und 12 wird die Verhaftung von jüdischer Polizei und einer *speira* vorgenommen (einer »Schar«, vermutlich Römer oder die Tempelwache), die von einem *»chiliarchos«* (Tribun oder Kommandeur der Tempelwache) angeführt wird. Kraeling, a.a.O., S. 266: »Daß römische Soldaten etwas mit der Gefangennahme Jesu zu tun gehabt haben, ist äußerst zweifelhaft.« Das letzte Abendessen: *Matthäus* 26, 17 ff.; und *Markus* 14, 12 ff.; *Lukas* 22, 7 ff.; *Johannes* 13, 1 ff.

SIEBZEHNTES KAPITEL

ZWEI FÜR DIE ANKLAGE NOTWENDIGE ZEUGENAUSSAGEN:
Deuteronomium 19, 15.

EIN AM SABBAT GEBROCHENES BEIN:
Schabbath (Mischnah), xxii, 6.

GEFANGENNAHME UND RELIGIÖSE VERURTEILUNG JESU:
Matthäus 26, 47 ff.; *Markus* 14, 43 ff.; *Lukas* 22, 47 ff.; *Johannes* 18, 1 ff. Hinsichtlich des gerichtlichen Verfahrens des Sanhedrin siehe: Der *Mischnah*-Traktat *Sanhedrin,* iv, i-v. Eine Liste weiterer Unregelmäßigkeiten bei dem Sanhedrin-Verfahren findet sich bei A. Taylor Innes, *The Trial of Jesus Christ* (Edinburgh 1905), S. 55 - 59. Im übrigen streiten die Gelehrten noch darüber, ob es sich um einen förmlichen jüdischen Prozeß vor Kaiphas gehandelt hat oder nur um ein informelles Verhör.

DIE STEINIGUNG:
Sanhedrin, vi, 1 - 4.

DAS DATUM DER KREUZIGUNG:
Das ist von entscheidender Bedeutung für jede Betrachtung von Pilatus' Rolle bei dem Prozeß gegen Jesus. In der umfangreichen Literatur über diese Frage werden vor allem die Jahre 29, 30 oder 33 genannt, aber die früheren Datierungen scheinen mehr Probleme aufzuwerfen als zu lösen. Das Datum, das den genauesten Anhaltspunkt bietet, steht im *Evangelium des Lukas,* 3, 1-2. Es wird dort festgestellt, daß Johannes der Täufer »im 15. Jahr der Regierung des Kaisers Tiberius, das heißt 28-29 A. D., zu predigen begann«. Wenn man annimmt, daß Johannes ein halbes Jahr und Jesus bis dreieinhalb Jahre öffentlich tätig gewesen sind, würde sich das Jahr 32 bis 33 ergeben. (Die übliche Erklärung, daß Tiberius vom Jahre 12 an mit Augustus zusammen regierte und infolgedessen das 15. Jahr der Regierung des Tiberius das Jahr 26 wäre, ist nicht stichhaltig: der Princeps datierte seine Regierungszeit nie von einer Zeit an, da der große Augustus noch lebte, und ebenso wenig tun es unsere Quellen für jene Ära, Tacitus, Suetonius oder Dio. Auch nach den Münzen datiert die Regierungszeit des Tiberius vom Tode des Augustus an.)
Einen weiteren Beweis erbringt die römische Geschichte. Die indirekte Drohung der Anklage im Prozeß gegen Jesus, sich gegen Pilatus an Cäsar zu wenden, wäre vor dem Sturz des Antisemiten Sejanus im Oktober 31 wenig wahrscheinlich gewesen. Und Tiberius' projüdische Politik, die das ermöglicht hätte, begann erst nach jener Zeit. Darum ist das wahrscheinlichste Datum der Kreuzigung das Passah 32 oder 33. Der 3. April 33 ist das annehmbarste Datum, weil der Nisan 14 im jüdischen Kalender auf einen Freitag fällt.
Schließlich ist da der direkte patristische Beweis des Eusebius. In seinem *Chronicon,* ii (ed. Minge, XIX, 535) stellt er fest, daß Christus im 19. Jahr der Regierungszeit des Tiberius litt, das heißt 33 A.D., und er zitiert Phlegons Hinweis auf die anormale Sonnenfinsternis (siehe unten), »die im vierten Jahr der Zweihundertzweiten Olympiade stattfand«; diese Olympiade dauerte vom 1. Juli 32 bis zum 30. Juni 33. Da Christus zur Zeit des Passah gekreuzigt wurde, das heißt im Frühling, wäre es das Jahr 33.
Siehe auch meinen Artikel »Sejanus, Pilatus und das Datum der Kreuzigung«, *Church History,* XXXVII (März 1968), 3 bis 13.

RÖMISCHE STRAFEN FÜR AUFRUHR:
Justinian, *Corpus Iuris Civilis, Digestae,* xlviii, 8, iii, 4-5.

DIE BEZICHTIGUNG DER ZAUBEREI:
Während das Neue Testament nicht Zauberei als eine gegen Jesus besonders erhobene Anklage nennt, wird sie in den Acta Pilati, i, und besonders in den frühen rabbinischen Überlieferungen betreffs »Yeshu Hannosri« im *Sanhedrin* 43 a (Babylonischer *Talmud*) ausdrücklich genannt.
Antipas, »dieser Fuchs«: Lukas 13, 32.
Das Verhör durch Herodes Antipas: Lukas 23, 6-12, *Chuza: Lukas* 8, 3.
Manaen, Acta, 13, 1. Obwohl das Neue Testament nicht erwähnt, ob Chuza und Manaen Antipas damals nach Jerusalem begleitet haben oder nicht. Aber da seine Frau Joanna zu jenem Passah bestimmt dort war (*Lukas* 24, 10), ist es mehr als wahrscheinlich, daß auch Chuza dort war.

DREI DEM ANGEKLAGTEN, DEM KEIN VERTEIDIGER ZUR SEITE STAND, GEGEBENE MÖGLICHKEITEN, SICH ZU VERTEIDIGEN:
Siehe A. N. Sherwin-White, *Roman Society and Roman Law in the New Testament* (Oxford, 1965), S. 25.

DAS RÖMISCHE GERICHT UND DIE KREUZIGUNG JESU:
Matthäus 27, *Markus* 15, *Lukas* 23, *Johannes* 18, 28-19, 42. Hinsichtlich der legalen Aspekte siehe auch: Sherwin-White, op.cit pp. 22 ff. und A. H. M. Jones, *Studies in Roman Government and Law* (Oxford 1960).

NEUNZEHNTES KAPITEL

DER UNSCHULDIGE:
Plato, *Der Staat,* ii, 5. Der Unschuldige oder »Gerechte« (Ho dikaios) war der von Plato und Pilatus' Frau benutzte Ausdruck.

SANHEDRIN ... EIN SCHLACHTHAUS:
oder ein Gericht der Vernichtung nach *Makkoth*, 7 a (Babylonischer *Talmud*). Andere Rabbis sagten: einmal in siebzig Jahren.

DIE WACHE AM GRABE:
Man ist sich nicht einig darüber, ob die jüdische Tempelwache oder Pilatus' römische Soldaten das Grab bewachen sollten. Aber daß es die Tempelwache war, ist wahrscheinlicher, da die Wache als ersten den Hohenpriestern und nicht Pilatus berichtete, daß das Grab leer sei (Matthäus 28,11). Pilatus' Soldaten hätten dagegen nur ihm berichtet. Tertullian, *Apologeticus*, xxi, 20 spricht auch von einer jüdischen Militärwache am Grabe.

DER VOLLMOND:
Dies war eher eine Zeit für eine Mond- als eine Sonnenfinsternis. Und am Abend des Freitag, 3. April A. D. 33, verfinsterte sich auch der Mond tatsächlich zum Teil, und diese Mondfinsternis ist einige Minuten nach Sonnenuntergang in Jerusalem zu sehen gewesen. Siehe Fotheringham, a.a.O.

ZWANZIGSTES KAPITEL

JESUS WIRD VON EINEM SPEER DURCHBOHRT:
Johannes 19,34. Das Phänomen, daß Blut und Wasser getrennt aus Jesu Körper fließen, hat einige Pathologen zu dem Schluß geführt, daß die Lanze höchstwahrscheinlich in das Pericardium eingedrungen sei und aus den Gefäßen herausgeflossenes Blut befreit habe; dieses habe sich in seine beiden Bestandteile aus roten Zellen und Plasma geteilt, was möglicherweise darauf hinweise, daß das Herz schon vorher »gebrochen« gewesen sei.

DIE BERICHTE ÜBER DIE AUFERSTEHUNG:
Matthäus 28; *Markus* 16; *Lukas* 24; *Johannes* 20-21; *1. Korinther* 15,4 ff. Malchus' Rolle in diesem Kapitel beruht nur auf einer Vermutung. Mehrere jüdische Schriften bestätigen, daß das Grab am Sonntagmorgen leer war. Siehe die Diskussion über den *Toledoth*

Yeschua in Samuel Krauss, *Das Leben Jesu nach jüdischen Quellen* (S. Calvary, Berlin 1902), S. 45, 58 ff.

EINUNDZWANZIGSTES KAPITEL

EREIGNISSE IN ROM IM JAHRE 33:
Tacitus, *Annalen*, vi, 20 ff.

TÄTIGKEIT DER JÜNGER:
Apostelgeschichte 1-5.

DIE FINSTERNIS BEI DER KREUZIGUNG:
Dieses Phänomen ist offenbar in Rom, Athen und anderen Städten am Mittelmeer sichtbar gewesen. Nach Tertullian, *Apologeticus*, xxi, 20 war es ein »kosmisches« oder »Weltereignis«. Phlegon, ein griechischer Autor aus Caria, der bald nach 137 eine Chronologie schrieb, berichtete, daß im 4. Jahr der 202. Olympiade (d. h. A. D. 33) die größte Sonnenfinsternis gewesen und es in der sechsten Stunde des Tages, d. h. mittags, stockdunkel geworden sei, so daß selbst die Sterne am Himmel sichtbar wurden. In Bithynien war ein großes Erdbeben, und in Nicaea stürzte vieles um. – Fragment aus dem 13. Buch von Phlegon, *Olympiades he Chronika*, herausgegeben von Otto Keller, *Rerum Naturalium Scriptores Graeci Minores*, I (Teubner, Leipzig 1877), S. 109.

ENKELIN DES THRASYLLUS:
Ennia Thrasylla heiratete Sertorius Macro, Dio Cassius, lviii, 28.

DIE ACTA:
Pilatus' offizielle Acta sind nie gefunden worden, und diese »Exzerpte« sind nur ein sehr bescheidener Rekonstruktionsversuch. Die sogenannten *Acta Pilati* aus dem Nikodemus-Evangelium sind eine frühe apokryphe Schrift mit groben historischen Ungenauigkeiten und viel Phantasie und darum keine zuverlässige Quelle. Eusebius stellte fest, daß die Acta Pilati, die unter dem heidnischen Kaiser Maximian in seinem Feldzug gegen das Christentum zirkulierten, Fälschungen waren, wie schon allein das angebliche Datum der

Kreuzigung A. D. 21 beweist (Kirchengeschichte, i, 9). Sie sind nie gefunden worden. Gegenfälschungen der Acta Pilati von Christen im 4. Jahrhundert sind von keinem größeren Wert und auch nicht gefunden worden. Einen erwähnenswerten Hinweis, daß es Acta Pilati gegeben hat, geben Justin Martyr, *Apologie,* xxxv und xlviii (» ... Daß diese Dinge geschehen sind, bestätigen die Acta Pilati ... «) und der frühe lateinische Kirchenvater Tertullian, der in zwei berühmten Stellen seiner Apologie feststellt:

»Es war zur Zeit des Tiberius, daß der Christenname in die Welt hinausging, und er übermittelte dem Senat die Nachricht, die er aus Syrien-Palästina erhalten hatte und die die Wahrheit der Göttlichkeit Christi offenbarte; er übte seine Prärogative aus, indem er sie bestätigte. Der Senat hatte dem vorher nicht zugestimmt und verwarf sie darum. Cäsar blieb aber bei seiner Meinung und bedrohte die Ankläger der Christen« (*Apologeticus,* v, 2).

»Diese ganze Geschichte Christi wurde Cäsar (zu der Zeit war es Tiberius) von Pilatus berichtet, der im Innersten schon ein Christ war« (*Apologeticus,* xxi, 24, beide Stellen in T. R. Glovers Übersetzung in *Loeb Classical Library*).

Dieses Material ist zwar interessant, läßt sich aber nicht für einen dokumentarischen historischen Roman benutzen. Wenn auch eine so frühe Autorität wie Tertullian (geboren ca. 150 n. Chr.) mit Respekt angehört werden muß, so ist doch sein Bericht über Pilatus' Bericht an Tiberius äußerst ungenau oder eine alles andere als kritische Benutzung fragwürdiger Dokumente. Die zitierten Stellen klingen aus verschiedenen Gründen unwahr. Wenn Pilatus seinem Kaiser über »die Wahrheit von Christi Göttlichkeit« schrieb, dann hätte er seinen kolossalen Fehler eingestehen müssen, daß er ihn gekreuzigt hatte. Da er aber im Augenblick nur sozusagen »Präfekt auf Bewährung« war, konnte er sich dieses Eingeständnis eines Irrtums nicht leisten. Und noch unwahrscheinlicher wäre Tiberius' Sympathie für die Göttlichkeit Christi, da er die Vergöttlichung seiner selbst oder eines anderen haßte. Noch hätte der Senat etwas verworfen, für das der Kaiser war.

DIE SYRISCHEN LEGIONEN:

Im römischen Militär hatten nur die syrischen Legionen nicht Sejanus' Bild in ihren Fahnen gezeigt; siehe Suetonius, *Tiberius,* xlviii.

POMPONIUS FLACCUS:
Tacitus, *Annalen,* vi, 27. Obwohl Tacitus Flaccus' Tod unter den Ereignissen des Jahres 33 erwähnt, hält er sich nicht an eine streng chronologische Ordnung, und es gibt andere Beweise, daß Flaccus erst im Jahre 35 starb. Siehe Schürer, a.a.O., I, i S. 363 ff.

DER PHÖNIX:
Tacitus, *Annalen,* vi, 28.

AVILLIUS FLACCUS:
Philo, *In Flaccum,* xi, 92.

STEPHANUS UND DER PROZESS:
Apostelgeschichte 6-8.

VITELLIUS:
Tacitus, *Annalen,* vi, 32. Josephus, *Altertümer,* xviii, 4-5, schreibt richtig, daß diese Ereignisse zur Regierungszeit Tiberius' und nicht Caligulas stattgefunden habe, wie es irrigerweise Suetonius, *Gaius Caligula,* xiv, 3, und Dio Cassius, lix, 27, 3, tun.

DIE MOSAISCHE WEISSAGUNG:
5. *Mose* 18,15.

DER SAMARITANISCHE AUFSTAND:
Josephus, *Altertümer,* xviii, 4, 1-2.

KAIPHAS LOBT PILATUS:
Dies ist nur eine Vermutung, aber sie gründet sich auf die traditionelle Feindschaft zwischen Juden und Samaritanern.

MARCELLUS UND PILATUS' ENTLASSUNG:
Josephus, loc, cit.

VITELLIUS' BESUCH IN JERUSALEM:
Josephus, *Altertümer,* xv, II, 4; xviii, 5, 1.

PILATUS' ABREISE:
Josephus, *Altertümer,* xviii, 4, 203. E. Mary Smallwood nimmt mit guten Gründen an, daß Pilatus Ende Dezember 36 abgereist ist. »The Date of the Dismissal of Pontius Pilate from Judaea«, *The Journal of Jewish Studies,* V (1954), 12-21.

ZWEIUNDZWANZIGSTES KAPITEL

DAS REISEN IM RÖMISCHEN REICH:
A. M. Ramsy, »The Speed of the Roman Imperial Post«, *Journal of Roman Studies,* XV (1925), 60-74. Ferner W. M. Ramsy, »Roads and Travel« (in New Testament) in, Hastings, *A Dictionary of the Bible,* V (1927), 375-402.

DIE BEKEHRUNG DES SAULUS:
Apostelgeschichte 9,1-30. Jedes Gespräch zwischen Pilatus und Saulus ist natürlich pure Vermutung, aber es besteht eine starke Wahrscheinlichkeit, daß beide Ende 36 oder Anfang 37 in Tarsus waren, Pilatus auf seiner Überlandreise nach Rom zurück und Saulus in seinen stummen Cilicischen Jahren nach seinem ersten Besuch in Jerusalem im Jahre 35/36 (Galater 1,18 und 21). Hinsichtlich der Paulinischen Chronologie in diesem Zusammenhang siehe: Jack Finegan, *Handbook of Biblical Chronology* (Princeton 1964), S. 321.

EREIGNISSE IN ROM IN DEN JAHREN 34-37:
Tacitus, *Annalen,* vi, 28-49.

POMPONIUS LABEO:
Annalen, vi, 29.

DIE DREI-MONATE-VORSCHRIFT:
Dio Cassius, liii, 15, 6.

TOD DES TIBERIUS:
Tacitus, *Annalen,* vi, 50; Suetonius, *Tiberius,* lxxiii; Dio Cassius, lviii, 28. Daß Tiberius starb, ehe Pilatus in Rom eintraf, stellt Josephus in *Altertümer,* xviii, 4, 2 fest. Tacitus und Suetonius behaupten, daß

Macro und/oder Caligula den Tod des Tiberius beschleunigt haben, indem sie ihn unter Kissen erstickten oder ihm ein langsam wirkendes Gift eingaben.

DREIUNDZWANZIGSTES KAPITEL

REAKTION AUF TIBERIUS' TOD:
Suetonius, *Tiberius,* lxxv. Dennoch sehen einige spätere Historiker, vor allem Theodor Mommsen, in Tiberius einen der bedeutendsten Kaiser Roms.

CALIGULAS FRÜHES PRINZIPAT:
Tacitus, *Annalen,* vi, 45-51; Suetonius, *Gaius Caligula,* i-xvi; Dio Cassius, lix, 1-9.

GAIUS PONTIUS NIGRINUS:
Suetonius, *Tiberius,* lxxiii; Dio Cassius, lviii, 27. Eine Verwandtschaft zwischen Pilatus und dem Konsul Nigrinus wird ihres gemeinsamen Geschlechternamens wegen angenommen, wenn sie auch vielleicht nicht unbedingt Vettern waren.

PILATUS' VERTEIDIGUNG:
Was später in Samaria geschehen ist, läßt Pilatus' anscheinend hartes Verhalten in dieser Episode vergleichsweise milde erscheinen. Ein paar Jahre später metzelte Cerealis, Vespasians Befehlshaber, – laut Josephus, *Krieg,* iii, 7, 32 – 11 600 Samaritaner auf dem Berge Garizim nieder.

HERODES AGRIPPA:
Die Geschichte des Agrippa ist in Josephus *Altertümer* und *Krieg* ein kleiner Roman für sich.

VIERUNDZWANZIGSTES KAPITEL

DAS SCHICKSAL VON ANTIPAS UND HERODES:
Josephus, *Altertümer*, xviii, 7. In seinen *Kriegen*, ii, 9, 6 nennt Josephus Spanien und nicht Gallien als den Verbannungsort, was aber kein großer Unterschied ist, da dieses Lugdunum nicht das moderne Lyon in Frankreich war, sondern Lugdunum Convenarum in der Nähe der Pyrenäen, an der spanischen Grenze.

VITELLIUS' SYKOPHANTIE:
Dio Cassius, lix, 27, 4-6.

DER SPÄTERE CALIGULA:
Suetonius, *Gaius Caligula*, i-x-lii; Dio Cassius, lix. Wenn auch Suetonius' antikaiserliche Voreingenommenheit berücksichtigt werden muß, sein negatives Porträt von Gaius wird durch den Bericht von Dio Cassius bestätigt. Caligula war offenbar ein Opfer der Megalomanie und anderer Geistesstörungen. Leider ist der Bericht des Tacitus über die ganze Regierungszeit des Gaius verlorengegangen.

CALIGULAS KRIEGE:
Suetonius, *Gaius Caligula*, xlvi-xlvii; Dio Cassius, lix, 25, 2 ff. Einige Gelehrte bezweifeln die Wahrheit der Seemuscheln- und falschen Gefangenen-Geschichten.

AGRIPPAS BRIEF AN CALIGULA:
Philo, *De Legatione ad Gaium*, xxxviii.

AGRIPPAS BANKETT:
Josephus, *Altertümer*, xviii, 8. Josephus erwähnt nicht den von Philo zitierten Brief.

QUELLEN FÜR DIE REGIERUNGSZEIT CALIGULAS:
Suetonius, *Gaius Caligula;* Dio Cassius, lix; Josephus, *Altertümer*, xviii, 6-8 bis xix; 1; *Kriege*, ii, 9-10; Philo, *In Flaccum; De Legatione ad Gaium.*

FÜNFUNDZWANZIGSTES KAPITEL

AGRIPPA UND CLAUDIUS:
Josephus, *Altertümer,* xix; 2-5; *Kriege,* ii, 11, 1-6.

DIE ERSTEN REGIERUNGSJAHRE DES CLAUDIUS:
Josephus, a.a.O.; Suetonius, *Divus Claudius,* x-xii; xlii; Dio Cassius, lx, 1-8.

AGRIPPA UND DIE NORDMAUER VON JERUSALEM:
Josephus, *Altertümer,* xix, 7, 2.

SECHSUNDZWANZIGSTES KAPITEL

PILATUS KINDERLOS?:
Ob er und Procula Kinder hatten oder nicht, ist nicht bekannt. In den Quellen ist nichts davon erwähnt.

NAUSIPHANES:
zitiert von Seneca, *Epistulae Morales,* lxxxviii, 45: »Hoc unum certum est nihil esse certi.«

TOD DES AGRIPPA:
Josephus, *Altertümer,* xix, 8, 2; Apostelgeschichte 12, 20-23.

AGRIPPAS MÜNZEN UND STATUEN:
Josephus, *Altertümer,* xix, 9.

AGRIPPA, JAKOBUS UND PETRUS:
Apostelgeschichte 12, 1 ff.

PETRI BESUCH BEI CORNELIUS:
Apostelgeschichte 10, 1-11, 18.

PENTHEUS UND DIONYSOS:
Euripides, *Die Bakchen.*

PROCULA, AQUILA UND PRISCILLA:
Nach einer sehr frühen Überlieferung ist Pilatus' Frau Christin geworden. Siehe Origenes, *Commentarii in Matthaeum*, 121-22 (ed. Migne, XIII, 918). Wahrscheinlich traf sich die erste Christengemeinde in Rom im Hause von Aquila und Priscilla, das sich vermutlich auf dem Aventin befand. Siehe Apostelgeschichte 18,1 ff.; 1. Korinther 16,19 ff.; Römer 16,3 ff.

EPILOG

DIE PILATUSLEGENDEN:
Eine Sammlung von ihnen findet sich bei Morison a.a.O., S. 231-41.

»IM BEWUSSTSEIN EIN CHRIST«:
Tertullian, *Apologeticus*, xxi, 24: *»ipse iam pro sua conscientia Christianus.«*

Rom
ITALIEN
Adria
SIZILIEN
MALTA
MAZEDONIEN
Philippi
Thessalonich
ACHAIA
Athen
Korinth
KRETA
Mittelmee
Große Syrte
Maßstab in km
0
100
200
400
600
Ä

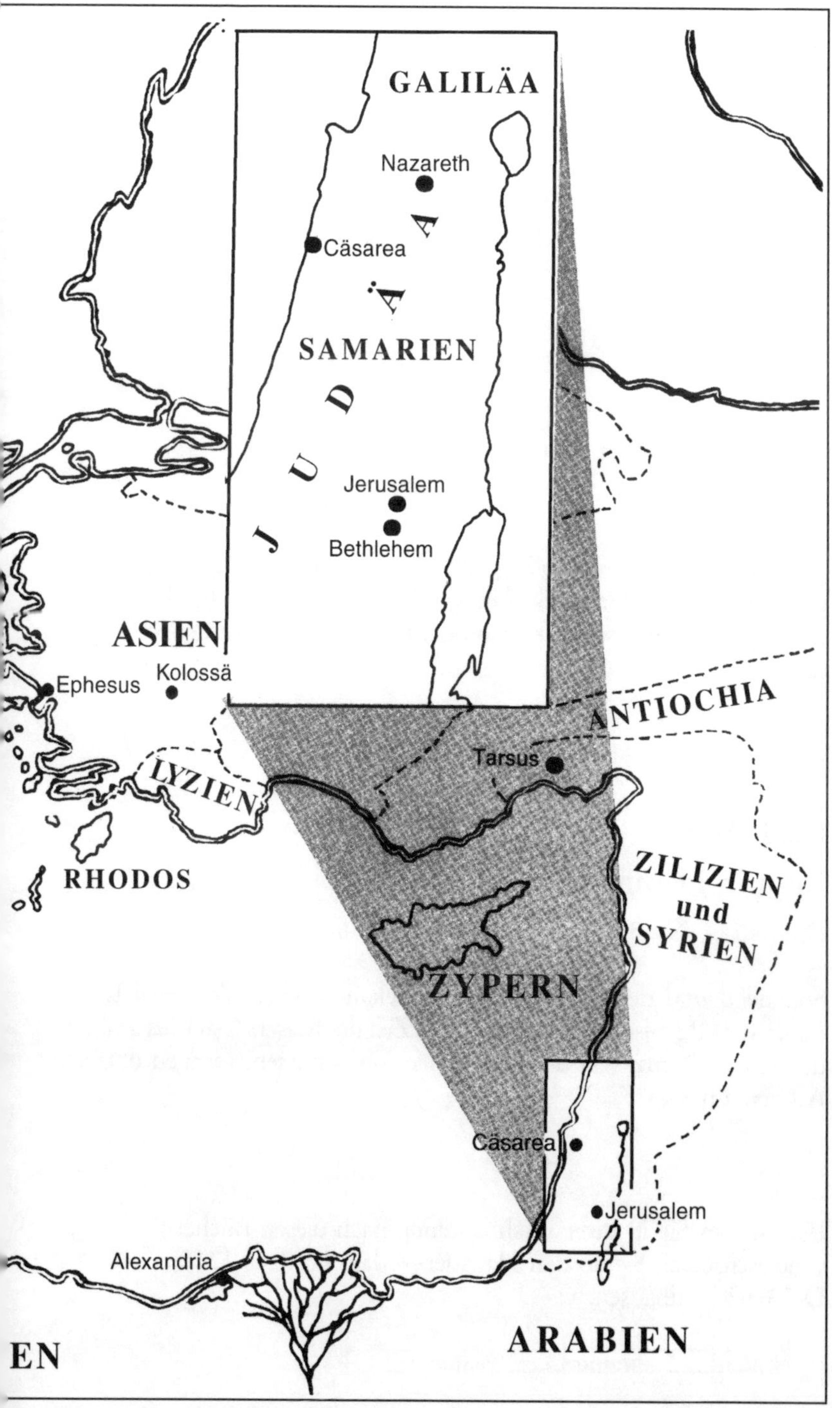
GALILÄA
Nazareth
Cäsarea
SAMARIEN
JUDÄA
Jerusalem
Bethlehem
ASIEN
Ephesus
Kolossä
LYZIEN
RHODOS
ANTIOCHIA
Tarsus
ZILIZIEN
und
SYRIEN
ZYPERN
Cäsarea
Jerusalem
Alexandria
ARABIEN
EN